国家社科基金
后期资助项目

北美传播
政治经济学研究

A Study on North American Tradition of
Political Economy of Communication

陈世华 著

社会科学文献出版社
SOCIAL SCIENCES ACADEMIC PRESS (CHINA)

国家社科基金后期资助项目
出版说明

后期资助项目是国家社科基金设立的一类重要项目，旨在鼓励广大社科研究者潜心治学，支持基础研究多出优秀成果。它是经过严格评审，从接近完成的科研成果中遴选立项的。为扩大后期资助项目的影响，更好地推动学术发展，促进成果转化，全国哲学社会科学规划办公室按照"统一设计、统一标识、统一版式、形成系列"的总体要求，组织出版国家社科基金后期资助项目成果。

全国哲学社会科学规划办公室

序

"天下熙熙，皆为利来；天下攘攘，皆为利往。"两千多年前，司马迁在《史记》中发出的感叹，于今仍具现实意义。在节奏飞快而功利色彩浓厚的现代社会，有多少人能够坐定冷板凳，长夜孤灯，抗拒外在的诱惑？有多少年轻人愿意用十年的时光去构思、写作、修订一本枯燥的理论书稿？此刻，摆在我面前这部厚重的书稿《北美传播政治经济学研究》，就是陈世华博士十年磨一剑的产物，对于这份书稿我既熟悉又陌生，既欣慰又感慨。

说熟悉，是因为这本书稿我十年前就接触过。十年前的 2007 年，世华投入我门下攻读博士学位，他属于我刚刚从武汉大学转任华中科技大学新闻与信息传播学院院长后在华中科技大学招收的第一批博士生，由于具有较好的科研潜质，抱着相同的研究旨趣，他从武大追随而来，考入华科继续学业。他读研期间就表现出强烈的理论兴趣，我们在多次交流之后，确定了"北美传播政治经济学"的选题。机缘巧合的是，世华于 2008 年 9 月赴美国伊利诺伊大学传播研究所学习，而该所正是传播政治经济学的诞生地，保存了传播政治经济学珍贵的文献资料，为其研究提供了绝佳的便利。回国后，他写作完成了博士论文，并相继获得了华中科技大学优秀博士论文、湖北省优秀博士论文，最终获得全国优秀博士论文提名，得到了学界的认可。

说陌生，是因为书稿的大部分内容是全新的。世华于 2010 年博士毕业后，回到家乡南昌大学工作，繁重的教学科研任务并未影响他的理论追求和学术理想。他执着于在国内并不受欢迎的传播政治经济学研究，在《国外社会科学》《国际新闻界》等刊物陆续发表了一系列有影响力的成果，多次被《高等学校文科学术文摘》和中国人民大学《复印报刊资料》转载，并以博士论文为基础，获得了国家社科基金后期资助。经过不断增补、完善、修订，书稿从最初的 10 余万字增加到现在即将付梓的 30 余万字，锦上添花，焕然一新，可谓功夫不负有心人。

作为书稿前身的博士论文，我曾经细读多次，当时的论文体系健全，条理清晰，观点鲜明，资料翔实，但是，受制于作者当时的阅历和积淀，书稿的内容还略显单薄，对一些观点、材料的解读不是很到位，对一些问题的考虑也不够细致，阐述不够深入，语言也较为稚嫩。十年后的今天，再读这部书稿，确有脱胎换骨之感。这部书稿对原博士论文进行了大量修订、增补、完善，打破了传统学术史书写的窠臼，采取知识谱系的写法，追溯了北美传播政治经济学作为一个独特的学术流派的起源、发展与流变，并追踪了学术前沿和最新进展，加入了一些新的资料和章节，勾勒了传播政治经济学的发展、演变、拓展和繁衍的知识谱系图，体系更加完备，资料更加丰富，而且增加了总结和评述，提升了书稿的理论高度。作者在书稿中提出了不少自己独到的见解和判断，总结了传播政治经济学独特的理论范式和学术价值，提炼了该学派的理论精髓，并对其进行元理论层面的深层解读，史论结合，入情入理，论证有力，整体图绘和个案研究并行，人物研究和流派研究并举，历史研究和理论研究交叉，西方视野和中国实际交融。该书观点、视角、资料令人耳目一新，对中国的传播实践和传播研究来说，具有很大的理论价值和现实意义，是近年来批判研究不可多得的重要成果。

看到世华新修的这部著作，看到他在学术上的进步，我深感欣慰。在这个喧嚣的功利社会，他能够安静地坐下来，抵御窗外的种种诱惑，锲而不舍，专注于学术，实在是难能可贵。当然，学无止境，臻于至善是学人们普遍的追求，可以激励人们不断上进。但是真要达到这种境界，却是非常困难的。世华的这本著作，有不少创新，精彩纷呈。但也难免白玉微瑕，书稿还有不少值得挖掘和完善之处。书中的某些思想观点、立论逻辑、语言文字都还有推敲的空间，这些问题可能是作者未来进一步努力的方向。

板凳须坐十年冷，文章不著一字空。期待世华和广大青年学人能够潜心学术，诞生更多扎实而又不乏洞见的学术成果，为繁荣传播学术做出更多的贡献！

是为序！

张昆于喻园

华中科技大学新闻与信息传播学院教授

2017 年 10 月 10 日

内容摘要

在传播政治经济学的诸多传统中，北美流派有着鲜明的特色，其对政治经济权力和现有传播实践与理论的批判，使其成为传播研究中的异类，在经验研究占统治地位的北美一直处于边缘地位。这也导致了该学术流派的相对集中和紧凑，研究者之间的学术传承也大多限于父子、师生、同事、夫妻之间，或者一个系所内，并互相合作，体现了一个较为单纯的谱系和解释传播的路径。这种集中和紧凑使北美传播政治经济学体现了鲜明的学术传承脉络和相对统一的理论意旨，彰显了一个传播研究分支学科的身份。研究北美传播政治经济学具有重要的理论价值和现实意义，一方面，可以再现北美传播政治经济学的研究取向和理论逻辑，更加深刻地认识北美传播政治经济学的理论价值和贡献；另一方面，可以为中国传播业的改革和发展提供理论参考和知识镜鉴。本书以知识谱系的写法，对北美传播政治经济学的历史、范畴、谱系进行梳理，勾勒出北美传播政治经济学作为一个学科和流派的发展、演变、拓展和繁衍的知识谱系图，理解其主要视野和解释传播的路径，提炼该学派的理论精髓，思考其对中国传播业和传播研究的启示和可借鉴之处。

北美传播政治经济学流派的诞生受到了美国和世界范围内近现代各种思潮的影响。传播政治经济学思想最初来源于亚当·斯密和大卫·李嘉图的古典政治经济学；马克思主义和西方马克思主义对资本主义所持的怀疑与批判态度是传播政治经济学者自始至终的理论姿态；加拿大多伦多学派的技术批判直接启发了北美传播政治经济学的技术批判和社会批判；传播政治经济学还批判地继承了社会学和北美新闻传播研究传统，开辟了一条不同于传统传播学经验研究的政治经济学路径。

斯麦兹是传播政治经济学奠基人和理论权威，其研究从批判美国电子传播政策和电视内容开始，致力于研究全球语境下卫星传播规制，批判了信息自由流通的神话。斯麦兹坚决反对由市场力量决定传播资源的分配，坚称广播频谱是公共财产，应该置于公共利益的控制之下，呼吁维护公共利益。斯麦兹系统地提出了受众商品论，并以一个冷静的旁观者的姿态看待美国传播工业在全球的扩张，尤其关注加拿大传播工业对美国的依附，提出了媒介依附理论。他还为国际信息传播新秩序的发展积极建言，为国际传播理论和实践的发展做出了积极贡献。

席勒是传播政治经济学的精神领袖，他的研究从宏观上审视美国传播工业向世界的拓展，提出了媒介帝国主义的概念，后来转向关注美国统治阶级和传播者，批判思想管理和观念操纵，关注信息和传播工业中的劳动力问题。在新自由主义的语境下，他批判里根政府的新自由主义媒介政策，揭露信息时代的谎言和悖论，晚年重新回归对文化工业的批判，对信息不平等导致的社会危机表示了深深的忧虑。

在斯麦兹和席勒之后，根据不同的主题，传播政治经济学繁衍出来几个亚研究领域。

电影政治经济学注重探讨电影文本和行业背后政治经济权力的互相建构，体现了清晰的知识谱系、鲜明的学术传承脉络和独特的理论逻辑。电影政治经济学从政治、经济、文化、科技等维度探讨电影的本质和功能，揭露电影业背后的经济制约和权力关系，阐明电影业和资本之间的密切关联，揭示美国电影向海外拓展的政治经济驱动力，以及世界电影市场的依附关系及其深远影响，为我们重新认识资本主义制度下的电影和电影业提供了替代性的理论洞见。

新闻政治经济学以反潮流的学术姿态揭露了资本主义媒体的本质和危机，揭示了新闻生产过程中的新闻管理和媒介框架，解构了以客观性为代表的新闻职业主义理念，批判了媒体作为权力代理的角色和作为宣传模式的职能，批评了媒介垄断趋势和媒介解除管制政策，并提出了各项媒介改革方案，为传播研究和实践做出了重要的贡献。

传播政治经济学对信息和信息技术的本质、价值以及影响提出替代性的理论视野，形成信息政治经济学流派。信息政治经济学认为信息和信息科技是一种强大的社会控制手段，批判了信息的商品化、私有化和移动化，提出"信息补贴"的概念来反映信息源对信息生产和流通的控制。信息政治经济学关注信息行业中劳动和劳动力的角色，用"全景分类"来反映资本主义社会对个人的控制。信息政治经济学阐明了信息和信息科技的矛盾特质。

互联网政治经济学关注互联网诞生背后的推动力量，分析互联网的性质及其价值意义，尤其是其作为传播工具对推进民主的意义。互联网的发展是一个持续的政治选择过程，受资本控制，互联网的商业化和解除管制导致了垄断；互联网是数字资本主义的工具，加大了信息鸿沟，掩盖了社会的不公，体现了反民主的趋势；互联网对教育行业的入侵导致了教育的商业化，影响了教育的方式和质量；互联网本身是不自由的，不会带领我们走向自由的乌托邦。

广告政治经济学关注广告在资本主义传媒体制中的独特性质和功能，从马克思的商品流通理论出发，将广告传播与更广泛的经济运作和社会过程联系起来，对广告的控制机制和拜物性质进行了深刻的批判，解释了当代社会关系中广告的角色及其背后的权力关系，为理解广告及其社会影响提供了替代性的理论视野。

跨学科的取向一直植根于北美传播政治经济学的基因之中。作为政治经济学和传播研究的交叉学科，北美传播政治经济学在诞生、发展和演变过程中受到各种社会运动和社会思潮的影响，也积极吸纳其他学科的理论和方法，产生了各种跨学科取向。传播政治经济学与种族研究的结合注重分析种族和传播的互相建构；女性主义和传播政治经济学的结合看到了传媒背后的男权政治和金钱控制；传播政治经济学与民族志的结合注重解释不同族群的传播现象和行为；传播政治经济学与文化研究也在争论和对话中走向融合，在不断反省和自我批评中完善自身理论体系，与时俱进。

北美传播政治经济学的理论精髓可以总结为"我们不自由的传播"。传播政治经济学反复强调传播行业是"我们的"，传播资源应该为普通公众所有，但我们的传播是不自由的。传播政策的制定缺乏公开和自由的讨论，新闻管理、媒介架构、宣传模式、媒介依附等概念证明媒介是不自由的，文化帝国主义证明传播过程是不自由的，受众商品论证明受众是不自由的，思想管理和"全景分类"证明公众也是不自由的，媒介市场存在垄断和寡占现象，缺乏自由竞争。传播政治经济学者呼吁公众通过抗争和结构的改革，打破政治经济权力对传播的控制，实现自由平等的传播。

从元理论层面来说，传播政治经济学的哲学基础是马克思主义，传播即控制是其传播本体论，唯物主义是其世界观和认识论，传播价值观是公平优先于效率，人性观是消极受众观，实践观是学术改造世界，方法论是质量并行，体现了宽广的知识视野、深刻的价值关切和细腻的理论情怀。

　　从话语分析的角度来看，在传播研究领域，传播政治经济学作为一个理论流派，实际上就是一个理解现实传播世界的话语体系。作为批判学派的分支，传播政治经济学试图利用传播政治经济学的研究实践，彰显自身不同于主流传播研究的立场和取向，并试图在传播研究场域以及更广的社会关系中占据一席之地，争夺话语权。以"盲点"辩论为代表的学术话语在推动传播研究的进程中功不可没。

　　北美传播政治经济学对中国传播工业和传播研究有诸多启示。对中国传播工业来说，应该引入公开透明的决策讨论，由民众决定媒介的结构和政策以及发展路线；传播资源应该交由公众来控制，以保障公共性。反对过度商业化，坚持中国特色新闻专业主义。对中国传播研究来说，应该建构中国传播研究的主体性，传播学者应承担道德责任，以政治经济学的视野，寻求和告知真相，坚持独立的姿态和左翼的批判取向，坚持现实主义的认识论，批判与建言并行；以清晰浅显的表达方式进行写作，进行超越学术的参与。传播研究应该有"以天下为己任"的深切关怀，尝试去改变人类社会，在社会制度设计上做出自己的贡献。

目　录

1　导论 ……………………………………………………………… 1

　　1.1　研究问题、假设和概念界定 ……………………………… 2

　　1.2　选题意义 …………………………………………………… 4

　　1.3　研究综述 …………………………………………………… 7

　　1.4　研究路径和方法 ………………………………………… 21

　　1.5　难点和创新 ……………………………………………… 31

2　北美传播政治经济学知识谱系和理论发展 ………………… 37

　　2.1　渊源 ………………………………………………………… 37

　　2.2　奠基 ………………………………………………………… 39

　　2.3　繁衍 ………………………………………………………… 41

　　2.4　前沿 ………………………………………………………… 49

　　结　语 ………………………………………………………… 52

3　北美传播政治经济学的思想渊源 …………………………… 54

　　3.1　政治经济学的分析路径 ………………………………… 54

　　3.2　马克思主义的批判旨趣 ………………………………… 57

　　3.3　多伦多学派的技术批判 ………………………………… 62

　　3.4　社会学思想传统和北美新闻传播研究 ……………… 63

　　3.5　其他社会思潮 …………………………………………… 67

　　结　语 ………………………………………………………… 68

4　达拉斯·斯麦兹：传播政策与结构 ………………………… 70

　　4.1　斯麦兹的研究历程和学术轨迹 ……………………… 71

4.2　传播政策批判 ································· 73

4.3　传播技术批判 ································· 77

4.4　受众商品论 ··································· 79

4.5　媒介依附论 ··································· 82

结　语 ··· 84

5　席勒：媒介帝国主义与思想管理 ················· 87

5.1　复合体和媒介帝国主义 ····················· 88

5.2　思想管理者和信息劳动力 ··················· 91

5.3　传播与文化宰制：信息技术和自由流通批判 ··· 93

5.4　信息传播与社会危机：信息不平等的批判 ····· 95

结　语 ··· 97

6　电影政治经济学 ····························· 100

6.1　电影政治经济学的学术传承和知识谱系 ······ 100

6.2　电影的本质和功能 ························· 102

6.3　电影工业的拓展 ··························· 104

6.4　电影的经济控制 ··························· 107

6.5　电影依附和自治 ··························· 109

结　语 ·· 112

7　媒体政治经济学 ····························· 114

7.1　媒体政治经济学的代表人物 ················· 114

7.2　权力代理和宣传模式：媒体角色和行为的批判 ··· 118

7.3　媒介垄断和解除管制的批判 ················· 122

7.4　新闻管理和媒介框架：解构客观性和职业主义 ··· 124

7.5　媒介改革路径 ····························· 129

结　语 ·· 131

8　信息政治经济学 ····························· 133

8.1　信息和信息技术批判 ······················· 135

8.2　信息补贴 …………………………………………………… 138

8.3　信息和知识劳动力 …………………………………………… 140

8.4　个人信息和自治：全景分类 ………………………………… 143

结　语 ………………………………………………………………… 144

9　互联网政治经济学 ……………………………………………… 146

9.1　反商业化：互联网发展路径批判 …………………………… 147

9.2　数字资本主义：互联网的性质和功能 ……………………… 151

9.3　教育商业化：互联网对教育的冲击 ………………………… 153

9.4　自由的幻象：互联网能让我们自由吗？ …………………… 155

结　语 ………………………………………………………………… 157

10　广告政治经济学 ………………………………………………… 159

10.1　广告政治经济学的基本取向 ……………………………… 160

10.2　广告的性质 ………………………………………………… 162

10.3　广告的功能 ………………………………………………… 165

10.4　广告中的控制 ……………………………………………… 168

结　语 ………………………………………………………………… 169

11　北美传播政治经济学的跨学科取向 ………………………… 171

11.1　传播政治经济学与种族研究 ……………………………… 171

11.2　传播政治经济学与女性主义 ……………………………… 173

11.3　传播政治经济学与民族志 ………………………………… 175

11.4　传播政治经济学和文化研究的争论与融合 ……………… 178

11.5　传播政治经济学的反思和修正 …………………………… 181

结语：不忘初心，方得始终 ……………………………………… 184

12　"我们不自由的传播"：北美传播政治经济学的理论精髓 ……… 185

12.1　我们 – 不自由 – 传播 ……………………………………… 185

12.2　为什么"不自由" …………………………………………… 188

12.3　自由传播的期待 …………………………………………… 194

结　语 ……………………………………………………… 196

13　传播即控制：北美传播政治经济学的元理论解析 ……… 199

13.1　何为元理论 …………………………………………… 200

13.2　哲学基础：马克思主义 ……………………………… 201

13.3　传播本体论：传播即控制 …………………………… 202

13.4　唯物主义的世界观 …………………………………… 205

13.5　现实主义的认识论 …………………………………… 208

13.6　传播价值观：公平优先于效率 ……………………… 210

13.7　传播人性观：消极受众 ……………………………… 213

13.8　实践观 ………………………………………………… 214

13.9　方法论：质量并行 …………………………………… 215

结　语 ……………………………………………………… 218

14　传播政治经济学的话语分析 …………………………… 221

14.1　话语、话语分析和批评性话语分析 ………………… 221

14.2　文本向度：《盲点》的文本结构和修辞策略 ………… 224

14.3　知识考古：《盲点》思想预设和理论前提 …………… 229

14.4　实践向度：《盲点》的话语实践和社会实践 ………… 231

结　语 ……………………………………………………… 235

15　再造传媒：北美传播政治经济学对中国传媒的启示 …… 236

15.1　公开透明的决策讨论 ………………………………… 237

15.2　保障公共性 …………………………………………… 240

15.3　反对过度商业化 ……………………………………… 246

15.4　坚持新闻专业主义 …………………………………… 251

结　语 ……………………………………………………… 256

16　北美传播政治经济学对中国传播研究的启示 …………… 257

16.1　建构中国传播研究的主体性 ………………………… 258

16.2　传播学者承担道德责任 ……………………………… 261

16.3　采纳政治经济学路径 …………………………………… 263

16.4　寻求和告知真相 ………………………………………… 264

16.5　独立的姿态和左翼的批判取向 ………………………… 265

16.6　批判与建言并行 ………………………………………… 268

16.7　超越学术的参与 ………………………………………… 271

16.8　清晰浅显的教学和表达方式 …………………………… 272

结　语 …………………………………………………………… 273

附录1　电影政治经济学的代表人物：托马斯·古巴克 ……… 275

附录2　批判学派中的批判者和建构者：麦克切斯尼 ………… 283

附录3　受众商品论的理论溯源和未来走向 …………………… 290

附录4　欧洲传播政治经济学的理论传统与当代特色 ………… 302

附录5　北美传播政治经济学谱系图 …………………………… 316

参考文献 ………………………………………………………… 317

后　记 …………………………………………………………… 336

1 导论

政治经济学作为传播研究中的一条主要路径，在过去的 60 年里给传播研究增添了新的活力。它最初在传播研究领域内产生，却走上了与传统经验传播研究悖反的批判路径，其对现存政治经济权力和传播体制的批判使其成为传播研究中的异类。尤其是在经验研究（empirical research）[①] 占统治地位的北美，传播政治经济学一直处于边缘地位。其因为曲高和寡的批判取向，不受商业媒体机构、大学管理者和基金组织的青睐。不像经验传播研究在北美高校和研究机构中有广泛而分散的落脚点，传播政治经济学研究者相对集中和紧凑，他们之间的学术传承大多限于父子、师生、同事、夫妻之间，并互相合作，体现了一个较为单纯的谱系。这种集中和紧凑使北美传播政治经济学体现了鲜明的学术传承脉络和较为统一的理论意旨，彰显了一个传播研究分支学科的身份。本书尝试以知识谱系的写法，对北美传播政治经济学的历史、范畴、谱系进行梳理，希望勾勒出北美传播政治经济学作为一个学科和流派的发展、演变、拓展和繁衍的知识谱系图，理解其主要视野和解释传播的路径，提炼该学派的理论精髓，思考其对中国传播业和传播研究的启示和可借鉴之处。

北美传播政治经济学与美国主流传播研究，以及同具有批判传统的文化研究，甚至与传播政治经济学研究的英国政治经济学派都有很大分歧（冯建三，2003）。[②] 尤其是在行政范式（administrative paradi-

---

① 传播学经验研究，又称行政研究，最初来源于社会学，大多专注于行为主义角度，注重经验材料和实证考察，通过实验和调查考察传播活动的过程和效果，故自称为经验学派（empirical school）。西欧的一些学者认为美国经验学派的研究是站在行政当局的立场上，研究如何在维持现有社会体制的基础上实现更高的传播效率，因而称其为行政学派。

② 1977 年，传播政治经济学奠基人斯麦兹发表了《传播：西方马克思主义的盲点》，引起了很大的争议和反响，引发了传播研究领域一场持续 20 年的"盲点"辩论，参与者有经验传播研究学者、北美传播政治经济学者、英国政治经济学研究学者、美国文化研究学者等。各方学者不断思考自身的立论基础和逻辑，并以此为契机，探讨文化研究和政治经济学路径的关系，分析批判学派的前途和媒介运作方式的转型等。

gm)① 占统治地位的北美，批判传播学者和主流传播学者之间的关系是冷漠的，对于批判学者来说，经验研究对现状的非批判假设是对思想责任的彻底逃避（McChesney，2007：40）。而政治经济学路径则被认为是主观的、非实际的、拒绝其他研究路径的只破不立的破坏者。北美传播政治经济学也由于自身论证上的缺陷，常常被经验传播学者攻击为经济决定论、反市场的共产主义和社会主义等。批判学派总是如履薄冰，在高校、学术领域和更广阔的社会中处于弱势地位。随着公众政治运动的式微和新自由主义的兴起，批判学术的统一性最终破碎。同时，随着后结构主义和后现代主义的兴起，越来越多的传播研究忙于高理论（high theory）②，而对资本主义、社会主义或者社会变迁的兴趣逐渐消失（McChesney，2007：59）。可以说，传播政治经济学逐渐落寞，但是并没有衰微。随着新的信息和传播技术（information and communication technology）的发展，新的主题不断出现，传播生产、传输与接受体验不断变化，阶级、性别、种族的关系日益复杂，传播业内在和跨行业的结构变迁日益显现，劳动和劳动过程的私有化不断加剧，劳动力的斗争和联合日趋活跃，国家和公共传播的关系更加复杂，采用政治经济学的路径来分析传播现象显得更加重要，这也为传播政治经济学的发展提供了新的机遇。

1.1   研究问题、假设和概念界定

本书研究的问题就是北美传播政治经济学的范畴、结构、理论逻辑和知识谱系。本书将通过梳理北美传播政治经济学的起源、流变、分化和繁衍的"印迹"（imprinting），再现北美传播政治经济学的轮廓和原貌，并进行总体把握，提炼北美传播政治经济学的理论精髓，凸显该学派本身的结构，加深对该学派的理解。本书将北美传播政治经济学的理论精髓假设为"我们不自由的传播"，希望在文献的搜集、阅读和分析过程中突出这条主线，论证北美传播政治经济学者如何运用政治经济学路径分析传播工业的"不自由"，"不自由"从哪些方面得以体现，以及他们对"不自由"

---

① 行政范式即经验传播研究所采取的研究范式，参见 Pieter Fourie，"Paradigms in Media Research：A Preliminary Overview"，*Communicatio*，Volume 15，Issue 1，1989，pp. 32 – 38。

② 高理论是麦克切斯尼的说法，他指的是各种后现代和后结构理论，脱离现实，进行纯粹玄虚的哲学思辨，这也是他一直所反对的传播研究取向。

传播所导致的后果的认识和对自由传播的期待。

从报刊在美国出现开始，美国学界和业界对媒介的批评就不断而来。在美国建国之初，主要批判党派新闻业的偏颇，呼吁专业主义和职业精神，从19世纪30年代开始，黄色新闻业引发了人们对媒介内容低俗化的批评。19世纪末，垄断资本主义的发展导致媒介行业的集中，引起了人们对媒介独立和新闻自由的担忧。20世纪30年代，广播、电视等电子传播新技术的出现，引起了杜威（John Dewey）等教育家对公共利益和公共管制的呼吁。① 北美传播政治经济学延续了美国媒介批判的历史，并运用政治经济学的视野，将批判学派发扬光大。

1935年，杜威发表了《我们不自由的新闻界》②（Our Unfree Press）一文，认为新闻界对现存的经济制度负责，报纸被一些特定的工业利益所控制，新闻工作者的身体和灵魂都归传播工业所有，选择和压制新闻都是为了与工业利益一致，整个新闻界是不自由的。北美传播政治经济学继承了杜威的"不自由的新闻界"的概念，并远远超出杜威"新闻界"的范畴，延伸到批判地分析传播过程的各个环节。本书借用杜威的经典概念，用"我们不自由的传播"（Our Unfree Communication）来归纳北美传播政治经济学的理论精髓。

北美传播政治经济学者反复强调传播行业是"我们的"，而不是垄断着媒介市场的大媒介集团和跨国公司的。传播政治经济学者一直主张传播资源是公共财产，应该由民众来控制，公众有权参与传播政策的讨论，决定传播工业的发展路径和方式，甚至在媒介内容上起决定性的作用。传播政治经济学者始终将自己视为公众的一部分，为公共利益和公共管制进行理论和实践的探索，而非站在媒介集团的一方，为统治阶级出谋划策，这也是传播政治经济学者与主流传播学者的重要分歧。

（1）"不自由"。北美传播政治经济学不像欧洲文化研究和欧洲传播政治经济学掺杂了太多的意识形态和文化因素，体现了更为纯粹的政治经济学路径。北美传播政治经济学者都在论述一个主题：不自由。这个"自由"并非完全等同于新闻自由，而是包括新闻自由，但外延更广，接近于

---

① 详见麦克切斯尼的博士论文"The Battle for America's Ears and Minds: The Debate over the Control and Structure of American Radio Broadcasting, 1930–1935"。

② 杜威于1935年发表该文，2004年麦克切斯尼以该文标题作为标题主编了 *Our Unfree Press: 100 Years of Media Criticism* 一书。

自治的概念，包括自由、平等、公正等意涵。在北美传播政治经济学者眼中，美国的传播工业和制度一直在不断破坏人们"自由传播"的权利，政治经济权力控制了传播活动的整个过程，整个传播过程的各个环节都不是自由和自治的。

（2）"传播"。传播过程是一个包括多个因素和多个主体的复杂过程。北美传播政治经济学超出"新闻界"（press）的概念①，而涉及传播主体、传播来源、传播政策制定、传播内容、传播渠道、受众、传播效果等传播过程中的各个因素和各个步骤。在传播方式上，不仅包括大众传播，还包括个人传播、组织传播、集体传播等方式。这个"不自由"还包括诸多主体，如不自由的记者、不自由的媒体、不自由的受众等。

（3）为何专注北美？正如"盲点"辩论（Smythe，1977）所揭示的，北美传播政治经济学与欧洲以及第三世界传播政治经济学研究有不同的思想起源和学术传承，虽然彼此都是采取政治经济学的分析路径，但在考虑政治、经济、文化、意识形态等因素的显著性（significance）上是不同的，北美传播政治经济学的学术传承大多限于师生、同事之间，或者一个系所之内，体现了较为单纯的谱系，在演变过程中体现了鲜明的一致性，虽然理论和方法在不断丰富，但在处理政治、经济、文化因素在权力场域中的秩序时，体现了一个独特的指向。所以，研究传播政治经济学的北美传统，可以凸显北美学派的独特之处，呈现其与其他相邻学科和分支学科的分歧和交叉，再现北美传播政治经济学的独特价值和理论贡献。

1.2　选题意义

1.2.1　理论意义

研究北美传播政治经济学，就是为了更加深入地认识它，既为认识北美传播政治经济学理论本身，也为完善和发展传播政治经济学流派提供一些知识增量。本书试图通过梳理传播政治经济学的发展历程，正本清源，还理论以本来面目，澄清学界对北美传播政治经济学的误解。伽达默尔（Hans -

---

① 一般地说，"新闻界"（press）的概念适用于印刷传播和电子传播时代早期。在 20 世纪 50 年代后，电子传播迅速发展，press 的概念逐渐不能代表整个媒介产业。

Georg Gadamer）在《真理与方法》中提出了"解释学循环"概念，指出解读文本时存在作品本身与作者心理状态的循环。人们在理解文本时，总是受自己所处的历史语境和知识结构的影响。我们在理解北美传播政治经济学的过程中总是带有我们自己的知识框架体系，导致我们对传播政治经济学采取了拉斯韦尔（Harold Lasswell）所说的"选择性接触"和"选择性理解"的方法。作为批判学派的传播政治经济学一直是站在美国传播工业和主流传播研究的对立面进行立论，我们由于多年受意识形态化马克思主义的影响，对美国式的传播制度和传播研究有一定的抵触心理。很多人带有"敌人的敌人就是我们的朋友"的观念，对北美传播政治经济学较为青睐。我们在解读北美传播政治经济学文本时总是易于采取霍尔（Stuart Hall）所说的协商式（negotiated）甚至主导霸权式（dominant－hegemonic）的解码（Hall，1980），认为北美的传播政治经济学研究与我们对美国传播工业和主流传播研究的认知是一致的，进而不加批判地接受和采纳。研究方法上的分歧也影响我们对北美传播学研究的态度，我们对定量研究认识上的偏差和定量方法训练的不足，导致我们对偏向于定性研究的传播政治经济学偏爱有加，而往往对定量的经验和行政研究抱有偏见。这些文本解释上的"偏见"导致我们对北美传播政治经济学一直有一定的误解。已故作家迈克尔·克莱顿（Crichton，2004）说：有预设立场的"科学"研究是危险的，与"神学"无异。本书试图打破和远离这种预设的立场，从客观、科学的态度出发，再现北美传播政治经济学的原貌，梳理该学派的历史流变，凸显该学派的内在结构和理论旨归（theory commitment），并进行整体性的把握，剖析思想体系，把握思想演变的内在逻辑，通过研究思想本身来理解思想路径，分析其作为一个理论流派的合理性和贡献，审视其给传播研究领域甚至整个学术界所带来的知识增量。

1.2.2 现实意义

以史为鉴，可以知兴替。历史研究是一种有价值的研究方法，主要在于通过研究获得大量史实，服务于现在，理解现实问题，为现实决策提供依据，同时以史为鉴，预测未来趋势，实现"期望"和"预防"。马克思主义历史学家霍布斯鲍姆（Hobsbawm，1997）说：史学不仅为发现历史，还要解释历史，并且提供与现实的联系。钱穆也说"史学之真贡献"就在于能对当时事务有贡献，要"言顾行，行顾言"，思想从实际措施中求证验（钱穆，2001：153）。本书希望通过研究北美传播政治经济学的学术史，一方面，认清美国商业化媒介体制的本质及其所面临的危机，避免重蹈覆辙，为我们发展替代性的媒介制度提供宝贵经验；另一方面，借鉴其传播研究路径和媒介改革策略，为中国的传播研究和传播实践服务。

西伯特等人（Siebert，Peterson & Schramm，1956）的《报刊的四种理论》将世界的媒介体制和理论分为两种类型（自由主义媒介理论和威权主义媒介理论）和四种变体（自由主义理论、社会责任论、威权主义理论和苏维埃共产主义理论）。北美传播政治经济学者一直将此书作为批判的对象（Smythe，Guback，1993），认为所谓的自由主义新闻制度根本不是最理想的传播制度，只是资产阶级利益的掩饰，并一直寻求替代性的传播体制。中国的媒介制度作为西方商业媒介制度之外的一个异类，一直受到传播政治经济学者的关注，不断有学者将中国的传播业与西方的尤其是美国的传播工业进行对比分析。传播政治经济学者所极力提倡的公共所有和公共控制下的公共传播体制，与中国的社会主义公有的传播体制有很大相似性。研究北美传播政治经济学可以吸取他们对我国传播业的独到判断，也可以澄清他们对中国传播业和制度的误解，他们的政策思考和理论探讨能为我们建设和完善中国的传播体制提供借鉴。

传播政治经济学奠基人斯麦兹（Dallas Smythe）就曾到过中国，并用自己的所学所思，对中国媒介发展提出建议。[①] 这些建议现在看起来不无裨益。他的预言和警告，很多后来被证实。北美第二代、第三代传播政治经济学者也关注蓬勃发展的中国传媒业，尤其20世纪90年代后中国传播业迅速发展，中国的传媒业成为他们重要的研究主题之一，他们在批判美国传播工业的同时，也在思考和评估中国媒介制度作为美国完全商业化传播体制之外的一个替代性媒介制度的可能性。他们对中国媒介商业化、媒介改革等方面的分析和研究，能够为我们提供一个旁观者清式的参考，可以使我们避免重蹈美国商业化传播体制的覆辙，结合中国的国情，更好地推进中国的媒介改革。本书希望通过对北美传播政治经济学历史的梳理，澄清学界和业界对该学派的误解，为未来将该理论运用

---

① 他于1971年底访问中国，并到北京高校中调研，进行了多次演讲，警告中国在采用西方新的传播技术和商业传播体制时需要谨慎。回国后写作了《自行车之后，是什么？》（After Bicycles，What?）一文，当时广为传诵，但一直没有发表。

到对现实传播业的分析和媒介制度的改革提供一个更加科学和合理的理论依据，希望为传播工业发展尤其是中国传播业的发展提供一种指向。

1.3 研究综述

北美传播政治经济学作为传播研究中的一个重要流派，丰富了传播研究的理论与方法，强化了传播研究作为一个学科的身份，但并没有引起足够的重视。比如在 2000～2007 年的引用率排行中，没有一位是传播政治经济学者，或者是采取政治经济学视野进行传播研究的学者。[①] 而且传播政治经济学者仍然局限在少数大学和研究机构中，并未出现遍地开花、人才济济的局面。伊利诺伊大学（University of Illinois）最早集中了斯麦兹、席勒（Herbert Schiller）等学者，斯麦兹和席勒离开之后，又分别在加拿大西蒙·弗雷泽大学（Simon Fraser University）和加州大学圣地亚哥分校（University of California，San Diego）建立了微弱的立足点。到现在，北美从事传播政治经济学研究的学者数量不多，分布不广，主要分布在美国中西部大学，如伊利诺伊大学、威斯康星大学、加州大学圣地亚哥分校、俄勒冈大学（University of Oregon）和加拿大的女王大学（Queens University）、西蒙·弗雷泽大学等，仍然处于美国主流传播学界的边缘。

传播政治经济学产生之初，该领域内就有学者不断将该学派与主流经验、行政研究进行对比，并不断反思、更新和完善自身的理论路径和方法。同时，领域外的其他学者也从自身的视野出发对北美传播政治经济学派进行批判性评价和解读。目前关于北美传播政治经济学的研究文献主要分为以下几类。

1.3.1 传播政治经济学的系统总结和探索

奠基人斯麦兹早就对传统理论和批判路径进行了比较分析，他挑战了传播研究对科学主义（scientism）和控制实验的依赖，否认严格的逻辑和细致的观察作为唯一可行的研究证据，认为传播领域研究有着自身的逻辑和价值观系统，经验主义式的社会科学观察不是传播研究的唯一法则，而

---

① 在 2000～2007 年的社会科学引用索引（Social Science Citation Index）中，排名前十位的传播学者分别是 Manuel Castells, Stuart Hall, Elihu Katz, Robert Entman, Michael Schudson, George Gerbner, James Carey, Kathleen Jamieson, William Dutton, Henry Jenkins。

霍夫兰（Carl Hovland）、拉扎斯菲尔德（Paul Lazarsfeld）、克拉普（Joseph Klapper）等人的经验研究都有一定的框架。他主张学者要自我反省传播中存在的伦理问题，重新建构大众媒介的效果研究；应该关注历史的研究，研究传播受到什么外力的影响，如何被商业化；应该关注传播的理论前提和偏见，确保科学研究的完整性（Smythe，1954）。

丹·席勒较早地对传播研究尤其是批判的传播研究史进行了梳理。不同于传统传播学史的研究路径，他独辟蹊径，从"劳动"入手，关注传播产业中劳动的角色。他借用亚里士多德的"思想行为"（intelligent action）的劳动概念，认为传播活动是人类自己表达和思考的自我活动（self-activity）能力，传播业中思想劳动是人类生存的显著特征。他借用马克思"劳动分工"的概念和葛兰西"知识分子创造性的思想活动"的概念，指出了传播工业中体力劳动和脑力劳动之间的分工趋势，认为传播工业中存在广泛和显著的劳动组织对抗和政治运动（D. Schiller，1996：29）。

莫斯可（Vincent Mosco）① 首次对传播政治经济学进行系统总结，他从认识论、本体论和方法论三个起点总结政治经济学的主要视野和解释传播的路径，梳理传播政治经济学的思想起源以及当代流变，并以存在论的姿态将这个学科路径置于社会变迁和社会进程的背景下，明确界定了传播政治经济学的概念。他还从商品化、空间化和结构化三个切入点着手，对传播政治经济学进行反思，认为这个学科应该紧紧地基于更广泛的社会统一性分析，研究社会生活的控制和生存，优先考虑理解社会变迁和历史转型；避免传播本质主义，寻求媒介的去中心化，将传播系统视为社会根本的经济、政治、社会和文化发展过程中不可分割的一部分，这是一个交换的社会过程，它们的产品是社会关系的标志和化身（Mosco，1996：213）。他同时建议传播政治经济学应该借鉴两个接壤的路径和学科——文化研究和政策研究，认为应该学习文化研究的哲学路径，面向主体性和更广的包容性，坚持现实主义的认识论，关注普通人，不应该回避和忽视对劳动和劳动过程的研究。同时要学习政策研究的公共选择理论和多元论，将传统的经济学理论运用于政治科学，发展出一个政策科学分支。

传播政治经济学中最激进的代表麦克切斯尼则强调当前传播研究和传

---

① 莫斯可早年在哈佛大学获得社会学博士学位，并担任著名社会学家丹尼尔·贝尔（Daniel Bell）的助手，后与丹·席勒（D. Schiller）、瓦斯科（Janet Wasko）等人短暂共事并频繁合作。其《传播政治经济学》是第一本系统研究传播政治经济学流派的论著。

播政治经济学所面临的危机和机遇。他认为不仅传播工业已经面临拐点，传播研究和传播政治经济学也面临拐点，且目前的拐点正在激励和帮助传播研究转型，给传播研究带来了前所未有的机遇。他认为传播研究应该与历史紧密联系，进行替代性和独立媒介的历史研究，应该研究社会运动与媒体动员，重视劳动、社会主义、女性主义、移民或非裔媒介（McChesney，2007：202）。他总结了传播政治经济学的两个维度：一是考察媒介和传播系统的关系，包括考察界定媒介系统与媒介内容的市场结构、政策和补贴机制、组织机构，以及更广的社会结构等；二是关注所有权、金融机制，如广告和政府政策如何支持媒介行为及内容，重视传播生产、流通和消费的结构因素和劳动过程。他认为媒介政治经济学就是致力于理解媒介在社会中的角色，理解媒介系统如何鼓励和压制社会公众的治理和参与民主，并强调政治经济学路径应该成为传播研究的基石。

加拿大华人学者赵月枝①是将传播政治经济学引入中国的启蒙性学者，她不但在北美学术界运用政治经济学的路径分析中国的传播业，还积极为中国学术界引进和评介传播政治经济学派。她认为传播政治经济学的学术发展与资本主义体系在全球范围内的建立、急剧扩张以及与之相抗争的社会运动的发展密切相关。这一学派不仅弥补了侧重行政导向与市场导向的美国主流传播研究之缺失，还解构了主流传播研究的知识生产与社会权力关系（曹晋、赵月枝，2008）。赵月枝梳理了作为批判学派的传播政治经济学的学术起源和发展，并把传播政治经济学分析模式解构为以下四个相互关联的主要组成部分，即提供背景/语境（contextualizing）、图绘（mapping）、衡量（measuring/evaluating）、实践（praxis/intervening）（赵月枝、邢国欣，2007），从而提供了分析、评价和运用这一研究取向的新视角。

郭镇之（2002）将传播政治经济学研究传统分为三大分支——自由主义、马克思主义、制度学派，认为传播政治经济学的学科母体或者方法论是政治经济学，研究对象是以传播媒介为核心的人类传播行为及其活动。刘晓红（2003）的博士论文《大众传播与人类社会——西方传播政治经

---

① 赵月枝早年毕业于中国传媒大学，后来在加拿大西蒙·弗雷泽大学获得博士学位，曾与席勒父子在加州大学圣地亚哥分校共事，现任教于西蒙·弗雷泽大学。

济学的诠释》，梳理了西方传播政治经济学理论渊源、研究原则和方法，并根据西方传播政治经济学产生与发展的历史背景、发展状况以及研究主题的演变，将其发展脉络纵向分为三个阶段，并指出了不同阶段的特征、主要研究课题和主要作品等。她将传播政治经济学的研究话题归纳为六个方面：大众传播工业的生产与消费，国家、企业与大众传播，大众传播与社会民主，大众传播与民族国家、民族文化，传播技术与民主社会，传播的阶级分析。她指出了传播政治经济学在整个传播研究中所处的边缘化地位以及所具有的重大理论和现实意义，特别强调了传播政治经济学对于我国当前的新闻业改革所具有的警示作用。

加拿大学者 Graham（2007）考察了传播政治经济学在历史和当代语境下的意义，强调新的政治经济模式需要新的视野，主张新的政治经济学应该理解意识生产的方式和价值的生产过程以及意义转变的形式。后来 Graham（2011）又指出了政治经济学的四个转变：①所有权和控制权的分离；②商业和工业的分离；③解释和责任的分析；④主流的考量压倒边缘的考量。他主张政治经济学从传统的资本主义向法团主义转型，其中公共和私人、国家和个人利益已经重新界定了，理解集团话语和政治经济的关系需要新的分析框架，政治经济学需要重新概念化才能获得大量的问题和相应的答案。Christian Fuchs 和 Dwayne Winseck（2011）认为，研究媒体政治经济学首先应该是辩证和批判的，并提出了媒体政治经济学的四种路径，即新古典主义媒体政治经济学、激进媒体政治经济学、熊彼特制度媒体政治经济学、文化工业学派。

Hardy（2014）对传播政治经济学进行了中期回顾，既有担忧，也有希望。他看到批判性政治经济学已经在当代的媒介工业、融合文化、媒介政策、比较媒介体系的研究中被忽视和取代，变成了一种过时的范式，被更先进的当代的理论分析所取代。但是，批判性政治经济学的范围和研究质量证明它仍然处于健康的状态，而且的确在复兴。虽然媒介的批判性政治经济学传统内在出现了分化，但是体现出了一些共同的特征，它不是以探讨的对象或者是使用的研究方法为特征，而是关注学者质问的问题和方向。它主要是受马克思主义和民主政治的驱动，质问传播权和实现民主的条件的问题。媒介的批判性政治经济学采取的是批判的现实主义路径，探究与传播资源的政治和经济组织相关的问题。批判性政治经济学的核心诉求是媒介工业不同的组织和融资方式对媒介内容的范围和性质具有重要意义，影响着媒介内容被消费和使用的方式。批判性政治经济学认识到媒介工业生产的产品同时是和经济与文化相关的，这个路径呼吁关注意义生产的符号和经济维度的互动。他还提出了政治经济学的三个研究方向：一是认真研究传播工业中的媒介所有权，融资和支撑机制（如广告），文化生产的劳动和社会组织，以及政府的安排如何影响媒介市场、媒介行为和内容；二是不同的媒介组织方式：商业的、国家的、公共的媒体和它们复杂的结合体的影响；三是媒介和传播系统以及社会系统的组织方式之间的关系。

传播政治经济学的代表人物瓦斯科（Wasko）近年重申了政治经济学路径的重要性，她认为政治经济学必须被优先考虑，政治经济学是传播研究的根基，传播政治经济学不一定拒绝文化分析，它并没有忽视文化和受众。但是她也承认自己不是文本分析专家和话语分析专家，但是可以和其他人合作。很多人拒绝政治经济学的理由是认为政治经济学是错的，或者过于政治化了，实际上这种看法是不对的。她主张传播政治经济学应该研究创意产业、文化生产、媒介融合，不能忽视历史概念，应该去看看谁在受益，关注所有权和控制权的议题，以及财富的分配。她批评很多学者忽视了财富的分配，广告支持媒介的角色没有受到太多批判，反而被认为是支持媒介最好的方式，而不是质询其结果。她还提醒我们需要记住葛兰西的名言"悲观的智慧，乐观的意志"（pessimism of the intelligence, optimism of the will）。

周人杰（2015）总结了西方传播政治经济学批判实践的新进展，包括：第一，对新闻管制放松的批判；第二，对新闻专业主义的透视；第三，对财经媒体价值的质疑与否定；第四，对新媒体草根性的辨析；第五，对政府公共补贴的呼吁；第六，对受众商品理论的扬弃；第七，对国际传播关系的反思。

1.3.2 传播政治经济学和其他学科的关系

还有一些文献关注传播政治经济学与其他学科的关系，主张将政治经济学的视野与其他学科结合，完善传播政治经济学的路径。

讨论最多的当数批判学派的两个分支——传播政治经济学和文化研究的关系。斯麦兹发表《传播：西方马克思主义的盲点》（Smythe，1977）后，引发了英国政治经济学、英国文化研究、美国政治经济学、美国文化研究学派之间围绕文化研究和政治经济学关系的争论。英国政治经济学者默多克（Garham Murdock，1978）认为任何媒介产品都有经济和文化两个层次，斯麦兹过度强调了经济而忽视了文化，他主张嵌入媒介商品中的图像、观点、形象、叙事、性格和表演等都需要研究。另一位英国政治经济学者加汉姆（Nicholas Garnham，1995）则认为政治经济学和文化研究的对抗是基于对政治经济学的根本误解，文化研究必须基于重建与政治经济学的关系。他认为文化研究产生于政治经济学的一系列假设，内在地继承了政治经济学的根本假设和作为批判学科的合法性，二者同源同根，近几年才重新分开。美国文化研究学者高士柏（Lawrence Grossberg，1995）则否认政治经济学与文化研究的关系，他认为文化研究和政治经济学从来都没有那么亲密，它们更像是同胞，从来都是分开的。文化研究也从来都没有拒绝政治经济学，而是拒绝某些政治经济学者的政治经济学研究实践。加拿大学者 Babe（2003）总结了政治经济学和文化研究的争论，从加拿大先驱因尼斯和麦克卢汉的视角指出文化就是商业，商业就是文化，金钱是媒介，同时也是信息，没人能否定文化/文化产品和经济/政治的互动关系。他还提出批判性政治经济学者应该挖掘威廉斯文化唯物主义的根基，综合批判性政治经济学和批判性文化研究（Babe，2008）。Sayer（2001）主张政治经济学研究需要发展对当代社会的批判理解，需要批判地看待经济活动的社会和文化内涵以及资本积累机制和不平衡发展的后果，关注阶级政治经济学。Heuman（2003）则主张超越政治经济学和文化研究的争论，走向"文化经济学"，关注文化产品的经济形势、结构和实践。Mir-rlees（2013）指出更大的趋势不是结合，而是取代批判性政治经济学，文化主义传统批判政治经济学是简化论的、文化平民主义的、日益适应体制的，接近了拉扎斯菲尔德所说的行政研究，而不是批判研究。批判性政治经济学被认为是简单化、不充分和过时的。米韩和瓦斯科则主张创造一个更加精简的、更容易被接受的非政治经济学或是一个更广泛、更相关的文化研究（Meehan & Wasko，2013：156）。

香港学者杨茵娟（2004）分析了三种传播研究典范——结构功能主义、政治经济学与文化研究的冲突和对话，解释了这三种传播研究典范与当时美国社会背景、历史状况及主流社会思潮间的关系，并回顾了每种典范的代表人物，探讨了每一典范的解释及存在的缺陷，并寻求典范之间对话与沟通的空间。刘晓红（2005）将文化研究与政治经济学路径的关系分为短暂共处、尖锐对抗、沟通和借鉴三个不同的阶段，并分析了文化研究与传播政治经济学互相借鉴的前提，认为二者具有一定的左翼立场，都认为自身担负着维护社会公正、公平的义务，正是这种政治立场，使二者具有从对抗走向联合的可能性。Fuchs（2012）指出批判理论和批判性政治经济学是互补的，应该在批判媒体和传播研究中结合起来。批判的学者今天应该介入学术和政治斗争中，创造一个基于公共物品和服务（包括传播物品）的更加公平的世界。米韩和瓦斯科指出批判研究者和乐观的学者彼此的立场是不一致的。她们提出一个问题：是创造一个更加剥离的、更可接受的非政治的政治经济学，还是一个更加简洁、广泛的、更相关的文化研究？她们呼吁中层的研究，仔细地分析资本主义的结构及其后果，包括其中的悖论。传播研究需要的是真正的批判，要在每一个层面上进行历史唯物主义的分析，而不是庆祝和重新认可现状（Meehan & Wasko，2013）。

甘迪（Oscar Gandy，1993）运用政治经济学的路径分析个人信息的生产、流通和控制，呼吁建立一个关于个人信息的政治经济学。他呼吁在晚期资本主义的批判理论中，大众传播的政治经济学者和其他人要紧密关注个人信息在社会结构中的位置问题。他主张以个人信息为一个有益的切入点，去建构一个权力理论，去解释不断出现的技术、市场、社会组织和意识结构的关系，寻求避免因强调市场角色而产生的拜物主义倾向。

美国的公民权和黑人权利运动启发了传播政治经济学者关注传播活动与种族关系的研究。吉特林（Todd Gitlin，1980）很早就涉及了电视中的种族问题，认为电视节目对现实世界的看法表达了白人中产阶级对黑人和黄种人下层阶级的感受，但他们并不知道黑人的真实感受和体验，反之亦然。种族对传播公司所有权和控制权的介入，影响了媒介内容的呈现和表达。莫斯可也认为，从全球视野来看，种族是国际劳动分工形成的一个核心力量（Mosco，1996）。甘迪的《种族与传播》一书提供了一个综合理解种族和民族在信息媒体演变中的位置的学术路径，他主张以吉登斯的结构概念理解社会现实，认为大众媒介很大程度上受到了资本主义市场逻辑的影响，导致了种族和民族的刻板成见在大众媒介中被生产、流通和维持，并抵制改变，影响了权力的分配、社会结构与政策制定（Gandy，1998）。他借用行为科学、政治经济学和当代文化研究的解释路径，提供了一个种族和民族领域内发展批判理论的研究日程，主张传播与种族研究应该理解种族在社会阶级结构中的位置，应该对影响生产、流通和接受过程的因素进行考察，理解并改变种族与传播以及其他社会机构的关系。

女性主义对全球父权制的挑战动摇了几个世纪以来被认为是理所当然的男性统治的社会实践和信仰，影响了全球的政治经济权力结构的运行。女权主义运动和女性主义思潮的兴起促使传播研究引入女性主义的视野。在北美传播政治经济学中，有一些学者专注女性主义与政治经济学的研究。女性主义传播政治经济学关注信息技术和全球劳动分工，女性工作者在信息和传播工业中的双重压力，集团中的家庭和性别关系以及女性与媒介的关系等。米韩（Eileen Meehan）① 是致力于女性主义传播政治经济学研究的代表学者，她主要从女性主义和政治经济学的视野考察电视和电影传播背后的权力和控制，提供了一个审视性别、权力和媒体联系方式的启发性视角。她认为社会等级建立在性别特权和经济地位基础上，所有的媒介结构、机构、过程和表达都是在金钱和性别基础上所形成的。她关注性别和金钱的特权对媒介的渗透，关注传播工业中女性的工作机会、工作模式、政策讨论和法律制定，还关注堕胎与反堕胎的女性主义权利，以及影视中对色情的监视、同性恋、女性士兵和工作中的性别歧视等，涉及了父权制等级制度和资本主义本身，提供了一个从个人的、经验的、制度的和结构的视野理解传播，解释性别和金钱是如何巧妙和复杂地嵌入我们个人日常生活的路径（Meehan & Riordan，2001）。Lee（2006）指出，在电子传播和新的信息与传播技术中女性主义研究是缺失的。她认为传播研究很少研究女性与电子传播工业的关系，在考察国际和国内电子传播政策时缺乏一个女性和性别视角的分析，缺少对所有权、市场结构和规制政策的讨论。她主张将女性置于全球财富分配不平等的语境下，用一个全球的女性主义政治经济学视角分析女性与新信息和传播技术的关系，并关注女性对新信息和传播技术的认识。同时她讨论国际电子传播发展和全球妇女贫困的关系，主张在一个男性与女性全球服务不平等分配的语境下，进行传播政治经济学、女性主义经济学和全球妇女贫困的批判研究（Lee，2007）。Youngs（2001）探讨了"女性时间"背后的政治经济学权力。她考察了时间的性别模型，并进行政治经济学、全球化和技术的跨学科讨论，论述了一个详细理解时间的性别等级和身份建构与维持的方式。她认为女性远

---

① 米韩于1984年毕业于伊利诺伊大学传播研究所，获博士学位，受古贝克、James Cary、Lawrence Grossberg 等人影响。

离了她们自己的时间，不管在家还是工作，女性的时间都被分配去服务于他人。McLaughlin（1999）梳理了女性主义、马克思主义、文化研究和政治经济学的分野，认为解决这个分离问题的办法是女性主义政治经济学融合唯物主义维度，而这只有政治经济学路径才能做到。

传播研究中也在不断引入民族志和人种志的研究，运用田野调查等人类学方法，研究某一特定文化群体或种族的传播行为。在北美传播政治经济学者中，彭达库（Manjunath Pendakur，1993）主张将传播政治经济学与民族志（ethnography）相结合。他指出传播政治经济学者关注宰制、依附和跨国关系，而没有关注国家内不同的文化群体对跨国媒介集团信息的接收和理解。他主张将民族志研究融入传播政治经济学研究中，关注不同的种族和文化在资本主义体系中所受到的传播技术的冲击、所做出的反应和改变以及控制和对抗问题。他希望民族志能够使传播政治经济学以抽象和具体的形式去解释社会现象，对社会变革做出贡献。

Williams（2005）主张将传播政治经济学与政策社团路径（policy communities approach）结合，强化传播研究和政策科学的联系，考虑权力如何推进政策议题，加强人民和组织影响政策发展过程的能力。他主张考察社会权力关系如何影响传播产品的生产、流通和消费，运用政策科学的后多元主义传统，尝试解释和分析政策制定过程中的权力差异。

Collins（1999）主张将政治经济学和文化分析结合来理解文化冲突和语言转变。Wittel（2004）则呼吁建立一个来自底层的政治经济学分析框架。他认为政治经济学的分析忽视了劳动的具体组成部分，主张传播政治经济学应该采用通往劳动、文化和主体性的路径，加强劳动研究，关注劳动的具体方面，而不是抽象的组成部分；应该考虑建构一个关注主体性和来自底层的政治经济学的可能性。

Sussman（1999）则将传播政治经济学称为"传播的批评社会学"，认为这个传统始于马克思，受反法西斯主义经济学家布拉第（Robert Brady）的影响，斯麦兹和席勒是战后最重要的两个先驱。他主张理解当代传播方式与产品、权力和意识形态机构的关系，关注当前时代全球解放、私有化和解除管制的关系。Paula Chakravartty 和赵月枝（2011）打破文化研究、后殖民理论、社会学和政治经济学理论的学科边界探讨新自由主义全球化，结合对国家、市场和市民社会的经验研究揭示和批判社会不公。Prodnik 和 Wasko（2014）提出回到基本概念进行整合研究，重视文化研究、国际传播、女性主义、种族－民族研究以及其他形式的社会研究。莫斯可主张关注当地的政治、经济，将转型权力和空间融合联系起来，为全球化与地方化的碰撞对人们的社会和文化生活的影响提供一个更清晰的解释，形成一个可能构成真正的对抗地理学的新策略（Mosco，1999）。

Park（2009）利用布尔迪厄的"惯习"概念来研究传播政治经济学，呼吁思想家需要积极进行政治活动，需要创造研究者和行动者之间新的传播形式，需要创造一个结构让社会研究独立于市场效率。传播政治经济学应该转向公众，与知识工人和其他劳动者同仇敌忾，理解经济权力的真正运作。

互联网时代，数字传播的议题引起了传播学者的关注。莫斯可主张分析媒介抗争的立足点，关注传播史和新旧媒体的转换以及媒介行动主义。他通过揭示新媒体时代的受众劳动剥削，呼吁建立数字传播的政治经济学（Mosco，2008）。Hearns－Branaman（2009）主张将传播政治经济学和公民新闻学相结合，关注市民社会领域和记者所受到的压制，揭示媒介背后的资本主义基础，比如亲资本主义意识形态、广告商的影响、对外包的限制，以及处于萌芽状态的美国式媒介体系，职业化、集团化、世俗化和聚合化对世界上发展中和转型国家及它们的新媒体系统的影响。

Downing（2013）将传播政治经济学运用于社会运动研究，并提出了十个需要关注的问题。①全球政治和经济的结合产生的社会运动带来了什么？②社会运动的目标和范围是什么，这些目标和劳动环境、人权以及其他领域相关吗？③社会运动的时间范围和当前阶段是什么，社会运动的出现、发展、衰落、休眠和媒体是什么关系？④怎样看待社会运动内部的不同倾向和派系的摇摆？⑤基层和领导层传播流动的力量和弹性如何？⑥社会运动媒介活动主义者可以运用什么媒介形式？⑦民主媒介实践获得和积累了什么经验？⑧在国家的监控和强力压制下，运动传播的效率如何？⑨主流娱乐和新闻媒体拥有多大程度的公信力？⑩使用数字网络媒体和使用传统媒介技术的社会运动之间是什么关系？

赵月枝（2011a）呼吁采用一个跨文化（transcultural）政治经济学路径来理解作为全球体系的一部分的中国媒体、传播和信息工业。她反对方法论民族主义，比如说用独特的中国方法来研究中国现象，而是关注中国进入全球传播体系中存在的结构性不平等、交叉性的问题。

Enghel（2015）主张将传播政治经济学运用于发展传播，考察国际发展传播的转型实践的障碍和限制及其政治经济学维度。不是从规范或者工具性的维度，而是要考虑物质环境和权力的不平等，也需要做好经验借鉴和理论建构的工作，寻求深入理解新自由主义的全球传播、媒介公民权和社会变革。

1.3.3　关于重要学者和概念的分析和争论

还有一些文献围绕个别北美传播政治经济学者和某些重要的传播政治经济学概念进行单独的个案分析。尤其是奠基人斯麦兹、席勒以及北美传统中最激进的代表麦克切斯尼是研究的重点。斯麦兹的受众商品论、席勒的文化帝国主义、赫尔曼（Edward Herman）和乔姆斯基（Noam Chomsky）的"宣传模式"则是被广为争论的关键概念。

莫斯可对席勒的学术遗产进行了总结。他认为席勒对几代的学者、政策制定者、媒介实践者和媒介积极分子有巨大影响。他集中分析席勒的生活经验如何影响他的工作和主要理论成果，认为席勒的思想贡献和影响就在于大大拓展了北美传播研究的领域，尤其是将一个政治经济学者的视野带入传播研究中（Mosco，2001）。

传播政治经济学中的一些关键概念也引起了很多争议，文化和媒介帝国主义是讨论的热点。华人学者李金铨（Lee，1980）将文化帝国主义看作全球媒介流通的三种主要路径之一。他认为虽然在理解第三世界国家所面临的全球媒介不平衡问题时，文化帝国主义的姿态比扩散主义路径（diffusionist approach）更加现实、更有见地，但是由于文化帝国主义的路径也被他们自己的马克思主义的修辞和意识形态所遮蔽，因此也不能充分分析全球媒介不平衡的真正原因。因此，该路径不能给第三世界国家政府提供一个现实和理智的媒介政策指导。Salwen（1991）则将文化帝国主义理解为一个媒介效果研究路径，基于对政府和集团的政策和实践的分析，理解文化帝国主义需要考虑文化遗产和行为模式，包括内容分析、新闻流通研究、政策研究、田野研究、批判分析和媒介效果研究。Mirrlees（2008）主张将文化和媒介帝国主义的旧理论与文化和媒介全球化的新理论结合，在政治经济学和文化研究路径之间，在国家、文化工业、国际关系、帝国主义、意识形态、霸权和流行媒体文化之间建立桥梁，去阐明制定地缘政治政策的美国政府和集团的结构、机构、政策、时间、中介和文本。

"受众商品论"是传播政治经济学领域内的理论热点，自从斯麦兹提出之后，就引起了广泛的争议。英国政治经济学者 Murdock（1978）指出斯麦兹虽然指责传播研究的单面性，但他的提议也是单方面的，斯麦兹对文化方面的分析被他关注的商业灌输所限制。传输给受众的信息、娱乐和教育材料无疑是一个诱饵，但关于什么东西真正被出售却语焉不详。面对质疑，北美传播政治经济学者 Jhally 和 Livant（1986）对受众商品论进行了修正和深化，认为广告商支付广告费用购买的是受众的观看时间。观众接受传播的过程不是消费过程，而是一个劳动过程，受众在观看附加物（extra）中工作，即观看他们并不想看的东西——广告。媒介的逻辑是，剩余观看时间的再生产，实际上是受众的观看权利被媒体出卖给了广告商。甘迪认为媒介生产的时间块（blocks of time）才是商品，只有当它们与受众交流的时候，受众才是商品，然后被出售给广告商（Gandy，1990：169）。米韩以分级工业的政治经济学分析对斯麦兹最初的模型进行了完善（Meehan，1984；1993）。她批评斯麦兹在分析受众市场时，太匆忙地假定制造等级和受众商品的衡量没有代理。米韩集中于受众分级服务商，认为消息和受众都没有被交换，只是被分级了。作为一个女性主义传播学者，米韩还关注受众在观看过程中不同的观看模式和行为体验，认为观看行为存在二层行为，或者三层行为，尤其是新的传播技术的发展加剧了受众观看模式的变化。她也从女性主义视角关注媒介劳动分工和产品消费中的性别歧视，认为性别在界定和区分受众商品中扮演重要角色，同时分级市场的结构受男性控制（Meehan，2001）。莫斯可对"受众商品论"做了补充性的解释，提出"控制论商品"（cybernetic commodity）的概念，认为受众商品具有控制论性质，大众传媒生产的商品，并不是实际的受众（所谓受众的人头数），而只是关于受众的信息（观众的多少、类别的构成、使用媒介的形态等）。同时受众商品是延伸的商品化过程（extensive commod-ification），商品化过程延伸到了机构领域，如公共教育、政府信息、媒介、文化、电子传播等公共空间的转型，甚至包括身体和身份的转型（Mosco，1996：153）。Maxwell（1991）也认为受众有一个代理，分级工业生产了受众的表达并作为一种信息商品被出售给广播者。他还更进一步指出分级代理是一种商品拜物教，掩盖了真正的社会经济关系。Chen（2003）认为受众商品是虚构的，电视经济只是维持信誉的积累。受众收看媒介内容，实际上是一种信誉的积累，这种信誉在广告商支持的传播系统中被生产和交换。电视经济和总体的资本主义关系依赖信誉的稳定性，作为剥削的一种前提。

关于受众商品论的争论中也有不同声音，Kim（2000）以马克思的商品、劳动、价值等概念对受众作为商品的概念进行根本上的否定。他认为，在资本主义社会中，只有商品才能被生产和出售。受众和受众时间都没有使用价值和交换价值，不是一种商品形式，也不是被出售的东西。Kim 认为广告商支付广告费用购买的不是受众的观看时间，而是传播不变资本，就是支付利用传播系统的费用，即不变资本。只是这个不变资本的价值被转换为广告费。受众承担的角色只是消费者和解释者，并没有任何生产性活动。这从根本上推翻了受众商品论的理论基础。

在新媒体环境下，受众商品论再次受到了冲击。媒介经济学者 Napoli（2008）重新思考新媒体环境下受众工作的功能和机制，认为在 Web2.0 时代，受众的活动被金钱化。受众在观看过程中，不仅是一个消息的接收者，也是一个创造者、发送者，受众延伸到了生产和流通领域，参与了在线内容制造、流通的各个层面。在新媒体时代，受众商品如何被制造、表达和衡量也遭遇了挑战。Bermejo（2009）将市场研究工业称为受众的制造者，指出在不断竞争的过程中，受众分级工业存在垄断趋势。在互联网时代，受众制造工业面临方法论上的挑战，处于持续危机状态，网络时代试图复制广播时代的受众制造模式已经不可能，在线受众的数量、受众时间和受众行为都发生了重大的改变。他认为应该挑战传统的认为受众的观看时间被出售的概念，而代以"互动借用的过程"，正是受众、媒介、广告商的相互表达和接受才是被出售的东西。Nixon（2012）指出斯麦兹的受众商品论是一个有用的起点。历史唯物主义辩证法理性是唯一避免分隔思想和现实的途径。文化和仪式的生产必须在社会生产的整体性中被理解，马克思主义的辩证法是联合批判理论和真实人类历史的工具。Fuchs（2012）延伸了受众商品论，通过数字劳动争论，指出了数字劳动的剥削现象，包括压制、异化和支付的过程。

赫尔曼和乔姆斯基的"宣传模式"也引起了广泛的反响，被批评为阴谋论（Rai，1995）、机械化、功能主义，不能解释媒介职业主义和客观性。美国主流传播研究学者恩特曼认为赫尔曼和乔姆斯基以越战的新闻报道为案例实际上是阴谋论（Robert Entman，1990：126）。戈尔丁和默多克认为宣传模式关注策略上的细节，忽视了系统的内在矛盾（Golding &

Murdock，1991）。赫尔曼自己对这个模式进行多次的修正。他认为宣传模式并非暗中进行的"阴谋"，而是被引导的市场系统，属于自由市场分析，媒介受到市场、政府和内在的组织压力，媒介中存在内化的宣传模式是不可否认的。Klaehn（2003）对宣传模式进行了辩护，认为宣传模式并不等同于把关人理论，宣传模式并不假设媒介总是做出有意识的决定去与精英利益一致。这是一个结构模式，因此不是理论化的社会心理过程。

米韩和瓦斯科区分了研究文化工业和文化产品的新路径，认为显学（celebratory）是媒介经济学，而语境化的路径被称为媒体政治经济学，后者被批评、指责、误解为经济决定论，被指责忽视媒介工人、产品和受众，她们进行了有力的反击，认为在政治经济学者、文化研究学者和社会研究者之间的对话和合作中产生了一系列成果（Meehan & Wasko，2013）。

进入 21 世纪以来，传播劳动成为传播政治经济学的焦点。Christian Fuchs（2014：8）指出，马克思的写作和马克思主义理论提供了一个丰富的类型体系，可以用来批判地理解数字劳动和其他形式的劳动。马克思主义提供了对阶级、剥削、价值和劳动的批判传播研究，值得传播政治经济学借鉴。

1.3.4　研究述评

目前探讨北美传播政治经济学理论本身的文献数量有限，大多是本领域内学者自己的总结和归纳，领域外的学者似乎对梳理整个传播政治经济学领域兴趣不大。本领域内学者的梳理由于受到自身研究取向的干扰，未免对该领域有所偏爱，研究结果的科学性受到学者立场的影响。而且少量梳理传播政治经济学学术本身的研究大多是对整个传播政治经济学理论的总结和归纳，都是将该学派与欧洲和第三世界国家政治经济学置于一个大的政治经济学视野下进行考察，而没有将北美传播政治经济学抽离出来，正如 20 世纪 70 年代末出现的重要的思想史事件——"盲点"辩论所显示的，北美传播政治经济学与其他传播政治经济学流派存在重要的分歧，而且各执一词，互不相让。对整个以政治经济学视野对传播现象进行分析的批判学派进行整体性研究，抹杀了北美传统的独特性，模糊了北美学派的面目，也难以看出北美传统的学术传承和代际推演。尤其是在当代所谓的语言学转向和后现代转向下，北美传播政治经济学的研究几乎被所谓的文化分析浪潮所淹没。所以，有必要重新树立北美学派的理论旗帜，凸显该学派在传播研究中的地位。

其他对传播政治经济学理论本身的探讨也大多是对个别学者和关键概念的分析和评估，或者探讨传播政治经济学与其他分支学科的关系，显得破碎、零散，缺乏对理论本身的元理论分析，同时也未将该学派看作一个话语体系和北美学者的话语实践，没有涉及该学派背后的权力关系的分析。

所以，有必要将北美传播政治经济学作为一个独特的传播研究流派进行单独研究，有必要呈现传播政治经济学北美传统与其他传统以及其他学术流派的区别，使北美传统的轮廓更加清晰，澄清人们对北美传播政治经济学的误解，加深对该学派的理解，为进一步的发展和完善奠定理论基础。

1.4 研究路径和方法

本书以档案文献为研究对象，主要采取基于质化社会科学（qualitative social science）的人文社会科学研究方法，采用多种分析方法，包括精读（close reading）、描述（description）、历史研究（historical analysis）、访谈（interviews）、文本分析（analysis of texts）、档案研究（archival research）、哲学分析（philosophical analysis）、多媒体文本分析（multi-media textual analysis）、解释现象学（hermeneutic phenomenology），以及建构主义（constructivist）等方法。

1.4.1 历史研究法

英国思想家培根说，读史使人明智。自从科学方法和量化研究成为人文科学的典范（paradigm）后，许多研究方法走向了衰落，但历史研究法久经考验，流传至今，主要是因为历史研究具有其他研究方法所不具备的价值。面对浩如烟海的史册资料，历史研究法不可取代。历史研究以过去为中心，将错综复杂的史料加以整理、分析、破译，利用现存资料、信息去描述、分析和解释过去的过程，深入研究，寻找事实，对史料进行客观评判、解读、鉴定，梳理历史事件的来龙去脉，以系统而严谨的程序和方法分析过去事件和制度的前因后果，使各自分立不相关联的史实发生关系，探索发展规律，吸取往事的成败经验和教训，以便作为了解现在和预测未来的基础，避免重蹈覆辙，起到以古鉴今、鉴往知来的作用。历史研究比较偏向于质化的研究，其信度和效度无法被量化。

作为一个类似学术史的研究，本书首先采用的就是历史研究（historical research）方法，包括研究设计、搜集史料、史料解读、史料分析等具体的程序。首先，确定研究问题，即作为传播研究中批判学派分支的传播政治经济学的北美传统。其次，收集史料。史料收集的原则是尽量避免与别人的研究成果重复，同时注意收集别人的研究成果。将北美传播政治经济学领域内的史料都收集起来，然后进行史料的鉴定，分辨重要学者、代表性学者和代表性著作。再次，进行史料解读。根据文献的重要性程度进行精读、略读和浏览。最后，进行评价分析，抽象出一般性的结论，对研究问题进行分析和解释，解释北美传播政治经济学的因果关系、源流演变、内容、性质，评价北美学派的历史价值和理论意义。一般来说，学术史研究有三种做法①：一是还原学术史的本来面目，图绘（mapping）学术的演变过程，梳理其中的学术传承关系；二是批判地分析其研究理论假设、逻辑推演和结论，提出不同见解；三是填补空白，探索学界没有探讨的领域，完善学术本身。笔者的路径是将第一种和第二种结合，既梳理北美传播政治经济学的理论渊源和演变过程，也试图批判地分析理论本身，提炼该理论的元理论。本书旨在与传播政治经济学进行平等对话，打破对权威的膜拜，围绕问题本身，对该学派进行元理论的分析，并进行反思和批判。

在学术史的书写中，我们应该兼顾和结合国内外、中西方不同的思想史方法。当我们把眼光放在国内，无法绕开的是哲学史大师冯友兰的思想史方法。本书还将采用冯友兰先生"照着讲、接着讲、对着讲"的思想方法（冯友兰，1999）。冯友兰自认所研究的中国哲学史是"接着讲"，而不是"照着讲"。在他看来，所谓"照着讲"，就是治史，而不是治学。"照着讲"是一种抱残守缺、拒绝进步的态度，"接着讲"则是一种推陈出新、继往开来的态度。在他眼中，学术史的研究太多是跟着讲、照着讲、顺着讲，而很少接着讲、对着讲、反着讲，过分呵护传统而致僵化，不去反思和质疑传统，习惯于常态思维，众口一词，而不习惯于非常态思

①　这个思路来自 2008 年 11 月与传播学术史专家、伊利诺伊大学传播研究所教授 John Nerone 的访谈。

维。从"照着讲"到"接着讲"是冯友兰对思想方法的一种革新。当然，这种革新并非后者否定前者，而是继承和发展，"照着讲"是为"接着讲"服务的。思想方法的革新不仅仅是一个简单的方法变化，更在于一种思维方式的转变。本书作为一个学术史、思想史、观念史的研究，秉承冯友兰的思想方法。首先是"照着讲"，厘清理论的本来面目，梳理理论起源、奠基、诞生、繁衍、拓展的历史进程。其次，"接着讲"，对理论进行归纳还原，不唯上、不唯书、不唯众说，从自己的视角对理论的特征、价值、贡献进行全面的把握。最后是"对着讲"，通过平等的对话，围绕问题，关注论证本身，反思该学派的理论前提、论证过程和结论中存在的问题，尽可能地去完善这个学术流派。

当我们把眼光放到西方，不得不提"语境化与去语境化"的思想史探索方法。人类对科学本性的理解是动态的和不断发展的。科学哲学将科学理解为语境中的产物，认为科学研究是在去语境化（de‐contextaulization）与再语境化（re‐contextaulization）的进程中不断接近真理的过程。法国哲学家保罗·利科（Paul Ricoeur）提出文本解读的两种方式：一种是高度语境化（hyper‐contextaulisation）的解读，另一种是去语境化的解读。前者力图从文本产生的具体社会语境中理解文本，尽可能将文本还原成作者的思想，从而领会作者的本意；后者则倾向于从解读者自身的问题关怀出发，从文本中发现可以运用于其他社会语境的思想资源，将思想和行为剥离出历史语境，截断上下文关系，以自己的思维方式去理解他人的行为和思想，让文本本身形成自我完善的探求和理解目标。与利科的两种解读方式相对应的是观念史的两种研究路径。目前历史学界有两种正统的观念史研究路径。一是坚持认为正是宗教、政治和经济等语境因素决定了文本的意义，所以主张必须使用一定的框架去理解文本。与此相对的路径是坚持文本的自治，将文本看作自己意义的必需关键。剑桥学派的两个大家分别代表了这两种倾向。剑桥学派代表人物波科克（John Pocock）主张语境主义，在历史语境中解读经典，充分理解经典所处的"生态环境"，认识到它与此前、此中社会与知识问题的复杂交缠。同属剑桥学派，以斯金纳（Quentin Skinner）为代表的惯例主义者（conventionalist）则认为必须将文本置于同时期的冲突或者讨论中去理解文本。语境主义者却否定作者的意图，因为他们认为范式决定了意义，而惯例主义者认为文本的意义包括作者的意图，是当时惯例的体现。语境主义者想要将文本置于共享的教义和假设的范式中，而惯例主义者集中关注由相同问题而引发的语言行为和讨论。斯金纳（Skinner，1969）主张尽量不去专门研究主要的理论家，而是集中探讨他们作品比较一般的社会和知识源泉，包括在此之前的著作和所继承的关于政治社会的假设，以及同时代的社会和政治思想贡献。剑桥学派的斯金纳和波科克都认为在理解文本时，至少文化的语言语境是必需的，或者是足以保证理解的，都主张必须将文本放置于一个合适的语言语境（linguistic context）。本书将结合语境化和去语境化，结合语境主义和惯例主义，既考察北美传播政治经济学产生、发展的语境因素（政治、经济、文化因素和社会思潮），也考察当时的语言语境，结合当时其他学科、学术领域的争论、交锋、融合，全面展现该学派在北美学术场域中的位置和姿态。

　　本书首先通过语境化，将北美传播政治经济学置于历史语境和语言语境中，让文本在语境中产生意义，结合历史语境和学者个人的教育背景和生活阅历，对代表性学者的经典文本进行细致解读，理解学术起源、产生、演变、拓展背后的诸多因素；通过社会生活、文化和环境去理解观念和概念的内涵，强调决定经典文本意义的政治、经济、文化等因素；通过研究北美传播政治经济学的观念史，提炼学者的共同观念作为该学派历史延续性的明证，将不同思想家的不同观念理解为历史序列中的扬弃或发展，并使用"外部法"，从外在于思想的社会、政治及经济条件的变化中寻找思想的含义，尤其注重从经济基础与上层建筑的相互关系中审视文本的意识形态。其次，去语境化。德里达（Jacques Derrida）称文本之外一无所有，强调经典的共性，认为文本不能告诉我们文本之外的任何东西。一个文本产生意义的必要特征就是它超越了自己产生的心理和社会条件，使自己走向一个无限的阅读系列，允许无限地被解读，产生意义。本书通过去语境化，将该学派剥离出历史语境，在不同的社会文化条件下，分析其作为一个学科和流派的普适性，思考北美传播政治经济学是否具有语境超越时空的特质，是否经得起语境变迁的考验。再次，再语境化。经典的文本应该允许读者在他们自己的语境中将文本再语境化，一个文本应该有潜力超越作者的意图生发新的意义。本书在梳理学术源流和反思学术本身的基础上，将理论置于当代的语境下，提炼北美传播政治经济学的元理论，分析其是否可用于分析当下新媒体语境下的传播工业，并揭示北美传播政治经济学的理论精髓放在当代的新媒体语境下是否还具有意义和价值。

1.4.2　文献分析法

本书主要的研究对象是文献，所以文献分析法是重要方法之一，但并非严格的贝雷尔森所说的内容分析法。[①] 文献研究法主要指搜集、鉴别、整理文献，并通过对文献的研究，形成对事实的科学认识的方法。内容分析法通过对文献的量化分析、统计描述来实现对事实的科学认识。二者的区别是在分析的重点和手段上有所不同。内容分析法将非定量的文献材料转化为定量的数据，并依据这些数据对文献内容做出定量分析，做出关于事实的判断和推论。内容分析法对组成文献的因素和结构的分析更为细致和程序化，因此比文献分析法更加客观、系统、量化。但是，北美传播政治经济学作为一个延续了半个多世纪的学派，文献繁多，风格各异，其理论观念散见于各种书籍、期刊、会议论文和研究报告中，使用量化的内容分析法显然不现实。另外，考虑到研究者的精力、时间等因素，故只能抛弃内容分析法。本研究主要采取简单的文献分析法，通过提出课题和假设，进行研究设计，搜集、整理文献，进行文献综述和解读，实现对北美传播政治经济学的科学认识。

美国传播研究从社会学中衍生，并深受社会学的影响，尤其是在研究方法上。传播政治经济学也不例外。以北美传播政治经济学为代表的批判学派并不拒绝采用实证方法，在方法论上大多数的研究都是以思辨为主、以实证为辅。在具体的方法上，大多是以质化为主、以量化为辅。北美传播政治经济学者的论著大多资料翔实，运用大量的量化和质化研究方法，如调查研究、访谈、个案研究等。受量化研究传统的影响，学者的研究过程严谨细致，甚至烦琐散碎。本书并不想将过多的注意力放在一些个案和烦琐的研究过程上，而是关注论证过程中的逻辑推演和结论。本书作为一个类似观念史的研究，还将关注那些在很大程度上是明显和自觉的思想表达，而且有意地将观念概念化，而不是一些看起来像是半自然的生活形式的信仰和实践（Megill，2004）。笔者将采取福柯（Foucault，2002）"知识考古学"的路径，分析观念而非知识，分析错误而非真理，分析智力模

---

① 20世纪50年代美国学者贝雷尔森出版《传播研究的内容分析》，确立了内容分析法的地位。

式而非思维模式，抛开北美传播研究烦琐的演绎过程，而关注其逻辑推理和论证过程。

本书的文献指已发表过的或虽未发表但具有知识含量的一切载体。所搜集文献不仅包括图书、期刊、学位论文、科学报告等常见的纸质印刷品和纪录片、访谈录音等电子音像材料，也包括来往信件、内部报告等档案资料。具体有以下三类文献：一是原始文献，指的是北美传播政治经济学者公开出版的学术专著、论文，也包括散落在各种文集中的章节，还包括各种未出版的研究报告、来往书信、教学大纲（syllabus）等；二是二次文献，包括其他传播学者对北美传播政治经济学著作的评论、分析，也包括围绕一些问题的回应和讨论；三是其他文献，包括口述史学的材料。本书通过访谈代表性学者本人及其后代、同事、学生等，获得口头史料，为研究提供辅助。

搜集研究文献的渠道主要是伊利诺伊大学主图书馆和媒体学院传播图书馆。伊利诺伊大学图书馆藏书堪称世界公立大学之冠，藏有丰富的纸质和电子文献。传播政治经济学的第一门课程开设于伊利诺伊大学传播研究所，该校图书馆内较为完整地收藏了奠基人斯麦兹、席勒的各种文献。档案馆内保存了传播政治经济学草创时期的各种资料，如课程大纲、教学设计，以及往来通信、学术会议信息等。论文主要来自伊利诺伊大学的电子文献数据库，笔者主要使用四个整合搜索引擎——Academic Search Premier（Ebsco）、Academic Onefile（InfoTrac）、Scopus 以及 Web of Science（Social Sci，Sciences，Medicine，Humanities，Engineering），几乎囊括了英语世界中重要的人文社会科学学术刊物。还使用互联网，主要是利用 Google 通用搜索和 Google Scholar 以及 Google Book，搜集在线电子资源。

在充分搜集、占有文献的基础上，笔者将对文献进行整理，包括对文献的阅读、记录、鉴别、分类处理和撰写文献综述。笔者坚持批判性地、有计划地阅读原则，根据文献的重要程度，一般有浏览、粗读和精读三种阅读方式。在研究过程中，笔者将同时扮演两个角色，即既是文献的读者，同时也作为霍尔所说的"不断抗争的积极主体"，通过对抗性的阅读，积极参与到文本本身的再建构中，与北美传播政治经济学本身不断进行对话，以"非革新的方式重构"这个学术流派，完善传播政治经济学的版图。

1.4.3 话语分析

话语指的是书面的和口头的传播或讨论。福柯在《知识考古学》中提出了他的话语概念。他将话语定义为由观念、态度、行为模式、信仰和实践组成的系统思考。在福柯的著作中，话语有特殊的意义，它是一种宣言（enouncements）（Foucault，1969：121）、一种陈述（statement），是一种抽象的事物，是系统的陈述整体。这些陈述通过符号赋予客体和主体和其他陈述之间特别的关系，并建构了主体和他们言说的世界。他进一步认为，权力总是存在，并且能够生产和限制真理。他在规范的合法化和权力的生活进程中追溯了话语的角色，分析真理如何被建构、如何被维持和它们所承载的权力关系，后期福柯认为话语是一个中介，通过这个权力关系生产了言说主体。福柯论证权力和知识是相互联系的，人与人之间是权力的斗争和协商的关系。福柯的话语不同于索绪尔的语言和言语，不是分析语言的结构和规则，而是站在社会学的立场上揭示话语、知识和权力之间相互建构的互动关系。他认为话语是一种以其特有方式构成的社会实践，他把社会关系的话语建构过程称为"话语实践"。在他看来，话语是一种实践，而不仅仅是一种思想和静止的结构。与德里达和拉康等后结构主义者的取向不同，他认为话语的结构和如何被使用不是由传播者决定的，而是由这个时期的权力结构和话语模式所决定的。在他看来，话语形成了一个时期的知识结构，嵌入话语中的规则指导我们如何行动，言说者只是在扮演着由话语建立起来的角色。语言保护着知识和行为，并提前决定了行动者在他们言说中如何反应（Littlejohn，2002），起实践作用的话语关系体系就是在经济和社会机制、过程、行为方式、规范体系、技巧、分类类型和特征之间确立起来的，它并不出现在对象中，却限定对象相互之间的关联和差异。

对话语的性质、结构、行为、功能的分析就是话语分析。话语分析（discourse analysis）或者称话语研究，是书面、口头和符号语言使用的路径的总称。话语分析的主要目标是话语、写作、交谈、交流、传播。话语分析的一个重要关注点就是去分析人们言谈时的话语、观点和立场的制度性基础，分析被这些话语、观点认可或预先设定的权力关系。不同于传统的语言学，话语分析不仅超出句法结构研究语言使用，也倾向于分析自然发生的语言使用，主要是分析话语本身的体系结构和背后的权力关系。话语分析被很多社会科学学科所采用，如语言学、社会学、人类学、认知心理学、社会心理学、国际关系、传播研究和翻译研究。

北美传播政治经济学作为一个理论流派实际上就是一个理解现实传播世界的话语体系，学者对现实传播制度的批判、对理想传播制度的追求实际上是一种宣言，他们的研究和表述实际上是一种话语实践，受制于当时语境的权力结构和话语模式。本书将运用话语理论和话语分析方法①，采取知识考古学和知识谱系图的方法，通过文本的语境和去语境化的解读，分析北美传播政治经济学者在生产话语——政治经济学的研究中，如何受这种话语背后的因素所影响，将北美传播政治经济学学派看作战后美国传播工业迅速扩张发展背景下出现的一种批判言说和话语，分析该理论本身的统一性和连贯性，凸显该学派的话语言说背后的权力结构，分析北美传统追求纯粹真理的权力意志，论证北美传统话语背后的权力考量，质疑其是否具有真理的品质，并指出值得怀疑之处。

在对北美传播政治经济学的话语进行分析时，我们还将采取"证实和证伪"的论证方法，在肯定其价值的基础上，指出其存在的问题和缺陷，对其进行批判性的反思和修正。科学哲学家波普尔（Karl Popper）提出了证伪（falsification）的方法。作为批判理性主义的创始人，他排斥古典经验主义和由此产生的"观察 - 归纳主义"（observationalist - inductivist）。1934 年他在《科学发现的逻辑》（*The Logic of Scientific Discovery*）中系统提出了"证伪主义"原则和科学观。他认为任何一种科学理论都不过是某种假设或猜想，其中必然潜藏着错误，即使它能暂时逃脱实验的检验，但终有一天会暴露出来，从而遭到其他实验的反驳或"证伪"。科学就是在这样一个不断提出猜想、发现错误而遭到否证、再提出新假设的循环往复的过程中向前发展的。科学包含错误，要经受经验的检验，这不是科学的缺点，而恰恰是它的优点和力量所在，或者说，"可证伪性"正是科学之为科学的标志。在他的科学哲学的核心，证实（verification）和证伪在逻辑上是不平衡的，他批判逻辑实证主义的证实原则，主张更多地采取证伪作为一种科学发现的方法。

北美传播政治经济学理论本身和一些关键概念都引起广泛争议，批评

---

① 本书采用的话语分析方法并非语言学上的话语分析方法，也并非复杂的系统功能语法分析、语篇体裁交织性分析等方法。

的声音此起彼伏。本书将结合证实和证伪的方法，在处理北美传播政治经济学的争议时，首先采取证实的方法，梳理学界对北美学派的一些重要争议，解释为什么会有其他领域的学者对该学派进行批评，这些批评有什么合理性，北美传播政治经济学本身的确存在什么样的漏洞和易于被攻击的薄弱之处。然后，采取证伪的方法，指出这些批评对北美学派的误解，分析这些批评的谬误，阐明这些批评在理解北美传播政治经济学精髓时的偏差。正如证伪原则所揭示的，科学的可证伪性正是科学优势和力量的标志，北美传播政治经济学广受争议也正是该学派科学性和合理性的明证。本书将证实和证伪相结合，在对众多争议进行解释、反驳的循环过程中，加深对北美传播政治经济学的科学理解，并提出对该学派的新的理解和发现，不断完善和改进学术本身。

1.4.4 元分析方法

作为一个类似学术史的研究，本书还试图史论结合，进行元分析（meta – study，meta – analysis），提炼上述理论的内在理路和结构，最终形成北美传播政治经济学的元理论。此处的元分析并非统计学上的元分析[①]，而是人文科学的质化研究方法。元分析是对已有同类研究结论进行综合评价、分析、整合，以获得普遍性、概括性结论的方法，通过对传统观点的重新审视，提出新见解、新视野。元分析的结果就是元叙事和元理论。本书最终产生一个传播政治经济学的元理论，分析传播政治经济学的论证结构，基本概念和基本原理的构成方式、定义和证明方法，分析和揭示理论论证所依赖的各种前提，特别是那些在理论中未明言的隐蔽前提，使理论同时代背景知识和整个精神面貌的联系明朗化，进而阐明对象理论同它们所反映的现实的关系，判明其反映现实的可靠性、可能性和限度，预示理论发展的趋势、前景和规律性。本研究的结论希望能最终产生一个元叙事。在批判性的研究中，尤其是后现代理论中，元叙事（meta – narrative，有时也称为 master narrative，grand narrative）是一个抽象的概念，被认为是对历史经验或知识的综合解释。如果说一个叙事是一个故事，那么元叙事则是关于故事的故事，包括这个故事内的其他"小故事"。元叙事

---

① 元分析（meta – analysis），或译作整合分析、综合分析、荟萃分析，在统计学中是指将解释多个研究假设的研究结果进行组合的统计方法。

是后现代主义的一个核心概念，利奥塔（Lyotard，1979）将"后现代"一词定义为对元叙事的怀疑。他质疑宏大叙事的总体化性质，认为后现代的世界包括对元叙事的怀疑。哈贝马斯（Habermas，1981）批评这种批评本身实际上就一个宏大叙事，他认为后现代理论家这种普世的怀疑论（universal skepticism）本身就是一个当代的元叙事。另外一位后现代主义理论家詹明信（Fredric Jameson）持坚决肯定的态度，坚持社会总体性决定论模式，将历史看作一个阶级斗争的连贯叙事。虽然元叙事受到广泛争议，但其重要性和合理性仍然存在。本书仍然采用元分析、元叙事的总体性原则，全面地展现北美传播政治经济学的学术传承和历史演进。

具体来说，元分析是对理论的自我反省意识发展的必然产物。元研究注重研究理论的产生、途径、过程和理论范式的发展变化规律，研究理论与研究者、社会现实之间的相互关系等。具体包括理论的历史发展过程，理论的合规则性、合理性和有效性，研究的对象、功能、性质、理论结构、逻辑范畴，与其他相邻学科和其他研究范式发展的关系、区别，理论在新的语境下所面临的挑战和重要的理论问题等。正如本书的研究主题（thesis）——北美传播政治经济学的理论旨趣是批判一样，本书也试图追随这个传统，进行批判性的研究。本书将通过元分析的方法，形成一个对北美传播政治经济学的元叙事。通过总体性的元叙事分析，展现北美传播政治经济学作为一个独特的学术流派的原貌，并进行整体性的把握，剖析其思想体系，把握思想演变的内在逻辑，通过研究思想本身来理解思想路径。本书试图在对北美传统的元分析基础上进行元叙事写作，建立元批评、元话语和元信仰。如果说北美传播政治经济学是对传播现象的初级研究的话，本书将作为一个次级研究，对分析传播现象的研究进行再研究。①

本书的元分析，大体要涉及下列问题：对北美传播政治经济学历史发展过程进行考察，分析在一定历史背景下社会文化条件对该理论与方法的产生和发展的影响；对北美传播政治经济学进行描述（术语、概念、命题等）及合规则性、合理性和有效性分析；分析北美传统的研究对象、功能、性质、理论结构、逻辑范畴，探索北美传统的理论形成路径及不同的研究范式发展变化状况，揭示隐匿于该学派理论内部的深层次结构；对北

---

① "次级研究"是与"初级研究"相对应的概念，初级研究是直接面对一定的现象，而次级研究则是对分析社会现象的研究进行研究。

美传播政治经济学研究共同体进行研究，辨识各种学术团体，分析这些团体及相互间的联系对该理论本身的影响等；运用基本的元理论范畴去辨识和归纳该理论的发展现状，揭示新媒体语境下北美传播政治经济学所面临的重大理论问题等，思考该学派在思维方式、研究范式和一般理论建构等方面所面临的前所未有的挑战与机遇。

除以上所述的诸多研究方法外，本书还根据文献的阅读情况和认识论发展情况，采纳其他的研究方法，如比较分析、个案研究、访谈等方法。比较分析方法主要是将北美传播政治经济学派与其他传播研究领域内的分支学科进行对比，如文化研究、主流经验研究的比较，呈现北美传播政治经济学的独特身份。个案研究主要是以具有代表性的传播政治经济学者的观念、思想和学术动态为个案，进行单独深入的研究，见微知著，理解北美传播政治经济学的研究取向和理论旨归。访谈主要是与具有代表性的传播政治经济学者进行面对面的交流，获得口述史学材料，理解其研究意图、取向、目标、方法论以及最新的理论动态等，还包括与领域外的学者的交流，通过他们旁观者的视野为批判评估北美传播政治经济学提供辅助性材料，以更加清晰深刻地认识该学派。

1.5 难点和创新

1.5.1 难点

首先，梳理一个英语世界中的学术流派，语言本身就有一定难度。文化传统和政治经济制度不同，教育背景和知识积累不同，对作为非母语的英语的理解肯定会存在很大的差距。阅读英文本身就难以十分准确地理解其本意，就以最基本的"传播"为例，communication 代表一个信息从一个实体转移到另外一个实体的过程，是至少在两个实体之间以符号为中介的互动，是通过语言、写作和符号进行的思想、观点和信息的告知和交流，并非单向的简单移动，而是一个包括"交流"（communicating）、互动（interaction）、交换（interchange）的双向过程。而且英语中单复数的变化，也增加了以中文为母语的笔者的理解难度，如 communication 与communications、press 与 media 等概念都有一定的差别。在阅读文献的过程中，难以百分之百地准确理解作者的原意，而且对美国文化传统的陌生，也使笔者难以理解文本中隐晦的意涵。

难度更大的则在于对北美传统的梳理、提炼、反思和批判，曾是丹尼尔·贝尔（Daniel Bell）学生兼助手的哈佛大学社会学博士莫斯可的《传播政治经济学》一书已经提供了一个总结和反思该学派的绝佳范例，试图在此基础上另辟蹊径更是难上加难。从 20 世纪 40 年代末斯麦兹创立这门学科开始，传播政治经济学研究走过了 60 多年历程，一批受过严格学术训练的经济学家、社会学者、传播学者在这个领域内不断耕耘探索，他们的成果本身论证严密，定论谨慎，有系统和成熟的核心理论和方法。传播政治经济学虽然受到广泛争议，但仍然经受住了历史考验和来自其他学科的批判。60 多年来，仍然能在世界学术领域内占据重要位置，说明它本身就具有存在的合理性和价值。该学派本身的研究独树一帜，论证严密，经过 60 多年的发展，不断有学者进入这个领域，丰富和完善了该传统，而且相邻学科和学派对北美传统进行评价分析的二次文献亦有不少。对一个如此成熟的研究领域和学派进行梳理和总结本身难度就极大。传播政治经济学在发展过程中一直主张将学术分析、政策研究和行为参与结合为一体。它在产生、发展的过程中受到了各种社会运动和各种社会思潮的影响，同时对不断变化的历史语境进行回应、判断、反思和吸纳。这就需要熟练把握美国历史和传播发展史，并对美国经济学、政治学、社会学、哲学出现的各个流派都有一定的了解。试图对整个学派进行把握，需要全面占有和阅读文献，但限于研究者的学术训练和知识积累，本研究的结果可能会出现一些缺陷，因受限于时间、精力，可能得出的研究结论的科学性都会有些许瑕疵。

其次，研究立场也存在难点。霍布斯鲍姆说：史学家们必须牢记自己的责任，这首先要求他们从身份认同的激情中退出（Hobsbawm, 1997）。如上文所述，在中国的语境下，受意识形态的影响，我们对西方传播政治经济学多有偏爱，作为一个受过中国传统文化教育和中国新闻传播学研究训练的学生，笔者在研究西方的传播学术时，偏颇在所难免。阐释学中的"解释循环"无形地渗透于我们对文本的阅读过程，这就需要主体不断地与自己斗争。笔者在研究中如何摆脱这种偏向，保持一个中立的立场和客观公正的态度难以估计，因为谁也不能作为自己的法官。

再次，研究路径上的难点。正如前文所述，传播政治经济学植根于古典政治经济学、马克思主义政治经济学、制度经济学,有深厚的理论基础,而且不断结合了各种社会思潮和学术传统。并且,不断吸收法兰克福学派、多伦多技术学派的学术思想和北美传播学经验研究、信息理论的精髓,结合当代政治学、经济学、社会学的诸多成果,对一个如此广博成熟的学术流派进行反思和批判本身就需要对这个学术传统和相邻学科的源流、演变有深刻理解。同时,元理论层面的提炼,也需要有一定的哲学训练,这些都给研究者造成了很大障碍。克罗奇(1982)曾说"一切真历史都是当代史"。本研究的创新就在于反思和批判这个学科在当代语境下的适用性,采取一个自己与自己辩论的方式,审视其研究的预设、价值立场和论证过程,以及得出的结论是否具有普适性;分析在信息和传播技术迅速发展背景下,北美传播政治经济学的理论精髓"我们不自由的传播"是否仍然适用。正如有人批判,某些研究基于一个从来没有被验证过的假设,尤其是在经济学领域,那些曾经风光一时、无比正确的金融模型已经在无情的市场现实面前崩溃时,很多人也怀疑传播政治经济学是否也是这样一个失败的例子,通过耸人听闻的恐吓来达到目的。历史学家雅斯贝斯(1989)说,历史的意义就在于发挥人类意识的最高潜力。这种最高潜力指的是人类在哲学上的自我反省和从本原把握现实的能力和水平。本书将从当代语境下的传播技术发展入手考察北美传播政治经济学的价值,论证作为一个传播研究流派其是否适用于解释现实中的传播现象,并依据它在与兄弟学科的合作中以及在利用过去的知识构建将来方面所做的贡献大小进行评判(巴勒克拉夫,1987)。

1.5.2　创新

本书的难点也正是创新之处,正是由于艰难才彰显本书的创新和价值。

首先,理论和观点创新。本书在对北美传播政治经济学进行全面细致解读的基础上,提出新的观点和理论,具有前瞻性与独创性。本书将其理论精髓归纳为"我们不自由的传播"。北美传播政治经济学继承了杜威的"不自由的新闻界"的概念,延伸到批判地分析传播过程各个环节。北美传统学者谱系单纯,路径纯粹,一直致力于从各个维度论证传播是属于"我们的",但是由于政治经济权力的控制是"不自由"的。本书全新的理论提炼,与杜威对媒介的批判传统进行了连接,延续了追求真相、积极参与的源远流长的知识分子传统。本书提出了大量创新性的观点，有助于重新认识该流派的价值和贡献。本书全面追溯了传播政治经济学的思想渊源，深入阐述了奠基人席勒和斯麦兹的思想；根据不同的主题，将北美传播政治经济学细分为五个分支领域，并分别进行深入细致的阐述；借用杜威的"不自由的新闻界"的概念，将北美传播政治经济学的理论精髓归纳为"我们不自由的传播"，并追踪北美传播政治经济学的前沿动态，探析了北美传播政治经济学领域内外跨学科交叉而衍生的各种新研究取向；从本体论、世界观、认识论、人性观、价值观、方法论等维度提炼了北美传播政治经济学的元理论，并总结了北美传播政治经济学对中国传播实践和研究的启示。

其次，视角和路径创新。本书试图在研究内容和路径上不同于以往同类研究，试图超越具体的理论阐述，利用一个研究假设"我们不自由的传播"统筹不同学者的思想和语言，对北美传播政治经济学的框架结构进行总体性归纳，图绘北美传播政治经济学场域，再现该学派的演进逻辑和发展规律，围绕这条主线，再现该学派的论证逻辑和学术传承。在写作方式和章节编排上，本书采取知识谱系的写法，追根溯源，条分缕析，层次分明，线索明晰，既有对学术史的整体梳理，也有对关键人物和理论的个案研究，还有对思想精髓的提炼和学术运用实践，使成果更成体系，更加紧凑和完整。此外，还进行形而上学层面的辨析，试图超越具体的文字和教义，探讨北美传播政治经济学的研究逻辑和范式类型，分析该理论本身的统一性和连贯性，解释北美传播政治经济学不同于其他流派的根本特质。此外，本书在厘清北美传播政治经济学发展演变的历史的基础上，还原其原貌，并对其文献进行元理论层次的研究和话语分析，凸显理论的内在结构，评价其特征、价值，解释北美传播政治经济学作为一个存在的根本特质。本书还探讨了北美传播政治经济学的研究逻辑和范式类型，分析了传播政治经济学这个流派的理论预设、价值论断、逻辑推演，并将北美传播政治经济学作为一种话语，分析其话语体系以及背后的政治经济因素和伦理关怀；发现一些北美传播政治经济学者自己都没有意识到的内在框架，再现该学派的演进逻辑和发展规律。本书之创新还在于试图图绘北美传播政治经济学领域内的各个取向，以及与其他传播研究流派（如主流经验研究、文化研究等）的联系和区别，试图建立一个理论模型，涵盖北美传播政治经济学与其他相邻学科和分支学科的关系，并总结它们之间在存有论、认识论、方法论上的差异。在角度上，本书将宏观、中观、微观相结合，在宏观层面对北美传播政治经济学场域和历史流变进行全景概览，在中观层面对某个主题进行系统探讨，在微观层面对关键概念和关键人物进行个案解读和深度探析，将全面勾勒和个案研究相结合，以全景视野对北美传播政治经济学进行多层次、多角度、多学科的立体分析和深层透视，角度独特而新颖。

再次，写法也具有一定新意。本书在写作方式和章节编排上采取知识谱系的写法，通过全面细致的解读，追根溯源，条分缕析，再现北美传播政治经济学的思想渊源及奠基、繁衍、分化、拓展的过程，还原其原貌和轮廓，凸显理论的内在结构。在写作中，笔者采取孔子"述而不作"的撰述方法，阐述学者的理论、学说，但并不"信而好古"，而是提出新的见解，打破保守、僵化的风格，"顺着讲，接着讲"，进行继承和发展、反思和质疑、总结和归纳。在章节编排上，分为思想渊源、奠基、繁衍、拓展、总结等几部分。首先从源头梳理北美传播政治经济学的思想渊源，接着是对两个奠基人及其学术的研究，然后根据不同的主题，梳理传播政治经济学所繁衍出来的几个亚领域（sub - fields），分别是电影政治经济学、媒体政治经济学、信息政治经济学、互联网政治经济学、广告政治经济学，以及传播政治经济学领域内的新取向和领域内外跨学科结合而出现的新路径，然后提炼北美传播政治经济学的理论精髓，对其进行元理论的分析和话语分析，再探讨北美传播政治经济学对中国传播业和传播研究的启示。

又次，方法和资料创新。本书采取人文社会科学的质化研究方法，包括历史研究、文本分析、比较研究、深度访谈、档案研究、多媒体文本分析、个案研究、语境化和去语境化等，保障本课题研究的科学性。采取比较分析方法，主要是将北美传播政治经济学派与其他分支学科和流派进行对比，呈现北美传播政治经济学的独特身份。采取个案研究法，以具有代表性的传播政治经济学者的观念、思想和研究为个案，进行单独深入的研究，见微知著。通过深度访谈法，与具有代表性的传播政治经济学者和领域外的学者进行面对面的交流，获得口述史学材料，理解其研究旨趣和最新的理论动态等。存有论/本体论决定认识论和方法论。上述的元理论的分析路径必然伴随着相应的方法论。本书研究方法创新主要体现在元分析的方法上。本书通过元层次的理论分析，超越具体的理论阐述，利用一个研究假设"我们不自由的传播"连接不同学者的思想和语言，对北美传播政治经济学的框架结构进行总体性的考察和把握；利用话语分析的方法，将北美传播政治经济学看成一个话语体系，将北美传播政治经济学者的论著看作一种话语实践，分析话语背后的政治经济因素和价值考量。

最后，本书资料富有新意。文献在学术史研究中扮演中心角色，文献的选择直接决定了研究走向。本书中的文献指已发表过的或虽未发表但具有知识含量的一切载体，所搜集的文献主要是公开出版的学术专著、论文等纸质印刷品和纪录片、访谈录音等电子音像材料，既有学术论文，也有公共评论类文章。在公开出版的文献中，选择最原始的文献，有中文译本的著作，仍然选择使用英文原版，尽可能作出贴近作者本意的理解。在有多个版本的情况下，选择第一版，尽量保证文献收集的原创性和原始性。另外，通过与重要学者本人及其师友、同事、后代、学生甚至是具有代表性的传播政治经济学者进行面对面的交流和访谈①，获得口述史学材料，了解其研究意图、取向、认识论和方法论，梳理最新的研究动态等。还与领域外的学者交流②，通过他们旁观者的视野为批判评估北美传播政治经济学提供辅助性材料，更加清晰深刻地认识该学派，为研究提供辅助。搜集研究文献的渠道主要是伊利诺伊大学主图书馆和媒体学院传播图书馆。鉴于数据库的昂贵费用和意识形态的分歧，其中很多电子资源是中文世界难以获得的资料，这些资料都将给本研究提供坚实的论证基础。

---

① 笔者曾在传播政治经济学诞生地伊利诺伊大学与传播政治经济学的代表人物麦克切斯尼、丹·席勒（赫伯特·席勒之子）等进行多次访谈，了解他们的研究取向。

② 笔者曾与伊利诺伊大学传播研究所主任 Cliff Christians、教授 John Nerone 以及麻州大学传播系主任 Jan Servaes 等进行访谈，了解他们对传播政治经济学的看法。

2 北美传播政治经济学知识谱系和理论发展

本章将概览传播政治经济学的历史和现状,粗略地将北美传播政治经济学分为三代,通过对几个具有代表性的传播政治经济学者的观念和研究的分析,对其历史、范畴、谱系进行归纳,试图勾勒出北美传播政治经济学作为一门学科发展、演变、拓展和繁衍的知识谱系,理解其主要视野和解释传播的路径,再现北美传播政治经济学的基本轮廓,最后运用一个谱系图形象地呈现。

2.1 渊源

传播政治经济学作为传播研究和政治经济学的交叉学科,其形成和发展受到了近现代各种思潮的影响,其思想主要有以下几个来源。

(1) 政治经济学的分析路径。传播政治经济学作为对社会(权力)关系与传播产品的生产、流通、消费的相互构建的研究(Mosco, 1996:25),其思想最初来源于18世纪英国道德哲学家亚当·斯密和大卫·李嘉图的古典政治经济学。同时受到20世纪以凡勃仑(Thorstein Veblen)、布拉第(Robert Brady)、科斯(Ronald Coase)为代表的制度经济学派的影响。尤其是布拉第的反法西斯经济和文化分析实践(D. Schiller, 1999),《每月评论》派政治经济学家对资本主义危机的判断,凯恩斯对国家干预的探讨,拉斯基(Harold Laski)和熊彼特对市场非中立和资本主义经济周期的认识,都影响了传播政治经济学者对媒介市场和国家规制的论断。

(2) 马克思主义和西方马克思主义的批判旨趣。马克思对资本主义所持的怀疑和批判态度是传播政治经济学者自始至终的理论姿态。马克思对劳动人民利益的重视,对劳动和剩余价值的分析,直接被传播政治经济学者运用于对资本主义传播工业性质的剖析。法兰克福学派的文化工业批判、宰制理论和霍克海默对批判理论和传统理论的区分,本雅明、阿多诺对资本主义文化修辞的论述，以及"文化马克思主义"对资本主义社会中意识形态问题的研究，尤其是葛兰西的霸权理论，被传播政治经济学者运用于对现代资本主义传播霸权的分析。而哈贝马斯对公共领域的分析和批判，以及吉登斯的建构理论和对社会复杂性的认识都给予传播政治经济学以理论动力。

（3）加拿大多伦多学派的技术批判。以因尼斯、麦克卢汉为代表的多伦多学派，对技术在历史发展和传播过程中作用的分析，直接开启了传播政治经济学者对技术的批判。因尼斯对传播系统和技术的历史学、社会学分析，以及对媒介技术偏向的论断，影响了传播政治经济学者对技术的认识；麦克卢汉的"媒介即信息"和媒介"冷热"论，影响了传播政治经济学者对媒介存在和运行方式的思考；波茨曼（Neil Postman）对新技术的局限性和人道的关注开启了传播政治经济学者对个人权利的关注。

（4）北美传播学经验研究。李普曼对舆论学的研究和关于刻板印象和"制造共识"的论述，以及以传播学四大先驱为代表的传统经验传播研究者的传播效果研究，都被政治经济学者所继承。杜威等教育家对建立非营利和非商业媒介的呼吁，以及哈钦斯委员会对媒介责任的呼声则与传播政治经济学者坚持传播工业的公共责任和公共控制一脉相承。米尔斯（C. Wright Mills）对美国文化重商主义的喧嚣和去政治化走向以及权力精英的保守趋势的论断，都启发了传播政治经济学者对美国传播和文化工业的批判。

（5）信息社会理论。如果说传播学的理论基础是"老三论"，那么传播政治经济学则受到了"新三论"尤其是信息理论的影响。贝尔（Daniel Bell）对后工业社会中信息的分析，尼葛洛庞帝（Nicholas Negroponte）对互联网发展趋势的预测，影响了传播政治经济学者对信息、信息技术和信息社会的认识。

传播政治经济学在产生、发展的过程中受到了各种社会运动和社会思潮的影响，同时对不断变化的历史语境做出回应、判断和反思。战后的反法西斯理论，20世纪50年代的反共浪潮、六七十年代的学生运动和越南战争，以及公民权、黑人权利运动和女权主义运动，都激发了他们对社会运动与媒介关系的考察。70年代反帝反殖民族解放运动对世界经济文化不平等形成挑战，他们积极参与了世界信息和传播新秩序的理论探索和实践。80年代，英美新自由主义政策以及由此引发的媒介并购浪潮，进一步引起了传播政治经济学者对媒介垄断和寡占的批判。90 年代后，民用互联网的兴起和媒介融合、聚合的发展，以及美国传播工业管制的解除都加剧了他们对传播领域公共利益的担忧。

2.2 奠基

斯麦兹和席勒是北美传播政治经济学的奠基者，在这个领域做出了开拓性的贡献。

斯麦兹早年在美国学生运动和左派大本营加州大学伯克利分校受过系统的经济学教育，受到当时制度经济学代表人物布拉第的影响。后为美国政府工作，任联邦通信委员会（FCC）首席经济学家。1947 年到刚刚成立的伊利诺伊大学传播研究所任教，并在不友善的学术环境内开设了世界上第一门传播政治经济学课程，标志着传播政治经济学的诞生。在 20 世纪五六十年代，由于其持左翼的批判取向，深受当时麦卡锡主义的影响。受古巴导弹危机影响，1963 年他回到加拿大，将传播政治经济学带到了斯堪的纳维亚半岛。10 年后，任西蒙·弗雷泽大学传播系教授直至去世。

斯麦兹早期的研究工作主要是分析和批判美国电子广播结构与政策。他关注电视对人的影响和电视政策，质疑美国电视所呈现的现状，坚决反对由市场力量决定传播资源的分配（Smythe, Guback, 1993：85），强调广播频谱是公共财产，应该置于公共利益的控制之下。他批判当时流行的社会责任论是大企业公共关系项目的一部分。他批判施拉姆等人的《报刊的四种理论》是冷战学术的产物，歪曲和浪漫化了传播史。20 世纪 60 年代，他转向务实的咨询研究，从学术和思想领域转向世界事件，专注于和平、核武器和政治决策，关注竞选过程的商业化以及美国媒介系统的宣传原理，并围绕公共广播、付费电视和电话垄断向国际社会做了报告，主张建立国际卫星传播的规制组织，协调卫星传播资源的分配和使用（Smythe, 1960a：20）。

受众商品论是斯麦兹重要的理论贡献，在《传播：西方马克思主义的盲点》一文中，他指责西方马克思主义忽视了大众传播系统中政治、经济的重要性，大多数的批判媒介研究只陈述了文化工业的文化方面。他继承马克思关于资本主义社会是商品化社会的概念，提出了"受众商品论"（audience as commodity），批判了传播商品是信息、消息、图像、意义、娱乐、教育的传统观念，指出大众传播的商品是受众（audiences）和阅读（readships）（Smythe，1977）。媒介提供的优良的电视节目，只是吸引顾客登门造访的"免费午餐"，用来刺激受众的胃口，从而吸引他们参与到自己的节目、版面中来，接近和赞许广告商信息。

作为一个关心现实和具有责任感的学者，斯麦兹回到加拿大之后，更多地以一个冷静的旁观者看待美国传播工业在全球的扩张，尤其关注加拿大传播工业对美国的依附，提出了媒介依附理论，指出加拿大报刊、书籍和电影工业都是美国市场的附庸，其背后的原因是加拿大经济对美国垄断资本主义的依附。他批判了技术和信息自由流通的神话，认为这只是垄断资本主义的宣传术语，美国使用了它的技术和意识形态的霸权力量通过联合国等国际组织加深了其他国家的依附（Smythe，1981：217）。

斯麦兹开创了第一门传播政治经济学的正式课程，使这个领域在美国有了一个立足点。他的一生都在挑战现状，不去追逐学术界的潮流和时尚。激进的左翼姿态，使他的工作不受青睐；作为一个启蒙学者，他不断跨越经济学、传播学和社会科学的界限，推动了对技术、制度、人类需要和公共政策的系统研究。他坚持将研究和知识、政策与实践联系起来，树立了将学术分析、政策研究和行为参与结合为一体的典范。他所涉猎的广泛的主题，为后来者开创了一条宽阔的道路。

席勒以更加激进的姿态将传播政治经济学发扬光大。席勒早年在大萧条时期进入高中和大学，对当时阶级分化和阶级斗争有深刻体验。后在二战中服役，战后在德国的美国军政府工作，这也使他有机会去考察美国主宰下的国家政治经济转型。后来陆续完成研究生学业，获得纽约大学经济学博士学位，任教于伊利诺伊大学，结识斯麦兹，并在斯麦兹离开后，接替了他的教职。1970年席勒任教于新成立的加州大学圣地亚哥分校，创建了传播系，直至去世。

与斯麦兹对美国电子传播产业的微观分析不同，席勒的研究更多是从宏观上把握战后美国传播工业在世界范围内的扩展，提出了媒介帝国主义理论。他指出战后美国利用国内的"军事工业传播教育复合体"维持美国现有的制度，抵制变革。同时，将美国式的传播制度推销到世界各地，传播美国的价值观和世界观，席勒将这样的单向的传播过程称为文化帝国主义，认为传播产业已经成为美国文化帝国主义的一种工具。他质疑信息技术作为信息自由传播的基础，认为技术是一种社会建构，只会加深美国传播霸权对第三世界国家的文化入侵。他批判了信息自由流通的神话，认为这个口号只是美国传播工业进行海外扩展的借口，背后的动因是美国资本主义经济在全球寻找市场（H. Schiller, 1969：146）。在更为激进的《思想管理者》中，他认为美国媒体管理者生产、加工、提炼图像和信息并主管着其流通，决定了美国人民的信仰、态度和行为，成了思想管理者。统治精英利用市场法则和直接的政治控制，通过操纵信息有意创造一个虚假的现实，对人类思想进行操纵，大众传播成为一种征服工具。他尤其对所谓反映民意的民调工业进行了深刻的批判，认为民调实际上衡量和制造意见，是思想管理体系的组成部分，是为操纵民众而设计的工具（H. Schiller, 1972：118）。

晚年席勒延伸了文化帝国主义的概念，集中批判信息时代的欺骗性和悖论，指出文化的宰制实际上来源于资本流通的控制和信息机器的使用，技术本身就是一种强有力的传播形式，而不仅仅是传输的渠道，传播技术的发展通常伴随着企业制度、金融网络、经济活动、技术结构和进程的设计（H. Schiller, 1989：49），传播技术的革新使宰制加剧。他尤其批判里根政府的右转倾向，认为美国经济中私有部门的拓展和集团权力的巩固是以美国人生活质量等其他方面的下降为代价的，经济和社会活动的私有化和集团化管理，使公共服务受到了严重的威胁。

席勒从来没有将自己与大历史背景分离，他先后体验了大萧条、世界大战、冷战、新殖民主义、文化帝国主义和反帝国主义的斗争。他从来没有迎合行政者的偏好，这导致了他在大学里被边缘化。席勒是一个在国际范围内不知疲倦的记者、政治积极分子和公共知识分子，影响了一批后辈学者（Maxwell, 2003：preface）。

2.3 繁衍

斯麦兹和席勒的开拓性工作影响并吸引了一批学者走上政治经济学的道路，同时，他们培养的一批学生，也继承了他们的衣钵，使传播政治经济学得以繁衍、延伸、深化。历史语境的变迁，信息和传播工业的发展，使第二代学者不能再像第一代学者那样关注传播工业的方方面面，他们更多的是选择从不同的维度对传播工业进行分析，北美传播政治经济学衍生出许多分支。

2.3.1 电影政治经济学

二战刺激了美国电影工业的发展，也沉重打击了欧洲的电影工业市场。战后，作为最有利可图的行业，电影业在美国迅速发展，并很快向世界扩展，好莱坞走向世界的过程中不仅受到经济利益的驱使，而且有政治和文化的动机。作为意识形态和价值观的载体，电影由其特殊的形式，更加容易为人所接受，也更具隐蔽性，但这并没有阻碍政治经济学者对美国电影工业的认识，他们对电影工业的批判分析形成了电影政治经济学。

斯麦兹的学生古贝克（Thomas Guback）[①] 选取了美国传播工业中的重要分支——电影工业进行集中分析，专注于电影的商品化，以及资本分配的变化对劳动的影响。他从国际视野探索了美国电影业在战后的发展历程，揭示了美国公司在世界电影市场的金融利害关系。与斯麦兹一脉相承的是，他也认为电影不仅是一个商品，也是一个传播工具，呈现了美国的意识形态和价值观，是反对左翼声音的宣传工具（Guback，1969：23）。他提醒开放政策是危险的，这是美国输出电影和意识形态的借口，影响了其他国家电影工业政策和结构，以及电影的生产、内容和营销，最终影响电影工业的自治和发展。

古贝克的学生瓦斯科（Wasko）[②] 则继承了他的电影政治经济学研究，专注于电影行业和好莱坞工业的分析。她分析了美国金融机构在电影工业发展中的角色，指出电影工业一直与金融集团有持续和紧密的关系，金融机构通过贷款、集资、咨询等服务，制约和形成电影工业与电影公司的结构和行为，包括基本的集团政策、执行官人选、公司的商业路线，甚至运行和策略。她关注新科技对好莱坞的影响和日益增长的国际声像工业的整合，批判美国电影工业目前的结构和政策，指出电影的利润是好莱坞电影主要的驱动力和指导原则，好莱坞的每一个关系都被政治经济权力所界定，而且最为露骨和明显。她还通过文本、话语和受众分析，将政治经济学与文化研究结合起来，对迪士尼作为文化、社会和全球现象进行批判，

---

① 古贝克是斯麦兹在伊利诺伊大学培养的第一批博士生之一，被斯麦兹称为"最聪明的学生之一"，后留所任教。

② 瓦斯科于1980年在古贝克指导下毕业于伊利诺伊大学传播研究所，获博士学位。现任教于俄勒冈大学。

称迪士尼工业为"幻象的制造"（manufacture of fantasy）者，认为迪士尼生产和消费都是根据集团的话语，通过严格的管理和劳动实践，以及技巧和技术的同质化，推销了一个有意控制的幻象、图像和愉悦的图景（Wasko，2003）。

斯麦兹的学生彭达库（Pendakur）[1] 继承了斯麦兹的媒介依附理论，结合新古典经济学和马克思主义经济学，分析了加拿大电影工业对美国的依附和美国电影工业对加拿大电影的霸权。他指出资本的需要和人民——个人、受众和艺术家——的需要之间的根本矛盾决定了加拿大电影工业的性质和历程（Pendakur，1990：30），对自由贸易下加拿大的文化自治表示了深深的忧虑。他主张加拿大应该建立独立于美国的电影工业，政府应该制定保护性的政策维护国内市场和加拿大的文化。他还分析了印度宝莱坞工业的组织和结构，讨论了印度电影生产、发行、放映和新技术的影响，以及政府审查和资助、消费和流行、叙述策略和电影院的关系，对印度电影的经济、文化、社会和美学特征做了综合考察（Pendakur，2003）。

古贝克、瓦斯科、彭达库等电影政治经济学者都关注电影工业和资本之间不断变化的关系，对电影生产和流通背后的政治经济权力有深刻的认识，对貌似繁荣的好莱坞电影工业提出深刻的疑问。

2.3.2 新闻（媒介）的政治经济学

从 19 世纪 30 年代开始，美国学界和业界对新闻媒介的批评就从未间断（D. Schiller，1996）。但从政治经济学角度分析新闻媒介背后的政治经济权力出现于 20 世纪 70 年代末期。与斯麦兹、席勒对整个媒介产业和电子传播工业粗线条的分析不同，一批新闻工作者和社会学者在经历了多年的新闻实践后，进入学术领域，更多地采取实证研究方法，结合自身经验批判新闻报道和新闻媒介背后的政治经济权力控制。

社会学家赫伯特·甘斯（Herbert Gans）[2] 是较早对新闻运作进行政治经济学分析的学者。他通过参与观察研究，分析新闻生产的复杂过程和官僚控制系统，证明在收集、打包和发布新闻和信息的过程中存在大量的组织规划和前加工。他同时梳理了客观性、价值观和意识形态三者之间的关

---

① 彭达库在斯麦兹指导下毕业于西蒙·弗雷泽大学，获博士学位。
② 郝伯特·甘斯，当代最多产和有影响力的德裔美国社会学家之一。先后在芝加哥大学和宾夕法尼亚大学学习社会学，1971 年开始任教于哥伦比亚大学。

系，认为客观性本身就是一种价值观，大多数的价值观或观念都是无意识地进入新闻。媒体业面临着商业压力（广告商）、政治压力（政府和利益集团）和同行压力，以及审查和自我审查的压力，强迫记者去改变新闻，进行妥协、回避（Gans，1979：249）。

如果说甘斯作为社会学家对新闻媒体进行冷静观察的话，吉特林（Todd Gitlin）[①] 则以一个参与者的身份对媒介与社会运动的关系进行了深刻反思。他是左派、右派策略和修辞的杰出批判者，尤其关注美国政治党派在维护意识形态过程中如何形成同盟，孤立和压制社会运动。吉特林的研究提供了一个范式性的榜样，关注媒介和社会力量在政治斗争中的相互建构。他借用葛兰西的霸权概念，认为媒介系统和整体上的文化工业是意识形态流通的核心系统，形成和限定公众的假设、态度和情绪，进行公共文化空间的控制。他采用盖伊·塔奇曼（Gaye Tuchman）[②] 的框架理论，认为新闻媒介受到外部政治经济压力，通过隐晦的媒介框架处理符号，组织话语，接受意识形态过滤，进行新闻的日常管理，服务于政治和经济精英的需要（Gitlin，1980：10）。他考察了黄金时段节目形成和放映的模式，认为电视的主要顾客是广告商，而非受众，媒介本身就是一种政治，存在内在的政治考量。电视网络受一些潜规则和价值观的影响，节目被不断剪辑去符合商业的逻辑。竞争并不一定产生充分的多样性，而是导致了聚合、垄断和寡占以及文化的同质化（Gitlin，1983：327）。在抨击黄金时段政治的同时，他延伸到对整个国家的政治和文化批判，指责里根政府的右转倾向和对市场的盲目乐观，认为市场诉求的原则都在支持资本主义的理论逻辑，并开始在大学领域和公共话语中散布企业的解除管制观念。他对里根政府上台后右转倾向的认识和对解除管制趋势的预测都被先后证实。

20 世纪 80 年代，新自由主义思潮兴起，新自由主义经济政策在英美国家盛行，媒介垄断和聚合进一步加剧，引起了传播政治经济学者的警

---

① 吉特林早年曾是政治活动分子，曾参与组织了 20 世纪 60 年代的反对越南战争的游行示威，并任学生运动领袖。后来获得加州大学伯克利分校社会学博士学位，并留校任传播学教授，现任哥伦比亚大学新闻研究生院教授。

② 盖伊·塔奇曼，美国传播学者，纽约市立大学社会学教授，美国东部社会学协会会长。他出版了大量社会学论著，《做新闻》（*Making News*）是其代表作，该书提出媒介框架理论（media frame），被美国《新闻和大众传播季刊》（*Journalism & Mass Communication Quarterly*）评为 "20 世纪新闻和大众传播研究名著"。

惕。如果说甘斯和吉特林都是从媒介内容尤其是新闻的角度切入发掘媒体背后的政治经济控制，那么巴格迪基恩（Ben Bagdikian）① 和阿特休尔（J. Herbert Altschull）则分别从经济和政治的角度分析了新自由主义经济政策下的媒介工业。

巴格迪基恩批判了新自由主义经济政策下迅速发展的媒介聚合潮流，认为随着并购的加剧，越来越多的媒介集团被越来越少的人所控制，对媒介的宰制日益加强，这些集团设定了国家的议程。他认为现代科技和社会组织已经加剧了信息中心化控制的问题，以前公民公共政策讨论消失了，弱小的声音在减弱，多样性在消失。他解构了新闻专业主义，认为这只是一个内置的偏见（built - in biases）去服务于媒介所有者的商业和政治利益，而不是保护公共利益。由于客观性，平淡无味变成了新闻运作标准，社会敏感材料被控制，新闻媒介已经失去了作为民主机制的基础（Bagdikian, 1983：209）。

阿特休尔主要从政治角度分析了新闻媒介在社会生活中的角色。他批判了新闻界独立的神话，认为新闻媒体是权力的代理，不是一个独立的机构，新闻管理是一种社会控制的形式。新闻界更多的是按照广告商的需要来运作，而不是公众的需要。他也解构了客观性的原则，认为客观性原则只是用来帮助资本主义权力维持社会秩序，抵制变革。公众对客观性原则的信任让统治者的统治更加简单，并帮助维护统治阶级的意识形态。新闻界是鼓吹手，而演奏的曲调出自那些支付吹笛手费用的雇主（Altschull, 1984：254）。

赫尔曼（Edward Herman）② 和乔姆斯基（Chomsky）的研究独树一帜，在学理和论证上都达到了一个新的高度。赫尔曼运用公共物品理论和微观经济学分析，提供了对媒介市场的批判评估，对传播政治经济学做出了基础性的贡献。乔姆斯基对主流学术的批判阅读和对经典美国民主传统的充分理解，对理性主义的执着，以及对制造社会变革的开放心态和实用主义思想，都深深影响了传播政治经济学。他们以局外人的身份冷静地思考了传播工业的运作，借用李普曼（Walter Lippmann）"共识制造"的概

---

① 巴格迪基恩于 1941 年开始记者生涯，曾亲自参与了 1971 年五角大楼报告（Pentagon Papers）的传递，后任加州大学伯克利分校新闻研究生院教授和院长。

② 赫尔曼在加州大学伯克利分校获经济学博士学位，后任宾夕法尼亚大学商学院和传播学院教授。

念，提出了著名的"宣传模式"，解释了美国新闻媒体报道公共事务中的亲精英和反民主偏见，认为美国的大众媒体是一个有效和强大的意识形态机构，承担着宣传功能，在宣传模式上使用了五种过滤方式，即媒介所有权、广告、政府信息源、抨击和反共意识形态，并解释了为什么不同的媒体对待相同的故事的态度会有极大的差别：主要依赖它们与美国精英的利益关系。他们认为新闻媒体的宣传活动总是与精英利益紧密合拍，制定和安排特权阶级的经济、社会和政治议程，统治着社会和国家（Herman & Chomsky，1988：298）。

麦克切斯尼是媒介政治经济学最为激进的代表。[①] 作为一个对美国媒介制度和产业的激烈批评者，他主要从政治经济学的角度分析美国媒介与民主的关系，提出了"媒体－民主悖论"。他论证媒体远远不是一个民主和自由的基石，而是变成了美国甚至全世界反民主的重要力量。他指出营利的、高度集中的、广告支持的集团媒体系统与一个民主社会的传播需求之间的矛盾，认为集团媒体巨头越富有、越强大，参与民主的前景就越渺茫。他揭示了诸多媒体的神话，认为美国正处于"新闻终结"的时代，压倒性的商业主义侵蚀了整个新闻行业（McChesney，1999：52）。麦克切斯尼尤其反对新自由主义媒介政策，认为最大化市场和最小化非市场机构的政策是集团媒体激增的主要因素，保护了富有者和强大的少数人、投资者、集团管理者和广告商。他反对美国的解除管制政策，认为媒介聚合和解除管制导致公共讨论的消失以及公共服务的迅速衰退。解除管制以促进竞争只是一种调整公共关系的策略，用以掩盖资本主义的本质，最终的结果是垄断和寡占。

与其他传播政治经济学者只破不立不同，麦克切斯尼呼吁对媒介系统进行结构性改革，挑战集团媒体权力，促进民主化传播。他尤其强调应该形成一个美国左派。他认为资本主义天生都是与民主的核心教条相冲突的。美国巨大的媒介改革的唯一希望就是出现一个强大的左翼政治运动，将媒介改革纳入政治议程，去创造真正的民主和自治条件（McChesney，1999：283）。他呼吁通过广泛的讨论，让公众决定经济模式，将传播的控制权从华尔街和麦迪逊大道手中抢夺过来，交给公民，建立非营利和非商

---

① 麦克切斯尼早年曾做过多年的记者，后来进入政治传播学研究重镇西雅图华盛顿大学完成博士学位。后来在威斯康星大学任教，现任教于伊利诺伊大学。

业的公共媒介，反映大多数人的意愿和诉求，加强对商业广播的规制，维护公共利益。

麦克切斯尼始终关注美国大众传播工业的问题和危机、新闻业的堕落、媒介政策制定与民主的关系、集团媒体与公共领域的冲突等，体现了始终如一的激进姿态。

2.3.3　信息政治经济学

在奠基人斯麦兹和席勒的视野中，信息、信息技术和信息社会是传播政治经济学无法回避的主题。在他们之后，有一批学者将专注于信息的政治经济学研究，并发扬光大。

甘迪（Osca Gandy）[①]是一位较早运用政治经济学路径来分析信息和信息产业的学者，他的研究跨越了多个主题，包括隐私权、信息技术、媒介框架、教育补贴等。他对议程设置理论提出了怀疑和挑战，认为议程设置背后是政治经济权力对知识和信息的控制。他关注美国知识和信息公共物品转化成私人财产的趋势，提出了"信息赞助"（information subsides）的概念，指出资本主义社会的信息市场面临短缺和过剩，信息源通过直接和间接的信息补贴，对价格进行操纵，熟练地操纵了大众媒介或其他信息渠道。信息被利用者用来实现控制的目标，保持系统的平衡和有序，维护统治阶级的利益。信息流通的加快和信息技术成本的下降只会加大穷人和富人之间的信息和权力鸿沟（Gandy，1982：187）。

甘迪借用了福柯的"全景敞视主义"（panopticism）[②]，提出了"全景分类"（panoptic sort）的概念，描述统治阶级对信息资源和人民的控制。他将全景分类定义为一种高科技的、控制论的分类，个人和组织根据其假定的经济和政治价值观被分类（Gandy，1993：1）。统治阶级通过确认、评估、测量、计算、采集、记录、加工、共享个人和组织的信息，实现对个人的控制。甘迪认为这其实是一个规训监视系统，分布广泛，而且不断在扩大和制度化。个人在更强大的他者的注视下活动，隐私权和自治权受

[①] 甘迪曾在加州大学圣地亚哥分校与赫伯特·席勒共事，后来获斯坦福大学博士学位，在宾夕法尼亚大学传播学院任教，任宾夕法尼亚大学传播学院赫伯特·席勒讲座教授。

[②] 全景敞视主义（panopticism）是福柯在《规训与惩罚》中提出的社会学理论，指的是一种有利于警卫和监督者有效地观察或监视犯人的理念和做法，认为这种设计的后果就是保持永久的可见性，以保证权力的自动运行。

到侵害。他认为全景分类是一个反民主的控制系统，扩大了知识和信息鸿沟，导致公众理解水平的下降。

赫伯特·席勒之子丹·席勒是信息政治经济学的重要人物。[①] 他继承了其父的批判旨趣和研究取向，延伸其父关于信息产业和信息科技的批判，成为信息政治经济学研究领域的重要学者。他关注信息系统的结构和信息商品化的过程，分析信息科技和文化领域的转型，以及信息生产、传输、消费的政治经济控制，认为信息本身是被社会机构及其所在的关系网络所界定和建构的，信息已经成为跨越所有经济领域的一个日益重要的生产要素，增加了资本主义的积累（D. Schiller，2007：23）。我们正生活在信息化资本主义（digital capitalism）的转型中，信息技术不会将我们带入一个个人自由的时代，带来的却是复杂的宰制和不平等的延伸。

2.3.4　互联网政治经济学

20 世纪下半叶互联网的发展是传播行业最重要的特征，尤其是最后的十年，互联网的发展对传媒产业产生了巨大的冲击。一批学者开始关注互联网作为媒介的意义，尤其是作为传播工具和民主手段的意涵。传播政治经济学者看待互联网的前途秉承了他们一贯的批判作风，与对信息技术的批判和对信息社会的悲观论断一样，他们对互联网充满失望。

丹·席勒较早对互联网进行了政治经济学的分析。他指出组成虚拟空间的网络最初是受政府机构、军事承包商、教育机构的委托而创造的，互联网的出现与自由市场力量没有任何关系，而与冷战的军事工业复合体有紧密联系，这是一个持续的政治选择过程。这些网络开始主要服务于集团使用者，而非个人，互联网开始了通往数字资本主义的政治经济转变，促进数字资本主义背景下资本的流通和再分配，加剧了社会的僵化、不平等、威权和宰制（D. Schiller，1999：203）。他也对互联网对公共服务设施的影响忧心忡忡，担心随着商业化浪潮的席卷，高等学习工业网络化和图书馆的电子化严重损害了互联网的科学和教育功能，长久以来教育与商业的区别开始淡化，一个职业驱动的学习工业开始出现。他尤其关注劳动力在传播中的角色，认为学术劳动力正在回避核心的教程和艺术，引起了

---

① 丹·席勒在宾夕法尼亚大学传播学院格伯纳（George Gerbner）的指导下完成博士学位。毕业后曾与斯麦兹、莫斯可共事，后在加州大学圣地亚哥分校与其父共事。现任教于伊利诺伊大学。

教工和教工工会的担忧。

麦克切斯尼也探讨了互联网能否让我们自由的问题。他批判了那种认为互联网以及更广义上的数字传播网络能解放我们、让我们自由的论调。他认为媒介技术的乌托邦概念，都被经验证明没能推翻现存的媒介、文化和知识的垄断，并未开启更加平等和公平的社会秩序的大门。互联网只是集团商业媒体的一套新装（McChesney，1999：121）。他尤其反对互联网的私有化，批判政府解除早期虚拟空间商业化的禁令。他承认互联网将是巨大的社会变迁的一部分，但表示没有尼葛洛庞帝乐观，他认为互联网市场存在微软的垄断、浏览器的垄断和路由器的垄断，并没有开启传播市场中的竞争，互联网缺失一个竞争性的基础。

2.4　前沿

传播政治经济学在发展过程中也在不断地受到社会运动和社会思潮的影响，公众政治、公民权利和黑人权利运动、反战、学生运动、消费主义、女性主义等都被政治经济学援引吸纳，进行跨学科、跨主题的研究。传播政治经济学也日益关注阶级、性别、种族的互相建构，关注社会运动和霸权、社会机构和社会行为的关系，公民权和女性主义运动的发展对传播产业改革的推进，自由传播的诉求，以及民主的政策制定和隐私保护。

2.4.1　种族与传播的政治经济学分析

美国公民权和黑人权利运动启发了传播政治经济学者开展传播活动与种族关系的研究。吉特林关注电视中的种族问题，证明电视节目对现实世界的看法，表达了白人中产阶级对黑人和黄种人下层阶级的态度，但并不知道黑人的感受和体验，反之亦然。莫斯可也认为从全球视野来看，种族是国际劳动分工形成的一个中心力量。甘迪则开辟了种族与传播政治经济学的新领域，他的《传播与种族》一书提供了一个综合地理解种族和民族在媒体演变中的位置的学术路径，主张以吉登斯的结构概念理解社会现实，认为大众媒介很大程度上受到了资本主义市场逻辑的影响，导致了种族和民族的刻板成见在大众媒介中被生产、流通和维持，并抵制改变，影响了权力的分配和社会结构（Gandy，1998）。他借用行为科学、政治经济学和当代文化研究的解释路径，提供了一个种族和民族领域内发展批判理论的研究日程，主张进行传播与种族的研究应该理解种族在社会阶级结构中的位置，应该对影响生产、流通和接受过程的因素进行考察，理解种族与传播以及其他社会机构的关系，进而改变传播与种族的关系。

2.4.2　女性主义与传播政治经济学

女性主义运动和思潮对全球政治经济的批判和对全球父权制的挑战，动摇了自古以来被认为是理所当然的男性统治的社会实践和信仰。传播政治经济学者也将政治经济学与女性主义结合，研究在发达的信息技术和全球劳动分工背景下，女性工作者在信息和传播工业中的双重压力，关注集团中的家庭和性别、女性与媒介的关系等。

米韩是致力于女性主义与传播政治经济学研究的代表学者。她从女性主义和政治经济学的视野考察电视和电影背后的权力和控制，提供了对性别、权力和媒体联系方式的启发性审视。她认为社会等级建立在性别特权和经济地位基础上，所有的媒介结构、机构、过程和表达都是被金钱和性别所塑造的。她关注性别和金钱的特权对媒介的渗透，关注传播工业中女性的工作机会、工作模式、政策讨论、法律制定，涉及了父权制等级制度和资本主义本身，提供了一个从个人的、经验的、制度的和结构的视角理解传播，解释性别和金钱是如何被巧妙和复杂地嵌入我们个人日常生活的路径（Meehan & Riordan，2001）。米韩还对受众商品论进行了完善，认为信息和受众都没有被交换，只是作了分级（ratings）（Meehan，1993），广告商和网络需要的是消费者的测量。她认为媒介对两个市场有结构性依赖，一个是受众商品市场，一个是分级市场，同时指出分级市场的结构受男性控制。

2.4.3　传播政治经济学与民族志（ethnography）

在传播研究中，有传播学者主张将传播学与民族志结合，用田野调查等人类学方法，研究某一特定文化群体或种族的传播行为。在传播政治经济学者中，彭达库（Pendakur，1993）认为传播政治经济学者关注宰制、依附和跨国关系，而没有关注国家内不同的文化群体对信息的接收和理解。他主张将民族志研究融入传播政治经济学研究中，关注不同的种族和文化在资本主义体系中所受到的传播技术的冲击、所做出的反应和改变，以及控制和对抗问题。他以印度的一个小乡村的变化进行民族志式的个案研究，分析了商业电视的引入以及大的制度变迁如何影响农村生活，同时引起人们认知地图的微观变化。他希望将民族志与政治经济学结合，以抽象和具体的形式去解释社会现象，对社会变革做出贡献。

2.4.4　北美传播政治经济学者论中国媒介

中国的媒介体制和媒介发展也引起了西方传播学者关注。作为对主流传播学的悖反和寻求传播体制的替代性方式的传播政治经济学，必然关注中国媒介制度这个西方传播学者眼中的异类。倾向于马克思主义的斯麦兹就曾在20世纪70年代年到过中国，并对中国的媒介制度和媒介政策给予诸多赞许，同时他也提醒我们在采用外国技术发展时需要谨慎，西方的电视广播和学术研究都带有意识形态色彩，中国应该利用技术服务于自身的利益，而不是毫不批判地采纳含有资本主义意识形态的资本主义电视科技。他也对中国开始出现的商业化现象提出警告，主张发展社会主义文化应该进行文化过滤。

丹·席勒专门探讨了中国信息产业和世界经济的公开性问题。他认为中国媒介内容与硬件工业和广告商正在建立跨国的联系，并在拓展和重组国内的市场。同时中国的媒介和信息工业正在经历转型，正在逐步地重新融入跨国化的资本主义中，他认为传播和信息工业是中国经济迅速发展的主要部门，但不是美国权力的威胁，或许能给全球生产过剩的危机提供一个解救的途径。

加拿大华人传播学者赵月枝是专注于中国传播产业的政治经济学分析并将传播政治经济学带入中国的启蒙性学者。她关注中国党派新闻业的结构和特征、市场力量对媒介机构和实践的影响、中国新闻改革的路径、中国特色的媒介商业化历程、商业化媒介的模式和内容，以及伴随的腐败和堕落。她尤其关注意识形态力量和市场力量对中国媒介行业的双重影响，以及媒介在中国民主化历程中的角色。她指出中国的媒介工业不再是铁板一块的宣传机器，而是经历着快速转型的复合体，体制内不同的部分从不同的方向进行斗争（Zhao，1998）。近年来她关注中国媒介市场中日益国际化的资本主义对媒介和传播工业的影响、中国媒介行业的一系列市场和社会变革、商业化对意识形态和审查的影响、新闻的日益娱乐化、国内私有资本和文化工业的兴起、媒介对法治和社会公正的提倡，以及全球化、跨国资本和民族主义的影响。赵月枝分析了互联网出现后媒介和传播的内在悖论（Zhao，2008），一方面是公民新闻学的兴起，另一方面是广告商和政治的压力。政治与媒介之间的复杂性加剧，并不仅仅是国家控制那么简单。她也关注中国在信息社会中工业工人与知识工人的劳动分工和劳动的商品化，分析工人与传播机构、技术和知识工人的关系，政治、经济、文化精英对传播方式的垄断，以及传播劳动者的斗争，呼吁中国工人通过传播渠道组织起来，合理表达诉求，强化他们在社会决策和发展中的作用。

结　语

曾经被传播学奠基人抛弃的批判研究，经由传播政治经济学者的努力，得以发扬光大，成为传播研究中的重要视野和路径。他们总是去追问各种反对强权者的问题。他们的研究拒绝承认现实是合理的、最自然和最优的。他们的研究开始于一套价值观和运行假设，并且据以进行马克思所说的"对现有东西的无情的批判"，他们"不害怕自己的结论，也不害怕与现有权力的冲突"。他们批判现有的政治经济权力，批判现有的传播制度，甚至批判主流的传播研究和传播学者，体现出了始终如一的批判取向。

北美传播政治经济学与美国主流传播研究，同时也批判传统中的文化研究，甚至与传播政治经济学研究的英国政治经济学派有很大分歧（冯建三，2003）。尤其是在行政范式占统治地位的北美，批判学者和主流传播学者之间的关系是冷漠的。对批判学者来说，经验研究对现状的非批判的假设是对思想责任的彻底逃避。而政治经济学路径则被认为是主观的、非实际的、拒绝其他研究路径的只破不立的破坏者。北美的传播政治经济学也由于自身论证上的缺陷，往往容易被主流传播学者攻击为经济决定论。批判学术在大学、学术领域和更广阔的社会中处于卑微的地位，总是如履薄冰。随着大众政治运动的逐渐消失和新自由主义的兴起，批判学术的统一性逐渐消解，最终破碎消失。随着后结构主义和后现代主义的兴起，学术界忙于研究高理论（high theory），而对资本主义、社会主义或者组织的社会变迁的兴趣逐渐消失。

但是，随着新的信息和传播技术的发展，新主题的不断出现，传播工业生产、话语与接受体验的变化，阶级权力与性别、种族的复杂关系，传播工业内在和跨行业的结构变迁，劳动和劳动过程的私有化，劳动者的斗争和联合，以及国家和公共传播复杂的关系等，都为传播政治经济学的发展提供了新的机遇。

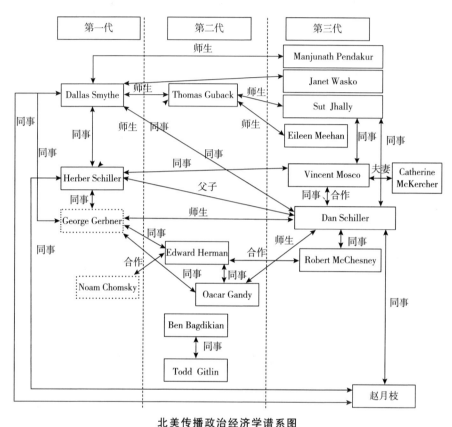

北美传播政治经济学谱系图

注：虚线方框表示非纯粹的传播政治经济学者，但对传播政治经济学有所贡献和影响。

3 北美传播政治经济学的思想渊源

> 马克思对我思想的影响是难以衡量的，而且无处不在。
>
> ——Oscar Gandy（1993：5）

当代的传播研究，源于社会学，受到心理学、政治学、经济学等学科的影响，其研究实践从认知、实验和调查研究延伸到修辞研究（rhetorical studies）、文化研究（culture studies）、民族志（ethnography）、政治经济学、法学、档案历史（archival history）等，在理论渊源和方法论上是个大杂烩（hodgepodge）（McChesney，2007：21）。传播政治经济学作为传播研究领域内产生的传播研究和政治经济学的交叉学科，同样涉及多个学科，主要有历史学、经济学、社会学和政治科学等。北美传播政治经济学作为一个诞生于北美并具有世界性影响的学科，其形成和发展受到了近现代各种思潮的影响。北美传播政治经济学诞生的前后50年，正是北美各种思潮此起彼伏、风起云涌并不断吸收世界各地思想的年代。传播政治经济学诞生前发生两次世界大战，大量欧洲学者前往美国避难，带去了各种欧洲思想传统，并在战后迅速发展。战后美国成为超级大国，优越的教学科研条件和自由平等的氛围也吸引了一批学者来到美国，美国和平、民主、自由的科研环境为各种思想的自由发展提供了可靠的语境条件。各种思想在北美大地上碰撞发酵，并产生了各种新的交叉学科和思想，这些思想传统都给传播政治经济学以不同程度的影响。而北美传播政治经济学则近距离地接受了各种思想的浸润和洗礼，其思想渊源纷繁复杂，归纳起来主要有以下几个来源。

3.1 政治经济学的分析路径

传播政治经济学作为探讨传播现象背后政治经济权力生产、流通、分配、运作的学科，其思想最初来源于 18 世纪亚当·斯密（Adam Smith）和大卫·李嘉图（David Ricardo）的古典政治经济学。斯密等人对生产、流通领域内的再生产过程和市场运作原则的探讨直接影响了传播政治经济学者对传播过程中政治经济权力生产和再生产的分析。斯密首次系统地描述了资本主义经济运行和发展的全貌，对资本主义经济发展因素、发展过程、发展动力、发展机制和经济政策进行了系统阐述。北美传播政治经济学者对资本主义的理解源于斯密对政治经济基本原理的认识。同时，作为道德哲学家的斯密对经济运行中道德问题的关注，也启发了北美传播政治经济学者的道德关怀。如果说《国富论》的主题是"财富增长"，那么，《道德情操论》则是"欲望约束"。《道德情操论》希望人们在现实生活中秉持"情操旗杆"和"道德向导"，督促个体与社会基于某种理性自发达成一致。他发现在市场这只"看不见的手"的指导下，受市场经济支配的人类行为很容易导致个体的利己主义，最终导致社会公正秩序的瓦解，以致人类的伦理生活世界在巨大的市场经济浪潮的冲击下难以为继。市场的变质早就在斯密的预料之中，在他看来，这是自由市场经济发展的必然结果。斯密毕生的思考就是如何将道德引入其间。北美传播政治经济学者对传播中道德问题的关注与古典政治经济学一脉相承。莫斯可（Mosco，1996）就指出，政治经济学的核心特征就是道德哲学（moral philosophy）。传播政治经济学者追随古典理论家对道德哲学的强调，不仅分析经济系统，也注重对媒介政策制定和由此而产生的相关道德事务的探讨，时刻怀有深刻的伦理关切和深深的道德焦虑。

20 世纪，以凡勃仑（Thorstein Veblen）、布拉第（Robert Brady）为代表的制度经济学派是北美传播政治经济学的重要来源。制度经济学者关于制度对经济行为和经济发展的影响以及经济发展对制度演变的影响的分析，直接启发了传播政治经济学者对资本主义经济制度与现存传播制度之间关系的思考。凡勃仑的"炫耀性消费"（conspicuous consumption）和"有闲阶级"（leisure class）的概念，被北美传播政治经济学者用来分析统治精英的性质和受众的接受行为。凡勃仑认为社会主义在科学基础上将实现人类需求的满足，能够解放生产力，启发北美传播政治经济学者对不同媒介体制的认识，并认可社会主义媒介体制的优越性。凡勃仑的生产性（productive）和非生产性（unproductive）劳动的二分法，影响了传播政治经济学者对传播工业劳动分工的论断（D. Schiller，1996：21）。尤其是布拉第的反法西斯经济和文化分析实践深刻影响了传播政治经济学者对传播过程中企业与政策制定关系的研究。斯麦兹、赫尔曼都在加州大学伯克利分校（University of California Berkeley）获得经济学博士学位，那里正是美国20世纪政治经济学和制度经济学的中心。当时布拉第于此任教，正如丹·席勒（D. Schiller, 1999）所说，传播政治经济学正是在传承布拉第的遗产基础上产生的。斯麦兹（Smyth, 1957）的《电子传播的结构和政策》（*Structure and Policy of Electronic Communication*）一书的构思和写作就始于他与布拉第的一篇合作文章。而且，在斯麦兹的第一门传播政治经济学课程中，他采用了布拉第的文章作为必读文献。[①] 晚年斯麦兹也与制度政治经济学者麦勒迪（William Melody）共事，最终提出了媒介依附理论。

大萧条和二战期间凯恩斯主义经济理论盛行，凯恩斯（John Keynes）对国家经济干预政策的探讨，影响到了传播政治经济学者对国家在传播规制中的角色的认识。拉斯基（Harold Laski）和熊彼特（Joseph Schumpeter）对市场非中立和资本主义经济周期的认识影响了传播政治经济学者对媒介市场的论断。不像传统的经济学研究，他们不假设市场是中立的或者互惠的，阶级不平等是自然的，资本主义是非历史的。传播政治经济学者受其影响，也认为媒介市场并非自然的和中立的，存在阶级分化。以《每月评论》为大本营的左翼政治经济学家，如斯威齐（Paul Sweezy）、巴兰（Paul Baran）、麦格道夫（Harry Magdoff）也影响了传播政治经济学，他们尤其强调现代资本主义垄断集团的本质和重要角色。麦克切斯尼则直接承认斯威齐和巴兰的观点是其政治经济学教育的基础，他的目标就是追随左翼经济学家的传统。斯威齐和巴兰的核心论点是垄断资本主义有通往经济滞胀的强烈趋势。不像新古典主义者，他们认为如果让市场自己运作，而没有国家的规制和调控的话，市场系统倾向于走向危机和萧条。他们对资本主义垄断和滞胀趋势以及危机的判断，使传播政治经济学者认识到在美国商业化媒介体制下媒介市场一直处于垄断和寡占状态，美国模式的传播体制和资本主义制度本身存在巨大的危机，并激励他们呼吁国家对传媒业进行规制。

传播政治经济学也在批判自由主义经济理论中不断发展。弗里德曼

---

① 笔者从丹·席勒教授手中获得一份斯麦兹的课程大纲，其中就多次引用布拉第的著作和论文作为必读文献。

（Milton Friedman）和新自由主义经济学为"市场作为首要的规制者"的概念提供了理论基础，其与传播政治经济学者之间几乎没有对话。20 世纪 80 年代后，新自由主义思潮开始在美国重新盛行，并很快席卷全球。北美传播政治经济学者对新自由主义经济政策和媒介政策进行了激烈的批判，并在批判的过程中不断丰富和完善自身的理论逻辑。北美传播政治经济学者否认资本主义经济在一个自由的市场系统中运行，认为国家不能被看不见的市场力量的手所引导，在市场中，垄断和竞争不能共存，现实世界中大多数的经济都不是处于完全竞争和完全垄断的状态。他们进而论证市场不能作为传播工业的规制工具，缺乏国家的干预，媒介工业最终会走向垄断。

经济学中各种产业组织理论也影响了传播政治经济学。产业组织理论的三个基本概念——买家和卖家集中的冲突、进入的条件、产品差异的程度帮助传播政治经济学者从微观和中观层面上考察美国传播机构的市场行为和外部力量对集团媒介的影响（Pendakur，1990：39）。

可以说北美传播政治经济学者批判地继承了各种经济学和政治经济学理论，不断适应资本主义国家不断变化的政治经济现实，丰富和完善传播政治经济学的理论内涵，不负其名称中"经济学"一词。

3.2 马克思主义的批判旨趣

马克思主义政治经济学是北美传播政治经济学最重要的思想来源。马克思主义政治经济学作为对古典政治经济学和资本主义本身的双重批判，不论是在思想主旨上，还是在分析逻辑上，都给北美传播政治经济学以重要影响。马克思主义对资本主义社会的透彻分析为传播政治经济学者理解资本主义制度下传播体制的性质和功能做出了最重要的贡献。正如传播政治经济学重要学者甘迪所说：马克思对我思想的影响是难以衡量的，而且无处不在（Gandy，1993：5）。

马克思对资本主义所持的怀疑和批判的态度是传播政治经济学者始终如一的理论姿态。虽然北美传播政治经济学者不一定是马克思主义者，但他们都是对所处语境的批判者。与马克思对社会不平等和不公正的批判一致，政治经济学模式与其他模式的区别就在于对权力和财富不公平分配的认知和批评。他们不是接受现状，而是尝试挑战整个资本主义制度，寻求商业传播体制的可替代方式。他们拒绝承认现实是合理的、最自然和最优的，总是追问各种反对强权者的问题，对现有问题进行无情的批判。他们批判现有的政治经济权力和现有的传播制度，甚至批判主流的传播研究和传播学者。他们的探讨不局限于统治社会的人和从现状中获益的人的需要，还试图从社会可能的范围内建构更好的制度。

马克思主义的一些重要概念被北美传播政治经济学所继承。马克思的辩证观念和历史唯物主义，是传播政治经济学总的方法论取向。马克思整体与局部的辩证观念，使传播政治经济学者认识到传播的危机是世界性危机的一部分，这个危机源于制度化的集团利益驱动经济所产生的社会不平等、不安全与自由民主社会的冲突，而媒介改革孤立于民主改革之外不可能成功。马克思的社会分析总是紧密关注物质关系，关注拉车的人和少数坐车的人，这种现实主义的认识论①，也成为北美传播政治经济学者分析传播世界的认识论。马克思主义政治经济学对阶级社会和阶级权力的认识使传播政治经济学者将社会发展视为一个互相渗透的过程，这与唯心主义者（idealist）完全不同。马克思的阶级斗争概念，帮助传播政治经济学者理解传播工业中的阶级斗争，使他们认识到阶级斗争被嵌入资本主义体制和传播工业的 DNA 中，并启发他们将阶级结构作为一个理解社会生活的中心切入点去描述传播实践中的社会关系。马克思对劳动、劳动力、劳动分工的研究，也是传播政治经济学研究的核心领域。

马克思对劳动人民利益的重视，激发了传播政治经济学者对公共利益的呼吁，并促使他们提出创办非营利和非商业性媒介、发展公共广播以及增加对商业广播的规制等一系列媒介改革建议。马克思指出资本主义系统因为内在的张力和悖论，不是走向平等，而是走向危机，这也影响传播政治经济学者对资本主义传播体制未来走向的思考。马克思的劳动价值理论和剩余价值理论直接被传播政治经济学者运用于对资本主义传播工业运行机制的剖析，也促使政治经济学者一直专注于批判资本与劳动之间控制和反抗的斗争（D. Schiller，1996：3）。马克思的"商品拜物教"（commodity fetishism），强调资本主义的利润寻求和资本积累过程，成为北美传播政治经济学者的研究起点，也激发他们不断思考资本主义传播体制下利益集

---

① 就马克思而言，似乎是先有一个社会实在的存有论（本体论），后有认识论。Realism 这个词本来也是讲什么是真实（real）存在的，所以，可以说现实主义既是一种认识论，又是存有论。

团如何运作，探讨大众传媒、广告商和受众之间隐蔽的三角关系（invisible triangle）及其对经济和社会的影响。

马克思主义对变革的期待也是政治经济学者执着的实践理想。马克思对实践（praxis）的关注鼓舞政治经济学者尝试跨越研究和政策的区别，将他们的研究指向现实社会变迁和社会实践。总的来说，政治经济学者的理论路径是社会现实主义。受马克思改造世界的影响，他们认为所有的社会学术最终都是为了改变社会，社会科学学术可以通过与现实生活中的社会运动和政治事务相联系而不断发展（McChesney，2007：12），尤其是传播政治经济学更是如此。他们主张传播政治经济学应该承担一个建构者角色，介入当前的政治和社会事务，进行结构性的媒介改革，推进民主政治，提升公共生活的质量。作为任职高校的教师，他们也是积极参与现实媒介改革的活动主义者，强调认识所处的现实世界，并渗透到研究日程和教学中，生产运用于维护公共利益的知识，并进行超越学术的参与。正是基于这种认识，北美传播政治经济学派与其他批判学派只破不立，只将注意力放在对现状的批判剖析上不同，他们往前迈了一大步，提出各种媒介改革主张。同时，他们又身体力行，将理论和实践相结合，参与到媒介改革运动中，成为媒介改革运动中来自学术界的重要力量。

在马克思之后，各种西方马克思主义流派对传播政治经济学也产生了不同程度的影响，北美传播政治经济学者一直强调：传播政治经济学的发展是全球学术界中左翼思潮兴起和复苏的一部分。法兰克福学派霍克海默（Max Horkhaimer）、阿多诺（Theodor Adorno）、马尔库塞（Herbert Marcuse）的论著都被传播政治经济学者广泛阅读和引用。正是法兰克福学派对文化工业的批判，对意识形态和文化等广泛主题的探讨，衍生了醒目的批判传播研究。霍克海默对批判理论和传统理论的区分，帮助传播政治经济学者区分行政研究和批判传播的本质。本雅明、阿多诺对资本主义文化修辞的论述，以及"文化马克思主义"对资本主义社会中意识形态问题的研究，被传播政治经济学者运用到对现代资本主义传播和文化工业的分析上。尤其葛兰西（Antonio Gramsci）的霸权（hegemony）概念直接被传播政治经济学者运用于分析美国传播工业对其他国家的宰制。尤其值得注意的是，葛兰西、卢卡奇（Georg Lukacs）、阿尔都塞（Louis Althusser）、威廉斯（Raymond Williams）等人打破了传统的线性和非线性（non-linear）的界限，认为理论和社会是被多重因素决定的，这也使传播政治经济学者认识到传统政治经济学方法论的局限性，并以非线性的科学原则重新理解资本主义制度下传播工业的结构和功能。

法兰克福学派第二代的中坚人物哈贝马斯（Jürgen Habermas）对公共领域的历史考察和悲观态度，影响了传播政治经济学者对公共领域结构和功能的判断。他的理想主义又给传播政治经济学带来新的希望。哈贝马斯的公共领域概念主张公民的互动不能被企业和国家控制，这提供了一个民主媒体的运行原则，影响政治经济学者提出建立多样的（heterogeneous）传播工业，启发政治经济学者寻找可替代性媒介，以民主的方式实现媒介去中心化和反控制。

吉登斯（Anthony Giddens）的建构理论和对社会复杂性的认识，以及第三条道路的政治重建，都给予传播政治经济学以理论动力。吉登斯的建构理论和时空分离（time - space distanciation）以及空间作为制度的延伸的概念，被传播政治经济学者用于剖析传播中集团权力的制度延伸。吉登斯的结构化的过程，帮助传播政治经济学者理解精英统治的结构和过程，吉登斯用社会复杂性的视角将社会系统和变革理解为一个难以描述的复杂影响的产物，这种复杂性被他称为"超定"（overdetermination）。吉登斯从各个实体互相建构的意义上，认为不可能去分辨任何原因或者影响比其他的更重要，这种反本质主义（anti - essentialist）的姿态也让传播政治经济学者自由地选择切入点（entry point）去描述实体间复杂的关系和过程（Gandy，1993：11）。吉登斯的结构化理论为传播政治经济学者提供了一个有用的分析框架，帮助传播政治经济学者考察实体的关系，理解社会秩序的生产和再生产的循环过程。

二战后，西方新左派中的乔姆斯基对北美传播政治经济学产生重要影响。乔姆斯基是实现语言学研究革命的学者，也被誉为过去100年里最重要的公共知识分子。20世纪60年代，他开始了作为社会批评家和活动分子的生涯，成了最广为人知和受尊敬的美国外交政策的激烈批判者。他的工作主要是对主流学术进行批判阅读和充分理解经典盎格鲁－撒克逊美国民主传统。他对理性主义的执着，清晰的思考方式，对制造社会变革的开放心态和实用主义思想，都对北美传播政治经济学认识论和方法论产生无形的影响。乔姆斯基对传播政治经济学的贡献还在于与赫尔曼（Edward Herman）合作提出了"宣传模式"（propaganda model）。他们发现美国媒体代表精英利益，是高度宣传化的，揭示了美国媒体的亲精英（pro -

elite）和反民主（anti‑democratic）特质。在 1989 年出版的《必然的假象：民主社会中的思想控制》（*Necessary Illusions*：*Thought Control in Democratic Societies*）中，他提出了对富媒体的批评，探索资本主义与民主社会的张力，证明美国远远不是一个真正的民主国家，媒体系统在巩固不平等的（inegalitarian）阶级关系中承担重要角色，这促使麦克切斯尼写作了《富媒体，穷民主》一书。正如麦克切斯尼（McChesney，1999：preface）所说，"乔姆斯基关于媒体和民主的讨论是我政治教育的中心"，可见其对传播政治经济学的影响。

北美传播政治经济学也从各种后结构主义和后现代主义思潮中吸取养分，福柯尤其重要。福柯站在社会学的立场上，揭示了话语、知识和权力之间的相互建构关系，使北美传播政治经济学者认识到权力普遍存在于所有传播活动中。正如甘迪（Gandy，1993：9）所说："福柯的概念决定了我对权力和社会控制的理解结构。"也正是福柯的全景敞视主义（panopticism），驱使他提出了"全景分类"（panoptic sort）的概念。但是后结构主义认为权力与社会实践没有任何关系，而是话语，话语即权力，这与马克思唯物主义背道而驰，也使传播政治经济学最终抛弃了后结构主义。①

此外，作为批判研究另外一个分支的文化研究以及其他国家的传播政治经济学研究也被北美传播政治经济学所吸纳。文化研究领军人物威廉斯、霍加特（Richard Hoggart），欧洲传播政治经济学代表学者马特拉（Armand Mattelart）、默多克、戈尔丁（Peter Golding）等同为批判学派，他们志同道合，在彼此的著作中互相引用，都是朝着相同的目标，沿着不同的路径而努力前进。奠基人席勒也曾在加州大学圣地亚哥分校与詹明信（Fredric Jameson）、阿诺维兹（Stanley Aronowitz）、伊格尔顿（Terry Eagleton）等这些左翼知识分子共事，彼此互相影响，互鉴互证。文化研究对意识形态和阶级不平等的分析，以及对传播工业中文化因素的重要角色的分析，都在帮助完善传播政治经济学的理论体系。北美传播政治经济学也在与文化研究的不断争论和融合中发展，正是传播政治经济学与文化研究的争论和互相借鉴，使传播政治经济学者更加关注传播与文化的广泛主题。欧洲的批判研究强调阶级权力在塑造当代文化中的作用，促使传播政

---

① 2009 年 8 月 31 日，在伊利诺伊大学的访谈中，麦克切斯尼指出正是因为这一点，他最终抛弃了后结构主义。

治经济学者更加关注媒介内容和受众的收听（看）体验，使传播政治经济学者在探讨媒介所有权和控制问题之外，日益重视分析媒介内容和形式，以及受众的接受和消费过程，将媒体的生产和更广泛的意识形态系统相联系，分析媒介对社会文化和意识形态的影响。

北美传播政治经济学也受到了各种马克思主义的变种，如威权主义（totalitarianism）、社群主义民主理论（communitarian democracy）的影响。北美传播政治经济学也借鉴社群主义（communitarianism）的公益政治学，提出社区服务和公共传播的改革建议。而殖民和后殖民理论是传播政治经济学者分析美国媒介帝国主义的重要理论工具，传播政治经济学者正是运用各种受马克思主义影响的殖民和后殖民理论去分析资本主义核心国家对周边国家的殖民和贫穷国家对核心国家的依附。

3.3　多伦多学派的技术批判

以因尼斯（Harold Innis）、麦克卢汉（Marshall McLuhan）为代表的多伦多学派（Toronto school）对技术在历史发展和传播过程中的作用的分析，直接开启了传播政治经济学对传播、技术和社会的激烈批判。因尼斯对传播系统和技术的历史学、社会学分析以及对媒介技术偏向的论断，影响了传播政治经济学者对技术的认识；麦克卢汉"媒介即信息"、媒介"冷热"的观念，改变了传播政治经济学对人类社会存在和运行方式的思考；波茨曼（Neil Postman）对新技术的局限性和人道的探讨引起传播政治经济学者对个人权利的关注。

多伦多学派对媒介技术导向的社会进行了激烈的批判，直接开启了北美传播政治经济学的技术批判和社会批判。正如加拿大学者格拉汉姆（Graham，2007）所说的：传播政治经济学最明显的理论根基就是由加拿大经济学家因尼斯提出和发展的"知识垄断"（knowledge monopolies）的概念。因尼斯创造这个词来阐明历史上特权阶层（牧师、国王、官僚、士兵、科学家等）垄断某些特定种类知识的事实。因尼斯是所有媒介领域内政治经济学研究的先驱。正是因尼斯使传播政治经济学成为一个引人注意的领域。作为经济学家的因尼斯对传播系统和技术在人类历史上的重要角色进行了独到的分析。他通过分离传播内容和技术形式，提供了一个看待媒介如何维持、侵蚀或者转变各种文明的方式。他以历史学和社会学的路径，将传播置于社会和政治发展的联系中，提出一种非科学的传播社会科学研究路径。正是受因尼斯的影响，北美传播政治经济学者远离经验传播研究，而开始注重质性的研究，并对技术对社会发展的作用进行了批判分析。因尼斯认为传播技术对理解人类发展非常重要，他分析了时空对文化的影响，认为正是传播媒介赋予和维持了统治阶级对知识的垄断权力，这也使北美传播政治经济学者将统治阶级对传播媒介和知识的垄断作为传播工业的一个核心特征并进行激烈的批判。因尼斯关注传播技术和文明形式的关系，为传播政治经济学提供了一个历史唯物主义的认识论，为后来的学者提供了一个有益的方法。他帮助人们拓展了媒介的概念，使这个术语（the media）成为单数（singular）和整体（monolithic）。因尼斯延伸了媒介的外延，将神话、祈祷、字母表、建筑、图书馆、交通系统、武器和其他技术统称为传播工业。他的工作超出了传统政治经济学，并且对美国文化研究的奠基人之一凯瑞（James Carey）产生重要的影响。麦克卢汉作为因尼斯的助手和同事拓展了技术作为媒介（technology – as – media）的视野，提出了"媒介即信息"的概念，强调媒介生产与技术变迁导致的政治和文化后果，改变了我们思考人类社会运行的方式，尤其影响了波茨曼（Neil Postman）的名著《娱乐至死》（*Amusing Ourselves to Death*：*Public Discourse in the Age of Show Business*）。麦克卢汉和因尼斯所开启的技术社会史研究，成为传播政治、经济学的重要内容，其媒介社会学的视野使传播政治经济学者更加关注媒介技术社会中政治经济对制度塑造的影响。但是多伦多学派过于强调纯粹技术，而技术的社会基础和社会性质在传播政治经济学中得到重要发展，这也弥补了多伦多学派的不足。

3.4 社会学思想传统和北美新闻传播研究

北美传播政治经济学受到了各种思想传统的影响。源于社会学的传播研究，更是受到社会学的影响，尤其是在方法论上。作为传播研究一大分支的传播政治经济学也不例外。韦伯（Max Weber）对理性化的理解和经济社会学有助于传播政治经济学者理解西方现代社会的工业化和官僚化特征。韦伯很早就认识到了新闻界在20世纪的代理角色，他认为在现代民主国家，所谓的公共意见大多数是被政治领袖和新闻界管制的，新闻界被政治势力引诱着去说服大众接受社会秩序。韦伯视新闻自由的概念为一个魅力（chrismatic）领导的工具，这也被北美传播政治经济学用来分析媒介在社会发展中的角色，将媒介看作一个权力运行的工具和政治经济权力的代理。

北美的新闻学研究也是北美传播政治经济学的直接思想来源。20 世纪初新闻巨头普利策提出这样的观念：将报纸转变为非营利的机构，由大学来运行。李普曼（Walter Lippmann）的舆论学研究、刻板印象和制造共识（manufacture of consent）的论述都被传播政治经济学者用来分析美国传播工业的意识形态功能。媒介的宣传功能被赫尔曼和乔姆斯基所继承，并衍生出一个著名的概念：宣传模式。杜威等教育家对传播在社会中功能的论述，也影响了传播政治经济学。杜威（Dewey，1916）强调通过传播协调解决社会冲突，将传播视为一个互惠和合作的平等过程，主张通过渐进的教育促进社会民主，调整现有社会关系，这也影响了北美传播政治经济学者对自由平等传播的期待。杜威等人建议报纸应该是一个非营利和非商业性的事业，启发传播政治经济学者呼吁建立非营利和非商业性媒介。杜威和米德（George Mead）等实用主义者提出互助论（mutualism），希望通过学术研究，促进社会的协调，加强现代工业社会的民主参与，这鼓舞了北美传播政治经济学者提出各种媒介改革建议，积极参与媒介改革运动。

传播政治经济学者也批判地继承了经验传播研究。传播研究起源于二战的宣传研究，以传播学四大先驱为代表的社会学者关于宣传效果的研究，当时就具有一定的批判色彩，但是很快批判的研究路径不受商业媒体、大学管理者和主要的基金组织尤其是洛克菲勒基金会（Rockefeller Foundation）的欢迎，传播研究先驱们逐渐从批判宣传威胁自治转向帮助精英根据他们自己的利益利用宣传管理人民。具有讽刺意味的是，开启批判性传播研究的拉扎斯菲尔德（Paul Lazarsfeld）后来变成了主流研究的一个标志性人物。许多批判传播研究则由许多领域外的学者来完成，如米尔斯（C. Wright Mills）。批判的宣传研究虽被主流学者所抛弃，但被传播政治经济学者所继承，他们不断挑战经验研究的前提，攻击传统的概念框架。传播政治经济学者批判主流传播学者消除和软化对社会系统的批判，他们从政治经济学的视野，批判地认识大众传播的结构和功能。传播政治经济学者认为主流传播学者坚持现状是合理的，从来不进行解释，更多是考察商业媒介系统（或者资本主义经济）的价值和贡献（McChesney，2007：40－41）。对传播政治经济学者来说，这种非批判的假设是对思想责任的彻底逃避，非批判预设都包含一个信仰：美国政治经济与集团媒介系统的公平和基本正当。在传播政治经济学者看来，主流的学者与社会的精英合谋，为虎作伥，主流的研究总是提供一个脆弱的分析和蹩脚的建议，即使是最严肃的研究和最显著的证据，解决办法通常被化约为：呼吁更多的教育，祈求掌权者自己改变行为方式，忽视社会问题的根本原因。传播政治经济学者认为主流学者所标榜的现实主义和价值中立在仔细的审视下总是不确定的，主流的研究总是使自己适应现有权力的需要。而传播政治经济学者拒绝承认现状是自然的与合理的，并努力去实现变革。在批判的传播政治经济学视野内，一致同意媒介研究的目标是改变我们对大众媒介角色的理解，而不是迎合商业利益和资助来源的需要。

　　社会学家米尔斯对传播政治经济学有重大影响。战后米尔斯对美国文化的重商主义的喧嚣和去政治化走向、权力精英的保守趋势，以及美国社会受危机困扰的分析，都影响到了传播政治经济学者对美国传播和文化工业的认识。在《权力精英》(*The Power Elite*) 中他考察了美国权力和阶级结构，提出了对美国政治文化最有洞见和先见之明的批评（Mills, 1956）。他指出了战后美国的悖论：一方面，美国是一个充满着技术、荣誉和重商主义喧嚣的国家，美国社会是一个传统被打破和融化的社会，从根本上来说是一个保守的和受危机困扰的社会；另一方面，却是一个高度去政治化的社会，大多数重要的政治决定是被少数人为了自己的利益而作出的，公共关系被用作去安抚所谓的"群氓"（rabble），商业媒体系统在维持社会秩序上扮演重要角色。北美传播政治经济学继承了米尔斯的概念，认为美国商业化媒介实际上导致了非民主化、去政治化和两极化（McChesney, 1999：185）。米尔斯还关注二战后社会中知识分子的责任，并拥护在客观观察中的公共政治参与，这也引起了传播政治经济学者对知识分子责任和公共政治参与的重视。

　　北美传播政治经济学也在批判自由主义思潮过程中不断发展。自由主义传统信奉自由市场的神话（mythology），认为对人类来说，最理智、公平和民主的规范机制就是自由市场规范机制。市场是公正、平等的，市场作为规范机制不需要任何讨论。自由竞争不断促使经济主体以最可能低的价格生产出最高质量的产品，奖励工作最勤奋和最有效率的人。但是，北美传播政治经济学者看到的真相却是市场的成功都是基于消除竞争。一个公司面临的竞争越少，面临的风险就越小，赢利就越有可能。20世纪美国市场一直处于垄断的状态，少数公司彻底地垄断了市场的输出，建立主要的壁垒，防止他人进入。传播政治经济学者指出，新自由主义认为解除管制能使政府扮演一个更小的角色是误导人的，实际上，政府的角色依然重要。政府的政策是工具性的，决定了谁是赢家、谁是输家。正是在对新自由主义教条的批判过程中，传播政治经济学发展出了独特的国家观和媒介市场理论。

传播政治经济学者继承了第一修正案理论，同时又有所批评。米克约翰（Alexander Meiklejohn）关于美国宪法第一修正案言论自由和民主自治关系的研究，引发了北美传播政治经济学者对美国商业传播体制下言论自由和自治的担忧与呼吁。美国宪法第一修正案一直被主流学者认为是美国甚至是世界人民言论自由、新闻自由的理论依据和法律保障。但是传播政治经济学者将其视为维护集团媒介权力和富有者限制美国民主发展的工具。他们将第一修正案研究称为神学（theology），是阶级对民主的特权（McChesney，1999：257）。正是美国宪法第一修正案授权媒体进行私人控制和高度商业化。第一修正案关闭了任何被告知（informed）的公众讨论渠道。对于媒介所有者来说，第一修正案是"他们的"第一修正案。美国式的自由媒介理论也是政治经济学的批判对象。他们从社会阶级结构的角度对新闻自由教条进行了批判，认为新闻自由来自社会的阶级和权力结构。在施拉姆（Wilbur Schramm）等人出版了《报刊的四种理论》后，斯麦兹尖锐地指出四种理论是冷战学术的产物，歪曲了传播史，将理论浪漫化了。而所谓自由主义理论，从来就不是一个明显的准则，而仅仅是促进资产阶级利益的口号，自由主义新闻理论忽视了这种理论的实际——它是被有意识地建构的，存在自我服务的理性，被政治家和商人用来美化他们的言行。施拉姆讨论的新闻自由是为某些人（商人）准备的，他的书写不涉及历史现实，而是玩弄历史（Smythe，Guback，1993：91）。

哈钦斯委员会提出的社会责任理论也是北美传播政治经济学重要的思想来源，北美传播政治经济学者对公共责任的强调与社会责任理论一脉相承。但是北美传播政治经济学者是在批判社会责任理论的基础上发展他们的媒介责任观的。北美传播政治经济学者认为社会责任理论是大企业公共关系项目的一部分。哈钦斯委员会对新闻界的期待是不现实的，它忽视了新闻界是一个工具而不是一个独立行动者的事实，给了新闻界和公众不能承受的负担（Altschull，1984：189）。北美传播政治经济学者指出，社会责任是多方关于新闻媒体与其他机构关系的争议产生的教义。持社会责任论者的努力是为了管理新闻界。

值得注意的是，传播政治经济学从来没有反对经验研究方法，只是将自己远离经验主义或者将思想行为化约为对行为考察的简单陈述，取而代之的是对理论和实践的辩证关系的分析。正是在对北美经验研究不断批判继承、突破创新基础上，北美传播政治经济学者开辟了一条不同于传统传播经验研究的政治经济学路径。

3.5 其他社会思潮

北美传播政治经济学还受到美国以及世界范围内的各种思潮的影响。如果说传播学的理论基础是"老三论"（系统论、控制论和信息论），那么传播政治经济学则受到了"新三论"（耗散结构论、协同论和突变论）以及冲突论、混沌理论（Chaos Theory）的影响，这些理论思潮都在帮助传播政治经济学打破传统结构功能主义的束缚，使传播政治经济学者通过非线性的方法理解传播世界，帮助他们认识传统政治经济学思维方式的局限性，并以非线性、多重决定论的科学原则重新认识美国的传播体制和传统传播研究。

从 20 世纪六七十年代开始，后工业社会概念对当时美国学界产生了重大影响。贝尔对后工业社会的预测和期待，吉尔德（George Gilders）、尼葛洛庞帝（Nicholas Negroponte）对互联网的乐观心态，直接影响了传播政治经济学者对信息、信息技术和信息社会的认识。贝尔在分析后工业社会时，认为控制机制和方式随着社会类型的变化而变化。农业社会是一个控制自然的社会，工业社会是一个控制机器的社会，后工业信息社会的一个显著特征就是控制机器变成了控制人的游戏。托夫勒（Toffler，1981）和纳斯比特（Naisbitt，1982）认为计算机传播系统促进了广泛的公共参与和社会生活中的平等，增强了公民迅速回应公共问题的能力。莫斯可正是贝尔在哈佛大学指导的社会学博士生和研究助理，并与贝尔合作开展了多个研究项目。他的《美国广播的规制》（Mosco，1975）和《美国广播的创新挑战和组织控制》（Mosco，1979）都是在贝尔的指导下完成的，主要考察美国广播的政策制定过程，关注广播电视的命运。但是，与其老师不同，他认为正是那些强大者给我们带来电视，他们决定我们看什么，更重要的是决定着我们不能看什么，可能为人们创造新世界的技术创新总是被管制它的结构所伤害。北美传播政治经济学者虽然承认信息和传播技术发展对人类的重大影响，但否认互联网以及更广义上的数字传播网络能解放我们，让我们自由发表言论。他们看到各种新的媒介技术都产生了各种乌托邦概念，但是历史证明新的技术都不能推翻权势阶层对媒介、文化和知识的垄断，并未开启更加平等和公正的社会秩序的大门（McChesney，1999：120）。他们承认互联网是一个非常重要和复杂的现象，不能归纳到以往任何的传播媒介体验中，互联网传播是全球和双向的大众传播，将导致巨大的社会变迁，但他们并没有表现出吉尔德和尼葛洛庞帝的乐观主义。他们精辟地指出技术乌托邦论不仅仅是基于对技术魔力的信仰，更重要的是对资本主义作为一个公平、理性和民主的机制的信仰（McChesney，1999：121）。他们否定计算机克服了民主的主要障碍，认为电子传播工业利用技术控制工人和工作过程，信息和信息技术成为一种强大的社会控制手段（Mosco，1989：21）。

女性主义也对北美传播政治经济学的理论视野产生重大影响。女性主义运动对全球父权制的挑战，动摇了自古以来被认为是理所当然的男性统治的社会实践和信仰。北美传播政治经济学者从女性主义的视野出发，描述了女性工作者在信息技术快速发展和全球劳动分工的语境下，在信息和传播工业中所经受的双重压力。女性主义关注女性体验和文化世界的细腻视野，也使传播政治经济学者更加注重传播工业中不同阶层、性别、年龄、种族人士的传播体验，女性主义传播政治经济学也成为传播政治经济学中的一个重要分支。

结　语

北美传播政治经济学的诞生受到美国以及世界范围内各种思潮的影响。这些理论思潮都在帮助传播政治经济学打破传统结构功能主义的束缚，使传播政治经济学者通过非线性的方法理解传播世界，认识传统传播研究的局限性，并以非线性、多重决定论的科学原则重新认识美国的传播体制和传播研究。

传播政治经济学从其奠基人斯麦兹开始就树立了将学术分析、政策研究和行为参与结合为一体的典范。传播政治经济学在产生、发展的过程中也受到了各种社会运动和各种社会思潮的影响，同时对不断变化的历史语境做出回应、判断和反思。战后的反法西斯理论，20 世纪 50 年代的反共浪潮，以及六七十年代的反战学生运动、公民权利运动、黑人权利运动和女权主义运动，都激发了他们对社会运动与媒介关系的考察，陆续产生了各种跨学科跨领域的分支，如女性主义传播政治经济学、种族传播政治经济学、民族志传播政治经济学。70 年代反帝反殖民族解放运动对世界经济文化不平等提出挑战，他们则积极参与了世界信息和传播新秩序的理论探索和现实实践。80 年代，英美新自由主义政策以及由此引发的媒介合并浪潮，引起了传播政治经济学者对媒介垄断和寡占的批判。90 年代，民用互联网的兴起和媒介融合、聚合的发展，以及美国传播工业的解除管制都加剧了他们对传播领域内公共利益的担忧。可以说，各种社会运动都促使传播政治经济学者不断思考美国商业传播模式和资本主义本身所面临的危机，并不断提出替代性的视野和洞见，为传播研究领域增添了新的动力和活力，使传播研究成为一个生机勃勃、繁花似锦的学术领域。

　　第一代传播学者受社会运动和社会思潮的洗礼，在广泛吸纳各种传统思想的基础上，对资本主义社会的传播业有了全新的认识，并致力于采取政治经济学的路径研究传播实践。达拉斯·斯麦兹和赫伯特·席勒筚路蓝缕，以反潮流的历史姿态，与美国主流传播业和传播研究对抗，经过艰辛的学术开拓，终于开创了传播政治经济学派，拓宽了传播研究的视野，也为之注入新的活力。

4　达拉斯·斯麦兹：传播政策与结构

> 垄断资本主义制度下传播业的商品是受众和阅读。大众媒介的精彩内容，只是吸引顾客登门造访的"免费午餐"，受众被媒介当作商品出售给广告商。
>
> ——Dallas Smythe，1977

达拉斯·斯麦兹是公认的传播政治经济学奠基人，完全可以这样说：没有斯麦兹就没有传播政治经济学，或者这个学术路径就会以别的名称出现。1947 年斯麦兹应施拉姆（Wilbur Schramm）之邀，在其创办的伊利诺伊大学传播研究所任教，并开设了第一门传播政治经济学课程，标志着传播政治经济学作为一个传播研究领域和分支学科的正式诞生。如果说赫伯特·席勒（Herbert Schiller）是传播政治经济学的精神领袖，斯麦兹则是传播政治经济学的理论泰斗，他在逻辑推演上为传播政治经济学奠定了理论基础，确立了该学派在美国以及世界传播研究领域内的地位。在传播政治经济学领域，斯麦兹做出了不可磨灭的贡献，其他学者无出其右。2001 年郭镇之在《国际新闻界》上发表的《传播政治经济学理论泰斗：达拉斯·斯麦兹》是国内较早引介斯麦兹的文献，该文介绍了斯麦兹的生活经历和学术研究及其主要理论和实践贡献，遗憾的是未能对斯麦兹的思想进行深入和系统的研究。十多年来，国内对斯麦兹思想进行系统研究的文献极少，这与斯麦兹在传播学史中的地位明显不相匹配。随着新自由主义席卷全球，各种"后学"喧嚣一时，批判研究日益衰落、破碎，传播政治经济学日益受到冷落，斯麦兹也逐渐被人遗忘。重新研读斯麦兹，让其思想重新焕发生命力显得尤为重要。当代新媒体语境下传播媒介的丰富和变革并没有改变资本主义的传播结构，斯麦兹对传播结构与政策的批判现在读来仍然振聋发聩，具有重要的现实意义。重新研读斯麦兹可以让我们重温其在理论和方法论上的贡献，继承其宝贵的精神遗产，为当下传播业和传播研究提供参考。斯麦兹一直是站在美国传播业和主流传播研究对立面进行立论，否认所谓的自由主义新闻制度和理论是最理想和最优的，并一直寻求替代性的传播体制。中国的媒介制度作为西方商业媒介制度之外的一个"异类"，一直受到斯麦兹关注，他也曾将中国传播业与西方的尤其是美国传播业进行对比分析。斯麦兹的政策思考和理论探讨能为我们建设和完善中国特色传播体制提供借鉴，斯麦兹反潮流的学术姿态和冷静的理论推演都值得后辈学者学习。

4.1　斯麦兹的研究历程和学术轨迹

1907 年斯麦兹出生于加拿大雷吉纳（Regina），后随家迁往美国加州，1928 年在加州大学伯克利分校获得经济学学士学位，1937 年获得博士学位。加州大学伯克利分校历来是美国左翼思潮和社会运动的大本营，也是制度经济学派的中心，制度经济学和马克思主义都很活跃。在伯克利，斯麦兹深受制度经济学的影响，并倾心于马克思主义学说。当时制度经济学代表人物布拉第（Robert Brady）就在此任教，斯麦兹深受其影响。年轻的斯麦兹积极参与了各种左派政治运动，而且"很享受作为左翼的生活"，但是，据他本人回忆，他自始至终都从未成为一个共产主义者（Smythe，1993）。①

获得经济学博士学位后，斯麦兹受"罗斯福新政"的吸引，先后为美国农业部、统计署、劳工部工作。在政府工作期间，旧金山长滩的工人罢工和中西部农民在大萧条时期的饥荒生活，使他对阶级斗争有深刻的认识，也使他更加关注社会公正。对西班牙内战和人民反法西斯斗争的关切使他加入了美国和平与民主联盟（American League for Peace and Democracy）。他积极组织农场工人进行斗争，还在华盛顿创办了左翼的合作书店。1943 年起任联邦通信委员会（Federal Communications Commission，FCC）首席经济学家。任职期间，他参与了美国电子传播政策的制定，开始了电视广播频率的分配和规制的研究，并对电报和广播产业的收入、成本、服务质量等进行经济分析。1947 年，在伊利诺伊大学传播研究所开设了世界上第一门传播政治经济学课程，标志了传播政治经济学作为一个领域和

---

① 据斯麦兹晚年的回忆录。

传播分支学科的确立。当时冷战形势严峻，他不得不将这门课称为传播经济学。在传播研究所，他与诸位著名的传播学者共事，如传播心理学家、传播研究所的主任奥斯古德（Charles Osgood），电视研究学者格伯纳（George Gerbner），法兰克福学派的第二代领袖和代表人物阿多诺（Theodor Adorno）和赫伯特·席勒（Herbert Schiller），彼此相互影响。虽然他任商学院经济学教授，并担任传播研究所研究员，但他的主要兴趣和精力都在传播研究上，而非他的本行经济学。20世纪五六十年代，斯麦兹由于持左翼的批判取向，深受麦卡锡主义的影响，很难出版论著和获得资金资助进行研究，同时与施拉姆存在分歧。1962年爆发古巴导弹危机，他对美国政府失去信心，于次年回到了加拿大家乡雷吉纳，任萨省大学（University of Saskatchewan）社会科学部主任，将传播政治经济学带到了加拿大。他在伊利诺伊大学的教席由另一位传播政治经济学先驱赫伯特·席勒接任。1974年，他来到不列颠哥伦比亚省的西蒙·弗雷泽大学，之后一直任教于此，20世纪80年代后，仍然活跃在学术界，1992年逝世。

斯麦兹的研究开始于FCC工作期间，当时他的工作主要是研究广播的市场运作，分析新成立的广播台的收入、成本和服务质量问题。1947年正式开始学术生涯后，致力于结合广播行业的发展和自身工作经历来分析和批判美国电子广播结构与政策。20世纪60年代，他转向务实的咨询研究，从学术和思想领域转向世界事件，专注于和平、核武器和政治决策以及与大众传播的关系，并致力于全球语境下卫星传播的研究（Smythe，1960a）。回到加拿大后，作为一个关心现实和具有责任感的学者，他系统地提出了受众商品论，并以一个冷静的旁观者身份看待美国传播工业的全球扩张，尤其关注加拿大传播工业对美国的依附，提出了媒介依附理论。斯麦兹研究的课题广泛，包括美国电视的商业主义特征、美国广播的规制政策、竞选过程的商业化、美国媒介系统的宣传原理等。他也围绕公共广播、付费电视、卫星传播和电话垄断在国会上做了报告，进行政策讨论。在国际舞台上，他结识了哈洛伦（James Halloran）、诺登斯腾（Kaarle Nordenstreng）、席勒等传播学者，积极参与联合国教科文组织（UNESCO）的活动，为国际信息传播新秩序的发展积极建言，为国际传播理论发展和实践做出了积极贡献。

纵观斯麦兹的生活经历和学术历程，正如他自己所说是"逆时针"的过程（Smythe，1993）。他从加拿大到加州伯克利到华盛顿到伊利诺伊再到回到加拿大，走过了一段逆时针的路程。在霸权主义国度里，他时刻面对着针对左翼人士的攻击，但他并没有委曲求全、明哲保身，而是直面资本主义传播业中的种种问题和弊病。在学术上，他兴趣广泛、多元，面向不同的受众而写作，涉及广播政策（Smythe，1957）、电视研究（Smythe，1993）、宗教与传播（Smythe，1955）、竞选过程（Smythe，1960b）、新闻自由理论、反托拉斯，甚至原子武器的挑战、酒精中毒、电影院顾客等。他的"受众商品论"和"盲点"辩论是传播政治经济学的宝贵思想遗产。他的学生古巴克这样评价他："三代传播政治经济学者沿着他指出的方向前进，如果没有他，就不会有'传播政治经济学'这个术语，没有他，传播学的研究就不大一样。"（Smythe，1993：10）归结其学术生涯，斯麦兹都在进行与主流商业媒介和资本主义国家发展观念相对立的政治经济学批判，这也契合了他对自己"逆时针"一生的总结。虽然他的研究主题和焦点不断转移，但他的思想具有统一性和联系性，政治视野和批判精神也始终如一。以下从传播政策批判、传播技术批判、受众商品论、媒介依附论等方面详述其思想。

4.2 传播政策批判

斯麦兹的研究开始于 FCC 工作期间，作为首席经济学家，他的主要工作是在合并听证中对电报产业进行经济分析。1946 年他开始了广播市场的研究，分析大量新成立的广播台的收入、成本和服务质量问题。但是一般认为斯麦兹的学术生涯始于 1947 年，正如他的学生古巴克在编辑他的文集时所说的："为什么没有斯麦兹 1948 年以前尤其是在 FCC 期间的著作呢？我的答案是政府工作往往不是单个作者的产物，也不完全是作者的观念。"（Guback，1993，in Smythe，1993：8）斯麦兹早期的研究工作主要是分析和批判美国电子广播结构与政策。在 FCC 的工作经历使他对商业电视和公共电视有着深刻的认识。1948 年，FCC 宣布暂时停止发放新电视台的营业执照。20 世纪 50 年代非商业化电视台很难获得许可证，很多人都去争取商业电视台的许可证。美国全国教育广播联盟（National Association of Educational Broadcasters，NAEB）需要证据证明利益驱动的电视台不能提供优良的节目服务。于是在 NAEB 的资助下，斯麦兹进行了商业电视内容和付费电视的研究。他关注电视对人的影响，对美国电视所呈现的现状进行质疑和批判，指出呈现给美国电视观众的现实世界几乎没有教育机构的参与（Smythe，1993：69）。商业电视台的所有节目都或多或少在一个明显的商业环境下呈现，广告占据了 5 分钟中的 1 分钟，打断了表面上连贯的节目内容，商业信息与节目内容紧密结合，甚至广告信息就是节目内容。在节目内容的维度上，娱乐类型的节目占据了总时间的3/4。3/4 的电视节目表面上看都是为了好玩，信息类型的节目总计不到总节目时间的 1/5，而导向类型的节目大概只占总时间的 1/10。艺术（绘画、雕刻、建筑）和文学只占总时间的 1% 不到，多样性遭到破坏。斯麦兹还对电视内容进行了微观的分析，批判了电视内容的偏颇。他分别分析了记者、教师、科学家、家庭主妇在电视中的角色，指出所有英雄人物性格和个性总体来说都与我们文化所倡导的价值观紧密对应，而反面人物一般都持与我们文化对立的其他价值观，政府官员的言行被描绘成更接近社会需要的价值标准（Smythe，1993：72）。

　　为什么出现这种情况呢？为什么商业电视内容置公众需求和公共利益于不顾而追求广告和商业信息呢？斯麦兹将其归结到美国的电子传播政策，美国社会的媒介政策反映的是统治阶级的利益，并倾向于保护这些利益，防止限制和侵害这种利益。在社会结构设计上，越来越难以区分商业政策和结构与政府的政策和结构（Smythe，1960a），公众被排除在外，在其他国家广播的使用都是基于国家和非政府组织的控制，而美国则是一个私有商业组织和政府组织混合的复杂共同体（Smythe，1957：60），这个共同体制定的传播政策只会增加特权者的优势而将边缘贫穷者永远排除在外。

　　作为 FCC 的首席经济学家，斯麦兹熟知美国电子传播政策的制定过程。但他没有站在官方立场上为 FCC 所制定的各种政策辩护，而是从公众立场和公共利益出发，批判美国传播政策的种种不合理和弊端。20 世纪 50 年代末，关于付费电视的呼声开始出现，当时大家关心的就是作为新媒体的付费电视如何运营。斯麦兹认为观众在付费电视中注定是输家（Smythe，1993：81），付费电视设备的专利所有者期待巨大的利益，所以付费电视必将导致垄断。而垄断导致所有者有权力决定美国人看什么，并享有设定价格的权力而不受限制。专利所有者授权付费电视经营者使用，这些经营者受专利拥有者的控制，将出售或出租解码、编码的设备给观众，同时支付政府许可证费用，对节目和利益进行控制，导致了节目的垄断。付费电视节目的垄断导致所有者有权力决定美国人看什么，并有不受限制地设定价格的权力。而当时的 FCC 则对商业广播电视执行了放任自流的政策，公众的呼声被淹没，广告和商业信息占用了宝贵的媒体资源。当时大多数人认为广告是问题的根本，如果消除了广告，广播内容自动就会改进。斯麦兹批判了那种认为消除广告就能消除电视弊端的说法。他认为这是一种短视的观念，忽视了所有权的制度因素，付费电视与商业电视一样是放置于资本主义经济部门中，是私人所有和受利益驱动的，消除广告并不能从根本上解决问题（Smythe，1993：75）。在他看来，受利益驱动的电视台不能提供完善的节目服务（Smythe，1993：43）。

斯麦兹熟悉美国商业媒介体制的运作模式，斯麦兹坚决反对由市场力量决定传播资源的分配，站在了美国媒介商业化浪潮的对立面。当时有人呼吁市场力量作为 1934 年《传播法案》（Communication Act）的公共利益标准的替代者，他认为这是意识形态的新保守主义开端，他也因此被打上了"攻击经济民主"的烙印（Smythe，1993：85）。斯麦兹不断就媒介私有权的问题进行斗争，并不断思考所有权、制度、经费的可替代方式。在 FCC 的工作经历使他熟知 FCC 的工作程序与原则，他认识到美国电子传播政策的制定和实施实际上是一个不自主的过程。他质疑 FCC 有效规制私有公司的能力，批判 FCC 维护私有公司的利益，而置公共利益于不顾。他坚称广播频谱是公共财产，应该置于公共利益的控制之下（Smythe，1960a：19），呼吁维护公共利益，保护非商业。他对当时流行的社会责任论进行批判，认为社会责任论是大企业公共关系项目的一部分。他尖锐地指出施拉姆等人的《报刊的四种理论》是冷战学术的产物，歪曲和浪漫化了传播史（Smythe，1993：91）。他从社会阶级结构、政治经济学和权力分配等角度对新闻自由教条和社会责任论进行了批判，认为新闻自由来自社会的阶级和权力结构，而所谓自由主义理论，从来都没有明确的规则，仅仅是一个维护资产阶级利益的口号，是掩饰政治家和商人行为的工具（Smythe，1960c）。在战后欢呼美国新闻自由的大潮中，斯麦兹冷静客观地分析了美国新闻自由的表面性和虚伪性，体现了一位学者独立的精神和坚定的立场。

斯麦兹还做了许多演讲和报告，为各种组织做了很多咨询工作。1961

年，他在国会上主张反托拉斯和垄断，指责贝尔公司、通用电气、西屋电气等巨头主宰了当时通信市场，违反了《反托拉斯法》，经常将自己的意愿强加给联邦政府和各州政府，滥用权力。他认为只有彻底的权力结构解体才能解决这个问题。他主张制定全国性的保护竞争的政策，在电话、电报和传播行业的规制上实现重大的结构和政策变革。他还提出了具体的政策，如立刻结束和禁止各种关税，打破电话运营商之间的壁垒，解散"贝尔帝国"，阻止贝尔公司对有线电话、电视和广播传送服务的垄断，将电信巨头分成几个小的、互相竞争的实体运行公司。这种分离到 1984 年才实现。①

斯麦兹对国际传播研究的贡献不能忽略。二战刺激了广播技术的发展，战后，卫星传播技术给媒介发展带来了新的契机。美国本土并未遭受战争创伤，大量的人力、物力、财力资源被使用到电子传播的研究和运用上，美国顺理成章地成为卫星传播的领军者和垄断者。斯麦兹并没有为美国电子传播的发展摇旗呐喊，而是从国际视野考察电子传播的运用和未来。他考察了国家和国际电子传播系统的历史发展和现实结构，对电子传播领域的垄断忧心忡忡。他是个现实主义者，他知道美国的广播从来不会超出资本主义的经济部门，所以他努力寻找各种替代性的方式（Smythe，1993：83）。他反对美国卫星的私有制，指责国际技术联盟（International Technology Union，ITU）被资本主义国家控制，它们主要关心的是将广播频谱用作军事目的。斯麦兹进而提出建立国际广播频率使用新秩序，成立国际卫星传播的规范组织，协调卫星传播资源的分配和使用，在互惠互利的政策前提之下，只要符合国际广播委员会制定的使用政策，任何国家都能使用通信卫星进行广播（Smythe，1960a：24）。斯麦兹作为加拿大的代表，催促联合国教科文组织保护第三世界信息自由流通，为其确定了信息国际传播规则。他呼吁发展中国家建立、控制和操作它们自己的传播系统，维护本国主权和传播工业的独立与自治，为国际信息传播新秩序的发展做出了贡献，体现了强烈的国际主义精神。

---

① 1984 年 1 月 1 日，美国电话和电报公司（AT&T）将公司拆分，保留设备生产企业、西方电气、贝尔实验室以及长话业务，将 7 个市话业务部门分离出去，分别是：大西洋贝尔、西南贝尔、西部贝尔、太平洋贝尔、南方贝尔、亚美达科和纽新公司。

4.3 传播技术批判

加拿大前辈因尼斯、麦克卢汉的技术批判深刻影响了斯麦兹对技术的认识。因尼斯的"知识垄断"（knowledge monopoly）概念直接被斯麦兹用来分析美国传播业中的权力流通和消极影响。不同于传统的传播学者"技术中立"的乐观论断，他认为技术与现代西方社会是协同扩展（co-extensive）的，孕育了人类的性格，至少在现代社会中，技术在社会使用之外没有任何意义。他反对将技术化约为机械变迁，而主张关注技术存在的历史语境。技术是一个高度政治化且被现有制度灌输了意识形态观念的东西。技术不是自治的，任何时间和地点构建的科学技术都反映了这个社会的观念和结构（Smythe，1957：7）。技术甚至更加明显地反映了特定文化复合体在资源分配上的目的，技术的创新运用仍然是一种政治行为。在资本主义社会，技术被当作一个口号去理性化和掩盖资本主义制度的弊端，技术成了一个人们治疗所有资本主义弊病的妙方。在美国，电子传播从一开始就被完全私有化，成为资本家的牟利工具，而不是服务于公众的福祉。资本主义社会技术的使用伴随着人的异化，伴随着人们功能的分化，伴随着人们在官僚结构中的等级安排。声称技术的自治和非政治性只是一个神话，技术是社会制度的产物，包含了社会意识、价值观和政策，而且不断进行再生产。技术并不是推进传播业发展的动力，美国传播业的虚假繁荣是由资本主义经济营利动机所驱动的。正是出于管理和营利的需要，垄断资本主义发明了大众传播媒介，其目的就是为整个社会设置一个问题和政策议程，有效地生产受众和市场消费者。大众传播和资本主义制度合作生产出服从资本主义制度安排的"共识"。技术本身是一个政治事物，垄断资本主义下的所有文化产品的工业化生产，都是为了实现大型企业的利益最大化。技术硬件本身就包括资本主义基本元素的再生产，尤其在传播硬件上更是如此，传播硬件是意识形态和资本主义阶级结构的载体。在美国大选中，麦迪逊大道不断生产内容，出售节目，买卖候选人，表面上，媒体给予了候选人同等的版面和时间，但实际上其他党派的候选人却被排除在外，而媒体又不断将这种政治歧视合法化（Smythe，1993：107）。从这个角度来说，斯麦兹认为技术是一个政治概念和复古倒退的概念，是资产阶级恶意地故弄玄虚（Smythe，1981：preface），对各种"技术乌托邦"式的乐观主义泼了一盆冷水。斯麦兹集中关注技术与商业组织的微妙关系。他的一个主要论断就是掌握权力的人想要人们完全接受新技术，而毫不质疑技术的目的和价值，也不创造人们真正需要的服务。他自己也努力去说服商业组织在发展科技时充分理解人民的需要，体现了一位学者毫不掩饰的平民政治立场和民生关怀。

斯麦兹以通信卫星为例，论证他对传播技术性质的论断。他指出，通信卫星在政治和外交关系上的重要性使它不同于以往的设施，有更多的政治意味，广播频谱的分配过程要遵循等级机制（Smythe，1981：300）。广播频谱虽然是世界财产，但是总是被巨大的工业化国家用来服务于它们的利益，以美国为中心的资本主义国家将广播频谱作为其军事、经济和政治权力的基础。

二战后，电子传播技术的迅速普及和发展，让美国民众开始欢呼"技术乌托邦"的到来，"信息自由流通"的概念开始在国际范围内泛滥。"信息自由流通"一直是美国传播业自我标榜的口号，而斯麦兹看到这只是垄断资本主义的宣传术语，"信息自由流通"受到政治经济权力的制约，世界范围内的"信息自由流通"实际上是美国主导的信息单向流通，美国主宰的各种技术和资本联盟掌控着国际信息流通，美国式的意识形态和商业主义通过这个口号传播到世界各地，损害了广大第三世界国家的文化生态。他呼吁联合国教科文组织保护第三世界国家的自治，第三世界国家必须采取一定文化过滤措施来保护本国文化，保障世界文化的多样性。

中国的社会主义媒介体制作为西方商业主义媒介体制之外的一个"异类"，一直受到斯麦兹关注。20世纪70年代他访问了中国，对中国的媒介制度和政策有了亲身体验，在围绕中国传媒业走向而写作的文章《自行车之后，是什么?》中对中国引进西方传播技术提出了自己的见解和判断。他注意到中国开始采用一些西方传播技术，并出现了商业化，他担心中国没有充分意识到从西方资本主义社会系统引进技术产品的后果，并警告中国，西方技术总是带有意识形态内涵，技术不一定服务于工人的利益，中国要谨慎采用外国技术。他特别警告说，中国在发展商品生产和服务的同时要避免陷入消费主义的陷阱（赵月枝，2011a：247）。他建议中国应该利用技术服务于自身的利益，而不是毫不批判地采用含有资本主义意识形态的西方电视科技。他主张中国过滤外国科技，由工人控制技术，建立双向反馈的电视系统，将观众的呼声反馈到电视台，在社会主义道路中考虑技术的政治维度，通过文化过滤，发展社会主义文化（Smythe，1993：242）。他提醒中国不能以西方的标准来衡量自身的发展，这样永远赶不上西方，中国应该将西方抛在脑后，发展自己的社会主义文化，对社会主义制度和社会主义媒介的前途充满信心。而斯麦兹话音刚落，消费主义很快成为改革开放后中国信息与传播技术发展的主导原则，这也成为当今中国传媒市场种种乱象的根源之一，借用斯麦兹的说法，在智能手机终端日益普及的今天，"手机之后又会是什么？"所以，当今中国传播业若要避免陷入消费主义的陷阱，重拾斯麦兹的思想和论断显得尤为迫切。

4.4　受众商品论

斯麦兹最重要的理论贡献之一就是提出受众商品论。作为一位倾心于马克思主义的批判学者，他一直强调发展马克思主义传播理论的必要性，并不断思考马克思主义在"传播"上的"盲点"（blindspot）。早在 FCC 工作期间，斯麦兹就已经在思索"传－受关系"的问题。第一次对"盲点"的思考是在 1951 年，可能更早，但并没有成文。当时普遍的看法是广播电视在市场上提供和出售一种特殊的产品，即播放时间，但斯麦兹认为其实不是那么简单，实际上是受众的忠诚度和时间被电视台卖给了广告商（Smythe，1957：11），媒介经济就是"发展受众对广告商的忠诚度"（Smythe，1960b）。这个概念经过多年的发展，20 世纪 70 年代中期，他系统撰写了围绕"盲点"展开的文章《传播：西方马克思主义的盲点》（以下简称《盲点》），但是乔治·格伯纳（George Gerbner）① 拒绝该文在他主编的《传播季刊》（*Journal of Communication*）上发表。1977 年，该文辗转在《加拿大政治和社会理论季刊》（*Canadian Journal of Political and Social Theory*）发表，产生了世界性的影响，并引起了一次持续到 20 世纪末的"盲点"辩论（冯建三，2003），成为传播研究史上重要的思想史事件。《盲点》一文也成了斯麦兹最广为人知的论文，现在仍然不断引发人们的思考和争论。

---

　　① 乔治·格伯纳（1919～2005 年），美国传播学者，长期任宾夕法尼亚大学安纳伯格传播学院院长，毕生致力于电视暴力研究，提出了"电视暴力指数"和"培养理论"。格伯纳曾在 20 世纪 50 年代末与斯麦兹在伊利诺伊大学传播研究所短暂共事。

在《盲点》一文中，斯麦兹系统地考察了媒介、受众、广告商的三角关系，他批评以前的研究只关注前两者的关系，而忽视了后两者的关系。他认为马克思政治经济学观点不适用于现代媒介产业，马克思主义的文献明显缺乏对意识工业复杂机制的唯物主义分析，他指责西方马克思主义的分析忽视了大众传播系统的政治和经济意义，大多数的批判媒介研究只陈述了文化工业的文化方面。斯麦兹称之为马克思主义的盲点。他将传播视为一个看不见的资本主义制度的黏合剂，重视大众传播系统服务于资本主义的经济功能及其再生产资本主义关系的角色。作为一位倾向于马克思主义的学者，他认为一个总的马克思主义传播理论的起点就是商品交换理论。他继承了马克思关于资本主义社会是商品化社会的概念，提出了"受众商品论"（audience as commodity），从媒介、受众、广告商三者之间的关系揭示资本主义大众媒介及其产品的本质。他从马克思的商品概念出发，批判传播商品是信息、消息、图像、意义、娱乐、教育的传统观念，认为所有这些概念都是主观精神实体，都是只关注表面的表现。斯麦兹指出垄断资本主义制度下大量生产和广告支持的传播商品是受众和阅读（readerships）（Smythe，1977）。大众媒介的精彩内容，只是吸引顾客登门造访的"免费午餐"（free lunch）。媒介通过提供优良的电视节目刺激受众的胃口，从而吸引他们聚集和参与到自己节目、版面中，接近和赞许广告商的信息，并保持他们忠诚的注意力，进而培养对明显和不明显的广告信息的好感。所以斯麦兹大胆地论断"大众传播的媒体没有黑盒子，广告商广告费用购买的是可预期的分化受众服务"（Smythe，1977）。

但是受众并非简单和被动的商品，在斯麦兹看来，受众在资本主义媒介经济中扮演重要角色，"被大众媒介出售给广告商的受众时间，发挥着必要的市场功能"。他批判了经典马克思主义和西方马克思主义认为受众劳动力的生产和再生产是家庭制造的，劳动者是独立的劳动力商品生产者，并将劳动力自由出售的观念，指出劳动力在高级垄断资本主义国家主要是由机构而不是个人和他的家庭生产的。垄断资本主义下的物质现实就是大多数人的所有非睡眠时间都是工作时间。这些工作时间被用作去生产商品，以及进行劳动力的生产和再生产。受众在观看节目过程中产生对广告商品的需要，学会购买特定品牌的消费品，并相应地花费自己的收入，同时再生产自己的劳动力。他批判了"广告解决受众所面临的问题"的广告学观点，指出工人面对的是成千上万的新商品，表面上看有很大的选择余地，其实他们缺乏评估或者解决问题的科学目的。垄断资本主义的市场实践有一种系统的"冲动购买"动向和凡勃仑所说的"炫耀性消费"，受众就被暗示着去进行冲动购买。所以，斯麦兹说，大众媒体的受众是一种特殊形式的机制，更极端地，受众权力是一种思想奴役（mind slavery）（Smythe，1981：9）。

斯麦兹的受众商品论对媒介经济的研究意义深远，但是他太匆忙地假定受众商品的单一性和独立性，而没有考虑到介于媒体和受众之间的互动的复杂机制，没有看到受众市场上普遍存在的代理——市场调查公司。斯麦兹忽视了大多数受众自身独特的体验，将受众看作媒介市场中完全消极被动的牺牲品。消极受众的假设是传播政治经济学的一大特征，也正是批判学派的通病。对受众来说，电视节目可以发挥很多功能，从提供背景音乐到使一个人融入社区，实现社会化。斯麦兹只看到了媒体的消极影响，而没有看到媒体在推进个人进步和社会发展方面的积极作用，也没有看到独立个体接触媒体后不同的使用体验。斯麦兹将对传播系统的分析化约为在生产和分配上的经济决定论，而忽视了文本的多义性和受众解释能力，这也为文化研究学者所诟病。斯麦兹仅仅确立了商业化媒介体制下广告支持的媒介经济关系的基础，而这只是文化工业的一部分，文化工业内的知识生产和流通，无法用商品交换概念来衡量。斯麦兹的受众商品论也只适用于美国完全商业化的媒介体制，在广大第三世界国家，尤其是以中国为代表的社会主义国家的媒介经济运作则更为复杂，斯麦兹定义的文化工业产品——受众商品转化为颇具有政治意识形态色彩的"人民"或"群众"，使用受众商品论就无法完全解释。

20世纪80年代初，莫斯可对斯麦兹的"受众商品论"做了补充性的解释，提出"控制性商品"（cybernetic commodity）的概念，指出了商品化过程中日益凸显的控制论性质，认为大众传媒生产的商品，并不是实际的受众（所谓受众的人头数），而是关于受众的信息（观众的多少、类别的构成、使用媒介的形态），而且受众商品是延伸的商品化过程（extensive commodification），商品化过程延伸到了机构领域，如公共教育、政府信息、媒介、文化、电子传播，包括公共空间的转型，甚至身体和身份的转型（Mosco，1996：153）。另一位传播政治经济学者米韩则集中于受众分级服务商，认为消息和受众都没有被交换，只是作了分级（ratings）（Meehan，1984；1993），广告商和媒介网络需要的是真实的消费者数据。

她修正和完善了受众商品论，从商品等级和受众分化的角度，指出商品受众不同于一般受众，而是一种通过媒介广告而有需要的特定受众。关于受众规模、构成、媒介使用模式的报告构成了媒介市场的主要商品。媒介对两个市场有结构性依赖：一个是受众商品市场，一个是分级市场。同时她从女性主义视角认为性别在劳动分工和歧视性消费中、在界定和区分受众商品中扮演重要角色，并指出分级市场的结构受男性控制（Meehan，2001）。

4.5　媒介依附论

　　回到加拿大后，斯麦兹作为一个充满爱国热忱而又积极实践的知识分子，在不断反思加拿大的传播工业及受众商品观念的基础上，进而思考整个传播行业资本、传播者、内容、受众在国际范围内的流通。作为一个关心现实的具有责任感的学者，他更多地以一个冷静的旁观者身份看待美国传播工业在全球的扩张，尤其关注加拿大传播工业对美国的依附。在《依附之路》（*Dependency Road*：*Communications*，*Capitalism*，*Consciousness*，*and Canada*）中，他考察了垄断资本主义核心地带——美国与加拿大文化工业的关系，分析了加拿大依附美国的原因、机制、过程和特征，指出加拿大的军事工业复合体是美国军事工业复合体的子集（Smythe，1981：preface）。他这样描述加拿大人：看看他们开的车，看的电影，听的通俗音乐，他们就是加州人，他们只是一个生活在遥远的地方，有着短暂历史传统的美国公民。当他们的需要与美国的意愿对立时，加拿大人很少强调自己的需要，加拿大随着英帝国的消失，获得了表面的自治，实际上，加拿大从对英国的依附转移到了对美国的依附。在资本主义核心地带，在国家的边界上加拿大并没有分离出美国。斯麦兹认为加拿大是美国经济的一部分，反映了不发达的附属国家的一些基本特质。加拿大是世界上最具依附性的国家和世界上最富有的不发达国家。意识工业的发展也是如此，加拿大的文化工业也是围绕着美国跨国公司（TNC，Transnational Corporations）而建立，是美国文化的附庸（subordination）（Smythe，1981：3）。

　　斯麦兹批判加拿大政府持续地忽视这些问题。他认为正是加拿大的经济和文化政策，而不是地理因素，导致了加拿大总是单向"信息自由流通"的接受者。加拿大联邦政府和统治阶级总是乐于适应首先是英国、接着是美国的资本和商业组织的需要去发展其本土的文化工业。加拿大政府的文化政策一直都是接受美国工业的统治地位。尽管方式不同，但加拿大报刊、书籍和电影工业都是美国市场的附庸，是美国传播工业的海外分支。加拿大的电子传播基础设施几乎都是由美国公司所有和控制的。电视出现后，加拿大也没有采取不同于美国的编码和解码的技术标准。加拿大媒介企业选择了美国模式，受众调查、合并和融合及受众商品的生产都与美国如出一辙。美国谴责其他国家的电影配额制度和歧视政策，以保证本国的电影能在他国的电影院上映，而加拿大却没有。加拿大附属于美国的帝国主义生活方式，加拿大的媒介政策只是美国商业媒介模式的逻辑延伸而已（Smythe，1981：168）。而加拿大联邦政府通过各种委员会和政策加深这样的依附，这也让斯麦兹痛心疾首。

斯麦兹的方法论是批判的历史唯物主义。他一开始就关注加拿大联邦政府和统治阶级如何利用传播工业去创造必要的共识和意识形态，去使这种依附合理化，维护英国和美国资本家的利益。他指出这种依附背后的原因是加拿大经济对美国垄断资本主义的依附，而美国使用其技术和意识形态的霸权力量，通过联合国等国际组织加深了其他国家对它的依附。斯麦兹希望打破依附状态下的单向信息流通，通过斗争，在加拿大统治范围内建立代议政府，使加拿大成为一个正式的自治国家（Smythe，1981：188）。斯麦兹也多次参与了美国和加拿大广播业的政策制定，他为加拿大皇家广播委员会提供了研究报告和政策建议，身体力行，体现了一位独立学者的爱国情怀。

《依附之路》出版后并没有引起太多注意，被加拿大学者和业界忽视了十多年。学界讨论时往往提到受众商品论，而完全无视媒介依附理论。但是在1994年《北美自由贸易协议》生效后该书重新受到关注，作为一本反潮流著作它引发了人们对北美传播业一体化的反思，书中的一些论断和解释都在不断应验，让人不得不赞叹斯麦兹的先见之明和独到眼光。在中国，以商品化、产业化、集团化、资本化和全球化为核心的传播文化产业理论、政策和实践层出不穷，斯麦兹的媒介依附理论是否可以用来解释中国传媒业的一些问题并预测其发展进程和趋势也值得我们深思。

结　语

作为批判学派的重要学者，斯麦兹还对传统理论和批判路径进行比较分析。他挑战了传播研究对科学主义（scientism）和控制实验的依赖，否认观察是唯一可行的研究证据，认为经验主义式的社会科学观察不是传播的法则（Smythe，1954）。他批判霍夫兰、拉扎斯菲尔德、克拉普等人的经验研究有一定的框架。斯麦兹建议从传播被使用的效果去重新建构大众媒介的效果研究。他强调应该关注历史研究，探讨人类如何进行传播、传播的功能是什么、传播受到什么外力驱动、如何被商业化等。他主张学者自我反省传播中存在的伦理问题，关心传播理论的前提和偏见，确保科学研究的完整性，维护文化遗产的价值（Smythe，1954）。

斯麦兹毕生的研究都围绕传播结构和政策展开，对传播政策制定和传播技术发展做出了不同于主流学者的判断，并从国际视野探讨国际传播的权力关系，为理解传播结构提供了替代性的视野。虽然当今信息和传播科技迅速发展，传播技术形式不断创新，但是表象背后，传播结构和政策并没有发生本质变化。政治经济权力仍然决定着传播的结构和内容，公众在传播政策制定上仍然无能为力；传播资源仍然被当作权势阶层的私有财产予以控制，知识私有化的趋势越发明显；全球范围内的媒介融合导致垄断的倾向不断增强，公众只是获得了表面的使用权，传播资源并没有真正为公众所有，没有掌握在公众手中。受众主动性增强的同时，仍然是传播业中被多重出售的商品；在全球化背景下，美国主导的消费主义浪潮席卷全球，第三世界国家传播业对发达国家的依附不是减轻了，而是加深了，国内和国际范围内的同质化日益明显，创新性在减弱。采用斯麦兹的政治经济学视野来理解纷繁复杂的媒介化世界背后的政治经济权力关系显得尤为重要。斯麦兹的论断在今天看来仍然熠熠生辉，其论证逻辑和结论具有超越时空的生命力，值得我们掩卷深思。

但是，斯麦兹的研究及其所开创的传播政治经济学路径也有片面之处。在研究主题上，斯麦兹的研究多元庞杂，其中，传播和权力的相互建构关系是斯麦兹的核心议题，但他忽视了对传播文本和内容的分析，这种对眼前文本的"近视"和对国际传播体制的"远视"的相互糅合，使他的部分结论缺乏根基和立足点。在视野上，斯麦兹重视从宏观的角度考察权力的国内和全球流通，缺乏从微观视角对具体文化和个案的研究，说服力稍显不足。在方法上，以质化研究和思辨为主，掺杂了太多的主观判断，思辨色彩过浓，在量化和经验研究占主导地位的北美，他备受攻击。他重视定性的判断，而忽视烦琐的论证过程，这与主流学者形成了显著的区别，也为人所诟病。在结论上，斯麦兹将经济因素视为决定传播的首要因素，认为经济和政治的联姻主宰了资本主义社会中的传播内容和形式，但无法提供更多的案例来论证经济制约与内容变化之间的关系，因此他的结论被广泛批评为"经济决定论"。部分结论显得主观武断，这也是传播政治经济学的一大缺憾。总体来看，斯麦兹的研究和工作未能形成传播政治经济学的立体图景，当然，这也为后辈学者提供了广阔的研究空间。

斯麦兹开创了第一个传播政治经济学的正式课程，为传播政治经济学在传播研究这个初生的领域奠定了一个立足点。他集中批评大众媒介和电子广播的结构和政策，致力于揭示媒介、广告商、受众之间隐藏的三角关系。他探讨了政治和经济权力关系如何被生产和再生产，又如何嵌入技术并体现在传播中。其激进的左翼姿态，使他的工作不受组织青睐。他也不追逐学术界的潮流和时尚。斯麦兹论述严谨，文风平易，作为一名经济学家，他不用一些艰深的术语和时尚的外语或符号。斯麦兹的一生都在不断挑战现状，作为一个启蒙学者，他挑战了从自由贸易到后现代主义的种种教条。他的研究工作跨越了经济学、传播学和社会科学的界限，推动了对技术、制度、人类需要和公共政策的系统研究，所以，学者麦乐迪评价他一生都处于传播的前沿（Melody，1992）。斯麦兹尤其强调作为社会科学家要有特别的责任和兴趣去研究影响人类生存的机制，将研究、知识、政策与实践联合起来。他不仅是一位倾向于马克思主义的学者，而且是一位将理论研究成果运用于社会实践的身体力行的活动家，是一位将学术分析、政策研究和行为参与结合为一体的典范（郭镇之，2001）。丰富的知识积累和工作阅历，以及马克思主义和制度经济学派的批判训练使他在不同历史时期都在不断回应历史的潮流，做出自己独立的思考。他培养和影响了一批学生走上政治经济学的道路，他所涉猎的讨论主题，为后来者提供了广泛的研究议题，为后来者开辟了一条宽阔的道路。他的批判精神鼓舞后辈学者在传播政治经济学领域内努力耕耘，他的理论逻辑推演，最终使传播政治经济学成为传播研究的重要分支和流派。用斯麦兹生前同事，也是将传播政治经济学带入中国的启蒙学者赵月枝的一段话结束本章：

> 作为文化多样性重要组成部分的学术多样性正是因为这样的个体努力而得以维持，而这种建立在人类解放性诉求基础上的社会分析正是批评学术研究虽然屡遭曲解和不公正批评，但始终无法被埋没的真正原因（赵月枝，2011a：278）。

5　席勒：媒介帝国主义与思想管理

> 通过工业、军事和文化而展现的美国权力已经成为地球上最强大
> 的力量……而传播已经变成了美国在拓展其世界权力时的决定性
> 要素。
>
> ——Herbert Schiller, 1969: 162-163

斯麦兹离开伊利诺伊大学传播研究所后，赫伯特·席勒接替了他的教职。如果说斯麦兹是传播政治经济学的理论权威，那么席勒则是同时代的批判领袖（郭镇之，2001）。斯麦兹更多地在逻辑推演上确立了该学派在美国传播研究领域的地位，席勒则以更加激进的姿态将传播政治经济学发扬光大，扩大了该学派在美国传播研究领域甚至世界范围内的影响。相对而言，斯麦兹更为冷静内敛，体现了一位理论家的严谨，而席勒则更像精神领袖，更富激情，更具有个人魅力，吸引了一批后来学者走上政治经济学道路。

与斯麦兹一样，美国和全球政治经济的发展和转型，深刻地影响了席勒的政治思想和学术研究。1919年席勒出生于纽约工人阶级家庭，成长于大萧条时期，当时，他的父亲长期失业，家庭没有固定收入，生活极为贫困。之后他进入免费的纽约公共教育系统学习，高中毕业后，进入纽约城市大学（City University of New York），学习社会科学和经济学。大萧条时期的学习和生活经历使他对当时的阶级分化和阶级斗争有深刻体验，也形成了对美国经济制度的批判态度并对社会公正充满向往。1941年他在获得哥伦比亚大学硕士学位后在二战中服役，战后在德国的美国军政府中工作，这也使他有机会考察国家政治经济转型，目睹了高超的政治技巧，感受到最终的阶级意识（郭镇之，2002）。回国后他陆续完成研究生学习，获得纽约大学经济学博士学位。他从1960年开始任教于伊利诺伊大学，由于相同的研究兴趣和批判取向，结识斯麦兹，并在斯麦兹离开后，接替

了他的教职。1970 年席勒任教于新成立的加州大学圣地亚哥分校，创建了传播系，虽然备受排挤，但一直在此工作直至去世。

席勒的研究和观念因激进而著称，被后辈学者赫尔曼称为"过去的半个世纪里，左派中最具原创性的、最有影响的媒介分析者"（Maxwell，2003）。席勒著作等身，先后出版了《大众传播与美利坚帝国》（*Mass Communication and America Empire*）、《传播与文化宰制》（*Communication and Cultural Domination*）、《思想管理者》（*Mind Managers*）、《财富500强时代的信息》、《信息和危机经济》、《文化公司》等重要著作，提出了媒介帝国主义、思想管理、文化宰制等重要概念，批判信息自由流通的神话，对信息不平等导致的社会危机表示了深深的忧虑。与斯麦兹对美国电子传播工业微观和中观层面上的分析不同，席勒从宏观上把握美国传播工业向世界的拓展，1969 年出版了《大众传播与美利坚帝国》，提出了媒介帝国主义的概念，产生了重大的影响。20 世纪 70 年代他转向中观的美国统治阶级和传播者，批判思想管理和观念操纵行为，关注信息和传播工业中的劳动力问题；80 年代在新自由主义的语境下，他批判里根政府的新自由主义媒介政策，揭露信息时代的谎言和悖论，反对私有权对公共表达的接管；90 年代晚年席勒回忆了自己在二战后的工作经历，重新回归对文化工业的批判，对信息不平等导致的社会危机表示了深深的忧虑。

5.1　复合体和媒介帝国主义

席勒最为人知的理论贡献就是提出"媒介帝国主义"概念。实际上，席勒并没有用过这个概念，他只是将大众传播与帝国主义放在一起讨论，思考传播媒介与美国帝国主义的关系。而且我们在追溯和探寻该概念时，往往忽视了其背后关键的理论创造：军事工业传播教育复合体（military - industry - communication - education complex）。正是在复合体的基础上，他提出了"媒介帝国主义"的概念。在《大众传播与美利坚帝国》中，他考察了美国电子传播的发展史，指出战后美国利用国内的"军事工业传播教育复合体"维持美国现有的制度，抵制变革，同时，在国际领域内，不断将美国式的传播制度推销到世界各地，传播美国的价值观和世界观，席勒将这种单向的传播过程称为媒介帝国主义，认为传播工业已经成为美国文化帝国主义的一种工具。

在传播研究先驱那里，大众传播的功能主要是监视环境、协调关系和文化传承（Lasswell，1948）。到了施拉姆，大众传播被提升到了国家发展的高度。但席勒从政治经济学的角度，对大众传播的功能提出了不同的看法。他认为现代大众传播为他们的控制者提供了双重的服务，在国内帮助提升美国观众对美帝国全球角色的热情，在国际上美国媒介传输的图像和信息成功地转移和模糊了殖民奴役的对抗（Schiller，1969：2）。美国强有力的传播系统存在就是为了保障美国式的贸易自由、言论自由和经商自由，为美国在世界范围内的拓展提供借口。大众传播本来应该是社会变迁的有力机制，但是它们被政治经济利益所控制，去推销狭隘的国家和国际目标（Schiller，1969：29）。

正是在对大众传播功能和角色的深刻认识基础上，席勒提出了"军事工业传播教育复合体"的概念。他看到20世纪美国权力的发展与战争紧密联系在一起。从二战开始，美国政府、军事部门、经济和传播工业是紧密结合的，国家传播系统逐渐军事化，被美国军队高官接管，政府传播部门的管理者也是五角大楼国防部的部长和有关负责人，政府传播机器被军事和工业部门重新建构。传播资源的使用已经超出了FCC的控制，集中于国防部门。他批判电子工业的集中化，认为电子设备生产商介入了广播行业，成为媒介的所有者，导致了经济和文化控制的集中化。他尤其担心随着垄断信息机器的出现，民用广播处于国家广播系统政策制定的边缘，教育军事工业的党派性会影响公众的介入和信息的质量。他将传播视为美国权力复合体政策制定中的一个主要因素，军事工业传播教育复合体和利益集团的压力比传统的广告商更大（Schiller，1969：59）。

席勒并没有将眼光局限在美国国内，他看到军事工业传播教育复合体并不仅仅停留在对国内的控制上，美国经济和金融帝国式的传播网络利用传播媒体，去保护和巩固既得利益，并向它想占据的地方拓展。正是在这个"复合体"概念的基础上，席勒思考了传播在美国扩展主义中的角色，提出了"媒介帝国主义"概念，重新理解美国信息发送者发送信息给弱势国家的物质利益和真实目的。

与斯麦兹一样，席勒也从美国北方邻国加拿大切入，阐述"媒介帝国主义"概念。他指出加拿大的广播和电视信号是被美国所管制的。他从加拿大扩大到电子围困下的发展中国家，指出美国通过传播工业、学校和研究机构，将美国模式推广到世界各地。美国传播工业的海外扩展涉及直接的广播设施所有权、设备销售、管理服务承包、节目输出、技术和管理知识等各个方面。美国的媒介不但输出它们的结构，也输出它们的运营哲学和职业观念，如专业化的视野、差异化和竞争，还通过设备、培训和出口节目类型，推销一种客观和非政治的工作实践，他将其称为"美国电子入侵"（Schiller，1969：79），认为这种持续不断的传播渗透，导致第三世界国家的法律不断变化去适应日益膨胀的美国利益。美国的节目输出，不断制造出了第三世界国家的受众，使他们成为潜在的美国产品和广告信息的消费者。美国传播行业不但获得了巨大的世界市场，而且将美国的商业制度和价值观延伸到国际社区的每一个角落。

席勒也看到媒介帝国主义对其他国家产生了深远的影响，美国媒介商业化浪潮洗刷着地球的每一个角落。发展中国家由于节目制作成本高，需要高超的技巧和丰富的经验，加上国内电视巨大的市场和节目多样性的需求，都为外国节目提供商开了大门。但是由于西方媒介的标准化运作，发展中国家正在失去国家特性（Schiller，1969：113）。日本和加拿大没有能力与外来的节目提供商竞争，更别提其他贫穷、弱小和新独立的国家了，它们大多数不能独立资助、维持和运行广播电视设施。它们日益依赖国外的资本来安装传播设施和提供内容服务，这样很快发展中国家的传播体制变成了美国传播体制的复制品。这种单向的文化渗透，导致了文化依赖，破坏了脆弱社会的文化完整性，地域的和当地的部落遗产正在被工业化世界中一些权力中心的现代电子传播威胁着（Schiller，1969：109）。

作为一名经济学家，席勒始终强调经济支持和国家政治分离的必要性。他主张发展中国家的独立自主（isolationism），呼吁发展中国家发展自己的传播工业，努力去保护文化材料在国内和跨国界的流通（Schiller，1969：121）。他也乐观地看到旧殖民主义的瓦解，世界各地的独立运动和技术的飞速发展正在创造一个新的国际传播模式，双向的信息流通代替了单向的传播，以前不可接触的或者是对殖民者来说不重要的地域，已经被或者正在被纳入日益拓展的信息网络，这给美国的媒介帝国主义带来了新的挑战，也为发展中国家的传播工业带来了新的发展机遇。他希望美国政府和FCC在分配国际广播频谱资源时要对整个人类社会负责。他满怀信心地说：负责任的国际广播规制不会解决所有的世界问题，但是至少是通往缓解而不是恶化现有问题的方向（Schiller，1969：125）。

5.2 思想管理者和信息劳动力

20世纪70年代席勒将眼光从国际转向国内，关注国内的媒介生产和信息控制。在更为激进的《思想管理者》中，他提出了"思想管理者"的概念，思考了美国思想管理的结构和行为，以及信息劳动力在传播工业中的角色。

席勒认为当媒介故意生产出与现实社会存在不对应的信息时，媒体管理者就成了思想管理者（Schiller，1972：1）。美国媒体管理者生产、加工、提炼了图像和信息并主管其流通，决定了美国人民的信仰、态度和行为，成了思想管理者。统治精英利用市场法则和直接的政治控制，通过操纵信息（manipulative messages）有意制造一个虚假的现实，对人类思想进行操纵。美国传播的内容和形式都是为操纵服务的，传播成为一种征服大众的工具，使大众遵从其目标和模式。统治精英通过使用一些解释和论证甚至粉饰现实生存条件的神话，维持违背大众长远利益的社会秩序，满足现有的社会安排。

思想管理和操纵又有哪些具体方式呢？席勒指出，美国存在各个层次的观念控制和操纵机制。首先是简单的市场经济规则，大众媒体的所有权，像其他形式财产一样，被富有者所控制。广播电视、报纸杂志、电影、书籍的所有权都掌握在连锁公司和大媒介集团手中，它们供应的图像和消息，没有例外，都为了达到相同的目标：确定和维持私有产权。其次，政府控制着信息的生产和流通。政府是重要的信息生产者和收集者，大量的信息来自政府的各个部门。当政府的信息流通加快时，传播控制变得越来越严格。排除在信息之外是政府最强有力的控制方式。而以五角大楼为中心的美国政府成了世界中心信息系统。

作为媒介帝国主义的一部分，席勒也注意到思想的管理并非停留在美国境内。在国际领域，思想管理延伸到海外，跨国传播集团和跨国公司，作为国内传播巨头的延伸，变成了国际传播流通的主要组织者和制造者（Schiller，1972：124）。美国的文化被出口到全球各地，在许多国家成为占据统治地位的方式。

值得注意的是，席勒对所谓反映民意的民调工业进行了深刻的批判。不同于主流传播研究学者对民调工业和定量研究方法的信赖，席勒认为民调实际上是意见的衡量和制造，是思想管理体系的组成部分，是一种操纵机制，经济和政治力量主宰着这个领域（Schiller，1972：104）。他考察了民调产生的历史和功能，指出调查的起源是为了满足商业的需求，后来迎合了战争的迫切需要，战后转变成了和平时期的管理机器。在国内，民调的主要功能就是为私有企业提供消费者的喜好和习惯信息，系统性地巩固制度安排；在国外，民调为政府的政策决策者提供信息和建议。所以，席勒认为意见调查是一个社会发明，不能离开它所运行的社会网络。不管是多么科学，意见调查主要是一个为政治目的而设计的工具。没有对语境的充分认识，调查的数据既是无意义的，也是危险的，是欺骗人的伎俩。意见调查根本不是一个中立的建构，所有调查数据毫不例外都是工具性的，不管多么客观，调查中收集的特定信息都是从大量的信息中选择出来的，表面上标榜记录意见，实际上是限制选择（choice - restricting）的机制。意见调查是一个具有中立性和客观性的掩饰工具，制造一个大众参与和自由选择的假象，就是为了掩盖资本主义社会精密的意识操纵和思想管理机器。

思想管理对民众产生了严重的消极后果。席勒指出：思想操纵的结果就是个人的消极，个人产生一种阻碍行动的惰性，这正是资本主义媒体和社会系统一直追求的目标，因为消极保障了现状的维持。美国的媒介内容制作故意寻求麻痹化（paralyze）效果，通过消极性的自我满足，弱化了人们改变现状和自我完善的能力（Schiller，1972：29）。他主张批判地看待信息收集和信息发布过程，认为大多数美国人都处于一个没有选择的信息捆绑状态，各种外交意见和国内新闻在媒体上难以被看到。媒介只提供了一个现实的版本——它们自己的版本。总的来说，美国的媒介信息系统总是商业化的、自我选择的和反对进步的（reactionary）。媒介总是被有意用作娱乐、镇静与和解（pacification）。人们成了思想管理和信息控制的牺牲品，而非受益者。

如何打破这种思想管理和操纵局面呢？席勒则将很大的希望寄托在思想管理的对象——知识工人身上。他乐观地声称：知识劳动力的增长可能会推动社会变革。他看到知识工人的数量在成倍增加，知识劳动力拥有一些空余时间和收入，更加重要的是，有一些特长。在传播的前线，社区组织开始认识、批判和挑战传统的媒体结构。随着传播科技更加廉价和易得，越来越多的个人参与媒介实践，获得专业技能，帮助大多数人将媒介去神秘化（demystify）（Schiller，1972：188）。同时随着个人意识的增强，少数族裔和弱势群体不断介入媒介，反映他们的传播动机和需求，最终将成为强大的反对信息控制和思想管理的防卫力量。席勒预测：在一个更加严厉控制的传播系统中，变革意识会逐渐提升，人们可能会以自己的方式推动社会变革，这也正是美国如今迫切需要的（Schiller，1972：31）。

5.3　传播与文化宰制：信息技术和自由流通批判

席勒的研究从一开始就关注信息技术的本质和功能，以及相关的控制问题。20世纪六七十年代，受信息社会、后工业社会等概念的影响，人们对信息和信息技术充满乐观的情绪，信息乌托邦主义盛行。而席勒则不断追问信息时代是为谁准备的，利用新技术是否能实现国际合作、人类进步和自我完善等问题。在《传播与文化宰制》、《财富500强时代的信息》等书中席勒延伸了媒介帝国主义的概念，分析了传播与文化宰制的关系，批判了信息技术的本质和信息自由流通的神话。

二战后，新的传播科技激发了人们的巨大热情。一般的看法都认为通信卫星将会拉近美国与其他国家的距离，减少猜疑和敌意。卫星能使穷国有机会跨越到现代。但席勒关心信息科技的中心问题，即使用新科技是为了谁的利益，又是在谁的控制下。席勒系统地考察战后美国帝国主义、传播商业和技术的共生关系，努力去揭示信息部门与国内外经济、文化和政治发展的互相交缠，分析推动信息社会发展的国内和国际因素，考察现存信息系统的本质。他质疑信息技术作为信息自由传播的基础，认为技术是一种社会建构，不是中立的。技术本身就是一个强有力的传播形式，而不仅仅是传输的渠道，含有社会秩序的印记（Schiller，1976：87）。传播技术的发展通常伴随着政治制度、商业安排和文化理念的发展。在美国，使用媒介新技术就是为了捕捉受众，进而达到赢利的商业目的。席勒指出文化的宰制实际上来源于资本流通的控制和信息机器的使用。新的传播科技并不能推翻结构次序，反而能够帮助美国统治阶级控制人民。信息科技是一种反民主的力量，传播技术的革新反映了宰制的加剧。信息工业的加速发展只会继续导致更大的经济和政治不平等。

20世纪60年代通信卫星技术和国际传播快速发展，席勒重新认识了通信卫星的性质和功能，批判了美国在通信卫星规制上的霸权地位。他指出信息工业发展的软件、硬件、传输设备三个部分都是由军事和空间相关的研究和发展基金推动的。美国权力精英确立了空间通信的目标和结构。在国际传播系统的形式和结构以及频谱分配上，全球贫穷国家没有多少发言权，甚至被完全排除在外。国际传播组织自从一开始，就不是真正意义上的全球组织。国际传播政策的制定都是基于市场考虑，强调资本流通和利益的期待，服务于扩张主义者和殖民统治者。通信卫星帮助美国获得和维持其在全球商业卫星服务领域的领导地位，通信卫星技术和信息的全球传播为美国商业发展提供了基础。

在国际领域内，新的信息技术超过了国家的边界。战后美国外交的重要主题就是信息的自由流通。当时各种信息自由流通的口号在美国盛行，但是席勒进行了激烈的批判。他认为信息自由流通实际上是宰制的工具，传播流通就是巩固经济基础上的宰制结构（Schiller, 1976：81），传播是美国权力扩展的决定性力量。他批判了信息自由流通的神话，指出随着自由的表面修辞而来的却是强有力的经济力量，美国利用技巧性的政治和语言策略，将刚刚从法西斯统治下和战争毁坏地方走出来的人们资本主义化（Schiller, 1976：26）。信息自由流通只是美国传播工业进行海外扩展的借口，背后的动因是美国的资本主义经济在全球寻找市场。美国以信息自由流通的宣言，通过资助新技术的研究，推销其产品到国外，实际是美国的信息机器在支持海外的帝国冒险。美国控制着信息生产和消息传送渠道，美国的新闻机构，如美联社（Associated Press, AP）仍然掌控着世界信息的流通，控制着有线电缆。跨国公司不但掌控了全球市场的物品和服务的生产与流通，而且拓展到了文化输出，还通过管理人员、职业教育、英语语言、国际广告机构和市场研究机构，在被渗透国家进行文化接管（take over）（Schiller, 1976：7）。席勒看到，国家之间信息的传播与流通被最强大的资本主义国家所控制，美国的媒介垄断和引导了国际信息流通的源流，所谓的双向流通过程由于经济、政治、种族的差异变成了单方的操纵和剥削，脆弱国家处于不利地位。美国对其他国家的传播渗透从根本上改变了国家的文化生态，加深了美国对第三世界国家的文化入侵。

晚年席勒回忆了他在二战后德国军政府的工作经历，追溯了美国巨大的商业集团接管世界的历程。他将信息的自由流通称为一个花招（scam），只是侵略性的国际资本主义的宣传（Schiller, 1995）。"马歇尔计划"不是一个帮助欧洲重建、走出战争创伤的毫无私心的扶助项目，而是以世界银行、国际货币基金组织（International Monetary Fund，IMF）为代表的经济帝国主义出场前的序幕。与"马歇尔计划"捆绑的就是接受国承诺开放它们的市场，接纳美国的文化输入，尤其是电影。席勒以个人经验证明德国的重建推动了新形式的殖民主义。

席勒也为信息技术发展下的发展中国家建言献策，他指出信息自由流通是被占领国家和人民的迫切需要和合法愿望。信息自由流通与世界各地厌恶战争的人们对和平的期待是一致的。但是由于对国外媒介产品和国外科技的严重依赖，发达和发展中国家保持文化自治就是可以理解的。他也预测，将来文化传播的斗争将发生在那些寻求结束宰制和希望保持宰制的人们之间，这为传播斗争指明了一条路径（Schiller，1976：4）。

5.4 信息传播与社会危机：信息不平等的批判

20世纪七八十年代后，"后工业社会"的概念逐渐开始流行。后工业社会理论认为，在后工业社会中，意识形态已经终结，技术不仅在经济领域起作用，同时，也会引起政治、文化、宗教、艺术等领域巨大的甚至是根本性的变革，专业与技术人员处于主导地位，理论知识处于中心地位，成为社会革新与制定政策的源泉。在后工业社会中处于统治地位的"新的人物"，是掌握新的智能技术的科学家、工程师等知识分子，实现"科技治国"、能者统治和机会均等。因此，大多数人都接受这样的观念：西方的资本主义社会已经过去，或者至少正在经历一个剧烈的转型，从烟雾弥漫的资本主义走向蓝天白云的信息社会。但是席勒做出了不同的判断，他批判里根政府的右转倾向，也预感到了媒介解除管制的趋势，他更加关注信息传播与社会危机的关系，批判信息时代的谎言和悖论。在他看来新信息技术的运用只是资本主义制度对社会问题的回应，信息活动的开展和信息技术的运用是资产阶级在世界危机面前试图控制政治、经济、文化力量的努力（Schiller，1995）。他进一步论证，这些努力可能短期内会成功，但这也为不远的将来更加严重的危机埋下了伏笔。

席勒坚持在最前线观察与预测当代的各种趋势。他分析了当代美国社会两种日益加剧的危机趋势：一是通往核竞赛和资本主义世界经济的日益不稳定性；二是世界范围内，跨国集团与那些争取民主和平等社会秩序的人控制信息和传播的斗争。一方面，信息和传播科技被用作去解决社会危机；另一方面，它们被强力国家（strong state）用于控制社会发展。在国际范围内，人民大众的工作条件日益恶化，生活水平不断下降，跨国公司日益挑战国家的主权，也加强了对大众传播的集团控制。人们与传播集团、国家政权之间的斗争加剧了社会危机。

席勒指出，信息不平等的日益加剧和信息内容的逐渐枯竭正在加深已经普遍存在的国家社会危机（Schiller，1995），尤其是公共服务业面临着重大的危机。随着私有企业集团的显著增加和扩展，美国经济的私有部门强化了其在国内和国际活动中的经济、政治和文化角色。商业部门的拓展和集团权力的巩固，使公共服务受到了严重的威胁，公共图书馆和公共教育系统被私有利益所控制，信息被转变为可销售的东西。产生创造性工作的地方，如博物馆、剧院、表演中心被赞助者所控制。席勒感叹：这是一个私有的世界，几乎整体上抛弃社会责任（Schiller，1995：introduction）。在文化信息领域，个人的表达被管理和控制，个人声音减弱，集团的声音日益增强，大多数人的社会需要被少数人的私有利益所侵害，独立的声音被忽视、消除，洗脑的反民主观念和实践大行其道。

席勒将这种危机看作美国模式面临的危机，虽然跨国公司通过大量的信息活动暂时维持了世界市场经济的发展，但最终还会坍塌（Schiller，1995：81）。从短期来看，跨国公司进行全球劳动分工，运用全球的广告策略去推动广大的发展中国家通往消费伦理，但是这个策略并不能维持资本主义经济秩序，新的信息技术将使资本主义社会的失业问题更加凸显。在世界范围内，虽然跨国公司被政府和军事力量保护着，但最终它们在反帝反殖民的民族解放力量和社会主义力量面前是无助的。虽然资本主义国家运用先进的传播技术进行全球监视，但西方联盟不能获得普遍认同，世界将更加不稳定。

作为一个激进的政治经济学者，席勒主张应对这种危机的马克思主义策略就是：公共剧场、游行、公开的争论，甚至起义（Schiller，1995：121）。他看到文化、媒介和信息事务已经日益变成社会争议的中心，他呼吁人们介入目前和将来加强公益（common good）事业的斗争，希望所有人努力推动信息系统的转变，让它成为一个足够开放，能容纳每一个人的公开网络。

作为一个任职于高校的学者和教师，席勒始终关注新闻传播教育和研究中的问题。他不断揭露传播研究领域如何与政府和集团合作，歪曲社会现实，推动特权阶级在国外和国内的统治。他批评所谓的精英主义、专业化和专业主义被用作宰制的手段，专业化（specialization）本身依赖于不同的训练和不平等的回报，变成了等级结构和精英主义概念（Schiller，1976：95）。美国的新闻与传播院系忽视媒介系统的控制和结构，传播研究被用作去更好地服务它们的赞助者。他主张提升人们的批判意识，鼓励社区成员的充分参与。他忧心学生进入传播和媒介领域不是为了改变它，而是适应它。他希望学生能够阅读和写作主流之外的东西（Maxwell，2003：preface），启发学生形成批判意识，反对现有秩序的不公。

结　语

席勒兴趣广泛，研究课题多元，是一位多产的学者和作家，始终以一种轻快、清晰和非学术的方式撰述，同时在学术和通俗杂志写作。席勒从未将思想与政治以及历史背景分离，不断进行独立的思考和写作。他从来没有迎合当政者的偏好，激烈的批判姿态使他在大学的复合体内被边缘化。席勒坚持对现状进行激烈的批判，这使他成为国际范围广受尊敬的记者、政治积极分子和公共知识分子，其精神特质和批判姿态鼓舞了一批后辈学者，正是知识分子（包括批判学者们）对社会的深刻剖析，一点一滴地改变着社会的认识和思想。席勒因为独立的思考和执着的学术精神赢得了学界的尊重。席勒从不害怕面对权力阶层讲出真话，面对围攻他不妥协。他始终坚持自己的观点，因此，在身后，他甚至得到了"敌人"的敬佩（郭镇之，2002）。在席勒去世的时候，美国主流大报《纽约时报》刊登了长篇讣告，2001年，《电视与新媒介》（Television & New Media）第1期就是纪念席勒的专辑，登载了16位活跃的传播政治经济学者回忆席勒的文章。

但是席勒也由于偶尔武断的结论而为人所诟病。借用一句西谚来说，席勒可能是正确的，但他是一个独断论者，他的工具就是一个榔头，每一个问题都类似于一个铁钉。正如英国传播政治经济学者加汉姆（Nicolas Garnham）所说，席勒的考虑是一维的，没有考虑到技术的矛盾性质。席勒的目光是美国的，"是基于对美国权力扩张的担心，体现了一种潜在的美国中心主义，完全不同于欧洲的社会经验"（Garnham，1995），这种批评也不无道理。席勒在论述信息和传播媒介时，往往忽视其积极层面，而专注于其消极层面。虽然信息的增加，对不同的阶级来说，的确带来了不同程度的利益，但不平等在信息传播中时有体现，并加剧了信息生产、获取能力的不均衡，加大了信息拥有上的"贫富"差距。但是，他忽视了信息在公民自治和社会发展上的积极维度。信息的确仍为政治经济精英所极力控制，但是这种控制的意图和控制的实际效果是两回事，席勒在很大程度上将二者化约为等同的关系。现实的情况是，随着信息的增加和信息技术的发展，试图控制信息生产和流通变得日益困难。信息生产者和接收群体日益壮大和复杂化。以前被认为精英独享的信息特权虽然仍然存在，但已进一步被信息技术削弱，个人生产和传播信息的能力不断增强。受历史语境的制约，席勒在思考经济力量的制约时，没能看到传播相关技术的发展正在突破各种瓶颈，如互联网介入的成本和技术门槛都在不断降低。技术的软硬件成本已经下降到美国普通民众和广大第三世界国家人民都能承受的较低水平。但是，如果席勒活到今天，他的判断仍然是正确的，国际传播市场仍然被少数公司所垄断，它们使用各种技术手段和营销策略，使普通民众仍然被排除在外。当硬件成本降至一定的水平时，垄断硬件市场的企业选择停产和关闭，让低端产品退出市场，而推出新的高价产品取代廉价产品。技术企业通过改变各种技术参数的形式，推出性能其实变化不大的新产品，这些新产品仍然处于高价位，普通民众再次无法承担硬件费用，也就再次失去了进入互联网的机会。所以，从传播总的发展趋势来看，席勒的判断是理智的。

总体上来说，席勒对传播技术发展带来的各种乌托邦思想持否定态度，对信息传播的未来走向充满担忧。他将传播置于资本主义体制下，考察其在资本主义全球化拓展中的角色，采取与主流学者不同的理论视野，得出了具有说服力的洞见。但是，他对传播过于悲观，过于强调经济维度，而忽视了传播工业在文化生产、传播和保存中的积极功能，这也是批判学者的通病，受历史语境的约束，我们不能苛求于他。

席勒逝后十多年再读席勒，他的政治经济学研究光彩依旧。各种信息技术和传播媒介的迅速发展，并没有打破长期存在的知识垄断，将我们带入一个人人自由的时代。近年来，美国在世界各地的武装介入和文化渗透，再一次证明"军事工业传播教育复合体"的强势存在。每一次战争，都伴随着巨型的传播教育娱乐工业的移植，体现了一种独特的传播景观。伴随着媒介帝国主义的拓展，传播再次成为宰制的工具，信息不平等导致的危机仍然不断加剧，席勒当年难以释怀的焦虑和悲观，在今天看来，仍然值得我们警醒。用学者郭镇之的一段话结束本章：

> 席勒们纵然不能完全改造这个世界，但他们的批判却开阔了知识辩论的领域，使人们的思想更关注弱势者的利益，并可能使社会朝更进步的方向稍稍移动了一点（郭镇之，2002）。

6 电影政治经济学

> 电影工业不仅是商业和娱乐业，同时也提供一种巩固主流意识形态、出售一种特定生活方式的途径。
>
> ——Janet Wasko，1982：219

斯麦兹和席勒在进行知识生产的时候，历史语境正在经历剧烈的变迁。二战刺激了美国电影工业的发展，也沉重打击了欧洲的电影工业市场。战后，最有利可图的电影工业在美国迅速发展，并很快向世界扩展。正如传播工具都是意识形态和价值观的载体一样，电影由于其特殊的形式，更加容易为人所接受，也更具隐蔽性。好莱坞走向世界的过程中不仅受到经济利益的驱使，也有政治和文化的动机。战后美国电影工业的迅速发展和海外扩张引发了传播政治经济学者对电影工业背后政治经济权力运作的探讨，形成了电影政治经济学。电影政治经济学由于其独特的批判视角而在电影研究领域中独树一帜。电影政治经济学采取政治经济学的批评视野将电影放置于社会语境中进行整体性和历史性分析，探讨电影文本和行业背后政治经济权力的互相建构，与其他电影艺术风格的研究流派有显著区别。不同于欧洲文化研究流派注重电影文本的内容分析，电影政治经济学注重对电影背后的宏观制度框架的解构和对经济因素的剖析。本章力图正本清源，再现电影政治经济学的学术传承和知识谱系，阐明电影政治经济学的研究取向和理论逻辑，以期透过电影虚幻的表面认识电影的本质和功能，更加深刻地认识电影背后的权力关系，洞悉电影行业的运作机制，为建设中国特色电影行业，制作具有中国风格的电影提供域外视角和知识镜鉴。

6.1 电影政治经济学的学术传承和知识谱系

电影政治经济学体现了清晰的知识谱系、鲜明的学术传承脉络和独特的理论逻辑，代表人物有斯麦兹的学生古巴克（Thomas Guback）、彭达库（Manjunath Pendakur）①，古巴克的学生瓦斯科（Janet Wasko）、米韩（Meehan）等人。他们彼此之间大多是师生、同学关系，长期的交往友谊，频繁的交流合作，使他们形成了清晰稳定的学术朋友圈，使电影政治经济学形成了相对清晰的领域边界和稳定的学术版图（见图 6 - 1）。

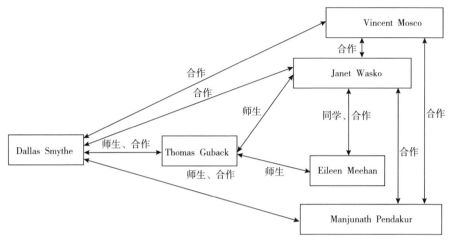

图 6 - 1　电影政治经济学学术传承谱系

　　古巴克是斯麦兹在伊利诺伊大学传播研究所培养的第一批传播学博士生之一，也被后者称为最聪明的学生之一，后留校任教。他继承斯麦兹政治经济学的衣钵，延伸了其师对传播工业的批判，选取了美国传播工业中的重要分支——电影工业进行集中分析，从政治经济学角度探讨了美国电影工业在世界范围内的扩展。在 1969 年出版的《国际电影工业》（*The International Film Industry*）中，他从国际视野探索了美国电影业在战后的发展历程，梳理了美国电影工业与欧洲电影工业的关系，揭示了美国公司在欧洲的金融利害关系。

　　电影政治经济学的研究由古巴克的博士生瓦斯科发扬光大。瓦斯科受教于古巴克，在伊利诺伊大学传播研究所获得博士学位，后来任俄勒冈大学新闻与传播学院讲座教授。她是位多产而又执着的学者，专长于电影行业和好莱坞电影工业的政治经济学分析。20 世纪 80 年代初，她先后出版

---

① 彭达库在斯麦兹指导下毕业于西蒙·弗雷泽大学，获博士学位。

了《美国电影工业和银行机构的关系》（*Relationships Between the American Motion Picture Industry and Banking Institutions*）[①] 和《电影和金钱》（*Movies and Money：Financing the American Film Industry*），探索了美国银行机构在电影工业发展中的历史和当代角色，指出电影工业一直与金融集团有持续的和紧密的关系。《信息时代的好莱坞》（*Hollywood in the Information Age：Beyond the Silver Screen*）和《好莱坞如何运行》（*How Hollywood Works*）关注新科技对好莱坞的影响和日益增长的国际声像工业的整合，分析它们与其他媒介工业的关系，批判美国电影工业的结构和政策。《理解迪士尼》（*Understanding Disney：The Manufacture of Fantasy*）运用政治经济学的理论和方法对迪士尼进行个案研究，通过文本、话语和受众的分析，将政治经济学与文化研究结合起来，将迪士尼作为文化、社会和全球现象进行批判认识。除专注于对电影工业和好莱坞的批判外，瓦斯科还与同事莫斯可编辑了多本传播政治经济学读本，著述颇丰。[②]

斯麦兹的另外一个学生彭达库则继承了斯麦兹的媒介依附理论，结合新古典经济学和马克思主义经济学，分析了加拿大电影工业对美国资本的依附和美国电影工业对加拿大电影工业的霸权。在《加拿大梦想与美国控制》（*Canadian Dreams and American Control：The Political Economy of the Canadian Film Industry*）中，他梳理了加拿大电影工业的发展史和美国资本在其中的角色，从加拿大电影工业依附的起源、美国电影和英国电影工业的入侵、加拿大政府的介入和控制的斗争、加拿大电影业的工业化、加拿大文化的生产和销售等几个方面论述加拿大电影工业对美国资本的依附，对自由贸易背景下加拿大的文化自治表示了深深的忧虑。

6.2 电影的本质和功能

电影政治经济学的研究首先从认识电影和电影工业的本质开始。不同于主流的传播学者将电影视为一种独立自治的文化产业，政治经济学者在全球化趋势中理解美国电影工业的本质，他们认为电影不仅是一个商品，

---

① 该文是古巴克指导下的博士论文。

② 主要有：*Critical Communications Review*，edited by Vincent Mosco，Janet Wasko，1983；*Political Economy of Information*，edited by Vincent Mosco and Janet Wasko，1988；*Democratic Communications in the Information Age*，edited by Janet Wasko，Vincent Mosco，1992。

还是一个传播工具,是图像、观点和理想的承载者,呈现了世界、社会、事件和思想的形象(Guback,1969:95)。电影以制作者的视野告诉人们发生了什么、正在发生什么、将来会发生什么。生产商以一种其认为有意义的和观众会认可的方式来选择和处理电影材料。电影的内容,不管是真实的,还是虚幻的,理解的方式都依赖它所呈现的图像和观看者的视角。电影的重要性不仅体现在它说了什么,而且包括它没有说的(Guback,1969:4)。电影不仅仅是一种传播方式和一种艺术形式,在资本主义取向的经济中,电影制造商是强大的企业:组织严密,而且严重资本化。电影虽然以像其他商品一样的方式被构思、生产和营销,但是又有很大不同,电影的成本只存在于第一个拷贝中,包括撰写剧本、拍摄、布置道具、雇用艺术和技术工作者,以及剪辑、制作背景音乐等,但是,第二个拷贝的成本跟第一个比起来可以忽略不计。从这个角度来说,电影是一个可以无限复制而不会增加第一个产品生产成本的商品。电影可以更多地被复制而不用进一步投资,所以广泛地发行正是电影制造商的兴趣所在,电影总是倾向于无限出口(Guback,1969:8),这种电影的独特性质在某种程度上决定了电影的内容和风格。电影的经济和技术的性质强迫制造商和代理商、发行者去追求最大的可能流通量,这也驱动了电影人在世界范围内寻找市场。

在对电影功能的认识上,政治经济学者认为电影扮演着一个协同的角色(Wasko,2003:13)。电影在传播美国神话、梦想、传奇、理想等方面扮演重要角色,传播了占统治地位的社会规范、价值观和意识形态。美国电影已经不仅仅是单纯的艺术和传播,而是一种在市场环境下生产、发行和放映的商品,商业利益不可避免地影响了电影的制作种类、制作者和发行渠道。电影工业不仅是商业和娱乐业,同时也提供一种巩固主流意识形态、出售一种特定生活方式的途径(Wasko,1982:219)。金融集团对电影工业的支持虽然主要是由经济考量推动,但也有对意识形态回报的期待。在控制和维持大众、生动地传播信息和态度的能力上,没有什么能与电影相比。对于一个追求利润的金融集团来说,所有媒介机构都是有价值的,电影无疑是最有价值的。

正是基于对电影本质的认识,政治经济学者认为政府和电影工业是一种相互支持的关系(Guback,1969:125)。政府维护所有电影工业运行的环境,而电影工业又维持现存社会秩序和既得利益。电影工业可以说是政府和经济秩序的强大同盟。政府需要利用电影作为宣传工具，去支持现有政策，当政府积极寻求美国电影在世界范围内的广泛传播时，电影工业就紧密配合，帮助政府发展新市场和维持旧市场。电影公司通常与政府合作，经常是通过删除电影中可能招致麻烦的（undesirable）成分，而不是故意注入宣传所要求的内容模式，这种宣传则更加隐蔽和有效。美国政府熟知电影媒介的宣传功能，总是通过各种外交和其他手段，帮助美国电影生产和发行公司开辟国外市场（Pendakur，1990：37）。

政治经济学者看到了新科技对好莱坞电影的影响导致了国际声像工业整合，并对好莱坞电影的本质做了不同于其他学者的判断，指出电影利润是好莱坞电影主要的驱动力和指导原则，资本被以不同的方式使用去达到实现盈利的目标，同时好莱坞电影起着创造和再创造社会价值观的作用。好莱坞的每一个关系都被政治经济权力所界定，而且最为露骨和明显（Wasko，2003：4）。迪士尼生产和消费都是根据集团的话语，通过严格的管理和劳动实践，以及同质化的技巧和技术，推销了一种有意控制的幻象、图像和愉悦的图景。电影生产和发行者，通过补贴和投资，设定了好莱坞出口电影的模式，伴随着的意识形态内涵，成为美国宰制世界的一部分（Pendakur，1990：36）。

6.3　电影工业的拓展

由于电影的特殊表现形式，二战结束后，基于政治和经济的考虑，美国电影工业迅速向海外拓展。古巴克是较早从政治经济学的路径分析美国电影工业海外拓展的学者。在1969年出版的《国际电影工业》中，他对战后美国电影拓展的历史进行了细致的考察，分析了美国电影拓展的过程，考察了美国和欧洲电影工作的关系，尤其是美国公司在欧洲的金融利害关系。他指出二战前美国的电影业基本上是以国内为基础、面向国内的工业，所有的收入都来自美国，虽然也出售到海外，但是海外收入根本不能和国内市场的收入相比（Guback，1969：3）。当时的国际市场没能引起好莱坞的足够注意，没有显著地修正电影的内容去符合国外观众的口味，也不能促使电影公司维持一个复杂的海外机构。到了20世纪60年代，情况明显改变，美国电影从国外市场至少获得了一半的收入，对整个产业来说，国外的市场变得越来越重要。来自国外市场的收入成为美国电影生产公司不可缺少的一部分，因此在海外维持一个舒适的运作环境成为美国公司必要政策考虑，美国的电影公司逐渐成为真正的国际企业（Guback，1969：123）。

那么，美国的电影工业为什么能够在海外获得巨大成功，并迅速控制世界电影市场呢？古巴克分析了其中的主观和客观因素。主观上，电影内容和形式的选择不仅有金钱上的考虑，还有宣传的考虑，电影出口获得了美国政府的资助和政策支持。美国电影工业的外交政策就是贸易自由，美国从来没有设立针对外国电影的任何官方的壁垒，从来没有进口配额和放映配额（Guback，1969：36）。美国将自由贸易原则运用到了国际市场，呼吁一个完全自由的市场，各种产品可以自由竞争，这也成了美国向其他国家出口电影的借口。但是古巴克指出，其实，美国工业在反对海外市场限制的运动中，明显维护自己的经济利益。美国的政策性限制都是为了保护美国的私有集团利益，一方面消除贸易壁垒的压力，另一方面让美国电影自由进入和保持国外市场。如"马歇尔计划"帮助美国电影出口欧洲，帮助美国电影在战后的关键几年里打开和维持欧洲市场。美国外交团队和贸易专家帮助电影工业进行各种谈判，处理进口限制的问题，解决流通问题。美国电影制作协会与其他国家电影制作协会合作，解决内容和形式分歧问题。美国电影工业的外交政策使美国电影公司融入海外贸易联盟，与欧洲国家政府紧密联系起来，并使电影融入了非电影业工业活动，美国电影成为反对左翼声音的宣传工具。

客观上，两个技术因素——欧洲的真空和声音的引入，使得好莱坞迅速向欧洲渗透（Guback，1969：9）。欧洲小国难以保护自己，因为它们都没有大规模的电影工业。这些国家没有意识到保护它们本土电影的问题，即使有时候设立了一些保护壁垒，但是当地的电影产品难以填满国内电影业的真空。对于欧洲生产商来说，美国市场是一个没有放映配额和进口配额的市场，任何欧洲国家生产的电影都和好莱坞电影一样有机会上映。所以，它们就采取开放政策，认为它们能与美国竞争者共处，与其进行自由竞争。但是这种市场观念并不被现实所支持，欧洲生产的电影不能够与美国电影竞争，不能进入美国的市场。很多国家在面临美国资助时，没有拒绝，反而鼓励美国投资，没有考虑接受外国资本的界限问题，这也使自己国家面临窘境，逐渐失去对本国电影工业的控制。

美国电影在世界范围内拓展对电影生产和经销都有重要意义。随着美国权力的扩展，美国电影工业聚合和垄断的运动播散到世界各地。古巴克以欧洲为例，指出美国电影在欧洲占据统治性的地位，美国在欧洲的金融利益不断增加。美国的大公司在欧洲拥有生产、发行和放映设施，这种垄断性结构保障了美国电影产品在欧洲市场的持续流动、放映和生产（Guback，1969：69）。对欧洲国家来说，引进外国电影就意味着打破了生产—发行—放映的链条，自愿放弃一部分票房收入给外国生产商。英国的电影工业，虽然可以称为"英国的"，因为它的确存在，但其实仅仅是好莱坞的一个分支，因为英国电影不论是在金融上还是在发行上均依赖美国的公司，美国的金融支持被英国电影工业视为灵丹妙药（elixir）。美国工业对欧洲市场的渗透已经引起了政策和结构的改变，引起了欧洲电影业的强烈反应，当欧洲国家试图保护和扩大自己的市场时，美国机构和它们的行动计划也在不断改变。作为国家文化载体的国内电影工业受国外竞争者严重威胁。欧洲国家虽然制定了各种壁垒保护电影工业和电影市场，但是生产成本增加了，观众减少了，这又使欧洲市场重新拥抱美国电影工业，间接使美国更深地融入了欧洲工业。

　　古巴克也看到了美国电影工业拓展的消极后果。他指出，在市场被垄断时，美国公司遵循经济自我利益（economic self-interest）的原则。美国电影成功的出口，意味着让其他人喜欢他们的产品，让受众形成对同一机器制造的图像的反应。其肤浅和生硬的风格被绚丽的色彩、宽屏和管理者的技巧所掩盖。美国的电影模式导致了同质化（homogenization），模糊了不同文化的鲜明界限（Guback，1969：198）。社会和艺术特征被经济强制性（imperative）压制。美国对欧洲电影的投资和相互合作使欧洲电影的产出发生了很大的变化。欧洲电影美国化了，本土电影和进口的电影的区别在消失，观众很难鉴别是否为进口电影。电影产品反映普遍的风格，代价就是本国风格的消失，美国式的叙事成了其他电影制造者的准则。从表面上看，大众文化正在进入国际领域，但代价就是当地的特色被抹去或者被消减。在古巴克看来，这种风格的电影不是一种文化形式的改变，实际上，是反文化的，处于人性的对立面（antithesis）（Guback，1969：199）。

　　正是基于对美国电影工业拓展的原因和影响的判断，古巴克（Guback，1969：200）提醒开放政策是危险的。美国对电影业的控制越来越无声无息，但速度惊人。由于国际化的趋势，美国在决定制作电影的类型中处于主导地位，其他国家的电影工业不得不将它们的电影纳入美国的发行渠道。重要的导演可能还有一些自治权，但在数量上已经很少了。古巴克强调（Guback，1969：179）美国的投资与当地自治的平衡，其中的两个重要原则就是：一个国家性的资助来源（不管是个人的还是经济团体的）和一个世界范围内的发行系统。欧洲工业和政府必须回应美国工业的威胁，制定政策保护国内的市场，建立产品资助和国际发行系统，电影市场应该为了国内电影和本国产品能够生存和发展而保留。欧洲和第三世界国家，应该通过长远的发展项目，建设本国的电影工业，这包括进口和放映配额，生产补贴，有效的国家和超国家的生产补助计划，同时通过税收、履行义务和抗议等方式，限制国外电影的发行。政府还必须提供大量公共融资，建立本地制作、国际发行电影的组织，通过各种政策保护文化统一性，巩固电影工业的生存能力。古巴克乐观地论断：独立并不一定意味着在艺术和金融层面上就是更好的电影，但是自治能够增加展现多样性和不同观点的机会（Guback，1969：203）。

6.4　电影的经济控制

大多数的电影研究都关注艺术、流派、个性等维度。很多研究将电影当作社会文献进行审视，或者将它作为一种影响受众的中介，进行历史性考察。但政治经济学者致力于分析美国电影工业的经济控制，主张必须根据产品与利润的张力来看待电影，注重分析美国金融机构在电影工业中的重要角色以及所导致的后果。电影政治经济学者认为以往的研究没有抓住资本主义社会中电影的基本特质。在他们看来，电影是个商品，交换价值设定了大量的参数，决定电影制造、发行和放映的工业结构（Wasko，1982：forward）。

瓦斯科是专注于分析电影和金钱之间亲密关系的重要学者。她的研究主要考察美国电影工业生产、流通、放映与银行的历史关系，将银行和电影的互动关系置于工业、金融和国家关系的总框架下，分析美国银行机构的历史和当前的角色，探索集团控制和冲突、创新和干涉之间的互动过程。她指出电影融资在美国电影历史上扮演了一个关键角色，而电影业又为主流意识形态的再生产和持续做出重要贡献（Wasko，1982：5）。她指出电影和银行是互惠的联合体，加剧了集团和金融的集中化，好莱坞代表的不仅仅是魅力、浪漫和冒险，还有美元和硬币（dollars and coins）

（Wasko，1982：Introduction）。

　　瓦斯科通过对美国电影历史的考察，指出电影商业一直与金融集团有着持续和紧密的联系。从电影出现开始，银行家就介入了美国电影工业，来自图像和声音的巨大盈利可能吸引了许多淘金者。20世纪30年代，随着电影行业标准工业流程的发展，电影日益依赖雄厚资本，美国电影工业寻求和依赖外来的融资资源，仅仅依靠其他媒体和传播工业远远不够，于是银行资本乘虚而入，电影工业的收益性（profitability）和日益合法性吸引了大银行家、金融家的注意力和金融支持。随着电影大亨通过贷款和融资去迎合迅速扩张的电影贸易，电影工业大多数的主要公司都被全国主要的银行组织所有、统治和管理。像其他行业一样，银行家和金融家的角色日益活跃。政治经济学者将金融集团尤其是银行部门视为理解电影商业运行的关键，认为银行扮演的角色就是出于各种目的提供债务资本的贷款者（Guback，1982，in Wasko，1982：forward）。商业银行的投资顺理成章地介入美国电影工业。银行通过为电影集团和电影制作商提供资金，以不同的方式参与和介入了电影工业。来自其他行业的个体投资者、富有的资本家和企业家参与了电影融资和投资。随着金融中心积极的鼓励和参与，合并和并购很快完成。大公司通过持续的资本供给，以及变化的和经常不为人知的股票持有，提供融资指导和服务。除了借贷和股票外，投资集团也通过一些咨询服务，提供建议，帮助拟定商业和政治条约、合同，提供情报。银行利用投资过程中的相关政策，对电影工业的运行具有巨大的控制权，大集团控制下的媒介董事会首要的责任就是以股票持有者的利益为要务管制媒介集团。董事会的权力决定了电影公司的结构和行为，其权威甚至到达了运行和策略层面，包括有能力决定资产使用，选择集团扩展途径，控制企业活动的规模和范围，以及公司寻求的商业路线。银行作为贷款的提供者，总是在相关的安全和利益赔付之外要求一些特殊的权力，包括检阅脚本和生产项目，限制生产预算和批准管理方式，批准资产的出售或者导致的债务等。经济强制力还部分决定了电影中的内容，影响脚本和标题的改变、摄制决定、最终的剪辑等（Wasko，2003：84）。

　　所以，政治经济学者论断电影工业是被大公司控制的商业。金融资本和工业资本所控制的商业银行、投资银行家、风险资本主义者、保险公司与电影工业的各个部分联合起来，进而制约和形成电影工业的结构方式和行为。集中化和商业化是美国电影工业的基本特征，大金融集团控制了电影工业，进一步统治了西方社会，导致了严重的社会、文化、政治和经济后果。

6.5 电影依附和自治

斯麦兹的媒介依附理论是传播政治经济学的重要理论，其对边缘国家媒介对资本主义核心国家（主要是美国传播工业）的依附的阐述启发了一批学者，并被发扬光大。斯麦兹的媒介依附理论直接被其学生彭达库所继承，并被他运用到分析加拿大的电影工业。彭达库专注加拿大电影工业对美国电影工业和美国资本的依赖，论述了电影工业依附背后的原因、特征和影响，令人警醒。正如斯麦兹（Smythe，1990：18，in Pendakur，1990：forward）所指出的，当其他国家都自称在发展自己的电影时，加拿大根本没有自己特色的电影工业。彭达库（Pendakur，1990）采取激进的马克思主义政治经济学，结合了新古典经济学去分析加拿大对美国进口电影的依赖，论述了加拿大建立土生土长的电影工业的斗争，并探讨了几个相关的悖论。彭达库将加拿大电影工业对进口美国电影的依赖置于更广阔的语境下，考察加拿大电影工业的结构和政策，分析加拿大依赖进口的电影而不能发展加拿大特色电影工业的深层因素。

彭达库（Pendakur，1990：29－32）首先论述了媒介依附的具体体现，他认为加拿大总是被维持着与美国的依赖关系，从石油、天然气到广播、电子技术、杂志出版、环境保护和教育系统。二战后，加拿大从殖民母国英格兰转向了逐渐出现的超级权力大国美国。加拿大是美国直接投资的主要目的地，加拿大的电影公司只是美国跨国电影公司的一个分支，严重依赖美国。加拿大的商人早期没有更新和发明自己的技术，而是满足于进口设备。后来美国电影工业生产、发行和放映的垂直整合延伸到了加拿大。美国重新组织了主要流通公司间的竞争，加强了对加拿大放映和发行市场的控制。美国生产和发行公司与加拿大的放映商形成联盟，直接控制加拿大市场。美国大公司通过它们的子公司和附属公司拥有加拿大大部分的电影工业资产，实现了对加拿大电影工业的宰制。加拿大的电影院和流通市场的流通部门被美国的卡特尔所控制。美国保护市场自由不受国家干涉的模式也延伸到了加拿大，加深了加拿大对美国电影工业的依赖。美国的电影模式，如著名的演员、生产商、导演，独特的地点和服装，比现实更大的场景、特效等，成为所谓的"世界级电影"的意识形态。加拿大97％的电影屏幕充斥着进口电影，这些电影大多数都是美国的跨国媒介公司生产和营销的。随着美国资本融入加拿大的经济，加拿大的教育和大众媒介从根本上保证和维持了这种帝国主义的联系。加拿大独立的放映商、发行商和生产商在面对美国电影工业时，处于一个弱势的地位，并逐渐被吞没。由于缺乏有效的法律保障，小资本家和独立生产商对这种依附的挑战和抵制，并没有多大作用。

　　彭达库认为加拿大电影工业和电影文化的依附是由很多原因造成的。首先是由资本主义性质决定的。垄断的本质是控制供给。他用殖民依附环境下激进理论者的分析，指出加拿大统治阶级（国家和外国资本）作为买办（comprador）的角色，他们与美国主人有一个共同的利益：对资本的忠心程度。他们维持买办身份，使用国家政策一方面去满足殖民者的利益和需要，另一方面去使他们的国际资本利润最大化。加拿大自由放任的资本主义让位于美国的垄断资本主义。依赖性的资本主义经济机构生产和再生产着这种依赖性，电影工业也一样。其次，电影依附主要是由加拿大政府的政策造成的。彭达库认为加拿大从来就不存在电影自治所需要的条件——坚定的国家政策。加拿大统治阶级是美国强大的联盟。加拿大国家精英，通过各种集团和国家机构，积极地参与到依附的生产和再生产中，维持这种帝国主义的联系，对美国强权威胁卑躬屈膝。不管是在金融上，还是在艺术上，加拿大政府都没有偏爱和重建本国的电影工业。加拿大政府对独立生产商的抱怨不闻不问。加拿大政府的政策总是努力解决国际资本和国家资本的利益冲突。加拿大政府虽然提出了一些保护和支持加拿大电影工业发展的政策，但从来都不挑战美国电影公司的发行和放映的垂直垄断结构，加拿大保护主义者不是试图推翻美国对加拿大经济的控制，而是重建外国和本土资本的关系。加拿大政府的发行法案，不反对美国生产发行商对加拿大市场的控制，而是寄希望于将部分控制转移到加拿大的生产和发行公司中，这只是保护加拿大投资者能从加拿大电影营销中获利而已。但是由于货币危机和美国的游说，代表国际和国家资本的说客（其中大多是美国主要传播公司的重要人物）让加拿大政府相信加拿大是一个自由的市场，任何人都可以自由竞争。加拿大在美国商人和政客的怂恿下，寻求国际市场，却对自己的国内市场失去了控制。加拿大政府没能重新构建电影工业，也没有法律保障加拿大本地生产的电影进入加拿大的电影院的机会，反而采取了税收保护的政策去刺激私人投资，将问题重重的加拿大电影工业推到工业化的路途中。换句话说，各个资本部门的持续冲突都仍然是在美国对加拿大的宰制的总框架内（Pendakur，1990：34）。彭达库指出鼓励大预算的电影生产只是符合美国人的意图，而对加拿大电影没有任何的帮助。没有法律上的保护措施，美国电影超越加拿大的边界毫无阻拦。加拿大政府的阶级特质决定了其反对任何国家要求重建流通模式的干预。加拿大的传播政策并没有帮助加拿大实现自治。反而，用大量的加拿大的资源去建设跨国公司，它们都在世界各地的市场中运作，只对盈利底线忠诚。加拿大传播政策的不可避免的结果就是加深了加拿大对美国的依赖。另外，加拿大语言不是障碍，不像一些媒介进口国家，有一些文化的过滤，如语言、神学、宗教，加拿大没有这些壁垒。

彭达库看到了加拿大电影依附产生的悖论：资本的需要与加拿大人自己构思、生产、发行和放映本国特色电影的需要之间的矛盾（Pendakur，1990：16）。他认为这个根本矛盾决定了加拿大电影工业的性质和历程。加拿大电影工业是加拿大社会政治经济机构互动的副产品，存在国家的干涉和夺取控制权的斗争。加拿大人有时也担忧美国媒介内容在加拿大的电视屏幕和电影院的压倒性地位，他们拥护各种支持加拿大文化生产的政府提议。但是，他们也强烈主张加拿大不应该关闭进口文化的边界。这种又爱又恨的感情加深了这个悖论。加拿大人选择美国电影，并不仅仅是因为明星、布景、特效和相关东西，也不是简单地认为加拿大人不喜欢加拿大电影，问题在于电影院放映的大多是美国的电影。所谓的自由选择只是欺骗消费者的神话，自由选择的论据假设存在自由和公开竞争的电影市场，掩盖了电影发行公司通过大量的广告和促销而制造的虚假需求（Pendakur，1990：32）。

彭达库主张重新认识依附于美国电影工业的加拿大电影工业的本质以及消极影响。他指出依附路径下的电影不能被看作加拿大艺术家和观众自我表达、自我实现的工具（Pendakur，1990：197）。加拿大与国际资本合作，随之而来的是沉重的代价，短期内的合作可能对发展加拿大电影业工业模式有所帮助，但是电影的去国家化，以及电视节目的商业化和标准化，对加拿大的文化表达没有任何帮助。加拿大整个文化领域已经被美国的产品所充斥，国家的文化自治受到严重的伤害，这个代价是加拿大人承受不起的。电影依附再次证明了加拿大创造独立的文化的失败。尽管加拿大政府声明将政府对文化机构的干涉合法化，但加拿大仍然是美国的一个文化殖民地，失去了文化统治权。尤其是魁北克的经济、文化和社会自治受到伤害。而里根政府和加拿大政府关于自由贸易的协定，将加深加拿大对美国的依赖，并加速在不远的将来被美国系统吸收。彭达库呼吁加拿大电影制作者和其他希望制作加拿大本土电影的人重新掀起斗争，去制作他们所梦想的电影和电视节目，维护国家主权和文化自治（Pendakur，1990：276）。

结　语

电影政治经济学者从宏观和中观的层面理解电影体制和电影业的性质和功能，解释了电影生产和流通背后的经济制约和政治意图，揭露了电影生产和流通背后错综复杂的权力关系，对貌似繁荣的好莱坞电影业给予尖锐的诟病和深刻的批评，还探讨了美国电影在世界拓展的政治经济意涵，以及世界电影市场的电影依附关系及其深远影响，为我们重新认识资本主义制度下的电影和电影业提供了替代性的理论洞见，值得我们警醒和深思。

但是，作为传播政治经济学的分支，电影政治经济学同样带有传播政治经济学的通病。在研究主题上，电影政治经济学关注整个电影行业的宏观运行机制，有意无意地回避电影文本和结构的分析；重视资本主义商业电影的探讨，忽视了文艺电影和小成本电影，主题集中却显单一。在研究视角上，不注重单个电影微观层面的文本分析，更多的是将注意力放在从宏观角度探讨整个电影行业背后的政治经济权力，重普遍性而不重特殊性，视野宽广却有失偏颇。在研究结论上，将电影业的形态和结构归结为经济因素的制约，也陷入了"经济决定论"的陷阱。电影政治经济学并不能提供充分的证据证明经济控制和电影内容设置之间的关系，论证力稍显不足。实际上，我们大可不必求全责备。学术研究流派总有各自的取向和重心，本来就不可能面面俱到，术业有专攻，本也无可厚非。电影政治经济学者注重电影背后的宏观制度框架的分析，而将电影的文本分析交给了文化研究学者，这是他们有意为之。对他们来说，宏观维度的政治经济学分析是当务之急和重中之重，这也正是政治经济学路径的特色，因为他们坚信：政治经济学是所有传播研究的基石，所有的传播学者，不管他的研究领域和特长如何，都将从基本的政治经济学概念和理论中获益（McChesney，2000）。

7　媒体政治经济学

集团媒体巨头越富有、越强大，参与民主的前景就越渺茫。

——Robert McChesney，1999：2

从诞生之初，传播政治经济学者就体现出鲜明的反潮流姿态，他们从传播与权力相互建构的角度理解资本主义传播业的本质和存在的危机，提供了不同于主流行政学派的替代性视野。他们往往从新闻和媒体入手，采取质化研究方法，通过深入媒介内部的观察、调查和访谈，并结合自身新闻工作经历，揭示新闻生产背后复杂的控制机制，反思媒体与社会力量在社会运动中的相互建构，批判西方媒体独立的神话，形成媒体政治经济学的分支流派。既往的研究，大多是借用传播政治经济学的视角来分析媒体运作和媒介产业，而较少对媒体政治经济学进行追根溯源式的系统梳理，重新梳理媒体政治经济学可以让我们识别该流派的主要理论取向和论证逻辑，也有助于我们认清西方资本主义媒介体制的本质，为分析中国新闻界的种种乱象提供一种域外视角，并为当下中国媒体实践提供理论参考。在媒介日益多样的新媒体环境下，采取媒体政治经济学的批判视角，有助于我们突破种种媒体繁荣的表象，打破西方商业媒体的种种神话，认识传播业的本质和规律。媒体政治经济学所揭示的商业主义媒体的弊端也可以让我们避免重蹈覆辙，为建设中国特色社会主义新闻事业提供借鉴。本章基于对原始文献的系统解读，正本清源，从新闻生产、媒介角色、行业垄断、媒介改革等维度梳理媒体政治经济学的分析逻辑和研究取向，重现新闻政治经济学原貌，认识其理论和方法上的贡献，继承其宝贵的精神遗产，以期对中国的传播研究和传播实践有所启发。

7.1　媒体政治经济学的代表人物

自从报刊在美国出现开始，美国学界对新闻和媒介工业的批评就不断涌现。在美国建国之初，主要批判党派新闻业的偏颇，呼吁职业主义和职业精神，19世纪30年代的黄色新闻业，引发了人们对媒介内容低俗化的批评。19世纪末，垄断资本主义发展导致媒介工业的集中，引起了人们对媒介独立和新闻自由的担忧。20世纪30年代，广播、电视、卫星传播等电子传播新技术的出现，引起了杜威等教育家对公共利益和公共管制的呼吁。传播政治经济学延续了美国媒介批判的历史，并运用政治经济学的视野，将批判学派发扬光大。与斯麦兹、席勒对整个媒介产业和电子传播工业粗线条的分析不同，媒体政治经济学者采取质化研究方法，通过深入媒介内部的访谈和调查，并结合自身新闻工作经验分析新闻媒体背后的政治经济权力控制。代表人物主要有赫伯特·甘斯（Herbert Gans）、吉特林、巴格迪基恩① （Ben Bagdikian）、赫尔曼、乔姆斯基、麦克切斯尼等人。

赫伯特·甘斯是较早对新闻运作进行政治经济学分析的学者。甘斯是美国当代最多产和最有影响力的社会学家之一，先后在芝加哥大学和宾夕法尼亚大学学习社会学，1971年开始任教于哥伦比亚大学。他主要采取参与观察研究（participant‐observation study）方法，关注社区中社会和政治生活的阶级差异，出版了多部关于新闻媒体和娱乐媒体的论著。在《决定什么是新闻》（1979）中，他对全国性新闻媒体 NBC、CBS、《时代》（Time）、《新闻周刊》（News Week）的新闻采写、编辑部门进行考察，分析了新闻生产的复杂过程和官僚控制系统。如果说甘斯是以一个社会学家身份对新闻媒体冷静观察的话，吉特林则以一个参与者的角色对传播与社会运动的关系进行了深刻的反思。吉特林早年曾是政治活动分子，参与组织了20世纪60年代的反对越南战争的示威游行，并任"学生争取民主社会运动组织"（Students for A Democratic Society）主席，后来获得加州大学伯克利分校社会学博士，留校任传播学教授，现任哥伦比亚大学新闻研究生院传播学院教授。他是左派和右派策略和修辞的杰出批判者，尤其关注美国政治党派在维护意识形态过程中如何与新闻媒介形成同盟，孤立和压制社会运动。在《全世界都在看》（1980）中，吉特林以一个亲身经历者的身份，将1965～1970年美国学生运动嵌入历史语境，考察学生运动和媒体彼此需要、发掘、认识、互动和

① 国内将 Bagidikian 翻译成"巴格迪坎"，见〔美〕本·巴格迪坎著《传播媒介的垄断》，林珊等译，新华出版社，1983。笔者在听过美式发音后，认为应该翻译成"巴格迪基恩"较为妥当。

行动的过程。在《黄金时段之内》（1983），他考察了黄金时段的节目如何被放映和持续放映，以及形成的模式，论证媒体本身就是一种政治，存在内在的政治考量，受时代的政治和文化氛围的影响。吉特林的研究提供了一个范式性的榜样，关注媒体和社会力量在主要的政治斗争中的相互建构。他对里根政府上台后右转倾向的清醒认识和对解除管制趋势的预测都先后被证实。他对媒介聚合的批判也被后代学者所继承。

20世纪80年代，新自由主义思潮的兴起和新自由主义经济政策在英美的盛行，使媒介的垄断和聚合进一步加剧，这引起了传播政治经济学者的警惕。如果说甘斯和吉特林都是从媒介内容尤其是新闻的角度切入审视媒体背后的政治经济控制的话，那么巴格迪基恩和阿特休尔则分别从经济和政治的角度分析了新自由主义经济下媒介行业的垄断和媒体的角色。巴格迪基恩从1941年开始记者生涯，曾亲自参与了1971年五角大楼报告（Pentagon Papers）的传递，后任加州大学伯克利分校新闻研究生院院长。在《媒介垄断》（1983）一书中，他考察了80年代里根政府时期，新自由主义经济政策下迅速发展的媒介聚合潮流，认为随着并购的加剧，媒介集团集中化日益发展，加深了对媒介的宰制，现代科技和社会组织加剧了信息中心化控制的问题。阿特休尔的《权力的媒介》（1984），主要从政治角度分析了新闻媒介在资本主义社会中的角色。他批判了新闻界独立的神话和新闻管理的机制，认为新闻媒介是权力的代理，商业媒体是利益机构，新闻管理是一种社会控制的形式，新闻界是统治阶级达到某种目的的工具。

赫尔曼和乔姆斯基的《制造共识》（1988）是北美传播政治经济学领域的重要著作，在学理和论证上都达到了一个新的高度。赫尔曼在加州大学伯克利分校获经济学博士，那里是学生运动和制度经济学的中心，后任教于宾夕法尼亚大学商学院和传播学院，尤其擅长媒介经济的政治经济学分析。他运用了公共物品理论和微观经济学分析，对媒介市场进行批判评估，对传播政治经济学做出了重要的理论贡献。乔姆斯基对主流学术的批判阅读和对经典美国民主传统的充分理解，对理性主义的执着，清晰的思考和写作方式，对制造社会变革的开放心态和实用主义思想，都对传播政治经济学有着重要影响。在《制造共识》中，作者以局外人的身份冷静地思考了传播工业的运作，借用李普曼的"共识的制造"的概念，提出了著名的"宣传模式"，解释美国新闻媒体在报道公共事务中的亲精英（pro -

elite）和反民主的偏见。

对美国媒介工业批判最为激烈的当数麦克切斯尼。麦克切斯尼早年曾做过多年的记者，熟知新闻工作实践和政治经济权力的钳制。后来进入西雅图华盛顿大学完成博士阶段学习。华盛顿大学是政治传播研究的重镇，但与主流的政治传播不同，他走上了批判的传播政治经济学路径。后来任教于威斯康星大学，1999 年任伊利诺伊大学传播研究所教授，作为一个对美国媒介制度和产业的激烈批评者，他的研究主要从政治经济学的角度分析美国媒介与民主的关系。在《电子传播、大众媒介与民主》（1993）中，他从经济学、政治学和意识形态角度详细论述了美国商业广播兴起的过程，尤其关注美国 20 世纪 30 年代广播改革的运动，为我们总结了公共广播发展的重要教训。在与赫尔曼合作完成的《全球媒体：集团资本主义的新传教士》（2001）中描述了媒介全球化的过程中全球媒介聚合体、互联网和数字革命的互动关系。在产生重大影响的《富媒体，穷民主》（1999）中，他考察了 20 世纪 90 年代媒介融合并购与民主的关系，指出集团媒体系统与民主社会的传播需求的矛盾，提出"媒体 - 民主悖论"。麦克切斯尼也强调理论与实践的结合分析，在《传播革命：关键时刻和媒体的未来》（2007）中，他认为美国传播工业和传播研究正处于一个关键的拐点上，他指出了美国大众传播工业和传播研究的问题和危机，以及传播和信息科技带来的新机遇，思考新闻业的堕落、媒介政策制定中的问题，媒介与民主的关系，集团媒体与公共领域的冲突等，表现了始终如一的激进姿态。

可以说，北美传播政治经济学者对媒体的政治经济学分析内容最为丰富，硕果累累，出现了许多经典著作，对当时学界产生了重要影响，并为后人所不断研读。也涌现了许多经典的传播学经典理论和概念，丰富和完善了传播政治经济学。正是对媒体的政治经济学分析使传播政治经济学更加为人所知。媒体政治经济学分析成果繁多、脉络庞杂，既有微观层面上的对新闻报道的政治经济学分析，也有中观层面上对个别媒体的政治经济学分析，还有宏观层面上对整个媒介工业垄断的趋势分析，涉及新闻媒介的政治角色、经济制约、操作机制、文化呈现等各个层面。本章将媒体政治经济学分为政治、经济、文化和操作等几个维度，梳理北美传播政治经济学者对商业化传播体制下的新闻和媒体的批判。

7.2　权力代理和宣传模式：媒体角色和行为的批判

西方学界一直存在各种媒介角色的假设。社会学家韦伯开始了具有批判色彩的媒介角色论断，他认为在现代民主国家，所谓的公共意见大多数是被政治领袖和新闻界管理的，新闻自由的概念是一个魅力（chrismatic）领袖的工具，新闻界被政治权势力阶层引诱着去操纵大众接受社会秩序（Altschull，1984：202）。政治经济学者延伸了韦伯的媒介角色观念，认为美国的社会和政治秩序与其经济一样植根于经典的自由主义哲学原则，而这也是政治经济学一直批判的对象。

阿特休尔的《权力的代理》①（*Agent of Power：the Role of the News Media in Human Affair*）是批判思考媒介角色的力作。他考察了媒介发展的历史，指出在印刷媒体出现之前，媒介主要是君主们和政客们的传播机构，是消息传送者和预报者，直接向统治者报道新闻，然后选择"新闻"从机构顶端以公告的形式广播给公众（Altschull，1984：6），信息主要在精神领袖和教育者中流通。后来随着城镇和商业的发展，信息成为商人和金融业者进行社会控制和获得权力的工具。20世纪的统治者依赖广播和电视进行社会和组织控制，而广告商依赖媒介复合体（media mix）达到他们的目的。阿特休尔批判新闻媒体是政府第四权力部门的概念，指出媒体是那些寻求利用媒体实现他们自己目的的人的武器（Altschull，1984：140）。在整个媒介的历史上政治经济权势阶层一直统治着报纸，报纸和其他媒介的现代变种都在服务于支付者自私的利益，同时，给予人们新闻界服务于新闻消费者的假象。他批判新闻界独立的神话，指出新闻媒体是政治经济权力的代理，是利益的机构，反映媒体资助人的利益，生产统治阶级的意识形态和价值观系统，媒体作为一个权力的工具和代理而运行，并不能纠正权力的滥用（Altschull，1984：71）。

吉特林则从葛兰西的"霸权"概念出发，重新认识新闻界的角色。葛兰西将"霸权"定义为：统治阶级通过塑造意识形态和流行意识而实现宰制。吉特林认为媒介和整体上的文化工业是意识形态的核心系统。人们依

---

① 国内有中文译本《权力的媒介：新闻媒介在人类事务中的作用》（华夏出版社，1989）。将"Agent"翻译成"媒介"容易让人误解为新闻媒介，在此"Agent"是中介、代理的意思，故笔者认为翻译成"代理"较为妥当。

赖媒体去获得概念和指导性的信息，甚至语言。媒体形成和限定公众的假设、态度和情绪，生产和传播霸权的意识形态，将一个它们制造的公共世界带入私人领域，进行公共文化空间的控制（Gitlin，1980：1）。所以，大众媒体具有霸权的功能。但是，霸权的意识形态不是直接由统治阶级生产的，任务就交给了作家、记者、教师、官僚和艺术家（Gitlin，1980：253），他们在一个整体的文化机器中被组织起来，通过媒介生产和再生产意识形态。

政治经济学者对媒介角色的论断一致指向权力代理的角色，并非公众的代表。正如麦克切斯尼所总结的：我们的媒体已经变成了他们的媒体（McChesney，2002）。当代美国媒体没有提供对公民权的基本支持，没有保护和推进公共利益，不是通过我们的双手，根据我们的利益而创造的。他们是谁呢？就是巨大的媒介聚合体的所有者，他们把持着对媒介领域的垄断控制，让传统的新闻自由概念成为徒劳。媒介首先和首要地为它们的持股者服务，维持利润是他们的首要目的。

正是基于对媒介角色的深刻认识，政治经济学者对社会责任论作出了不同于主流学者的解释。他们认为哈钦斯委员会对新闻界的期待是不现实的，给了新闻界和公众过重的负担，忽视了新闻界是一个工具而不是一个独立行动者的事实。他们认识到资本主义媒介是制造经济系统的私有利润机器的一部分（Altschull，1984：189）。期待资本主义媒介去超越利润制造（moneymaking）是一个逻辑谬论，资本主义社会需要的是一种维持社会秩序和既得利益的社会责任。新闻在所有的情况下都是政治和经济权力的一种代理。由广告商资助的、以私人牟利为目的的英美新闻业，是特定的阶级政治考量的产物（赵月枝，2011b）。

正是媒体的权力代理角色，使媒介的运作尽可能与主流意识形态一致。这就与另外一个经典政治经济学概念"宣传模式"形成共鸣。宣传模式是赫尔曼和乔姆斯基的重要理论贡献。宣传模式来源于李普曼的"共识的制造"（manufacture of consent）。李普曼在20世纪20年代早期就说到宣传部门已经成为政府的一个正当机构，宣传功能是媒介功能的一个非常重要的方面。但是随着各种媒介形式的丰富，媒介运作日益复杂，正如赫尔曼所指出的，在一个媒介私有和正式的审查缺位的媒介系统中去发现一个宣传系统变得更加困难（Herman & Chomsky，1988：1）。尤其是在媒介积极竞争，定期地攻击和揭露集团和政府不法行为，常常将自己描绘成为自由言论和一般公众力量的发言人时，发现媒介的宣传功能就更为困难。但这并没有阻碍他们认识媒介的宣传角色，他们认为权力阶层通过大众媒体的宣传活动，能够确定话语的前提，决定大众看到、听到和思考什么，进而管理公共舆论。赫尔曼指出宣传模式有五个基本组成部分（Herman & Chomsky，1988：2），或者说新闻的过滤器有五种。①统治性的大众媒体公司的规模，集中化的所有权、资本和利益取向。②广告是大众媒体的主要经济来源，广告商的选择影响了媒介的前途和生产。③媒体对政府、企业和专家提供的信息的依赖；大众媒体通过经济需要和利益的互惠，被纳入与强大的信息来源的共生关系。④抨击（flak）是惩罚媒体的一种形式。政府是抨击的主要生产者，它攻击、威胁和"纠正"媒体。⑤反共产主义作为一个国家总的政治控制机制，分化左派和工人运动，鼓动大众反对"共产主义"这个模糊敌人。这些因素互动和彼此巩固。宣传模式解释了宣传活动的基础和运行机制。新闻的原材料经过这些连续的过滤器，只能留下适宜出版的最干净的剩余物，正是通过这样的宣传模式，最高一层的媒体和政府，确定了新闻价值的定义，设定了新闻的议程，并为底层的媒体进而为普通公众提供国内和国际新闻（Herman & Chomsky，1988：4）。正是基于宣传模式的判断，赫尔曼和乔姆斯基重新认识了大众媒体的功能，他们认为媒体的宣传模式对现有权力是高度功能性的，对政府和主要权力组织的需要负责，与精英利益紧密合拍（attuned）。媒体灌输和维持特权阶级的经济、社会和政治议程，统治着社会和国家。

政治经济学者致力于分析政治经济权力对新闻（媒体）的控制，一直强调媒介与民主的关系，不同于主流的传播学者试图通过定量的研究方法，分析媒体在推进民主中的功能和影响，政治经济学者则看到了媒介与民主之间的冲突。麦克切斯尼则以最激进的姿态论述了媒介与民主的悖论。他在否定现有传播制度的前提下，在揭露美国媒介体制真相的基础上，指出了媒介与民主的悖论，揭示了商业媒介系统与公共领域的不相容性（incompatibility）。他论证媒体远远不是一个提供民主和自由的基石，而是变成了美国甚至全世界的反民主的重要力量。他揭露了诸多关于媒体的神话，指出所谓的信息时代的真正受益者是富有的投资者、广告商和少数巨大的媒体及计算机、电子传播集团。他指出媒介问题与民主的问题一样古老，商业广播系统与自由民主传统是冲突的。民主理论认为，在一个自治政府中，媒体必须承担两个功能：一是密切监督有权力者，就是看门狗功能；二是提供可信的信息和广泛的对社会和政治事务的意见。麦克切斯尼以这两点为标准来衡量，认为美国媒介系统是失败的，是只三心二意和跛脚的看门狗，也从来没有提供基本的关于政治和社会事务的可靠信息（McChesney，2000）。

麦克切斯尼分析了美国媒体削弱民主的原因，认为媒介的私人所有导致了新闻业的堕落，新闻业、选举政治、娱乐、艺术和文化都受到了伤害。他指出在营利的、高度集中的、广告支撑的商业媒体系统与一个民主社会的传播需求之间的矛盾（McChesney，1999）。一方面，传播和信息技术不断突破；另一方面，我们的时代越来越去政治化（depoliticized），传统的公民政治参与正在萎缩，对社会和政治事务的理解力正在下降。在美国，媒体已经成为一个巨大的反民主力量，这种现象也是世界性的。集团媒体巨头越富有、越强大，参与民主的前景就越渺茫（McChesney，1999：2）。利润驱动的超级重商主义是对民主的一剂毒药，导致新闻业和公共服务的损毁。

第一修正案一直都被认为是保护言论自由和新闻自由的理论和法律依据，神圣不可侵犯。而麦克切斯尼却从对新自由主义的批判延伸到了其法律依据，认为第一修正案根本没有影响政策的制定，没有保障公众的参与，反而被利用去保护强大的私有传播集团免于公众干涉。麦克切斯尼认为言论自由的商业化只会伤害言论自由。新闻自由的假设是一个神话之幕，掩盖了背后的真正的权力关系，阻碍了推进一个更加民主和人道的媒介系统，以及更加民主和人道的社会（McChesney & D. Schiller，2003）。媒体利用第一修正案保卫权力阶层的权力，传播种种神话，保卫他们在社会上的特权角色。第一修正案是维护集团媒介权力和富有者的利益而限制美国民主发展可能性的工具。一个系统被建立起来去服务于少数富有的投资者、集团管理者和广告商的需要。这种法案与鼓励竞争的概念当然是一种公共关系策略，设计着去掩盖资本主义的本质，隐瞒这些市场是如何真正运作的。

麦克切斯尼以历史的眼光看到媒介与民主的悖论会长期存在并将持续下去（McChesney，2008）。正是基于这样的媒介与民主的悖论，他发出了"媒介是我们的，而不是他们的"的呼声（McChesney，2002），并提醒我们关于所有权和媒介角色的斗争对每个人来说都很重要。他建议我们想要改变媒介的内容和逻辑，必须改变制度。而他自己也身体力行，提出了各项媒介改革主张。

7.3　媒介垄断和解除管制的批判

20 世纪 80 年代后，新自由主义思潮在美国兴起并迅速造成世界性的影响。里根总统上台后，新自由主义经济政策大行其道，在新自由主义指导下的媒介政策导致了媒介的日益集中，解除管制成为一种趋势。一批传播学者注意到了媒介垄断和集中化，开始用政治经济学的视野分析垄断形成的原因、表现形式以及所造成的影响，并激烈地批判了媒介解除管制政策。巴格迪基恩的《媒介垄断》是批判媒介集中和垄断的重要著作，产生了重大影响。

巴格迪基恩看到，媒介所有者的名册在不断减少。20 世纪 80 年代美国大多数主要媒介都被 50 个巨大的集团控制着，这 50 个统治性的集团与其他巨大的工业，如航空、石油、矿业、银行、保险、电子制造、汽车、武器生产等，在金融利益上有紧密联系。在这些巨大的媒体集团之外，大多数弱小和边缘化的小公司，不断被大公司兼并而消失。而且随着电视和国家网络的发展，最高一层的媒体的集中化更加显著地发展。媒体的交叉所有权（cross–ownership）和非媒介公司的控制因为规制规则的放松而加强。[①] 许多大媒介公司通过多样化经营和地理上的扩展，已经超出了特定的媒介领域，进入了非媒介领域。非媒介公司已经在大众媒介产业内建立了强大的立足点。25 个主要的媒体巨头组成了美国媒介公司的最高一层。总的来说，巨大媒介公司是被非常富有的人和管理者控制的。所以，巴格迪基恩指出现代科技和美国经济悄悄地创造了一种新的信息中央集权，跨国媒体集团加剧了信息中心化控制的问题（Bagdikian, 1983：preface）。虽然新闻业经历了社会观察方法、戏剧和艺术创新，以及传播科技运用的增加，但是这些改进也同时经常被并行发展的大集团控制所压倒。信息社会中信息工业的领导者是那些生产新闻硬件和软件的大企业，那些支付新闻媒体工业账单的人的权力增加，影响力也大大增强。集团所有者通过直接和非直接的方式干涉媒体公司的生产，对媒体的宰制不断加强。美国的政治制度和传播体制就是被设计去回应阿克顿勋爵的名言：权力导致腐

---

① 里根政府强调对现有的电视台许可证持有者的控制，延长其有效期从 3 年到 5 年，FCC 也极大地推动了电视资产的投资和交易，通过改变规则，缩短出售新收购的资产前必须持有时间，从 3 年变为 1 年。

败，绝对权力导致绝对腐败。

巴格迪基恩冷静地看到了媒介垄断的后果，认为这是足够危险的（Bagdikian，1983：20）。从微观上说，媒介集团的垄断影响了公共话语的质量。集团意识形态为人民制造了一个政治经济假象，最终的结果是被歪曲的现实和贫瘠的思想。主流的媒体总是集团伦理的可靠推销者，大集团通过传播机器创造传奇和神话宣传自己。新闻和公共信息被正式融入金融和非新闻集团的控制中。公众的信息需求和集团的信息需求之间的冲突大量增加。每个公民的命运被远方强大的权力所决定。宏观上说，媒体让内容适应广告和主流意识形态，美国媒体的内容不再那么丰富。媒体传达的事实和解释，没有与现实世界相联系。公民不能在没有候选人的思想、政治背景和承诺的情况下进行明智的投票，媒介失去了作为民主机制的基础。巴格迪基恩给出的解决媒体问题的答案不是消除媒体中的私人所有，而是和其他民主社会的中心机制一样——权力的平等分配。他清醒地看到：在独立的新闻业和集团权力之间在不远的将来不可避免地会发生冲突。他主张进行法律上的规制，对美国社会权力的制度安排进行激烈变革，削弱集团权力，对广告征税，限制跨行业所有权，减少邮政成本，减少对新闻、公共信息和文化的集中控制（Bagdikian，1983：238）

20 世纪 80 年代里根政府上台后，新自由主义经济政策大行其道，日益解除管制的媒介市场给世人以自由竞争的假象。而 1996 年媒介解除管制政策则消除了媒介集团并购的最后障碍。不同于主流传播学者对新自由主义媒介政策的拥护和媒介解除管制的欢呼，政治经济学者持坚决的否定态度。他们分析了背后的政治经济因素，对媒介解除管制所导致的后果表示了深刻的担忧。

政治经济学者一直强调结构化地理解媒介系统，并不断揭露自由市场竞争的神话，指出美国媒介的发展不是自由市场竞争的结果，市场只是维持传播的私有控制现状。他们批判了解除管制主义者的种种论证，指出消费者没有能力从新的传播市场中获益，市场总是向高收入人群倾斜，而忽视穷人。在信息时代，政治经济权力拥护者虚假地使用历史尤其是第一修正案和解除管制措施去反对政府抵制公共利益的压力。自由竞争会促进经济的迅速发展的观点是错误的，这只是一种公共关系策略，掩盖着资本主义的本质（McChesney，1999：74）。

政治经济学者对新自由主义媒介政策在全球的扩张忧心忡忡，认为由于媒介聚合和解除管制，新自由主义提倡最大化市场的角色和最小化非市场机构的角色导致了商业媒体集团激增（McChesney，1999：5）。解除管制的后果就是集团并购的大爆发，让巨大的媒介公司控制市场成为可能。

7.4　新闻管理和媒介框架：解构客观性和职业主义

正是出于对新闻媒体角色和媒介经济制约的充分认识，政治经济学者将新闻媒体的运作看作反映背后政治经济权力的实践。政治经济权力对新闻操作的影响和控制由来已久，而且贯穿始终。政治经济学者将媒体运作置于制度和社会背景中，分析记者如何选择新闻，新闻媒体如何报道，受众如何进行解读，新闻如何影响受众，进而影响华盛顿（美国政府）的决定。他们超出新闻组织机构之外，考量国家、文化、经济、受众、意识形态和技术因素，强调媒体背后的商业强制命令和政治组织结构，试图证明新闻没有一个单一的解释。

政治经济学者将记者定义为故事叙述者和神话制造者，秩序的"晴雨表"，社会控制的代理，符号领域的管理者（Gans，1979：292）。他们通过访谈、调查等定性研究方法，发现记者和媒介受到了各方面的压力，有商业的压力，如缩减成本，增加利润；受众反馈的压力，如批评和抱怨；审查和自我审查的压力；还有政府和利益集团的政治压力以及同行的压力。这些都强迫记者去改变新闻，进行妥协和回避。正是在多方的压力下，产生了新闻管理（news management）。简而言之，新闻管理就是出版新闻管理者希望出版的东西（Altschull，1984：71）。政治经济学认为，新闻管理是一种社会控制的形式，总统、广告商、发行者，或者是任何寻求管理新闻的人，都希望通过媒体产生一个对他们有利的现实。媒体是一个达到某种目的的工具。新闻管理的结果就是，媒介回避处理一些有争议的问题，即使是在倡导新闻自由的法律保障下，为了现实政治（realpolitik）的利益，媒体被压制、统治、强迫、欺骗着去服务于各种利益和需要（Altschull，1984：137）。

与新闻管理相关，吉特林采用塔奇曼（Gaye Tuchman）的框架理论，分析了媒介架构的过程。媒介框架（media frame），是媒介选择、认知、解释和表达新闻的持续模式，媒介通过隐晦的和未公开承认的媒介框架处理符号、组织话语，记者按照这个模式报道新闻（Gitlin，1980：7）。政治经济学者认为大部分媒介框架是不可避免和非中立的。记者所受的训练，倾向于接受官方的分析框架，服务于政治和经济精英的需要。新闻机构出于外部的考虑，强迫记者接受意识形态过滤。媒体一般的路径都是加工、控制和分散社会的反对意见，并吸收到占统治地位的结构中（Gitlin，1980：5）。记者并不强大，而是很脆弱的，他们不得不依赖很多东西：个人的生活经验，特殊的组织安排，大的社会和新闻编辑室内被允许的意识形态边界等。主要媒介的所有者和管理者虽然标榜新闻自由，但他们设定了总的集团政策，而人们对媒体制作的架构却没有发言权。执行官总是听从制度的声音（institutional voice），他们的传统就是对稳定的利润的追求，需要的主要是积累最大数量的可靠受众（Gitlin，1983：24）。

阿特休尔详细地论述了政治经济学权力对媒介内容的控制，他形象地将媒介内容和经济支持的关系称为支付给吹笛手（Altschull，1984：253）。当越来越多的权威聚集在掌握政治经济权力者手中，所有的传播行为走向支付，自由的市场都被化约为支付的过程。他指出，《报刊的四种理论》提到了报刊的筹资问题，却忽视了利润的问题，没有关注资助和所生产的新闻产品的关系细节。现实情况是，媒介的内容直接与那些资助媒体的人的利益紧密联系。新闻界是鼓吹手（piper），而演奏的曲调正是那些支付吹笛手的那些人制作的。吹笛手与其支付者的关系有四种形式：官方的、商业的、利益的和非正式的。这种关系并非单一的，重叠非常普遍。在官方的模式中，媒介内容是被规则和法令所决定的。在商业模式中，内容反映了广告商、所有者和出版商的观点。在利益模式中，媒体内容迎合了企业、政治党派、宗教组织或者其他追求特定目的人的考虑。在非正式的模式中，媒介内容反映亲戚、朋友、熟人的目标。所有媒介输出都不能超过支付者（paymaster）所能接受的自治的边界，这种限制总是强制性的（mandatory），当一个革命性新闻界走得太远，他们的行动就会受到限制（Altschull，1984：205）。正如甘斯总结说，新闻的生产是一种权力系统（Gans，1979：78）。新闻作为一种社会建构，在新闻的选择、处理和再打包过程中所采用的规则，即所谓的"公理"，是非正式的规则，反映的都是已经设定的先例，而不是必须遵守的工作规则，不是基于坚实的价值观，不是植根于文化传统，往往习惯战胜了信仰（Gitlin，1983：23）。

政治经济学者也认识到新闻管理和媒介框架导致了严重的后果。由于政治经济权力的约束，媒介网络不是为了刺激和启发人们去思考，而是在引诱和说服人们从属于占统治地位的价值观（Gitlin，1983：334）。随着政治经济权力的约束的加强，报纸和杂志的内容不断变化，媒体刊载着越来越多个人和正面的信息，而不是重大的政治、经济和社会事务。媒体所有者和管理者只关心媒体的商业潜力，越来越少的新闻处理当代的问题，媒介通过了解大众的态度，剪裁媒介的议程去迎合受众，甚至直接制造舆论。作为新闻的替代品，新闻界关于流言的报道在不断增加，媒介将注意力转向当地的问题，去吸引更多的广告和阅读量。所以，媒介网络不断被阉割，受一些潜规则和价值观的影响，媒体节目被不断修剪，去符合工业的逻辑，让资本最大化地被使用。商业上的成功是媒介市场结构的首要目标，竞争并不一定产生多样性，反而使媒体之间互相复制对方的成功，导致聚集（conglomeration）、聚合、垄断和寡占，导致文化的同质性（homogeneity）。

政治经济学者关注美国新闻业面临的危机，尤其是新闻业的堕落和文化的高度商品化（hypercommercialization），对美国新闻业和大的文化背景的困境忧心忡忡。政治经济学者尖锐地指出美国媒体的窘境是整个美国政治和文化的窘境，美国文化中充满着预制的虚伪（Gitlin，1983：335）。他们悲观地论断美国正处于一个新闻终结（end of the news）的时代（McChesney，1999：52），虽然还有少数的职业新闻工作者还在努力提供与所有者和广告商的商业需求和政治目标不同的公共服务，但是，当代新闻业中压倒性的商业主义已经被优秀的编辑和记者采纳了。他们反思了新闻业衰败的原因，认为问题不在不成熟或者不道德的记者身上，也不归咎于恶毒和腐败的所有者，而是因为系统就是被设计去实现少量大公司的利润最大化（McChesney，2004）。当媒体寻求与商业系统准确地共生，媒体将继续反击和丑化（deform）所受到的批评（Gitlin，1980：292）。这种对媒体现状的分析，触及了资本主义商业传播体制的根本。

政治经济学者对客观性和职业主义进行了解构。客观性和职业主义观念历来是媒介捍卫自身特权和合法性的法宝，也是主流传播研究者所一直维护和论证的概念。美国新闻界一直宣扬客观公正的职业信条和准则，声称远离价值观和意识形态，标榜新闻实践的客观性、超脱（detachment）品格，排斥情绪和个人体验。客观性将多义性和普适性（universality）作为一种理想保护新闻解释中的差异。但在政治经济学者来看，客观性和职业主义只是维持现状的一个伪装，并进行了深刻的批判。政治经济学者认为客观性本身就是一种价值观。新闻客观性起源于商业语境，客观性与报纸向商品的转向紧密联系，与商业新闻业一起发展（D. Schiller，1981：7）。大多数的价值观都是无意识地进入新闻，编者注、评论和文后评论，都是为了告诉读者他们认为什么是重要的，我们希望你也是这么认为的。新闻报道总是声称他们讲述某事时没有任何价值判断侵入，新闻是地图，是诚实的表达，根本不是一个故事，而仅仅是事实。传播政治经济学者却指出任何文学和文化形式，包括新闻，都必须依赖习俗惯例，都在反射和反映现实的信仰。客观性的承诺使新闻故事的选择、处理、语境和展示的实践变成表面上排除了传统习俗的存在，实际掩盖了被模式化的新闻结构：这就是看不见的框架（invisible frame）（D. Schiller，1981：2）。彻底的客观性是不可能达到的，而其他的替代性词语，如公正、平衡、可信等，也没有解决定义的模糊性问题。客观性总是压倒性地突出官方的声音，而倾向于离开真正相关但当局选择不去讨论的领域（Bagdikian，1983：182）。客观性倾向于将新闻保持在肤浅的层面上，因为对一个主题的深入考察，可能会使某些受众厌烦，或者冒犯他们。媒体的政治基础就使平淡无味变成标准，社会敏感材料被压制（Bagdikian，1983：180）。客观性完全就是社会模式化和分层的文化资源（D. Schiller，1981：196）。通过对新闻客观性的强调，社会冲突被掩盖、包容和取代，社会权力对现实的解释得以合法化。那些没有资源和权力的人，总是发现他们在媒体中被嘲弄和边缘化。所以，赵月枝（2011b）指出："以新闻客观性为核心的媒体专业主义和新闻业自律，成了媒体业主们防范国家干预其资本积累自由和维护私有新闻产业的政治和社会措施，导致了新闻报道质量的下降、专业主义的衰落和极端商业主义对基本新闻伦理底线的践踏。'窃听门'是这一趋势登峰造极的发展。"

　　赵月枝（2008a）在著文纪念改革开放30周年时，回答了今天我们对西方新闻客观性失望的问题。她指出新闻当然是人做出来的。然而，问题的关键是，新闻是由有特定的意识形态和文化价值观的有专业资格的人在特定的民族国家的特定新闻体制中的特定新闻机构里做出来的，新闻还是由在特定的民族国家中有特定的意识形态和文化价值观念的人解读的。更重要的是，即使在西方，新闻客观性也不是超历史和超媒体的"普世价值"。今天我们之所以在新闻客观性问题上对"西方人"有深深的失望感，部分是因为我们自己在昨天矫枉过正地把前天的一些话中的合理内核也统统摒弃了。这不得不引发我们对新闻理论与新闻制度的深层反思。在西方资本主义自由民主的政治经济框架内，统治阶级，往往是主导阶级联盟，通过包括媒体、学校、教会等"市民社会"场域在内的社会组织机体将其核心价值社会化，转化为全社会的"常识"。这正是葛兰西所论述的霸权的表现。在资本主义社会，这就是资产阶级的政治文化领导权建立的过程。当然，这一过程并非一帆风顺，而是充满妥协、矛盾和抗争，包括危机与国家强制性权力的动用。在媒体领域，这首先意味着通过新闻媒体的教育体系、法规体系、所有权与经济运行机制，以及新闻机构的选人机制和记者的"社会化"机制、新闻的生产程序与职业规范等来"定义现实"的"编码"过程。当然，这也包括特定的社会成员，也即新闻媒体的"受众"对媒体内容的"解码"过程。我们有必要把西方新闻客观性问题放在整个过程中来理解。

赵月枝（2008a）梳理了客观性兴起过程，认为它也是西方由私人资本所掌控的商业化新闻媒体在替代狭隘的资产阶级党派新闻的过程中把激进的并已开始培育工人阶级意识的劳工新闻边缘化，把资本的利益当作社会的"普遍利益"，把资产阶级主流价值和统治意识形态转化为不需对其"客观"、"中立"与"平衡"负责的"社会共识"的过程。而西方新闻客观性这一政治本质又与市场化媒体所依附的广告商寻求受众最大化的商业动机与行为紧密联系在一起。政治与经济动因互为表里，皮毛相依。客观性成了当今西方资本垄断媒体政治合法性的重要根基和新闻专业主义的核心道德原则。同时，作为已经取得了霸权地位的新闻原则，它也成了受众们按霍尔的三种解读定位来接受、协商和反对占统治地位的新闻体制的手段或中介。作为一套道德理念和报道规范，客观性是通过记者的实践建立起来的。在美国的新闻理论与实践中，客观性不但复杂，而且涉及面广，而且是特定历史条件和新闻所调节的社会阶级关系的产物。客观性对西方记者来说也是一把"双刃剑"。为了维护客观报道的表象，记者不得不压制自己的主体性。所以，新闻客观性是资产阶级社会里记者的劳动被"异化"的表现。最重要的是，客观性在为记者争取相对于政府和资本的独立性提供了依据和自身社会地位的合法性的同时，不仅掩盖了他们自身的社会利益和新闻与权力的关系，而且最终也掩盖了西方新闻与西方占统治地位的政治经济利益间的关系。

政治经济学者批判了媒介看门狗、对抗性、议程设置者的角色，指出看门狗的角色与新闻界作为客观公正的观察者的角色有直接的冲突（Altschull，1984：194）。在对抗者、看门狗和议程设置者的假设中，媒介不仅是旁观者，还是参与者，相反，在传统的客观角色中，新闻界不能设定议程，而仅仅是记录议程，这是个悖论。为什么会有这个悖论呢？政治经济学者指出权力精英和媒体维持看门狗、对抗者和议程设定者的角色是有好处的。看门狗的角色将任何威胁制度生产的东西都认为是外来的，不能分享权力。媒体则是权力餐桌上的一分子。新闻界拥有一种忠诚反对权力的美誉，但这种反对的程度不能超过可接受的反对意见的范围。媒体缺乏兴趣和调查的热情，漠视当政者的不法（illegality）行为，允许甚至鼓励了更大的不法行为（Herman & Chomsky，1988：298）。

美国学界和业界为什么会努力维持客观公正的原则呢？阿特休尔认为，对媒介独立的信仰的四个信条都被证明是对统治者有利的，这些信条让报界免于外来的干涉，让统治者的任务更加简单，并帮助维持让他们拥有权力的意识形态（Altschull，1984：141）。客观性的原则帮助资本主义世界维持社会秩序，确定偏离意识形态正统（orthodoxy）的界限。它保护了制度，反对来自改变的爆炸性压力。现状永远是不可挑战的，反对意见是允许的，甚至是鼓励的，但是其界限是分明的。客观性是一个维持现状的机制，一个保证制度和维持社会秩序的工具（Altschull，1984：285）。媒体保留着挑战社会秩序的潜力，却没有利用这种潜力，而只是服务于权力持有者的政治需要。专业主义，意味着维持现状，迷恋于回避政治责任和政治参与。

在客观性和职业主义神话面前，政治经济学者主张学者和活动分子继续揭露客观性的种种掩饰行为，充分地揭示新闻界中存在的社会、组织、意识形态和职业的限制和看不见的框架，呼吁我们必须为了一个公共领域而斗争，让人们成为新闻事实的主人。

7.5　媒介改革路径

批判学派总是给人只破不立的印象，摧毁性的批判只是传播政治经济学研究的一方面。受马克思改造世界的影响，政治经济学者认为所有的社会学术最终都是为了去改变世界，尤其是传播政治经济学作为一个研究领域更是如此。他们迫切希望运用传播学术和多样的方法论去解释面临的问题，期待政治经济学承担一个建构角色，介入当前的政治和社会事务（McChesney，2007：12）。他们并没有将注意力停留在对现状的批判剖析上，而是往前迈了一大步，提出各种改革主张，在媒介改革路径上，麦克切斯尼做了重要的理论贡献。

美国媒介改革思潮从未间断，从奠基人斯麦兹、席勒开始，政治经济学者就一直主张对媒介系统进行结构性的改革，但是麦克切斯尼指出目前出现的媒介改革与以前的"媒介行动主义"（Media Activism）不同，不仅是媒介所有权和媒介集中的斗争，而且包括网络中立性、传播网络和电话公司的控制、新闻自由保护等，目前媒介改革运动的目标是制定实现媒介系统民主化的政策，降低目前的媒介集中化程度，减弱其对民主的消极影响，创造一个平等的、人性化的、可持续的和创造性的社会，使公平和自治成为日常生活的秩序（McChesney，2007：introduction），让一个真正自由和多元的媒体能够在形成真正自由和多元的民主中扮演重要角色。他提出媒介改革的两个前提：第一，在现代民主中，媒介必须作为政治信息和公共讨论的主要来源，提供最广泛的意见和分析；第二，认识到媒介组织、所有权、管理、规制和补贴模式是媒介内容的中心统治因素（McChesney，1998）。正是在结构化改革目标和媒介角色期待的指引下，他提出了各项媒介改革策略。

首先，左派作为领导力量。左派历来受自由主义者诟病，但是麦克切斯尼却主张左派应该成为媒介改革的领导力量。在他看来，以追求利润为原则的资本主义天生与民主的核心教条相冲突，左派的政治目标就是消除阶级剥削、贫困和社会不平等，建立真正民主的基础，左派一直是反对社会不平等和拥护民主的主要力量。在他看来，美国媒介改革的唯一希望就是一个强大的左翼政治运动的出现（McChesney，1999：282）。他希望在左派的领导下，将劳动力组织起来，与媒介和传播现状斗争，创建一个健康和充满活力的新闻业。

其次，公开的公共讨论。麦克切斯尼始终强调媒介政策制定过程中的公共告知和公开讨论。他认为解除管制政策产生的前提就是缺乏公开的讨论，他坚信媒介政策和规制的公共讨论能让媒介更加民主，通向更好的政策和更好的制度。他主张增加政策制定过程的公共参与，而不应该让市场来决定媒介的规制。媒介改革必须激发人人都有机会参与公共政策的讨论，通过知情和公开的讨论，让社会决定经济的模式，核心的原则就是经济应该从属于民主，从属于人们的意愿，将传播的控制权从华尔街和麦迪逊大道手中抢夺过来，交给公民、记者和其他不考虑盈利底线的人手中（McChesney，1999：300）。媒介要成为公开讨论的拥护者，推进媒介政策制定的民主化，维护公共利益。

最后，结构性改革。麦克切斯尼的媒介改革提议并非对现存传播体制的修修补补，而是结构性的改革；不仅是针对媒介系统的修正，而应该是针对整个政治经济系统的革命。他呼吁进行媒介改革，挑战集团媒体权力，促进民主化传播（McChesney，1999：7）。具体来说，他主张建立一个多元的媒介系统，有一个全国性的、政府支持的、独立的非营利和非商业性媒介，以及一个不受私有集团控制的市场；大力建设社区公共广播和电视台；建设不受审查的有线和无线传播；消除公共广播商业压力和政治压力；当地电视新闻去商业化，加强对商业广播的规制，对媒介内容进行明确的限制，限制媒介内容的商业化和减少广告对儿童的影响；运用现有的反垄断、反托拉斯法律，限制跨媒介所有权，通过研究和听证会去决定公平的媒介规制，降低目前的媒介集中化程度，减弱其对民主的影响；降低非营利和重要的非商业出版物的邮费，杜绝政治竞选人广告；修改版权法，保护有创造力的生产者获得生存的能力，保护公众进入健康的公共空间的权利等（McChesney，2002：124）。这些改革方案对今天的我们来说也多有裨益。

结　语

媒体政治经济学采用定量和定性、调查和观察、文献和访谈相结合的研究方法，深入媒介机构内部运作机制，综合考察媒体生态的内外因素，揭示了新闻媒体背后的政治经济权力控制，揭露了种种商业媒体神话，对新闻媒体的本质和功能有了全新的认识，预见了美国新闻业面临的危机和困境，并提出了媒介改革方案，为理论发展和新闻实践贡献了宝贵的知识力量，发人深省。媒体政治经济学派硕果累累，脉络庞杂，既有微观层面上对新闻报道的政治经济学分析，也有中观层面的媒体政治经济学解读，还有宏观层面上对整个媒介工业垄断的趋势分析，涉及新闻媒介的政治角色、经济制约、操作机制、文化呈现等各个层面，构建起了完整的学科大厦，涌现了许多经典的传播学经典理论和概念，对当时学界产生了重要影响，并为后人所继承，丰富和完善了传播政治经济学流派。媒体政治经济学以反潮流的学术姿态，指出了美国大众传播业存在的问题和危机，思考了新闻业的堕落和媒介政策制定中的缺陷，反思了媒介与民主的关系，探讨了商业媒体与公共领域的冲突，表现出了始终如一的激进姿态和批判取向。媒体政治经济学的发展壮大，使传播政治经济学更加为人所知，也让该流派超出北美，拓展到广大第三世界国家，产生了世界性的影响，成为繁花似锦的传播研究领域中一个独具特色的学术流派。

8   信息政治经济学

> 有效地建构新的国际信息新秩序需要信息和文化秩序的政治经济变革。
>
> ——Dan Schiller，1999：23

20世纪中叶，以信息技术为核心的第三次科技革命推动了社会政治、经济、文化领域的变革，改变了人们的生产和生活方式。第三次科技革命也是一场信息控制技术革命，信息在其中扮演了越来越重要的角色。美国未来学家阿尔文·托夫勒（Alvin Toffler）在其名著《力量转移：21世纪之交的知识、财富和暴力》（*Powershift*：*Knowledge*，*Wealth and Violence at the Edge of the* 21*st Century*）一书中指出：以信息为基础创造财富体系是当代经济最重要的特征，知识已成为军事和经济中最重要的因素。主流学者都认为信息的流通加速了社会生活的现代化和全球化趋势，最终造福全人类，走向信息乌托邦。而北美传播政治经济学作为批判学派的分支，对信息的本质、价值和影响提出了与主流学者完全不同的看法和判断，提供了替代性的理论视野。信息、信息传播科技（ICT）和信息社会的本质、价值和影响一直是传播政治经济学的核心议题，在奠基人斯麦兹和席勒的视野中，信息、信息传播科技和信息社会是传播政治经济学无法回避的主题。在他们之后，有一批传播政治经济学者专注于信息政治经济学的研究，代表人物有奥斯卡·甘迪、丹·席勒等人，形成了信息政治经济学的研究领域，并逐渐成为一个分支学科，在部分大学开设了相关课程。信息政治经济学既关注宏观信息产业背后的政治经济权力框架，也重视微观的个人信息控制，对信息、信息传播科技、信息社会等议题做出了不同于主流学者的批判和解读。探析信息政治经济学，有助于我们更加深刻地理解信息和信息技术的本质和影响，为信息业的变革和信息社会进程的推进提供理论借鉴。

　　甘迪是一位多产的信息政治经济学者。他曾与席勒在加州大学圣地亚哥分校共事，后来获斯坦福大学博士，入宾夕法尼亚大学传播学院，任赫伯特·席勒讲座教授。他是世界知名的信息政治经济学者，他的研究主题广泛，包括隐私权、种族传播、信息技术、媒介框架和教育补贴等。《议程设置之外》（*Beyond Agenda Setting：Information Subsidies and Public Policy*）一书对经典传播学理论"议程设置"提出了怀疑和挑战，认为议程设置背后是政治经济权力对知识和信息的控制，并提出了"信息补贴"（information subsides）的概念，认为在资本主义社会，信息源操纵了大众媒介和其他信息渠道，信息流通的加快只会加大信息和权力的鸿沟。在《全景分类：个人信息政治经济学》（*The Panoptic Sort：A Political Economy of Personal Information*）中他借用了福柯的"全景敞视主义"的概念，提出全景分类的概念，描述美国统治阶级对信息资源和人民的控制。

　　丹·席勒是信息政治经济学的中坚，他在宾夕法尼亚大学传播学院院长乔治·格伯纳的指导下获得博士学位。毕业后曾与斯麦兹、瓦斯科、莫斯可等传播政治经济学者短暂共事，后在加州大学圣地亚哥分校与其父共事，现任教于伊利诺伊大学。与其父对整个媒介和文化帝国主义的宏观批判不同，他更专注于信息的政治经济学分析，开设信息政治经济学的课程①，系统教授信息政治经济学理论体系。他继承了父亲在传播政治经济学方面的批判旨趣和研究取向，也延伸父亲关于信息产业和信息科技的批判，成为信息政治经济学研究领域的重要学者。席勒独树一帜的分析来自他对美国和世界宏观社会政治经济的准确把握和对美国电信政策历史深刻而细致的研究。他不迷信自我调节的市场"看不见的手"的神话，而是注重社会历史因素的作用和各利益集团在电信和信息业的博弈及其社会影响（赵月枝，2003）。在《客观性和新闻》（*Objectivity and the News：the Public and the Rise of Commercial Journalism*）中，他考察了商业新闻业兴起的历史，批判了美国新闻业的客观性信条。在《信息技术和政府》（*Telematics and Government*）中，他揭示了信息技术在美国拓展世界市场中的重要角色。在《传播理论史》（*Theorizing Communication：A History*）中，他从劳动的角度梳理了传播研究尤其是批判传播研究的发展史。在《数字资本

---

　　① 丹·席勒在伊利诺伊大学图书馆与信息科学研究生院开设了研究生主干课程"信息政治经济学"（The Political Economy of Information），笔者曾于2009年春季听过一个学期的该课程。

主义》（*Digital Capitalism*：*Networking the Global Market System*）中，他考察了互联网发展的历史，认为互联网只是资本主义社会向数字资本主义转型的工具，数字资本主义加剧了不平等和宰制。《如何思考信息》（*How to Think About Information*）是席勒的信息政治经济学力作，作者史论结合，分析信息科技和文化领域内政治经济的变迁和转型，以及信息生产、传输、消费背后的政治经济权力控制，提供了重新理解信息工业的经济基础和上层建筑的理论洞见。

8.1 信息和信息技术批判

信息的本质是信息政治经济学研究的逻辑起点，传播政治经济学虽然认识到知识就是力量，但是不同于主流学者对信息的理解，他们将信息与权力相结合进行考察，指出虽然知识的力量不能与枪炮相比，但知识却很大程度上决定权力什么时候和如何被使用（Gandy, 1982：preface）。他们主张以延伸的路径，仔细审视信息本身，理解信息背后的推动力量，思考资本主义转型的动因，分析信息如何被建构和重建及其对政治、经济、文化的影响。正如赵月枝（2003）所言，"有人曾经天真地相信，新兴的跨国媒体和传播网络会自动地摧毁现有的等级制度、重新分配权力、促进国家内部和国际社会中的对话和新意识的传播，不仅造福于世界和平，而且在不同的民族、阶级和文化之间架起理解的桥梁。这显然是过于天真的幻想。然而，我们坚信人类，相信个人一旦聚合为集体，成为'人们'或者'人民'，就拥有重塑传播体系甚至政治制度的能力，而只要他们发挥出这种能力，上述的全球媒体和传播网络发挥作用变成现实的可能性就会大大增加。批判的态度源于我们对现实冷静的分析：跨国媒体和传播网络不一定有利于推进和平与民主。可以说，培育全球化媒体的土壤根本不是和平与民主，而是统治性的制度和系统性的暴力"。

政治经济学者认为信息本身是由它所在的关系网络所界定和建构的（D. Schiller, 2007：15）。在资本主义社会中，信息的定义扩张了。在商品化过程中，信息不仅是最终的产品和服务，还是一种资本，是一个寻求目标（goal-seeking）的系统决定和控制的能力（D. Schiller, 2007：19）。随着信息科技的发展，它的移动性也是空前的，膨胀和加速流通的信息加快了资本物品的开发过程。信息已经成为跨越所有经济领域的一个日益重要的生产要素，是利润增加的一个新的基础，增加了资本主义的积累（D. Schiller，2007：23）。信息既是信息科技的产物，也是技术的话语，是一种资源、一种商品、一种强大的社会控制手段（Mosco，1989：21）。尤其是在当代，信息独一无二的价值就是作为一种控制的工具。

　　值得注意的是，政治经济学者批判了知识产权（Intellectual Property Rights）在信息私有化过程中的角色。专利权被广泛认为是国家赋予发明者的特权，将会推动社会的整体进步。政治经济学者却认为知识产权超越了文化和国界，对产品和劳动过程进行集团控制（D. Schiller，2007：45）。信息中私有财产权利的延伸和扩展实际上保护的正是获得新商品的利润。版权法律明显促进了信息和知识甚至是思想财产的商品化（D. Schiller，2007：30）。专利和商标的发展对国家当局来说是完全有利的，但它的功能也有消极的一面。以生物科技为例，生物科技是成熟的集团资本主义的产物。生物技术学、基因学和生物学的其他领域越来越重视信息。这些信息本来是在大学工业复合体中生产出来的，但很快转向市场，被商品化和私有化，背离了作为一种公共知识的使命。相关组织和利益集团在努力控制生物科技产业。正如在电视、计算机、电子传播产业出现的融合趋势一样，农业经济集团、药品制造巨头、能源与化学集团和医学公司都与基因科学和生物化学信息紧密相关，走向科技信息生产和流通的大融合。所以，信息中私有财产权利的延伸和扩展，旨在为商业集团牟利，而非造福人类。

　　正是基于对现代社会中信息重要角色的认识，政治经济学者认为信息和信息科技处于商品化和社会控制的中心。政治和经济精英赋予了信息巨大的策略重要性。信息商品在世界市场系统的扩展中处于重要位置，我们正生活在向信息化资本主义的转型中（D. Schiller，1999）。从 20 世纪 70 年代开始，整个社会组织和社会劳动都被商品化了。这种信息化资本主义导致了严重的消极后果。政治经济学者认为关于信息社会的种种幻象只是维持了资本主义的统治（Mosco，1982：163）。随着私有化和放松市场进入限制，跨媒体所有权的限制被解除，去民主化进入信息工业，信息科技加深了资本主义对家庭和工作场所的控制。传播和信息的使用加深了社会生活基本领域的商品化和控制。信息富人和信息穷人之间的鸿沟在加大，进而导致了全球权力的分化。数字鸿沟加剧了社会权力的分配不均，权势阶级在制定生产和再生产信息资源的政策上占据统治地位。融合和加速的商品化威胁了公共服务广播，即使是 BBC 也背叛了公共服务的原则。在穷困的南方国家，公共服务广播比发达国家的更加脆弱和贫乏。从阶级斗争的观念出发，政治经济学者也看到信息不平等通常也引起了诸如公平与效率标准、平等与市场标准的矛盾，信息化资本主义社会中的政治斗争日益加剧。

政治经济学者也对信息的移动化提出批判。席勒称：信息是被移动的（D. Schiller，2007：162）。在他看来，个人对无线传播的依赖有社会根源，个人无线传播的需要是由控制着生产工具和对个人主义感兴趣的人所塑造的。个人面对着各种直接的和矛盾的压力，也由于商业集团不间断的促销努力，无线市场被成功地培育起来。移动化表面上可以让我们更加有效地利用我们工作之余的时间，给了我们更加自由的感觉，但同时也在入侵现实中的其他自由。公共健康变成了移动私有化的牺牲品，高速公路上的车祸，很大部分归因于电话。在无线的世界里，个人和事物被跟踪、监视，个人与威权资本主义日益紧密地联系起来。无线只是尝试控制个人和社会的工具。所以，丹·席勒论断：无线的世界并不是要创造一个将我们带入个人自由的时代，它带给我们的是复杂的宰制和不平等的历史延伸，而这将继续界定着我们被分化的社会（D. Schiller，2007：173）。在这一点上，他与凯瑞①达成了共识，凯瑞认为信息科技虽然发展了，信息产业本质却没有多大的变化，没有减少普遍存在的知识垄断（Carey，1981），这与信息政治经济学者的制度殊途同归。

总的来说，政治经济学者对信息和传播系统功能的认识不同于主流传播学者和社会学者，虽然他们承认信息和传播系统的运用从根本上改变了生产、流通和消费物品与服务的方式，但是传播和信息系统却使主要的政策制定权集中到少数人手中。信息和传播系统主要被用以拓展商品化和控制的过程，信息不是用来创造社会变革和革命的环境，而是增加阶级、性别、地域、种族和国家的差异。世界信息新秩序并不能如想象中的那样推翻西方发达经济实体在大众媒介、电子传播和信息系统中的统治地位，因为这个秩序是建立在现有全球数字信息网路的基础上的。所以丹·席勒断言：有效地建构新的国际信息新秩序需要信息和文化秩序的政治经济变革（D. Schiller，1999：23）。

---

① 凯瑞（James Carey）是美国文化研究的奠基人之一和代表人物，先后任教于伊利诺伊大学和哥伦比亚大学，深受因尼斯和麦克卢汉影响，其名著《作为文化的传播》（Communication as Culture：Essays on Media and Society）提出了传播的"仪式观"。

8.2　信息补贴

政治经济权力对信息生产和流通的控制是信息政治经济学研究的重要主题。甘迪通过独特的视野，从中观和微观的角度论述了统治阶级控制信息的结构和过程。他在《议程设置之外》中对经典的"议程设置理论"提出了怀疑和挑战，提出了"信息补贴"的概念，描述了信息源对信息生产和流通的控制。

作为一名长期任职高校的传播学者和教师，甘迪注意到美国传播教育和研究中存在种种问题，传播学生面对的文本大多是关于媒介内容对公共态度、认知和行为的影响的研究，关注的是记者个人、编辑和生产商的决定，很少关注职业和组织的限制。他认为经验研究由于与资助来源有着利益联系而存在偏见。美国媒介研究秉持折中主义（eclecticism）和"职业－专家"取向（"professional－expert" orientation），不探求可论证的社会价值问题（Gandy，1982：2），传统的"效果"研究几乎完全限制于大众媒体内容对个人态度的影响，而忽视了媒介结构对我们的社会行为的影响。传统的把关人研究一般都将新闻内容看作个人的行为，试图通过理解记者的背景和个性寻求理解记者的行为，没有辨认出统治整个系统的行为者或者说整个阶级的行为者。甘迪主张政治经济学研究应该考察信息来源的行为，并厘清信息和传播媒介在政治场域内的角色，分析信息作为一种社会控制工具的深层因素和结构环境。

甘迪以经典的传播研究理论——议程设置理论为切入点，建议到议程设置之外去理解谁、如何和出于什么目的设置了媒介议程，思考权力和价值观在社会权力分配中的角色。为了回答这些问题，甘迪抛弃大众传播研究得以成立的传统社会心理学，转向政治经济学。他从政治经济学的视野分析信息来源的动机、资源和技巧，利用成本、利润和生产力等概念去理解公共政策的制定过程，分析政治经济权力精英如何对大众媒介和其他信息渠道进行操纵。

甘迪从经济学的角度指出使用最大化（utility maximization）是所有理性的经济行为的目标和动因（Gandy，1982：29），为了达到这个目标，必须保持系统的平衡，维持整个系统的运行，不同层次的社会系统有各种控制机制。在资本主义社会中，对意识的操纵是社会控制的主要形式，这主要是通过对各个层面的信息和观念机器（ideational）的控制来实现的。信息处于个人和集体决策制定的核心，信息控制意味着对政策制定的控制。他指出信息的交换主要被经济基础决定，信息市场和其他商品一样，面临着短缺和过剩。一些信息，如广告和其他促销信息，是过度生产的，并且免费提供给消费者。其他信息，如军事信息、国家机密、危机信息等是普通民众不管什么价格都不能获得的。在资本主义社会，对信息的需求决定于信息的价格，而对价格的操纵是一种控制信息消费的方式。信息和其他商品一样，当价格降低时，消费数量上升，价格上涨，消费数量一般都会下降。信息源为了增加某些信息的生产、流通和消费，就降低其他人使用某些信息的价格，这就是"信息补贴"（Gandy，1982：8）。信息源通过控制受众接近和使用与行动相关的信息，进而影响受众行动。那些有权力去控制信息价格的人，不但控制消费，还影响了基于这些信息而做的决策。

信息补贴从何而来，如何体现呢？甘迪分析了信息源进行信息补贴的行为模式，将信息补贴分为直接补贴和间接（Gandy，1982：15），主要有三种形式：降低新闻工作的成本来加强他们对新闻内容的控制；降低科学研究的成本去加强他们对科学和技术信息的控制；降低写作和生产电视故事的成本去加强他们对文化背景的控制。由于时间的限制，记者需要生产出故事去出版，记者就倾向于利用接受补贴的信息。当信息源减少记者所面对的信息的成本时，补贴提供者就增加了所资助信息被使用的概率，记者就接受了一种直接的信息补贴。当信息在新闻中被阅读和收听（看）时，来源的可信度很少被考虑。补贴提供者也总是试图去隐藏和掩盖他们与所提供的信息之间的关系。信息补贴的提供者主要有两种主体，一是广告商。广告商是最广为人知的信息提供商群体的成员，他们不出售信息，而是免费提供，甚至偶尔付费给那些使用他们信息的人，但是广告商提供的信息，尽管并不一定是假的，但几乎总是不完整的。现代公共关系公司成为主要的信息补贴提供者，它们采取付费广告的形式影响公共舆论。二是政府。政府有大量的工作人员从事公共关系工作。在任何层次的政府部门都有信息从业者，他们的责任就是保证将政府信息通过媒介发送给普通大众。总统和白宫都一直重视影响公共议程。政府和国会，通过听证会、内部访谈等信息补贴，吸引记者报道。立法者通过新闻发布、报道、研究总结、国会记录等方式吸引媒体注意力，实现他们的政策目标。信息源通过被提供的补贴信息产生影响，参与政策制定过程，增加其在公共政策事务中的影响力。

信息补贴不仅体现在政府部门和广告行业中，甘迪指出，信息补贴已经渗透到资本主义各个行业，而大众媒体成为补贴的直接中介。健康护理行业也存在健康中的信息补贴，利益集团利用信息补贴，通过大众媒体生产与健康相关的内容，形成大众健康意识，影响公共健康政策（Gandy，1982：95）。教育行业中的补贴将传统的教育部门转变为一个技术市场，为国防－电子工业的继续扩张做准备。代表教育产品和服务的生产商、官僚和技术生产商，通过信息补贴影响了教育政策的形成、采纳和实施。

甘迪也探讨了议程设置所造成的后果。正是通过信息补贴的提供，那些拥有政治经济权力的人可以维持他们对资本主义社会的控制。信息源通过对大众媒体渠道的控制，最终实现了对政策制定的控制。商业、政治和官僚这些信息源有更多的资源和更大的动机去利用信息补贴影响公共政策的制定，影响教育、健康、能源、国防和传播行业。信息补贴也在歧视着资源贫困者，市民消费者处于弱势的地位。公共政策的制定由少数精英决定，在政策制定过程中，阶级差异和阶级斗争日益加剧（Gandy，1982：39）。与其他政治经济学者一样，甘迪也认为对信息的不平等介入倾向于自我加强、日益增长。由于阶级差异，信息仍然没有被穷人充分使用。信息技术只会扩大穷人（have－nots）和富人（haves）之间的信息鸿沟（Gandy，1982：187）。弱势受众仍然处于边缘地位，对社会系统的发展和媒介内容的设计没有多大的影响。信息技术成本的下降不等于信息成本的下降，二者混为一谈，成为一种假象。降低的只是输入、传输、接收和显示的成本，统治精英在产生新的知识上却没有任何动作。信息贫困者和相对贫困者仍然被限制了从现有系统中获得信息的能力。知识鸿沟和信息不平等以惊人的速度蔓延，而解除信息工业的管制则增强了这种趋势。

8.3　信息和知识劳动力

北美传播政治经济学深受马克思主义影响，马克思的劳动、剩余价值、阶级斗争等观念直接被政治经济学者运用到对传播工业的分析中，马克思对人的关注以及对人的主体性的强调使政治经济学者在研究中重视劳动和劳动力的角色。而在北美，20世纪60年代的公民权利运动，引起了人们对个人权利的关注，而传播劳动者在传播行业中的角色日益引起了政治经济学者的注意。

　　劳动的商品化是政治经济学关注的焦点。传播政治经济学者批评传统政治经济学过于关注受众的劳动力，而没有关注媒介工业中的劳动过程。因此，他们注重描述商品化的两个相关过程。一是受众的商品化过程，即受众作为商品不断被广告商和媒介进行买卖的过程。斯麦兹在《传播：西方马克思主义的盲点》一文中就指出，受众作为商品并非完全被动的观看者，其实也是一种劳动力，受众在观看电视的时候也在进行生产和再生产。斯麦兹从马克思的劳动时间的概念出发，认为垄断资本主义的物质现实就是大多数人的非睡眠时间（包括工作和休息时间）都是工作时间，这些工作时间被用作去生产商品和进行劳动力的生产和再生产。受众就被暗示着去进行冲动购买和虚假消费。受众在接触媒介时，也在生产对广告商品的需要，学习购买特定品牌的消费品，花费他们相应的收入。二是传播工业中劳动和劳动力的商品化和私有化。资产阶级利用传播系统和技术去实现所有劳动过程的商品化，工作时间的弹性给予雇主日益增强的控制权。在私有化的传播体制中，劳动在生产产品和服务时被商品化。传播劳动力的劳动不再是为了公共利益和社会效益，而是变成了支付的商业行为。由于雇佣合同的约束，媒介所有者和管理者控制传播劳动和劳动力显得更加容易。传播劳动力日益失去自主性，创造力被抹杀，成为资本主义传播体制的牺牲品。

　　近年来，受当代各种"回到马克思"思潮的影响，一些学者日益重视从政治经济学的视角关注传播中的劳动和劳动力问题。丹·席勒的《传播理论史》就主要是从传播工业劳动分工的角度来考察传播研究的发展历程。莫斯可夫妇①是专注于传播劳动的政治经济学研究的代表人物。他们尤其关注当代信息社会中工作和工人组织的转型，注意到传统的工会和新的工人组织正在社会运动中组织起来去面对劳动的危机，尤其关注大众媒体、电子传播、信息技术工作中的技术和文化工作中的创造性的回应。他们吸纳政治经济学和女性主义理论，思考传播工人、工会和社会机构的各种结构和行为方式。在《传播劳动》中作者基于访谈和文献记录，对美

---

①　莫斯可的夫人 Catherine McKercher 也是传播政治经济学者，现为加拿大卡尔顿大学新闻与传播学院教授。夫妻合著有 *The Laboring of Communication：Will Knowledge Workers of the World Unite?*。

国、加拿大传统和替代性工人组织成功或不成功的努力进行了个案研究，描述了全球劳动联盟和发展中国家日益出现的工人组织正在如何团结起来解决劳动危机，考察了信息社会和信息经济中劳动的融合、信息工人的联合以及工人在变迁中的全球分工中的合作（Mosco & McKercher，2008）。加拿大华裔传播学者赵月枝则关注中国信息社会中工业工人与知识工人的劳动分工，分析工业工人与传播机构、技术和知识工人的关系，以及传播劳动者的斗争。她认为政治、经济、文化精英仍然垄断着传播渠道。作为一名华裔学者，她也看到中国工人正在通过传播渠道组织起来，进行表达和斗争，改变他们在社会决策和发展中的作用（Zhao & Duffy，2008）。

　　政治经济学者看到，随着信息和传播工业的发展，信息劳动分工日益复杂，但是信息劳动力并没有获得解放。随着信息技术发展，控制劳动者的方式，如雇佣和解雇，只是在不断变化，而控制强度没有丝毫减弱。统治阶级反而是利用各种方式加强对劳动者的控制，如利用技术减少工作量，进行工作的再分配，在传播工业中将工会化（unionized）的工作转换为非工会化（non - unionized）的工作，通过降低成本加强对工作场所的控制。传播技术的发展也在不断地将传播劳动去技能化（deskilling），统治精英通过改变工作的性质，将功能从个人分离出来，交给了机器，实现霸权（hegemony）、监视和监控（Mosco，1989：114）。而电子权力结构的变迁，外国和国内资本与国际机构的联合，引导着从上到下的制度变迁，工人对信息和传播技术以及传播和文化产业的发展路径，没有任何发言权，劳动力始终是统治阶级宰制的对象。

　　从马克思主体性观念出发，政治经济学者以劳动者为中心重新理解信息技术和技术系统的性质，他们认为信息技术和技术系统是有知识的行动者与其他行动者进行互动的来源（Gandy，1993：11）。与因尼斯、麦克卢汉一脉相承，他们认为技术的取向将决定行动者理解世界和行为的特征。技术是人们出于特定目的而设计的，而在资本主义社会中，技术则成为统治精英控制社会和公众，维护自身利益的工具。

　　阶级斗争的观念始终贯穿于传播政治经济学的研究，北美政治经济学者也从马克思的阶级斗争观念出发，认识到信息和传播工业中广泛存在的劳动斗争，与资产阶级对劳动的控制相对，存在劳动力的反抗。也正是资本主义信息工业中劳动者的斗争使政治经济学者洞察资本主义的悖论，并试图解释变革和革命的可能性。以莫斯可、席勒为代表的政治经济学者都认为传播劳动是政治经济学研究的重点，而一切变革都始于对传播劳动的认识。

8.4　个人信息和自治：全景分类

　　未来学家贝尔、托夫勒都对信息社会中个人的自治和全面发展寄予厚望，贝尔称各种高新技术的发展，特别是原子能、电子计算机和各种通信技术的发展，极大地促进了信息技术和新能源的开发利用。在以服务业为基础的后工业社会中，专业与技术人员处于主导地位。他们通过教育和培训把自己装备起来，提供各种后工业社会需要的技能，实现能者统治和机会均等。但政治经济学者却通过对微观层面信息流通的考察，看到信息和传播科技的发展使统治阶级对个人的控制成为可能，在个人信息生产、流通过程中，个人自治受到严重伤害。随着电子信息服务和信息交易越来越频繁，政治经济学者开始关注个人信息生产、流通中的控制，以及由此引发的隐私权和个人自治的问题。在《全景分类：个人信息政治经济学》中甘迪借用了福柯的"全景敞视主义"（panopticism）的概念，提出了"全景分类"的概念，描述政治经济权力对信息资源和人民的控制。

　　甘迪认为"全景分类"受到了多种激进思潮的影响（Gandy，1993：2－12）。首先，马克思辩证法的观念帮助他理解了资本主义制度下的剥削过程。其次，哈贝马斯对理性主义和传播自由的期待是全景分类的核心。最后，埃吕尔（Jacques Ellul）的技术强制命令和技术自主性影响到他对技术中立性的认识。甘迪也受韦伯经济社会学的影响，另外，新阿尔都塞主义，尤其是吉登斯的建构主义、复杂性的视角帮助使他理解信息生产和再生产的循环过程。

　　甘迪的"全景分类"概念直接来源于福柯的全景敞视主义。全景敞视主义的概念，最早由边沁提出，指的是通过一种设计，有利于警卫和监督者有效地观察和监视犯人。这种设计的后果就是实现一种有意识的状态和永久的可见性，以保证权力的自动运行。福柯认为这种设计不仅适用于监狱，也被运用于其他机构，如用于规训、教育和改善的目的。福柯以此为切入点论述权力和知识关系，将权力等同于知识，认为二者难以分割地纠缠在一起，并且互相建构。全景敞视主义基于这样的信条：一个系统通过对个人的持续规训和监视实现对个人的控制。甘迪则用全景分类的概念考察资本主义的控制机器。他将全景分类定义为一种高科技的、控制论的分类，个人和组织根据其假定的经济和政治价值观被分类，个人被分成不同的种类和阶级，穷人尤其是有色穷人日益被当作破烂的材料，或者被损坏的物品，被抛弃或者低价出售给市场中捡破烂的人（Gandy，1993：1）。全景分类通过识别（indentification）、分类（classification）、评估（assessment）的过程，测量、采集、记录、计算、加工、标准化和共享个人和组织的信息。全景分类是一个规训与监视系统，分布广泛，而且不断扩大和制度化。资本主义正是通过全景分类的规训和监视将信息技术和控制理性化（rationalization），实现个人的控制。甘迪主张重新认识大众媒体扮演的关键角色，他认为，大众媒体，尤其是电视，加强对处于统治地位的价值观的顺从，这种价值观将全景分类的运行合法化（Gandy，1993：175）。所以，全景分类是一个反民主的控制系统，加深了统治精英对人类生存的控制。

　　甘迪也看到了全景分类的影响和消极后果。他对全景分类的性质和功能进行了批判和估计。首先，隐私权作为一种普世价值，在全景分类中受到了威胁。个人信息被测量、计算、加工，个人在更强大的他者的注视下活动，自治受到侵害（Gandy，1993：180）。分类机制利用过去行为的一些数据，倾向于限制个人的选择余地，威胁了个人的独立性。信息权利本来应该是民主国家所保障的，任何人都有权利去收集和使用信息，但在资本主义制度下，这个权利主要是被政府保留。美国政府却通过各种政策，抛弃国家的保护，试图采取市场的解决办法，让市场来决定。实际上，所有的信息市场很大程度上是以无效率和不平等为特征的，市场只是将对个人信息的控制合理化，信息的市场化逐渐使个人自治处于衰落的境地。甘迪总结资本主义社会中的分类机制增加了个人与组织机构之间信息的不平等，加深了穷人和富人之间的知识和信息鸿沟，一些社会矛盾随着全景分类的发展而发展。甘迪追问了以全景分类为代表的信息控制在后资本主义时代能够服务于民主还是反民主的问题，他认为全景分类是一个反民主的控制系统，它服务的正是设计它的资本主义，它帮助资本主义将其对人类生存的控制理性化（Gandy，1993：49）。

结　语

　　信息政治经济学者从政治经济学的视野重新认识了信息和信息技术的

本质和功能，指明了资本主义社会中政治经济权力所有者利用信息控制社会和公众的过程和方式，并对因此而导致的信息鸿沟及其严重后果深表担忧。不同于主流传播学者，他们更多是将信息视为一种控制手段和工具，认为信息更多被用来维护统治阶级的利益，为商业系统创造利润，维持现有政治经济秩序。但他们没有看到信息的积极维度，虽然随着信息和信息科技的发展，在本来就不平等的制度设计中，现有信息基础以及信息生产、获取能力的不均衡，无形之间会加大信息的"贫富"差距，但是，信息的政治经济学分析也忽视了信息对公民自治和社会发展的积极价值。随着信息传播科技的发展，尤其是互联网和新媒体的更新换代，普通公众日益参与到信息生产、传播和消费中，成为信息生产和传播的主力军，权势阶层试图控制信息生产和流通变得越来越不可能。统治阶级对信息的垄断越来越难以为继。借助于互联网交叉网络传播特性，信息传播打破了生产者、传播者和接收者的边界，突破地理和阶层的束缚，信息更加广泛、自由、快捷地在世界范围内流通。从这一点来说，虽然政治经济学者秉承社会现实主义的认识论，但他们对信息的判断似乎只看到了消极的一面，脱离了社会现实。这一点也是批判学者的通病，这种对社会现实的弱视和对积极维度的散光在互联网政治经济学中得到进一步的体现。但是，在信息社会的假象背后仍然是资本主义社会的压迫和剥削本质，资产阶级仍然试图以各种新的手段和方式来控制信息和信息传播科技，公众的信息自由和信息权益随时会受到侵蚀和伤害，信息政治经济学所反映的信息和信息传播科技的矛盾特质值得我们警醒，需要我们反复研读和探究。

9 互联网政治经济学

> 历史证明新的技术都没有推翻现存的媒介、文化和知识垄断，并未开启更加平等和公正的社会秩序的大门。
>
> ——Robert McChesney，1999：119

互联网承载的正是信息，本来可以放入上一章讨论，但是考虑到互联网的特殊性和影响力，予以单独分章讨论。上一章侧重于信息、信息科技和信息系统的政治经济学研究，而本章则侧重于承载信息的互联网的政治经济学分析。借用麦克卢汉"媒介即信息"的说法，互联网作为一种工具和技术架构，本身就是一种信息，甚至超越了信息，成为一种经济模式和公众的生活模式。互联网与传统信息和传播工业有着很大的不同，政治和经济力量在互联网中的存在和运作方式已经发生了很多变化。传统信息和传播政治经济学分析已经不能照搬到对互联网的分析中，有必要将互联网作为一个独特的现象进行政治经济学研究，重新认识看似熟悉、实际陌生的互联网。

20世纪下半叶计算机网络的诞生与迅速发展是信息和传播行业最显著的特征，尤其是最后的十年，互联网的发展对传媒产业产生了巨大的冲击。互联网作为一个前所未有的传播现象和传播体验，是社会科学界普遍关心的问题。社会学、政治学、法学等学科的研究都对互联网前途的充满信心。而传播政治经济学者看待互联网前途的方式秉承了他们一贯的批判作风，与对信息技术的批判和对信息社会的悲观论断一样，他们对互联网充满悲观和失望。传播政治经济学者在互联网时代反其道而行之，对互联网进行政治经济学的批判分析，关注互联网诞生背后的推动力量，分析互联网的性质及其价值与意义，尤其是作为传播工具的意涵，形成了专注于互联网批判的互联网政治经济学，经过代表人物有丹·席勒、麦克切斯尼等人开疆拓土，形成批判互联网的独特流派和亚研究领域。

互联网技术作为一种信息技术，本身就是信息政治经济学研究的重要主题。丹·席勒的《数字资本主义》（*Digital Capitalism：Networking the Global Market System*）是较早的互联网政治经济学研究力作。他考察了互联网发展的历史，指出互联网的出现与自由市场力量没有任何关系，这是一个持续的政治选择。互联网构建的虚拟空间提供了一个独一无二的工具去宣传和深化世界范围内的消费主义，扩大了已经存在的社会不平等，并深深伤害了高等学习工业。麦克切斯尼在《富媒体，穷民主》（*Rich Media，Poor Democracy：Communication Politics in Dubious Times*）中，专门探讨了互联网能否让我们自由的问题。他批判了那种认为互联网以及更广义上的数字传播网络能解放我们、让我们自由的论调，认为媒介技术的乌托邦概念都被经验证明没能推翻现存的媒介、文化和知识垄断，并未开启更加平等和公平的社会秩序的大门。以互联网为代表的数字传播，会加速更广泛的政治经济的反民主趋势。当前互联网信息技术迅速发展和更新换代，人们沉浸于互联网的幻象中不能自拔，有必要拨云见日，重新认识互联网的性质和功能。本章通过对一手英文文献的细致解读，从互联网发展路径、互联网的性质和功能、互联网对教育的冲击、互联网是否带来自由等方面梳理互联网政治经济学的基本理路，以期批判性地重新认识互联网，为理解互联网提供替代性的理论视野。

9.1　反商业化：互联网发展路径批判

回望历史，有助于更加深刻地认识事物发展规律和背后的驱动力量。传播政治经济学者一直重视对媒介发展史的考察。互联网作为一个新兴的信息和传播科技手段为政治经济学者考察其短暂的历史提供了大量翔实可靠的资料。政治经济学者首先对互联网产生和发展的路径进行了激烈的批判。他们主张将互联网的发展置于电子传播基础设施不断商业化和解除管制的环境中，解释互联网为什么产生，谁是主要的赞助者和推动者，谁又是受益者，背后的推动力量是什么（D. Schiller，1999：85）。他们关注互联网在历史演进过程中如何一步一步变异并最终转型为一个控制机制，互联网如何实现与传统媒体、文化工业的融合，以及其深刻的政治经济学内涵。

主流传播学者一般都将传播技术看作自发、自治的发展过程，政治经济学者看到的却是另外一番景象。他们考察了互联网最初产生的源头，指出大多数的传播技术，尤其是互联网技术，都直接与政府的补贴相关，组成虚拟空间的计算机网络最初是受政府机构、军事承包商、教育机构的委托而创造的，从源头上来说，互联网的出现与自由市场没有任何关系，但与冷战时期美国的"军事工业复合体"有着紧密联系，而这个复合体的概念正是传播政治经济学先驱赫伯特·席勒在其名著《大众传播与美帝国主义》中首次提出来的。在互联网发展的第一个十年里，美国国防部通过一个单一的技术团体控制着互联网建设和演变的每一个方面。阿帕网（AR-PANET）最初的建设就是为了军事用途，使军方独立的计算机可以共享资源，避免因为某个计算机受到攻击而导致网络瘫痪。20世纪70年代中期的军事支持导致了网络协议的诞生。TCP和IP的发明提升了日益膨胀的军事网络的效率。互联网被设定为一些命令和协议，使计算机能够通过自身特殊的规则和功能组建一个电子空间——虚拟空间。尽管互联网不断地扩展，但是互联网仍然被置于国家的秘密角落里。互联网的使用者最初是一小部分彼此合作的大学和军事承办商，后来逐渐扩大。20世纪80年代后，高等教育机构、政府机构、智库等逐渐开始使用计算机网络。

但是很快，当互联网走向公民的曙光来临时，两个趋势的出现改变了互联网的性质和功能，一是网络建设升级，新的服务不断出现，互联网的建设力量和服务对象逐渐发生变化；二是世界上的网络政策制定者遵循市场驱动的原则而抛弃了公共服务政策，并在跨国的范围内将网络进行整合。随着计算机网络的发展壮大，系统维护和升级的巨大费用迫切需要巨大的金融资助，这是普通公众无法负担的，银行开始在美国计算机基础设施建设中占据了首要的地位，开始牵制和渗透计算机网络的发展历程。同时，随着经济的发展，商业领域日益需要计算机网络来提升效率，计算机网络开始主要服务于商业集团用户。在经济活动的各个领域，主要的公司都试图将网络融入生产、流通和管理的核心活动中。美国的大制造商，如波音、通用等公司都努力建立内部网络系统，希望加强其策略能力，于是它们开始在员工内部和消费者以及提供商之间共享集团信息资源。逐渐地，几乎所有的财富500强公司都发展了内网项目，计算机网络走上了商业化的道路。

面对计算机网络的商业化，政府不但没有进行合理的规制，反而推波助澜。20世纪80年代，新自由主义自由放任的教义被重新奉为美国的正统学说。新自由主义信徒的主要目标就是放松国家监督，放开市场，解除对经济的管制，让市场遵守他们假设的自然法则，使私有企业获得更加无拘无束的行动自由。里根政府上台后，新自由主义思潮和新自由主义经济政策大行其道，与媒介的日益解除管制的需求相呼应，美国逐渐认识到了信息技术在拓展美国在全球的政治经济影响力方面的能力，并走上了将电子传播系统私有化的道路。美国的政策授予企业用户最大的自由去将信息技术网络作为私有的财产进行开发，并将一些骨干网络割让给商业运营商，交给企业使用者使用。美国邮政也放弃了提供全国性电子信息服务的计划，同时，商业广告开始进入网络。解除管制的潮流很快进入互联网领域，网络系统不断被管制者释放，各种行业间的壁垒被打破。企业网络使用者，不断与计算机、空间技术、军事电器工业结盟，游说政府，建立免于国家监督的企业网络。互联网开始主要服务于集团周围的终端用户，集团内（intracorporate）网络和商业对商业（business–to–business）网络构成了互联网系统发展的主要支柱。美国一系列政策也加速了互联网的商业化和解除管制。1984 年电子传播工业被国家强制分为当地和远程两个部分。当地的服务商不能承担巨额的网络升级和现代化费用，许多传统的公共服务被抛弃。当地的服务商虽然在自由竞争的口号下勉强发展，但仍然在不断地收缩，公民进入的差距不断增大。市场的壁垒被打破，国外资本对互联网工业的所有权被严格控制以保证美国政府对电子传播工业的控制。克林顿政府又赋予版权拥有者关于数字信息的全部权利。1997 年两个美国政府分支在虚拟空间的引导上达成了一个显著的政治共识，（保守的）最高法院推翻了《通信规范法》（Communications Decency Act）的关键条款，与（自由的）白宫政策文件《全球电子商务框架》（*The Frame-work of Global Electronic Commerce*）集中到一个主题：互联网系统和服务的发展应该被尽可能地交给市场，不再接受政府的监督，政府应该给予最少的规制，不能阻碍互联网发展。这些解除管制的政策加速了互联网的商业化，改变了互联网的本质和功能。

基于对互联网发展历史的考察，传播政治经济学者断言，互联网的发展和解除管制不是任何技术强制性的结果，而是一个持续的政治选择过程（D. Schiller，1999：74）。当代网络的发展不仅仅是一个经济行为，而是以协同的政治干涉的方式进行，而且不断增强。资本作为网络的大管家，采取多种形式推动互联网进入国际市场。那些主张互联网应该最大限度地接受市场引导的教义背后就是露骨的自我扩展（self – aggrandizement）的企图。互联网解除管制的野心，包含了一个明显的治外法权（extraterritorial）因素，主要是为了劝阻其他国家不要在自己的虚拟空间强加严厉的管制，进而在一系列国际谈判中占据主动，并设定议程（D. Schiller, 1999：74）。

　　传播政治经济学者悲天悯人，指出了互联网的商业化和解除管制所导致的严重后果。随着传播工业与互联网的融合，电子传播内容提供商直接融入了互联网服务领域。互联网依赖地球卫星和有线电视电缆，这些基础设施都被大集团所垄断，美联社与西联汇款（Western Union）、NBC、CBS就是依靠 AT&T 的远程线路。柯达和美国在线（AOL）提供了网络的发行服务。计算机工业也在互联网上汇合，IBM 统治了全球主机（mainframes）市场，微处理器生产商因特尔（Intel）和微软视窗（Microsoft Windows）操作系统控制了计算机硬件和软件，这两个个人电脑（person computer, pc）时代的巨头被合称为"Wintel"。这些大集团主要是建立维护特殊目的的网络，而不是普通公众使用的系统。随着互联网向电子商务媒体的转变，在线公司实现了对网页内容的更大控制，包括谁链接到它们的网站，如何链接，它们的内容如何显示和如何获得。电子传播网络的解除管制预示着市场导向的发展，将公共服务排挤出去。在国际领域内，美国运用自己的权力控制着全球信息基础设施的建设。美国成为世界上唯一的信息超级权力（information super power）大国。美国电子传播提供商日益增强其对基础设施（如线路、开关、路由器、软件）的控制，在逻辑上决定了互联网的特色，决定了其他国家进入国际互联网的机会。美国在信息领域（infosphere）的领导地位将继续保持，并维持对全球信息市场的宰制。在世界范围内，接近电子传播的机会仍然不一样。虽然计算机网络不断更新换代，但是，新一代的网络只是将全球不平等带入了一个新的领域。不平等的状况仍然严重，世界上有一半家庭仍然不能支付电话费用。绝大多数的电话、传真、计算机都位于发达国家。互联网上占统治地位的语言是英语，而世界上只有 15% 的人口说英语。各种软件的升级都依赖大公司。高额的计算机费用只有少数家庭能负担得起，穷人和少数族群却难以负担起互联网的接入费用，美国人可能要花一个月的工资买台计算机，而巴格达人却要花 8 年的工资。① 随着信息技术的发展，居民宽带接入的主要障碍

①　这是丹·席勒 2007 年写作时的说法，现在看起来已经不太妥当。

不是技术问题，主要的罪魁祸首就是新自由主义政策。正是新自由主义政策使国际领域内的信息不平等日益延伸。

互联网不平等的现状也导致了各种对抗和斗争，互联网政策使国际政治和外交斗争变得更加紧张，尤其是在美国和欧盟之间，而且随着第三世界国家的发展壮大，它们也介入了控制互联网的斗争中。新自由主义对公共服务的冲击经常受电子传播工人抵制，市场引导的电子传播倡议——主要是私有化——刺激了 1996~1998 年的罢工和游行。世界各地的人们也逐渐意识到电子传播应该属于公共服务，必须承担一系列的提供国家福利的义务，反抗互联网控制的抗争正在觉醒。

9.2　数字资本主义：互联网的性质和功能

传统的互联网研究更多关注互联网的技术方式和运营模式，而政治经济学者却不去解释互联网工程学，即解释互联网的运作结构和赢利模式等表面现象，而是去发现互联网背后深层次的制约因素以及未来的发展方向。

政治经济学者将互联网称为"附魅的网络"（enchanted network）（D. Schiller, 1999：introduction）。随着互联网的发展，我们总是听到各种预言：互联网将带领我们进入一个全球的同胞关系，使教育充满活力，引导我们进入一个健全的直接民主社会，最终创造一个没有冲突的资本主义（friction - free capitalism）社会。这种乌托邦的观念——网络是救世主——表达了一种古老的憧憬。政治经济学者赞同互联网是巨大的社会变迁的一部分，但没有明确表示出吉尔德（George Gilder）和尼葛洛庞帝（Nicholas Negroponte）式的乐观主义，指出这种乌托邦观念不仅仅是基于对技术魔力的信仰，而更加重要的是，基于对资本主义作为一种公平、理性和民主制度的信仰，而资本主义正是政治经济学者所批判的最终指向。政治经济学者对虚拟网络空间表示怀疑，从政治经济学的视野重新认识互联网的性质和功能。他们承认互联网是一个非常重要和复杂的现象，不能归纳到以往任何一种传播媒介体验中，在某种程度上是一种双向的全球大众传播，但是，互联网承载的知识跟其他知识一样都是社会力量塑造的。互联网远不能将我们带入一个高科技的伊甸园，实际上，网络空间本身正在被市场系统迅速地殖民化。

政治经济学者通过对互联网发展路径的考察，指出三分之二的互联网设施是由企业来投资，主要是为了建立所谓的私有的网内网（intranet），这些网络主要服务于集团用户，只有三分之一的投资流向了公共互联网的建设。网络主要服务于位于集团周围的终端用户，运营商都将市场重点放在了强权使用者和高价值的消费者身上。在市场扩张的逻辑下，互联网开启了资本主义通往数字资本主义的政治经济转变历程，互联网基础设施的建设和升级都是为了推进信息化的资本主义（Mosco，1989：20）。计算机网络与资本主义的联系大大地拓宽了市场的有效边界，互联网成为一个超国界的控制机器。互联网实际上是一个融合了计算机网络的电子传播系统，与传统的电子传播系统的性质没有任何不同。在功能上，互联网与电子传播系统一样，正以前所未有的社会和文化范围直接推销资本主义经济。所以那种认为市场的力量能够解决市场驱动所导致的问题的观点是错误的。互联网工业大大增强了管理者管理劳动力进而获得最大化利润的能力。在数字资本主义时代，大多数企业变成信息取向的，互联网跟踪用户的行为和态度，如尼尔森测量互联网受众，并将数据卖给财富 500 强公司。商业化对虚拟空间的渗透，使隐私权受到了侵害，私有的力量甚至控制了观看者的开机屏幕，商业化无所不在。

在国际领域，数字资本主义不受物质地域的限制，并利用地缘政治约束的缺席而不断发展。互联网由于日益跨国的趋向被置于新自由主义政策的前线，横扫了全球电子传播。互联网已经变成了一个关键的政策楔子，给那些寻求推进数字资本主义发展的人提供了最锋利的工具（D. Schiller，1999：69）。信息自由流通作为一个霸权的先锋，将许多新独立但在经济上仍然贫穷的国家与美国政府机构及企业联系起来。美国通过直接的政治干涉和集团控制部署了一个全球电子广播网络，威胁着脆弱国家的主权。

在计算机与民主的关系上，政治经济学者也作出了不同于传统学者的判断。美国未来学家托夫勒和纳斯比特都认为计算机传播系统促进了广泛的公共参与和社会公正，因为它提供了丰富的信息，更重要的是，增强了公民立即回应公共问题的能力。托夫勒的"电子村庄"（electronic cottage）概念认为，在互联网时代，人们在家就能控制他们的工作和生活。但政治经济学者则怀疑利用技术来推进民主的目的，否定了计算机社会中的民主。他们认为民主意味着最大限度的公共参与，自主决定影响我们生活的决策，但是电子传播工业利用技术控制工人工作过程，互联网根本没有提供公共讨论和政策制定所需要的信息和视野。正如因尼斯所说，文字的垄断（monopoly of work）贯穿于整个社会的权力结构之中（Innis，1972），计算机并没有克服民主的主要障碍。

政治经济学者重新认识互联网的未来和趋势。他们认为在互联网的推动下，由于数字资本主义本身掩盖了社会的残酷，社会经济福利的不平等变得更加隐蔽和难以发现，网络的发展有助于数字资本主义的再分配和资本的流通，市场进一步侵入了美国人的生活。电子媒介和计算机的使用加强了金融和社会控制，代价就是损害了民主和人类福利。计算机传播看起来没有给我们带来任何新的东西，因为它只是简单地增强了特定的社会趋势——商品化、市场化、金钱化、量化、监视和控制（Mosco，1989：40），将我们带入付费（pay - per）社会。收入不平等、不公平的分配机制、不一样的计算机 - 文化技能（computer - literacy），以及网页上英语语言的压倒性优势，导致世界范围内接近互联网软件和服务的差异（D. Schiller，1999：56）。互联网扩大了富有的、受过教育的互联网使用者与穷人、非白人的非使用者之间的数字鸿沟，信息贫困者并不能从互联网中获益（Gandy，1982：188）。互联网的新技术只会加强社会的僵化、威权和宰制。财富的不公平分配正在媒介场域内获得更多的认可，并日益加剧。

政治经济学者悲观地论断，随着互联网迅速发展，我们失去的东西会更多，我们也很难回到原来的样子。没人知道数字资本主义走向何方，可以确定的是，数字资本主义是加强了而不是驱逐了古老的市场系统的瘟疫——不平等和宰制（D. Schiller，1999：205）。但是他们也冷静地看到，互联网将是一个新的、去中心化的全球信息基础设施的基础，而这个过程需要更广泛的和更剧烈的政治经济变革。

9.3　教育商业化：互联网对教育的冲击

从 20 世纪 80 年代开始，随着计算机远程通信的发展，世界各地教育机构借助于计算机网络开始合作，信息跨越了各大洲，信息富裕的景象获得了广泛的赞誉，信息富饶的梦想好像接近实现。而互联网对教育尤其是高等教育的推进作用一直备受主流社会学者和教育者推崇，政治经济学者看到的却是互联网对教育的冲击，并对高等教育的现状和未来表示了深深的担忧。

政治经济学者对高等教育行业的网络化和商业化进行了激烈的批判。他们看到从 20 世纪 70 年代开始，长久以来教育与商业的区别开始淡化。新的信息科技，尤其是互联网最终摧毁了大学和工厂间的壁垒，职业驱动的学习工业开始出现，大学被卷入复杂商业化进程之中（D. Schiller，2007：43）。教育整体上出现转变，与整个资本主义经济一起进入数字资本主义。首先，培训教育（inhouse corporate education）出现。一些公司开发了自己的教育项目，设立了培训学校和机构，利用互联网进行了内部教育。这些公司培训项目和系统的、规范的高等教育之间有着很大的区别。受利润驱动和自身策略的影响，这种教育以职业为取向，偏爱职业主义（vocationalism），集团教育课堂上几乎不会设计一些抽象的艺术课程。其次，互联网加速了高等教育与商业的结合。很多技术的研究由大公司支持，科学工业（science - based industry）开始出现，企业通过提供资金和设施，使学术和企业处于互相受益的联系中。20 世纪 90 年代后，商业化的进程严重伤害了互联网的科学和教育功能。随着新自由主义政策的巩固，信息传播科技的发展，越来越多的劳动者变成牺牲品，终身职业的观念受到了攻击。随着高等教育机构的投资日益减少，大学开始重组，大学之间在研究资金和学生录取上的竞争加剧，大学的学费也在不断增加。在这种迅速改变的艰难背景下，管理者制定了一套标准的制度生存法则。高等教育吹嘘其与工业的新的伙伴关系。一种史无前例的合作浪潮出现，在工业和学术界之间达到了高度一致。这种合作的目标和结果就是更多的大学研究迅速和有效地商业化，学生所受教育的内容与劳动力市场的需要紧密匹配。工业的触角延伸到了教育每个角落，学术独立和公开的交流被严重质疑（D. Schiller，1999：163）。而大量国家和大学资助的基础研究（那些增加一般科学知识，但不是商业产品和服务的研究）日渐式微。私有资助公司通常在科学家使用它们拥有的研究工具和材料上强加繁缛的法律条文，能够提前查看研究成果，获取所有权，限制研究成果的公开发表。这种转变的总体主要特征就是学术领域内阶级分化迅速扩大和巩固。精英研究大学和一些受偏爱的领域，以及一些精英管理者和教授享有高收入，高校内教员的收入差距在加大，博士后等低阶雇员的成本在降低，教育机构内的贫富差距不断加大。

政治经济学者批判了重商主义对教育行业的入侵。教育的商业化政策将教育选择权交给了市场，学生接受教育的差距也在加大，学生不得不利用债务求学，这也给贫苦学生制造了障碍。互联网加剧了数字资本主义对教育行业的渗透，深刻地影响着美国的教育，改变了学习的内容和性质。互联网与教育的联合，为谋利（for - profit）教育提供者开启了大门。寻求利润的公司投资办学，公司已经成为重要的教育和培训提供者。教育中的私人投资日益对教育进行商业渗透。当互联网成为远程教育的主要工具，高等教育的商业渗透已经制度化。教材的出版、书籍封面、学习走廊的黑板报、教学日历和广播都成了商业信息接近学生的渠道，含有广告（ad - bearing）的内容和企业资助的教育材料进入了学术的核心地带（D. Schiller，1999：183）。随着互联网远程教育的不断扩展，大学将课程移植到网络中，虚拟大学和跨国公司也成为教育者，图书馆日益电子化，翻译软件出现，这些网络技术都在打破教育的地理和文化边界，强烈地改变传统的高等教育行业。

政治经济学者还关注作为学术劳动力的教职员工在互联网侵袭教育中所面临的挑战，他们担心教育的市场供给导致学术劳动力正在回避核心的教程。学术劳动力在这种趋势面前有两种态度，一种是大部分的美国教育者都热情地将技术引入教育；另一种是引起了教工和教工工会难以驱散的担忧，美国教工工会也在呼吁抵制互联网上所教的课程，除非它们符合教工成员的质量标准，并限制学生从远程教育中所获得的学分。由于互联网对高等教育的入侵，教育行业内的劳动分工和抗争正在加剧，直接影响了教育的方式和质量，进而影响到互联网本身。

9.4　自由的幻象：互联网能让我们自由吗？

媒介的历史一直是人类追求传播自由和人类自治的历史。互联网能让我们自由吗？这是传播研究试图回答而又广受争议的问题。信息和传播科技的发展无疑在指引人类一步步走向自由。尤其是互联网出现后，种种互联网乌托邦的观念再次涌现。20世纪90年代后期，解除管制政策出现后，很多人认为不必担心媒介的集团控制和高度重商主义，因为互联网以及更广义上的数字传播网络能解放我们，让我们更加自由。但是政治经济学者通过对媒介发展历史的考察，指出互联网并不是一个史无前例的让我们自由的论证，互联网与以前出现过的媒介没有本质的区别。20世纪各种新的媒介技术产生了各种乌托邦概念，如电影、调幅广播、传真、调频广播、电视、有线电视、卫星广播。但是历史证明，新的技术都没有推翻现存的媒介、文化和知识垄断，并未开启更加平等和公正的社会秩序的大门（McChesney，1999：199）。所以，政治经济学者论断互联网本身是不自由的，而且也不会让我们自由，更不会带领我们走向自由的乌托邦。

首先，互联网政策制定是不自由的。传播政治经济学者考察了互联网早期的历史，指出了互联网政策制定过程的反民主特质。美国在互联网的政策制定中遵循着非民主的历史模式，一直缺乏公开、自由的公共讨论。互联网是公共部门的产物，而政府却将互联网的骨干部分私有化，而且私有化的讨论不为人知。戈尔委员会（Gore Commission）本来应该为公众提供参与政策制定的机会，相反，该委员会的决策过程根本没有在媒体中报道，也没有在专业杂志中发表，讨论的范围被局限于少数政治经济权力精英。其次，互联网市场并非自由市场。长期以来，自由主义者相信自由市场的力量，主张互联网的唯一规制手段应该是自由市场，市场作为规范机制不需要任何讨论。任何关于互联网政策的讨论都是无效和多余的，公众的干涉只会允许无效的官僚去阻碍多产的市场主体。而政治经济学者指出了资本主义自由市场的真相，市场的成功都是基于消除竞争（McChesney，1999：138），竞争越少，企业的风险就越小，就越有可能实现盈利。在20世纪，美国市场一直处于被垄断状态。大媒介集团在运用新技术上有着巨大优势。少数的公司彻底地控制了市场的结构和框架，设置行业的壁垒，防止和限制其他公司进入市场，保持垄断地位。互联网的骨干——光纤干线（fiber - optic trunk lines）归美国最大的电子传播公司所有，如MCI、AT&T、Bell、Sprint等，这些因素让这些电子传播公司成为互联网服务提供商（ISP）。互联网存在操作系统（微软）的垄断、浏览器的垄断、路由器的垄断等，所以互联网市场只局限于少数的玩家。互联网的运作中需要大量的资金流通，电子传播工业的合并和并购是普通人无法承担的。在新自由主义浪潮下，政府不但没有对互联网市场的商业化和垄断进行有效规制，反而助纣为虐。

与政治经济学者对其他媒介命运的判断殊途同归，面对互联网，政治经济学者同样认为，彻底统治着社会的特定政治经济力量将彻底统治着互联网。互联网不是普遍地服务于整体社会公众，而是迎合市场的需求。以互联网为代表的电子传播并没有开启媒介市场中的公平竞争，大公司更容易巩固其在传统媒体、电子传播、互联网行业中的联盟和垄断地位。所以，互联网作为一个民主的媒介是值得怀疑的。互联网不是增加竞争性的工具，实际上是刺激了垄断和寡占（McChesney，1999：184）。数字革命不是一个使弱者更强的过程，而是使强者更强、弱者更弱，只会加强大的媒介集团对普通公众生活的商业渗透和宰制。与社会学家米尔斯的判断相似①，传播政治经济学者认为互联网和其他固有的传播模式一样，只会加深美国社会生活的去政治化、两极化（polarization）和去民主化（McChesney，1999：185）。

结　语

政治经济学者对互联网的批判涉及互联网的发展历程、功能、性质、未来走向等各个方面，证明社会力量在不同的历史时期强加压力和设定互联网发展的方向和路线，保证它以特定的形式发展。互联网政治经济学拒绝技术决定论和技术政治的工具主义解释，坚持社会的政治和经济组织的优先性，考察互联网与社会政治和经济组织之间的联系，揭示互联网的建构方式及其背后的制约力量（Mosco，1996：76），阐明互联网对社会政治经济的深远影响，让人耳目一新。

总体上说，互联网政治经济学者批判了互联网所带来的各种乌托邦思想，对互联网的未来走向表示悲观和失望。他们将互联网置于资本主义体制下考察其在资本主义全球扩张中的角色，通过政治经济学的理论视野，得出了具有说服力的结论，提供了替代性的理论洞见。但是，他们对互联网过于悲观，而忽视了互联网创造表达途径、促进文化生产和传播、推进公众参与和民主进程中的积极功能。而在思考经济力量的制约时，他们忽视了技术上的更新换代，使用互联网的成本已经下降至一个人人都可以负担的水平。他们的一个重要论证就是接入互联网的费用过高，制造了公众使用的门槛。如巴格达人半年的收入还不够购买一台个人计算机，这种情况在 20 世纪 90 年代的确是事实，但是他们没有看到互联网技术日益走向民间，计算机不断更新换代的摩尔定律持续有效。尤其是近年来，各种平板电脑和智能手机普及，接入互联网的硬件成本已经下降到一个较低的水

---

①　社会学家米尔斯在《社会学想象》《权力精英》等名著中对美国政治文化进行了最有洞见和先见之明的批评。他认为美国是一个传统被打破、被融化的社会，是一个高度去政治化的保守社会和受危机困扰的社会。

平。但是，这种论证其实仍然可以反驳，互联网的软硬件市场仍然被少数公司所垄断，当软硬件的成本降至一定的水平，而生产商无利可图，或者利润下降时，垄断软硬件市场的企业选择停产和被淘汰，让低端产品退出市场，而推出新的高价产品取代廉价产品。企业通过改变各种技术参数和外观形态的形式，推出换汤不换药的新产品，这些新产品仍然处于高价位，广大第三世界国家的普通民众依旧无法承担高昂的互联网软硬件费用，也就再次失去了进入互联网的机会。信息社会的假象背后隐藏的仍然是资本主义社会的压迫和剥削本质，资产阶级仍然试图以各种新的手段和方式来控制互联网，公众的信息自由和信息权益随时会受到侵蚀和伤害。互联网反映了资本主义传播体制下信息和信息科技的矛盾特质，互联网政治经济学发人深省，互联网值得我们重新审视和反思。

10　广告政治经济学

现代社会中，广告扮演着重要而复杂的角色。作为资本主义传媒经济中的重要一环，广告行业在资本主义社会举足轻重。北美传播政治经济学者关注广告在资本主义传媒体制中的独特性质和功能，他们从马克思的商品流通理论出发，对广告的控制机制和拜物性质进行了深刻的批判，形成了广告政治经济学。广告政治经济学是指以政治经济学的社会分析方法对广告传播现象进行批判性研究，是广告研究的另类视角（张殿元，2007），代表人物有金·罗策尔（Kim Rotzoll）、苏特·加利（Sut Jhally）等人。罗策尔早年在宾夕法尼亚大学获得广告学学士、新闻学硕士和社会学博士学位，后任教于伊利诺伊大学广告系，并长期任传播学院院长，毕生致力于广告研究，而伊利诺伊大学传播研究所正是传播政治经济学的诞生地和大本营。罗策尔出版有《当代社会中的广告》（*Advertising in Contemporary Society*）、《广告理论与实践》（*Advertising Theory and Practice*），编有《广告还有希望吗?》（*Is There Any Hope for Advertising?*）等书。加利是广告政治经济学的代表人物，他早年在英国约克大学接受本科和硕士教育，后在加拿大西蒙·弗雷泽大学获得博士学位，师从传播政治经济学奠基人斯麦兹，并深受其影响，后来一直在麻州大学工作，出版有《广告中的社会传播》（*Social Communication in Advertising*：*Persons Products and Images of Well - Being*）、《广告符码：消费社会中的政治经济学和拜物现象》（*The Codes of Advertising*：*Fetishism and the Political Economy of Meaning in the Consumer Society*）、《种族主义启蒙：盖茨比秀、受众和美国梦的神话》（*Enlightened Racism*：*The Cosby Show*，*Audiences and the Myth of the American Dream*）、《积累的奇观：媒体、文化和政治论文集》（*The Spectacle of Accumulation*：*Essays in Media*，*Culture & Politics*），他的研究关注文化研究、广告、媒体和消费之间的复杂关系。他还制作了40多部以媒介文化为主题的纪录片，创办了媒介教育基金会（The Media Education Foundation，

MEF），是一位广告理论和实践并行的学者。

10.1　广告政治经济学的基本取向

广告政治经济学的哲学基础是马克思主义，加利直言不讳地说马克思是对资本主义最有洞察力而且分析最精微的学者。他认为，马克思的著作是资本主义生产模式下研究社会运作问题的一个最充分的起点（Jhally，1982：32）。马克思的分析对于我们了解商品如何传播有关社会关系的资讯，以及对于我们了解商品在社会环境中是如何运作的问题，都具有根本的启示作用。广告政治经济学的主要宗旨是运用马克思主义政治经济学的视角和方法理解资本主义公司经济、意识形态和品牌广告的纠缠关系，努力解释当代社会关系中广告的角色和权力。广告政治经济学者认为广告是战略性的，不仅能理解媒介，而且能够抓住整体高级资本主义的（已经改变的）结构，自然应该将人与物的关系放到权力的背景中去思考。他们批评传统的广告研究范围太狭隘了，只是衡量广告中所含有的资讯量，关注一些客观特征，如组成部分、功效、产品使用等方面的信息，而忽视了背后的生产关系。在分析广告特征之外，最要紧的便是谁生产了它，它从哪里来，它在社会关系中的地位怎样（Jhally，1982：29）。而且应该往前一步，从一个唯物论者的角度，围绕交换价值的分析，开始建立一个以受众为中心的大众传播理论，关注谁生产了媒介商品，是在什么样的条件下生产的，从而打破了以信息为中心的研究，开创了以价值为中心的广告研究。

广告政治经济学的理论取向遵循的并非自由主义的政治经济学，而是批判的政治经济学。与前者相比，后者虽然不否认市场交换的意义，但已将注意力从交换领域转向资本和生产组织，认为生产者和消费者的选择是在一个更宽广的政治、经济、文化和社会结构中进行的。所以，以批判的政治经济学对广告进行分析，更注重整体的、历史的维度，更关注广告传播中存在的公平、正义等道德问题（张殿元，2006）。广告的政治经济学批判将广告传播置于阶级、种族、性别等社会关系之中，考察它们与广告传播之间的关系，特别是关注广告传播对这些社会关系的建构和影响。也就是说，广告政治经济学不但要对广告进行技术层面的事实判断，还要对广告传播进行形而上的价值判断（张殿元，2007），将道德考量放在重要位置上。

广告政治经济学批判研究的对象是权力关系制约下的广告产品的生产、流通与消费。在广告研究方面，非政治经济学研究虽然也关注符号、观念、知识和文化，但很少考虑它们的资源分配和组织生产的问题。而政治经济学研究则将生产的经济逻辑放到最为重要的位置上，认为广告产品的生产虽然不能决定，但至少对广告表现和广告产品的消费产生了限定性的影响。同样，非政治经济学研究也关注权力关系，但往往局限于某种狭隘的行为视野。而政治经济学批判研究更看重微观的语境背后的经济原动力和更为宽泛的社会结构，认为来自各个层面上的不对称的权力结构关系才是影响广告运作的根本力量。广告政治经济学认为广告的世界不是封闭的、自持的，而是开放的、建构的，它和政治、经济、文化、社会、科技等其他因素一起参与了普遍存在的、多重决定的相互建构过程。因此，广告文化产品的生产、流通和消费的控制形式的转换也是广告政治经济学批判研究的重要对象（张殿元，2006）。

广告政治经济学继承传播政治经济学的理论精髓，始终保持清醒的"问题意识"，采用一个多元化的研究视角，超越具体的广告操作实务，坚持整体社会理论，将广告传播置于广阔的社会、政治、经济、文化的大背景下，使用唯物主义普遍联系的思考方式，以政治经济结构、意识形态、文化价值体系、权力宰制为研究重点，关注在广告产品的生产、流通与消费过程中，市场机制（经济力量）、国家机器（政治力量）、传播体系（知识与资讯力量）三者之间的互动关系，分析广告与社会的商业化进程及其所带来的文化与社会等层面的影响（张殿元，2006）。广告政治经济学研究一向将学科的兴趣建立在历史研究的基础上，它是对"存在于社会生活的政治、经济、文化、意识形态诸因素的历史互动之中的社会变迁过程"的研究（莫斯可，2000：28）。广告政治经济学的批判研究取向是被历史地设置的，和主流经济学不同，它对脱离特殊历史时空的任何本质主义的理论取向都不感兴趣，它关注的是长期的社会变迁，研究者需要有更强的历史感及更注重分析的历史维度（张殿元，2006）。

广告政治经济学者体现出不同于文化研究者的观念，批评威廉斯的广告观念不够唯物，认为所有的实物都被文化语境所框定（Jhally，1982：51），所以，对广告的唯物主义批判必须关注广告的语境是如何组织的。另外，广告政治经济学者认为商品的符号价值不会自我消亡，也不能被当作文化符号来解释，广告会再生产和交换意义，广告是社会关系的核心。

10.2　广告的性质

广告政治经济学的逻辑起点是人与物的关系，"广告是有关物体的一种论述，广告所处理的问题，实在涉及了人类某些相当根本的行为"（Williams，1980：33）。所以，必须在人与物的互动关系脉络中寻找广告符号的位置，这正是《广告符码：消费社会中的政治经济学和拜物现象》一书的起点与旨趣（刘小新，2006）。

主流经验学者往往将广告业的兴旺发达看作资本主义经济发展和物品丰富的标志，而政治经济学者呼吁人们去怀疑这种论断，认为这种物品的丰富并不等同于人类的成功。批评家经常谴责广告是市场经济中物质主义和消费伦理的体现，但很少论证广告在这个过程中的角色，对广告信息的传输，更多是接受，而不是质疑。反之，营销和管理学者一般认为广告的真正功能是鼓励消费。广告政治经济学认为，这些广告批评只看到了问题的一个方面，虽然他们认识到了人类的需求中所彰显的符号因素，但他们大都忽视了探讨广告所涉及的权力维度和广告的社会效果。广告政治经济学者主张在西方工业社会的背景下，从批判资本主义体系的立场上分析广告，认为商品既是传播者——传播社会的思想和权力，也是满足者——满足人们的需要，设定着人与物的关系。充分考虑使用方式与符号意义以及符号意义与权力的关系，才是分析现代广告的起点。广告政治经济学认为，所有的社会关系都处于权力的笼罩之下，受权力影响，马克思的使用价值和交换价值的双重内涵可以帮助我们理解广告的社会角色。

广告政治经济学的核心信条就是广告可能成为当代资本主义社会的新宗教。品牌意味着消费主义和消费社会的出现。品牌隐藏了世界性的资本和劳动的抗争。斯麦兹的核心问题就是，他认为在大众媒介文化中商品由产品和受众交换组成。尽管观众是消费者，也是被消费的商品（物品、节目、广告和意识形态），但是，加利不同意其师斯麦兹的看法，他认为媒体生产出来和交换的关键商品，实际上不是受众，而是受众的观看时间（Jhally，1982：72）。媒体所有者的利润来自成本和出售给广告商的受众观看广告时间的差额。剩余观看时间，这是媒体的利润。广告商购买的是受众的时间，即受众的收看（听）时间（Jhally，1982：82）。正是通过观看权利的商业挪用，受众实际上被剥削了。剥削的程度可以被衡量，那就是必要和剩余观看时间的比例。在收看电视之时，剩余价值的生产的基本原理与工厂中的情况完全相同。加利认为受众在这个过程中不仅仅是消极的。受众作为消费者的工作是，帮助广告商出售产品，而资本通过一般的消费主义广告帮助维持和再生产自身。电视将受众转化为劳动者，他们为媒体工作就像为工厂工作一样。广告不只是反映剩余价值，本身就是榨取剩余价值过程的一部分。节目是广告的延伸，收看电视的劳动时间增加了，有助于绝对剩余价值的增加，广告的目的是希望受众观看了广告之后行为受到影响。通过将资源集中在广告的制作而不是节目的制作中，广告将重要的社会关系的本质掌握在自己的手里，实际上，广告取代了这些关系（Jhally，1982：188）。收看电视获得的增值部分，才是资本运作领域的一种真正延伸。总的来说，观看就是工作，观众的观看活动和在工厂里的工作是一样的。

广告政治经济学者认为理解广告的社会角色需要分析人和物、使用与符号、象征手法和权力、传播与满足（Jhally，1982：22）之间的互相联系，重新思考资本主义社会中的商品拜物现象。加利借用了马克思的说法，商品的使用价值没有任何神秘性，使用价值有两个部分，一个是需求的满足，另一个是社会和文化意义。当商品被放在市场中推销给消费者时，物品的物质和符号价值就被神秘化。在同样的传播过程中，传播也被商品化，商品因此也具有了符号意义。加利认为广告符码本质上是更高级的再生产，广告是意识工业的核心，资本入侵了意义建构的过程。广告的意识形态作用不是创造需要，也不是分配意识形态，而是给我们意义，直言不讳地说，我们被迫涉入广告，因为它满足了宗教需要。广告的宗教因此被异化，真实事物被笼罩在拜物阴影中。在高级资本主义的高度集中化的市场环境中，出现了拜物化（fetishization）现象，市场的交换形式客观上模糊了物品的社会生产属性。在广告中，物品的社会意义被生产的异化领域掏空，被人为地重新赋予意义。商品的拜物教第一步是意义的掏空，通过人类劳动隐藏真正的社会关系，第二步是将想象/符号的社会关系注入意义的建构之中，生产掏空了产品的意义，注入广告。现实被想象所隐藏，广告赋予意义。人们从他们所经历的任何事情中获得暗示，包括广告。广告因此帮助我们给产品以及这些产品的使用赋予符号意义。广告政治经济学运用马克思主义经济学理论作为理解资本主义制度下广告和消费的工具，提出生产的过程掏空了产品的意义，广告权能够注入新的意义。细分策略影响到广告商所选择的意义，广告商为不同的受众选择不同意义，因此更有效地剥削受众。广告正是生产商企图用来为他们的产品开拓出足够的消费市场的一种主要武器。为了达到这一目的，广告生产商在人们中间制造出一些虚假的需求（因为它只是反映了制造商的需要，而不是消费者自身的需要），制造虚假的需求仅仅是广告的一个危害，更糟的是，为了达到这一目标，广告生产商所采用的手段带来了更为严重的社会危害。

广告政治经济学包含了更多的理论资源，诸如新历史主义、文化唯物主义、文化人类学以及泛文化研究，从马克思主义的交换价值和使用价值的角度来重新理解广告，指出资本主义社会的广告改变了使用价值和交换价值的次序。在传播的场域，使用价值附属于交换价值，帮助我们最好地理解广告的社会意义。加利借助马克思的经典论述来建构其广告符号的政治经济学理论。而商业化的大众媒介所生产的信息并非只有使用价值，更重要的在于它的交换价值。而且信息使用价值是在"整套交换价值系统"里生成的，在发达工业社会，广告信息的使用价值已经臣服于交换价值。加利超出其老师斯麦兹的论域，不再像斯麦兹那样敌视文化研究，认为广告是其中一种广泛而普遍的符号，在晚期资本主义时期，物品对人的意义已经从使用价值向交换价值转换，人与物关系的这一变化是广告影像狂野滋生的历史条件。如今广告已成为人与物及其背后所隐藏的人与人关系的中介。从加利对广告的定位看，显然与斯麦兹有着不小的差异，与其说他从斯麦兹处出发，不如说其广告理论属于威廉姆斯、鲍德里亚文化研究及消费符号分析的学术脉络（刘小新，2006）。

广告政治经济学从广告的视角考察当今的消费社会，试图去发现被物质表象所掩盖的经济活动的实质。在广告的作用下，整个经济日益虚拟化，商品由身体可感的物质变成了需要精神体验的符号，消费者的价值判断标准也由商品的使用价值变为商品的形象价值，商品交换变成了一种象征交换。作为一种符号化的存在，商品不再是满足某种实际需要的工具，而成了人们欲望的对象（张殿元，2006）。在戈达尔（1999：37）眼里，"广告并不是一套金钱的关系，而是需求、需要和欲望的一种特殊结构。在这一结构里，主体的存在本体被彻底清除，取而代之的是一系列景象，主体总是从观看的位置或角度被集中到一系列景象上面"。

广告政治经济学不是简单地把广告看成商业活动，而是看成文化活动，是由一系列可解释的符号构成的相互交织的系统，生产出同样需要解释的有意义的对象和表达方式。事实上也不存在一个纯粹的广告世界，广告传播的文化活动总是处在一个以一定的方式构成的具体的社会历史背景中，正是借助于这一背景，广告产品被生产、传输和接受着。所以，广告政治经济学批判研究的对象不仅包括广告的符号形式，而且包括这些符号形式与历史上具体的、社会规定的背景及过程的相互关系，这种关系主要是指广告与政治、经济等权力结构的互动。社会政治、经济权力结构及受其制约的资源分配决定了广告工业的组织与职业架构，进而影响了意识形态内容的生产（张殿元，2006）。

10.3 广告的功能

广告政治经济学提供了一个理解广告及其社会效果的替代性的批判路径。与对广告性质的判断一脉相承，政治经济学者对广告在资本主义社会中的功能的认识也不同于主流学者。他们认为广告不仅仅是商品营销的一个环节，广告作为一个关于个体且通过客体来表达的话语，在现代社会中占有重要的地位。这种话语设计一种看起来很普遍但实质上是很特殊的关系，即人与物（客体）的关系。斯麦兹的受众商品论就精辟地论及传媒行业中受众的生产和交换。作为消费者（物品、节目、广告和意识形态）和被消费者（受众商品），但受众在这个过程中不是消极的，他们作为媒介消费者，帮助广告商出售商品，而资本通过消费主义的广告维持自身的再生产。

广告政治经济学认为广告赋予意义，是意识形态行业的核心。广告不仅是理解当代媒介，也是抓住（已改变的）整体高级资本主义结构的战略意义的重要工具。广告政治经济学的基本假设就是，在自由市场社会，谁控制资本，谁就控制着大众。资本主义社会对大众的控制是通过操控意义，赋予我们所使用的产品以价值的方式达到的，而广告提供了这些意义。因此，我们看待世界的方式，很大程度上是由广告商和媒介公司的经济优先权所决定的。直接地说，我们被迫介入广告，因为它满足了宗教需求。这种需求来自交换的胜利。广告的宗教被异化，真实东西陷入拜物教的阴影。广告创造思想操纵、刻板印象和人造需求，并在文化和经济中扮演着主要的协调者角色。从这个意义上来说，广告的确是客体内外的特权。价值观的移动入侵了人类需求的符号/复制过程，并且破坏了上层建筑和基础设施的分野（Jhally，1982：205）。广告是一种经验主题，实际上是中介化了的消费社会的人与物的关系。商品被转变为自我驱动的力量，技术的发射力赋予了广告半魔幻（quasi‑magical）的权力。广告在一个文化枯竭的社会重新为物品赋予符号价值（Jhally，1982：23），但是在商业逻辑的支持下，信息的交换价值和广告统治了使用价值，成为意义的承载者。在任何情况下，这些图像都迎合其受众/消费者的特定生活条件而解码和重新编码。这种潜在的互惠过程本身深深附属于榨取剩余价值的等级化结论中，随着商业媒体的上升，意义被限定价格（Jhally，1982：75）。受众通过赋予物品意义来理解广告。广告为我们的社会生活界定了意义，为意义的运作提供了参照系。

　　广告政治经济学认为广告是营利和剥削的工具。广告是市场经济中物质主义和消费伦理的诱因。主流学者总是认为广告的功能正是鼓励消费，实际上广告是推销消费主义的工具。电视的播出时间和报纸的空间是稀缺物品。美国的媒体是私有的公司，寻求最大化的利润，媒介生产受众，将接近受众的机会出售给广告商。媒介扮演受众代理的角色，最大化利润的压力意味着组织寻求产生最大量受众的信息。因为广告依赖受众的规模。广告商经常将他们的广告和媒介信息一起捆绑。媒介所有者获得了生产节目的成本和受众观看广告时间的差额，只需要观看广告时间的一部分就可以抵销节目的成本，剩余的观看时间就是媒体的利润。通过观看权的商业分成，实际上受众就被剥削了。这种剥削的程度，可以用观看需求和多余观看时间之间的比例衡量。媒介所有者通过两种方式将利润最大化，要么增加来自观看时间的绝对的剩余价值，如增加广告在节目中的比例，要么增加相对的剩余价值，比如通过受众定位提升观看时间的质量。因此，媒介所有者通过窄播、市场细分、模糊节目和广告的差异来增加相对剩余价值。广告作为一种无节制的营利工具，导致了严重的后果，支付信息或者节目的方式影响到内容。由于商业的偏见，广告挤压了非商业的信息（Sutter，2002）。受众为媒介工作和劳动者为雇主工作是一样的。从马克思主义的角度来说，广播者使用受众来创造剩余资本，他们持续地寻求新的方式以求付给受众的更少（在节目时间或质量上），或者让受众更加努力地工作（如增加广告时间的价值、窄播产品植入等）。工人被迫工作，表面上受众有选择的权利，决定是否观看广告，实际上，受众被迫观看。雇主剥削不幸的大众，广播者同样也是强迫受众工作。

广告具有意识形态工具的重要功能。广告使资本入侵了意义的建构过程，资本主义意识本身也通过广告实现增值。为了符合它的功能，广告必须和它的目标受众的刻板印象、公共场景和公共词汇保持一致，持续生产和再生产意识形态。在操纵、刻板印象化和人工需要的问题之外，广告的关键角色在于在文化和经济中扮演协调者的角色。广告以及广告所提供的意义，也是资本主义能够得以稳定的不可或缺的支柱。广告在意识形态上的真正作用，并不是创造需求来影响市场占有率，更不是消解意识形态，它的作用在于给我们提供意义。广告的诉求，从价值的直接陈述转向了对隐喻价值和生活形态的塑造。在某些方面，广告在消费社会中的作用类似于宗教在非资本主义社会中的作用。

广告政治经济学者看到了广告在资本主义社会中的极端重要性，包括它在政治上的意识形态的重要性和在商业上对品牌的影响力。广告政治经济学者基于经验研究，运用了大量的图表和证据，证明资本主义制度下广告的目的都是增加利润。广告的功能犹如一面镜子，突出地反映出资本主义作为一种生存体系的主要元素，触及了资本主义的基本层面，即资本主义赖以组织和赖以运行的动力，即剩余价值的生产。广告媒体让时间增值，当受众在收看商业电视的时候，就是正在为媒体工作，由此生产出价值和剩余价值。广告不仅反映剩余价值，而且本身（除了实现剩余价值之外）也是剩余价值抽取过程中的一部分。广告政治经济学者将广告的经济功能比作一个在当代资本主义社会里加速物品流通的水泵，是资本主义生产系统必需的延伸。如果广告的第一个经济功能是加速流通，第二个就是增加消费：使用并丢掉它（use and toss it）。第一个功能通过让人们买产品来实现，第二个功能的实现则不管所购买的产品是否被使用，广告激发公众对一个新产品的兴趣，或者在已经拥有的基础上再买一个。品牌广告是使用价值进入交换价值层面的过程。从马克思主义的角度进行分析，品牌化当然对"魅化"做出了贡献，广告刺激了凡勃仑的炫耀性消费，隐藏了生产产品的劳动的价值。广告满足消费者需要的过程深刻地从属于榨取剩余价值的等级化过程。就当代的商品拜物教和富裕的困境而言，广告是主要的始作俑者（Jhally，1982：21）。

10.4　广告中的控制

广告本身是不是自由产生和发展的？是否受到一些控制呢？主流学者一般认为广告和技术进步紧密相关，美国技术进步都是伴随着广告的新扩张，广告是伴随技术发展而自然产生的。互联网诞生了，互联网广告就诞生了，根据这种观点，广告跟随着技术进程。但是广告政治经济学者批判了这种自然主义者的解释，主张对广告的唯物主义批判必须关注社会语境是如何被组织起来的。在回顾资本主义的起源后，广告政治经济学者指出技术进步并没有导致第一次工业革命，工业革命是被资本积累和寻求最大化的利润所鼓励和刺激的。广告一直蔓延在经济活动的每一次革新中。广告以及与此相关的生产活动被一种宏观的政治和经济力量控制着（张殿元，2006）。

广告政治经济学者将马克思主义经济学理论作为理解资本主义广告和消费的工具。我们看待世界的方式，很大程度上是被广告商和媒体公司的经济优先权所控制的。所有的效用都被文化语境所框定。人们从经历过的每一件事（包括广告）中获得暗示。广告权来自它赋予新意义的能力，广告帮助给产品和使用赋予象征意义。生产的过程确定了产品的意义。广告把消费者整合到一张充满复杂的社会身份和符号意义的大网里。广告商选择不同的意义传递给不同的受众，因此更加有效地剥削这些受众。

广告政治经济学者围绕言论和思想自由原则对广告进行了批评分析，认为需要鲜明区分两种信息：一是每个人作为个体想要传输的信息；二是特定人因为他们的经济安排而被营利性需求所驱动的、想要尽可能广地传播的信息。美国最高法院认为第一种需要给予最大限度的保护，而第二种应该被法律约束。广告无疑属于后者，特定方面的广告信息需要被禁止、限制或者受条件约束。

从商品拜物教的角度来说，广告政治经济学认为广告是统治阶级操纵受众的重要力量（Jhally，1982：227）。商品拜物首先是清空意义，通过人类劳动隐藏真正的社会关系，让形象/象征社会关系注入意义的建构过程成为可能，现实被隐藏在形象之后（Jhally，1982：51）。在广告中，物品的社会意义在产品的异化领域被清空，而被重新人工赋予。资本主义挖空了产品所具有的社会意义，也就是说，交换价值修改了使用价值（意义）的社会力量。现代广告是一种对人进行"洗脑"的技术，作为一种社会力量，显然比自然力量更难加以控制。

在看似丰富的商品世界中，受众是否具有充分的选择权利和自由呢？广告政治经济学者认为，尽管受众有选择的权利决定是否去看广告，但是个人被迫去工作，受众被迫去看。广告和宗教一样，会让人上瘾，人们习惯地看电视，不管他们是否对播放的某些节目感兴趣，他们有获得广告提供意义的需求。雇主剥削了不幸的大众。受众收看电视，被强制性地为媒介工作。人们之间的阶级分化越来越明显（Jhally，1982：206）。观众观看电视和广告过程中是强制性参与，只是从形式上看是自由的，而实际上根本就不自由。广告体系所生产的资讯显然毫无理性可言，凡事都可以被预先安排好结果，科学能够创造出各种奇迹。消费者主权只是教条，消费者不是自由选择的结果。

广告本身也受到政治经济力量的约束。广告政治经济学从组织结构的角度对广告的法律制度和技术因素进行分析，对广告产业结构的变迁作历史性的考察，研究广告背后的权力，发现广告的经济运作过程受到控制权体系的制约，广告作为一种权力存在也对相关的文化产业形成了制约。一方面，广告公司是消费信息的主要提供者；另一方面，广告客户为传媒提供了主要的经济来源。所以，广告对消费者的影响和对传媒的控制也是广告政治经济学的研究对象。所有权和控制权左右了广告文化产品的生产、流通和消费，并通过广告支配了传播媒介（张殿元，2006）。广告被政治经济权力控制着去实现盈利的目标。在资本主义社会里，符号化的过程是受到经济力量支配的，就是被生产者企图攫取更多剩余价值的私心所支配。广告的内容信息和传媒内容信息是非常模糊的，甚至逐渐模糊了彼此间的界限。受欢迎而具有批判色彩的传媒内容因为对满足广告商的需要没有帮助而被迫撤下，因为他们需要宣传富有魅力的消费方式。传媒的一部分内容实质上就是一则广告。为了实现自身利益，媒介刊载大量亲商业内容，由于担心冒犯广告商而压制危害广告商利益的节目。广告商对媒介内容的控制显而易见。

结　语

广告政治经济学将广告传播与更广泛的经济过程和社会过程联系起

来，并从人文价值的角度对广告产品的生产、分配、流通、交换及宏观决策活动进行批判，思考广告传播活动中的民主、平等、发展等更为根本性的问题（张殿元，2007），解释当代社会关系中广告的角色和权力，为理解广告及其社会影响提供了替代性的路径。但是，广告政治经济学者根本不愿意考察内容，尤其是意识形态的内容，这是政治经济学上的矫枉过正。广告政治经济学对广告的经验考察仍然薄弱。比如受众商品论揭示了受众在传媒经济中的重要意义，但是他们太匆忙地假定受众商品的单一性和独立性，而没有考虑到介于媒体和受众之间的互动的复杂机制，忽视了大多数受众自身独特的体验，将受众看作媒介市场中完全消极被动的牺牲品。他们只看到了媒体的消极影响，而没有看到媒体在推进个人进步和社会发展方面的积极作用，也没有看到独立个体接触媒体后不同的使用体验。广告政治经济学者对广告的分析化约为在生产和分配上的经济决定论，而忽视了文本的多义性和受众解释能力。广告及大众媒介"机构确实在使不平等的社会秩序合法化方面起着重要作用，但它们同那一秩序的关系却是复杂和多变的，必须分析它们做什么和它们是什么"（张殿元，2006）。所以，广告政治经济学批判研究也必须延伸到研究广告与媒介内容、公共话语和个人意识的相互关系上来。注重宏观制度框架分析和经济因素的广告政治经济学必须与注重文本和意识形态的文化研究结合起来，才能更加深刻全面地认识广告的本来面目。

11   北美传播政治经济学的跨学科取向

> 政治经济学和文化研究的对抗是对政治经济学的根本误解，必须
> 重建文化研究与政治经济学的关系。
>
> ——Nicolas Garnham，1992

跨学科的取向一直植根于传播政治经济学的基因之中。作为政治经济学和传播研究的交叉学科，传播政治经济学紧密联系理论和实践，坚持历史唯物主义世界观、现实主义的认识论和人文主义的方法论，在诞生、发展和演变过程中受到各种社会运动，如政党纷争、公民政治、种族冲突、学生运动的影响，也积极援引吸纳各种社会思潮，如新自由主义、消费主义、女性主义、人类学，对剧烈变迁的现实和理论进程做出积极的回应和判断。传播政治经济学积极与其他分支学科结合，产生了各种新的取向，一直关注种族、性别、阶级、文化传统与传媒的互相建构，分析社会结构、传播制度、传播行为、传播权利、政策制定和隐私保护等议题，胸怀开放，视域开阔，丰富了政治经济学本身的理论视野和方法，为传播政治经济学注入新的活力。传播政治经济学也不断审视和反思本身，在自我批评中完善自身理论体系，与时俱进，努力成为跨越时空的理论范式。既往的研究大多关注传播政治经济学对传播媒介和传播产业的研究，却忽视了传播政治经济学与生俱来的跨学科取向，本章基于一手文献的深入解读，试图描述传播政治经济学领域内多元的跨学科理路，发现传播政治经济学超越传播学科的理论价值，也为传播研究提供跨学科视角的宝贵经验。

11.1   传播政治经济学与种族研究

20 世纪六七十年代，美国公民权利，尤其是黑人权利运动启发了传播政治经济学者开展传播与种族关系的研究。吉特林（Todd Gitlin）较早

运用政治经济学的路径分析了电视中的种族议题，指出美国媒体呈现出来的世界图景，反映了白人中产阶级对黑人和黄种人下层阶级的感受的想象，但并不是这些人的真实感受和体验，反之亦然（Gitlin，1983：307）。传播网络面临着对一些社会问题进行政治界定的压力，但由于专业主义的信条，媒介选择了回避争议，将很多关乎种族的新闻去政治化（depoliticized），种族冲突事件被降到版面/时段的次要位置，并被漂白、淡化（Gitlin，1983：178）。种族问题往往成为传播网络的禁忌主题，即使是像马丁·路德·金这样重要的人物，媒介也不会制作更多关于当代种族问题的电影和节目。种族主义在传播网络中也时有体现，如果电视中的主角不是美国白人，那么得分就会减少，评价就会降低。在市场调查领域，同样存在种族的偏见，尼尔森调查公司的抽样调查并不科学，偏远地区和族群没有被计算在内，尼尔森安装了机器的家庭并不能代表所有的人口，没有适当地考虑到人口统计学（demography）的因素，如老人、穷人、黑人、使用西班牙语和葡萄牙语人等少数族群没有被计算在内。尼尔森的受众测量仪（audimeter）是不准确的，或者是被误读的，解释也是错误的，如有些家庭让电视开着，而没有在观看。因为少数族群不是强有力的购买者，广告商不在乎他们。所以，吉特林得出了"这（美国）是一个白人国家和一个商业化的经济"的结论（Gitlin，1983：178）。

信息和传播工业的发展并没有遮掩传播中的种族问题。政治经济学者重视结合信息传播技术、种族问题和政治经济学，对种族在传播工业中的角色进行政治经济学的批判解读。莫斯可（Vincent Mosco）从全球视野看到，资本主义的发展过程中伴随着不同种族在媒体介入上的分化，种族是形成国际劳动分工的一个核心力量（Mosco，1996：235）。资本主义大众媒介通过一系列社会实践，总是在种族冲突和政治经济变迁中挑战、修正、重塑阶级、性别、种族，建构和再生产白人种族主义，而且不仅是白人种族主义，也有其他种族主义，而随着信息科技的更新换代，种族问题在媒介中的呈现更加复杂，也更加隐蔽和多样。同时，持有种族偏见的政治经济精英通过对传播公司所有权的控制，渗透入信息和传播工业的实践中，使种族偏见在媒介中得到展现和表达。他主张传播政治经济学需要深入社会实践的经验维度，理解种族在大众媒介中的显著性，为理解种族的权利留下空间，跟踪少数种族进入大众媒介的斗争，解释媒介塑造种族形象的复杂过程和严重社会后果。

奥斯卡·甘迪（Oscar Gandy）是传播政治经济学学派中专注于种族问题的代表性学者，其《传播与种族》（*Communication and Race：A Structural Perspective*）是运用政治经济学分析种族和传播问题的代表性著作，提供了一条综合理解传媒演变中的种族和民族议题的学术路径。他以结构的概念理解社会现实，认为传播与种族的互动影响着权力的分配和社会结构以及决策制定。各种传播媒介中的种族形象只是提供了一种间接的经验。大众传媒不断生产、流通和维持种族和民族的刻板印象，主要是因为传媒很大程度上受到了资本主义商业逻辑的影响，政治经济的考量在生产和维持种族的刻板成见（sterotypes）中扮演决定性的角色。他进而为种族和传播政治经济学的结合提供了一个基本的理论框架，主张传播与种族的政治经济学分析应该理解种族在社会结构中的位置；识别种族与传播以及其他社会机构的关系；理解种族在身份认知、传播、媒介系统以及社会行为中的运作机制，进而去改变对种族的刻板印象。而改变传播与种族的关系需要我们对影响种族形象的媒介生产、流通和接受过程中的各种因素进行考察，应该综合考虑信息技术、媒介所有权、媒介金融、媒体市场、人口统计学（demography）和受众偏爱等影响要素。种族与政治经济学的结合还需要将阶级、身份、性别考虑在内，考察种族的社会建构，媒介系统如何反映与呈现、生产和再生产以及改变种族形象的复杂过程。

传播政治经济学与种族研究的结合，使政治经济学者再次确认：随着信息传播科技的发展，尤其是互联网的迅速发展，并没有促进种族在媒介介入上的自由和平等。政治经济学者的共识就是，在媒介场域内，随着资本主义的发展和信息传播科技的更新换代，种族之间不公平的财富分配不但没有缓解，反而不断被认可和强化。在数字资本主义时代，不同阶级、性别、种族、年龄之间不平等日益加剧，黑人、穷人和少数族群日益被排除在传播网络之外，传播媒介通过加速商品化和解除管制不断加剧了这种不平等，社会变革变得更加困难。

11.2　传播政治经济学与女性主义

女性主义的理论千头万绪，归根结底就是实现男女平等。女性主义的基本前提就是性别歧视跨越历史和文化，普遍存在于社会结构当中，但是男尊女卑的性别秩序是由社会和文化人为建构起来的，而非自然产生的。

从 20 世纪 60 ~ 70 年代开始，第二次妇女解放运动在美国起源，并产生世界性影响，其基调是要消除两性的差别，也催生了性别研究和女性主义学术研究，其基本诉求是争取两性平等，改变女性受歧视、压迫的现状。

在第二次女性解放运动的发源地美国，有一些传播政治经济学者将女性主义融入政治经济学。女性主义对人们习以为常的一些概念的挑战，在精神上启发了传播政治经济学者对传统传播研究的质疑。女权主义运动和女性主义思潮的兴起促使传播研究者关注女性在传播行业中的位置和角色，以及女性在媒介内容中的呈现方式，也关注媒介集团中的性别关系，女性与媒介、家（home）、家庭（family）的关系等。女性主义传播政治经济学描述了信息技术和全球劳动分工的语境下女性新闻工作者在信息和传媒行业中所面临的双重压力，指出了女性最低的工资和最恶劣的工作环境，并试图通过理论探讨努力改变传播工业中男女不平等状况。

艾琳·米韩是致力于将女性主义与传播政治经济学结合的代表学者。她早年在伊利诺伊大学传播研究所获得博士学位，受教于传播政治经济学者古巴克，而古巴克正是传播政治经济学奠基人斯麦兹的第一个博士生。与其师的政治经济学路径一脉相承，她主要结合女性主义和政治经济学路径考察电视和电影背后的男性权力和金钱控制。其著作《性与金钱》（*Sex & Money：Feminism and Political Economy in the Media*）对性别、权力和媒体纠结交叉方式进行了启发性审视。她考察了性与金钱的关系，认为社会等级建立在性别特权和经济地位基础上，所有的媒介结构、制度、过程和表达都是由金钱和性别所塑造的。她通过分析媒体的组织方式、运作模式和内容生产，揭示了性别和金钱如何与西方资本主义的政治经济权力互相纠缠。她认为女性主义与政治经济学的结合可以回答性别和社会地位的相关问题，应该关注性别和金钱的特权对媒介的渗透，关注工业化国家里女性在传媒、计算机、电子传播工业融合中对国家政策的影响，关注传播工业中女性的工作机会、工作模式、性别歧视、政策讨论和法律制定，并思考堕胎与反堕胎、同性恋、对色情内容的监视等女性主义权利问题，涉及了父权制等级制度和资本主义本身。

米韩以女性主义学者独有的细腻视角延伸了斯麦兹的受众商品论，以分级工业的政治经济学分析对斯麦兹最初的受众商品模式进行了完善（Meehan，1984；1993）。她批评斯麦兹在分析受众市场时假定受众商品没有代理，实际上受众都没有被交换，只是受众被分级（ratings）了。对消费者的规模、构成、媒介使用模式的衡量才是媒体出售给广告商的商品。她进一步指出，分级行业是被垄断的，几个主要的市场研究公司控制了分级市场。她以女性主义者独有的细腻视角，通过人口地理学的视野考察受众商品的传播行为和接受体验。在对电视受众分级市场的个案研究中，她证明性别在劳动分工和歧视性消费以及在界定和区分受众商品中扮演重要角色。从女性主义的视角来看，电视主要被建构着去服务所有 18～34 岁、异性恋、说英语、高消费的男性，女性则被排除在外。她也注意到女性受众在观看过程中不同的观看模式和行为体验。他认为观看行为存在二层行为，或者三层行为（Meehan，2007）。米韩在关于广播分级的个案研究中得到了一个意外的发现：分级市场的结构受男性控制（Meehan，2001）。父权制和资本主义制度下的媒介市场的结构性悖论就是：商品市场的结构假设使男性控制了工资和消费，使他们成为媒介市场的主要受众。男性户主决定了家庭和社会分工，相当份额的照顾和购买工作被分配给了女性。与男性的蓝领工作并列的是女性的粉领工作，如店员、秘书、家政服务、电话操作员、护士、农场工、作者、法庭书记员、教师等。不管她们的技巧如何，这些工作一般都比男性的蓝领工作低级，女性的贬值（devaluation）倾向持续在资本主义的工资结构中徘徊，对男性受众的高估（overvaluing）和对女性受众的低估反映了父权制的性别主义（Meehan，2001：219）。正如一个上等受众的过度估值反映了资本主义的阶级主义一样，植根于歧视女性的工作实践都是将对女性的压迫自然化。所以，她得出结论：电视成了压迫的工具。

政治经济学与女性主义的融合，提供了一个从个人的、经验的、制度的和结构的视野理解传播，解释性别和金融是如何被巧妙地嵌入我们日常生活的路径，建立和发展女性主义传播政治经济学显得更加重要（Hardy，2014）。女性主义政治经济学作为女性主义和政治经济学的结合，导致了它双重边缘化的学术地位。但是由于其重视女性在传播工业中的体验，这也使传播政治经济学与文化研究有了交集，其细腻的视角对传播政治经济学和传播研究都提供了宝贵的经验。

11.3 传播政治经济学与民族志

民族志（ethnography），又称人种志、种族志，是人类学的一个分支，是一种关于人类文化的解释性研究路径。由于其严谨的研究方法，民族志颇受社会科学的欢迎。在传播研究中，有传播学者主张将传播学与民族志、人类学方法相结合，分析某一特定族群的传播现象和行为。在传播政治经济学者中，彭达库（Manjunath Pendakur）是将传播政治经济学与民族志研究结合的典范。彭达库是传播政治经济学奠基人达拉斯·斯麦兹指导的博士生，作为一名印度裔学者，他对印度本土文化怀有深深的眷恋。他不但专注于对北美电影工业的现状进行政治经济学的批判，也关注印度电影工业的变迁。他批评传播政治经济学只关心北美传播工业，忽视其他国家所面临的文化入侵。他对导师斯麦兹开创政治经济学的贡献做了充分肯定，认为斯麦兹离开统治着美国传播研究的功能主义社会学，通过批判乐观主义者，如施拉姆、普尔（Ithiel de Sola Pool）、勒纳（Daniel Lerner）、罗杰斯（Everett Rogers），提供了一个传播研究的替代性理论框架。但是他也批判政治经济学者在审视霸权和依附的问题时，只关注国与国之间的关系，而不关心国家内部不同的信息"靶子"（即受众）如何接收和处理信息（Pendakur，1993：85）。而在这个领域，彭达库相信文化人类学（anthropology）给传播学者提供了一个有价值的工具。而由于传播政治经济学者一般都不将传播看作一个抽象的现象，而是视为人们在真实的时间和地点发生的关系，所以有可能和必要将两种路径结合。

实际上，斯麦兹就曾尝试将民族志融入传播政治经济学的研究中。正如彭达库所指出的，斯麦兹也试图在收集数据上将政治经济学与更加具体的田野路径结合，但没有将注意力放在这点上。斯麦兹于1971年底访问中国，1977年访问内蒙古，考察了美国商业媒介体制之外的替代性传媒体制。虽然他对中国制度和意识形态在发展中所面临的问题很感兴趣，但是斯麦兹并没有处理中国人思考、反映和处理宏观政策的方式，因为他认为微观层面的变化是模糊和难以捉摸的。彭达库则认为，在解释传播与种族变革层面上，将政治经济学与更加精细的民族志方法论相结合，关注特定族群的传播形式和内容，分析传播行为的过程和意义以及符号和意义的生产时更有说服力（Pendakur，1993：86），所以应该将民族志研究融入传播政治经济学研究中，关注不同族群和文化在资本主义扩张过程中所受到的冲击、所做出的反应和回应，以及其中的控制和对抗问题。他主张考察权力的宏观过程（macroprocess）和意义的微观结构，而不是符号和意义的系统解释，不能简单地把传播理解为人们的同化（homogenization）和吸收（assimilation）的过程，而应该考虑资本如何使每一个新发明都服务于资本主义牟利的目的，产生他们期待的意识形态结果。彭达库认为传播的民族志研究应该消除研究者的主观和客观维度，介入观察、学习、报告和得出结论的过程，而不是研究客体冷冰冰的现实。在民族志传播政治经济学研究中，主客体的二分法被打破，观察者和被观察者都是在观看、聆听和交谈（Pendakur，1993：88）。

彭达库也将自己的研究设想付诸研究实践，印度电影工业则是他研究的主题。他以印度小乡村为例，结合政治经济学和民族志，评估了商业电视对印度乡村经济、政治和文化的影响（Pendakur，1993）。他运用民族志的研究方法，考察了印度乡村的传播基础设施、人口结构和特征、社会等级、教育机构，分析了商业电视的引入以及外部的制度变迁如何影响农村生活，同时引起人们认知地图的细微变化。他指出，西方媒体中的印度乡村总是倾向于表现稳定和传统。1978 年 BBC 的纪录片《印度：沉睡的巨人》认为印度可能会进步，但是它的传统却将它往后拉。随着电视的引进，乡村已经对这种新科技着迷。但是电视收视率却不高，并不是他们对电视不感兴趣，而是他们有更重要的事情：生存（Pendakur，1993：83）。一个阶级能够进行休闲，另外的阶级就不行。这代表了一个意识形态建构的世界，幼稚的当地人，被西方已经拥有的小玩意儿所迷惑。他们的盲目是因为在农村长大，受缺乏知识、语言、习惯和所谓的科学工具限制。彭达库以自己的经验证明，在农村长大，出外上学，在城市电影工业工作，最终移民北美的过程，这是由印度后殖民地经济条件的结构所造成的（Pendakur，1993：84）。印度与世界资本主义的融合正在发生，包括人们的生活场所（locale）、身份和文化也在转变。但是他提醒大家必须记住，这种移动性仍然是阶级、等级和性别取向的，而不是一个普遍的景象，因为发展是一个地域不平等的过程。即使是在一个农村里，受益者通常是那些有政治经济权力的人，收益经常与他们的等级相关（Pendakur，1993：84）。

彭达库还运用民族志的研究方法对印度流行电影和印度宝莱坞电影进行文化和政治经济学的考察，通过对印度流行电影轮廓的描绘，分析电影工业和意识形态的复杂关系（Pendakur，2003）。他批判地看待印度电影的娱乐性和流行性，解释观众观看、理解和消费电影的体验，讨论了印度电影生产、放映和流通的国内外政策，提供了一个对印度电影的经济、文化、社会和美学特征的综合考察。他将电影工业的政治经济学考察与流行电影的文化分析结合，既考察印度电影生产和消费的工业组织和结构，电影中公共和私有力量，以及电影形成、发行和放映规制话语，也讨论了印度电影所受的新技术的影响，以及政府作为审查和资助者的角色。彭达库还对印度风情电影（masalafilm）进行了民族志的考察，图绘了印度风情电影的全景。他将流行电影作为社会文化力量，考察了风情电影的美学与政治、叙事风格和策略、电影音乐与国家意识的混合、印度男性女性关系的主流模式，还对印度特色"蛇"电影的流派特征进行了个案分析，提供了对印度风情电影全面而又独特的考察。彭达库认为，土生土长的电影、音乐和其他艺术体验正在进入印度普通民众的日常生活。而随着全球化和好莱坞电影工业的入侵，印度风情电影放映、发行和流通处于转变的瓶颈，全球市场和印度市场、电影和电视的关系以及国家政治和电影业的关系都更加复杂。

正是基于对印度传播现象的个案考察，彭达库看到了政治经济学与民族志的交织，发现了一些有趣的现象，但他并没有做出特别的结论，而是提出一系列问题，为将来的研究打下基础。他建议传播政治经济学的民族志研究应该包括几个维度：在经济方面，考察所有权模式、家族因素、雇佣模式、附属工业、国家机构及其影响；在政治制度上，考察不同等级和阶级对政治机构的控制模式，不同等级和部落的人们的地位，女性的位置，以及穆斯林的位置；在观看模式上，考察不同时间的观看模式、收看行为，观众与电视节目之间的对话关系，科学节目和观众对科学世界的理解、健康、卫生学和生育控制节目和观众的接受效果；在文化制度上，考察庙宇与民众、节日与家庭的关系，不同阶级和等级、男性、女性、儿童对古老文化机制的态度的转变，人们与电视媒体的关系，教育对不同族群的影响，城市受教育者及他们与传统文化的关系，传统的大家庭与单核家庭的关系等。这为传播政治经济学的民族志研究指明了方向。

11.4 传播政治经济学和文化研究的争论与融合

正如台湾学者冯建三所说：过去20年来，文化研究者与传播政治经济学者已有多次"过招"（冯建三，2003）。其实，传播政治经济学与文化研究的争论和融合远不止20年，传播政治经济学从诞生开始，就受到了文化研究学者和欧洲传播政治经济学者的启发和影响，也在他们的质疑和修正中不断发展。其中，尤其值得一提的是，从 20 世纪 70 年代末开始一直延续到 20 世纪末的"盲点"辩论，对传播研究和传播政治经济学本身产生了重要的影响。

1977 年，斯麦兹发表《传播：西方马克思主义的盲点》一文，指责西方马克思主义者，其中很大一部分就是后来我们称之为"文化研究"的代表人物，只研究媒体在当代资本主义中的意识形态功能，而没有考虑其经济角色，辜负了马克思主义的期待（冯建三，2003）。他批评马克思主义的文献缺乏对传播工业的唯物主义分析，只关注其文化维度和政治维度，忽视了经济维度，他称之为西方马克思主义的"盲点"。在该文中，斯麦兹系统地提出了受众商品论，指出垄断资本主义制度下传播商品是受众和阅读（Smythe，1977）。该文发表后，引起了英国政治经济学、文化研究以及美国政治经济学、文化研究学派的强烈回应。英国传播政治经济学者默多克（Murdock，1978）指出斯麦兹虽然指出了传播研究的单面性，但他的提议也是单方面的，他对资本主义工业的文化维度的分析被经济考量所制约，将文化议题化约为经济力量。接着，默多克与戈尔丁（Golding & Murdock，1979）又发表论文回应斯麦兹的指责，认为斯麦兹的分析完全抹杀了文化研究学者（如雷蒙·威廉斯）的价值与贡献，不仅不明智，也是错误的。他们强调任何媒介产品都有经济和文化两个层次，斯麦兹过度强调了经济，忽视了文化。他们主张嵌入媒介商品中的图像、观点、形象、叙事、性格、表演都要研究。英国政治经济学者和文化研究学者加汉姆（Garnham，1992）则认为政治经济学和文化研究的对抗是基于对政治经济学的根本误解。文化研究的重建必须建立在与政治经济学的关系之上。他认为文化研究产生于政治经济学的一系列假设，内在地继承了政治经济学的根本前提和作为批判学科的合法性，从同根而生，到后来才重新分开。美国文化研究学者高士柏（Grossberg，1995）则认为文化研究和政治经济学从来都没有那么亲密，它们更像是同胞，从来都是分开的。文化研究从来都没有拒绝政治经济学，而是拒绝某些政治经济学研究实践。莫斯可则主张传播政治经济学与文化研究的互相借鉴，政治经济学应该学习文化研究的哲学路径，面向主体性和更广的包容性，坚持现实主义的认识论，承认历史研究的价值，考虑具体的社会统一性和道德义务，克服社会研究和社会实践的分野，政治经济学应该像文化研究一样关注普通人，不应该回避与忽视对劳动和劳动过程的研究。加拿大学者贝比（Babe，

2003）则总结了政治经济学和文化研究的争论，认为文化就是商业，商业就是文化，金钱是媒介，同时也是信息，没人能否定文化/文化产品和经济/政治的互动关系。麦克切斯尼则从政治经济学立场批评了文化研究正在离开政治左翼，文化研究的专业化和制度化导致去政治化，消磨了文化研究中的政治激进主义（McChesney，1996）。而且文化研究对后现代主义的迷恋，以及伴随的后现代和后结构转向，给它的政治意蕴带来了灾难性的后果。文化研究接受了维护现状的意识形态，偏激地认为市场和资本主义是不可战胜的，社会主义是不可能和危险的，所以文化研究不能作为左翼政治的事业而生存，短期内不能够推动激烈的社会变革。瓦斯科（Wasko，2014）则坚持政治经济学路径的重要性，主张政治经济学必须被优先考虑，传播研究应该以政治经济学为根基，不一定拒绝文化分析，它虽然拥抱了政治经济学，但并没有忽视文化和受众。

简单地说，政治经济学与文化研究路径的最大区别在于解释传播现实时所关注的维度不同和思考不同维度的显著性不同。总的倾向是，政治经济学首先考虑政治、经济维度，其中又优先考虑经济维度。而文化研究则优先考虑文化维度，其次是政治和制度维度，最后才是经济维度。无论是政治经济学者还是文化研究学者，均不同程度地承认和否认这种倾向性。政治经济学者承认他们优先考虑政治、经济因素，在他们看来，他们继承马克思主义经济基础决定上层建筑的观念，主张必须有限考虑经济因素的制约，正是经济力量制约了制度的建构和文化以及意识形态的生产。但他们否认他们忽视文化因素，只是他们的注意力更多地放在了政治、经济因素上，文化受政治、经济制约，而这种粗线条的描述不适宜分析微妙的文化和意识形态内涵。而文化研究学者则承认他们对文化因素的重视，并注重内容的呈现，他们也否认忽视经济维度，只是更重视从文本内容中去分析其中的政治考虑和经济制约。他们注重从微观角度分析，尽量不做宏观维度的判断，而更多是从个体或者族群的传播体验角度来分析背后的政治、经济因素。

虽然关于北美传播政治经济学与文化研究的争议仍在持续，但是亦有融合和对话的趋势，传播政治经济学者也日益意识到自身过于重视政治和经济维度，忽视了文化的维度。他们也开始重视个人在传播工业中的角色，尤其是劳动与传播政治经济学的融合，重视个人在传播工业中的体验，以及个人与传播工业的抗争。民族志、种族与传播政治经济学的结

合，使传播政治经济学者更加重视不同的文化族群在传播过程中的接受行
为和体验。女性主义与传播政治经济学的融合则使传播政治经济学带有更
多的文化研究色彩。米韩和瓦斯科（Meehan & Wasko, 2013: 156）就建议
要进行更加精简的、更容易接受的、非政治经济学或是更广泛、更相关的
文化研究。Prodnik 和 Wasko（2014）还建议整合文化研究、国际传播、
女性主义、种族 - 民族研究以及其他形式的社会研究，复兴互联网时代的
传播政治经济学。总的来说，在研究对象上，政治经济学者日益重视对传
播工业的文化维度的研究，在研究方法上，日益重视对文本的内容解读和
话语分析，体现了强烈的融合趋势。

但是，传播政治经济学与文化研究的分歧仍然明显，传播政治经济学
者突破只破不立的传统假象，提出一系列媒介改革建议和策略。这与文化
研究形成了鲜明的对比。传播政治经济学一直强调分析传播现象背后的政
治经济权力，但与后现代主义对权力的解读有着很大的区别。结构主义和
解构主义都强调在社会行为和社会现象以及话语背后有着潜在的权力关
系。但它们假设权力关系虽然是不合理的，却是不可改变的。而在政治经
济学者来看，媒介是意识形态的核心系统，承载和体现主流的意识形态和
价值观，受政治经济权力的影响和控制，但是他们的理论前提却是政治经
济权力是可以改变的，通过广泛的公民参与和公共讨论，权力可以从统治
精英那里转移到公众手中，实现权力的公共所有和控制。从这一点来说，
传播政治经济学者从悲观中看到了希望，而文化研究者呈现的则是看透世
界后的绝望。

11.5 传播政治经济学的反思和修正

作为一个以批判为理论取向的学术流派，传播政治经济学不但对现存
的传播工业和传播体制进行激烈批判，也对主流的经验研究进行猛烈抨
击，并不断进行自我批判，反省和重构传播政治经济学本身。

传播政治经济学诞生之初，斯麦兹就曾对传统理论和批判路径进行比
较分析，他批评了传播研究对科学主义的依赖，认为经验主义式的社会科
学调查和观察不是传播研究的唯一法则。他批评霍夫兰、拉扎斯菲尔德、
克拉普等人的经验研究都有一定的框架。他主张继承因尼斯，采取一种非
科学的传播社会科学研究路径，重新建构大众媒介的效果研究（Smythe,

1954)。他主张传播研究应该反思自身逻辑和价值观系统，反省传播研究中的前提和偏见，确保传播研究的科学性。

传播政治经济学奠基人赫伯特·席勒之子丹·席勒继承了其父的学术旨趣，在《传播理论史》一书中从传播行业中"劳动"入手，梳理了传播研究尤其是批判的传播研究的历史，从19世纪晚期对垄断资本主义和美国有线传播工业的批判，到对当代信息理论和传播行为的后结构主义阐释，详述了美国传播研究的知识史。不同于传统传播学史的研究路径，他独辟蹊径，关注传播研究中的劳动角色，理解社会中媒介、意识形态、信息的联结关系。他借用马克思劳动分工的概念，看到传播工业中在体力劳动和脑力劳动之间分工的趋势。他借用亚里士多德的思想行为（intelligent action）、杜威的组织智慧（organized intelligence）和葛兰西知识分子创造性思想活动的概念，将传播活动视为人类表达和思考的自我行动（self - activity）能力，是人类生存的显著特征（Schiller，1996：2）。他也敏锐地认识到传播工业中最广泛和最显著的趋势就是劳动组织对抗的政治运动。他继承了杜威的传播理想，将传播看作知识超越社会领域和谐地传输，是一个互惠合作的平等过程，希望通过传播协调解决社会冲突，调整现有社会关系，促进公众的民主参与，促进社会的协调发展。

莫斯可首次对传播政治经济学进行系统总结，其《传播政治经济学》(*The Political Economy of Communication：Rethinking and Renewal*) 是第一本系统总结传播政治经济学研究的力作。他从认识论、本体论和方法论三个起点总结政治经济学的主要视野和路径，梳理传播政治经济学的思想起源以及当代流变，并以存有论（Ontological）的姿态将这个学科置于社会变迁的背景下，将传播政治经济学总结为：研究社会关系尤其是权力关系与传播资源的生产、流通、消费的相互建构。传播政治经济学主要研究社会生活的控制和生存方式，优先考虑社会变迁和历史转型（Mosco，1996：26），其中心目标是理解政府或国家与传播工业的关系。他从商品化、空间化和结构化三个切入点，对传播政治经济学进行反思，主张这个学科应该紧紧地基于更广阔的社会统一性的分析，将传播系统视为社会经济、政治、社会和文化过程不可分割的一部分，其产品是社会关系的标志和化身（Mosco，1996：213），避免传播本质主义，寻求媒介的去中心化。莫斯可也建构传播政治经济学与相邻的两个路径和学科——文化研究和政策研究的关系，他认为政治经济学应该学习文化研究的哲学路径，面向主体性和更广的包容性，坚持现实主义的认识论，重视历史研究的价值，考虑具体的社会统一性，克服社会研究和社会实践的分野。传播政治经济学研究应该像文化研究一样关注普通人，怀抱道德义务，对社会制度负责，不回避劳动和劳动过程的研究，借鉴政策研究和公共选择理论的多元论和积极的理性期待路径。他希望结合传统经济学和政治科学，产生一个政策科学分支。他对传播政治经济学的建议就是：开始于一个现实主义、包容的和批判的认识论，采取一种本体论的姿态，发展一个以商品化、空间化和结构化为切入点的坚定立场（Mosco，1996：270）。

　　麦克切斯尼（Robert McChesney）以西雅图华盛顿大学的学习经历和多年传播政治经济学研究实践，反思了传播政治经济学理论本身。作为一个任教于高校的传播学教授，他看到当代的传播教育和训练就是为了与传播工业同步，而传播政治经济学由于自身的批判取向，成为传播研究中不受欢迎和最被忽视的分支领域。高校中的政治经济学课程越来越少。传播研究的学术团体（如 ICA、NCA、AEJMC 等）中也没有这个部门。随着新自由主义的兴起和语言学转向，批判学术逐渐衰落，传播政治经济学面临严重的危机。但他同时也认为与传播行业的拐点一样，传播研究也面临前所未有的机遇，当前传播业的拐点正在帮助传播研究转型，并且已经具备一定的条件。数字传播革命正在消除传统媒介部门与电子传播、人际传播的界限，互联网的出现加快了这个壁垒的坍塌（McChesney，2007：34）。传播研究面临前所未有的机遇，传播研究领域需要进行广泛和激烈的讨论（McChesney，2000）。他将传播政治经济学分为两个层面、三个维度和八个领域。两个层面：一是宏观层面，考察媒体和传播系统如何被融入政治、经济之中，以及与社会权力安排的互动和影响；二是微观层面，考察市场结构、广告支持、劳动关系、利润动力、技术、政府政策如何形塑媒介工业和具体的新闻实践。三个维度：一是应用研究，分析和建构政策事务，包括媒介所有权、媒介资源分配、内容制作、公共广播、互联网接入等；二是基础研究，或者政治经济学研究，分析媒介与社会权力关系的历史、现状和未来；三是其他议题。八个领域：政策制定过程的研究，传媒与全球资本主义变迁，媒介市场批判，传播与广告、营销关系的批判，媒介传播与民主理论，互联网政治经济学，传播制度结构的研究，全球传播考察（McChesney，2007：202）。

　　总体来说，传播政治经济学对自身进行总结和归纳、反省的文献不多，但各有所长，殊途同归。但传播政治经济学者都有一个共识：批判的政治经济学研究应该作为传播研究的基石（McChesney，2000）。所有传播研究都应该批判地思考传媒背后的政治经济权力议题。所有的传播学者，不管其特长和研究领域，都将从基本的政治经济学理论和视野中获益。

结语：不忘初心，方得始终

传播政治经济学在发生、发展和研究的过程中，受到了当时语境下政治经济文化因素的影响，也积极吸纳各种社会思潮，关注各种新的传播事物和现象（Downing，2013），以及不同学科的知识资源和视角，不断完善传播政治经济学的理论和方法，为传播政治经济学注入了新的活力，促进了传播政治经济学的与时俱进，复兴了传播政治经济学研究。但是，在融入了多学科的主题和视角之后，也面临着新的学科合法性问题，随着媒体和传播之外的主题的不断涌入，出现了喧宾夺主的现象，传播政治经济学淹没于社会科学研究主题的海洋之中，其研究结论也大同小异。在研究方法上，其采用民族志、文化研究等人类学、文本分析研究方法，研究实践变成了一种简单的复制。传播政治经济学作为一个跨学科的研究领域，要在博采众长的同时，守住自己的"一亩三分地"，坚守既定的学科界限，捍卫学科的合法性，在跨学科的路径上把握传播政治经济学的研究主题——传播与权力的互相建构，不忘初心，方得始终。

12 "我们不自由的传播"：北美传播政治经济学的理论精髓

信息自由流通的神话……只是垄断资本主义的宣传口号。

——Dallas Smythe，1982：217

对北美传播政治经济学进行学术脉络的梳理后，其理论精髓和精神主线就呼之欲出了。本章将北美传播政治经济学的理论精髓概括为"我们不自由的传播"，试图从北美传播政治经济学的研究中验证这个研究假设，再现北美传播政治经济学的轮廓和原貌，理解其主要视野和解释传播的路径，体现它与其他传播研究学派的区别，论证北美传统学者如何运用政治经济学的路径分析传播工业的"不自由"，这种不自由的传播又是从哪些方面得以体现的，以及他们对"不自由的传播"后果的认识和对自由传播的期待。

12.1 我们－不自由－传播

从报刊在美国出现开始，美国学界和业界对媒介的批评就不绝于耳。19 世纪末，垄断资本主义的发展导致媒介工业的集中，引起了人们对媒介独立和新闻自由的担忧。20 世纪 30 年代，广播、电视等传播新技术的出现，引起了杜威等教育家对公共利益和公共管制的呼吁，并掀起了反对商业广播的广播改革运动。1935 年，杜威在《我们不自由的新闻界》一文中指出新闻界对现存的经济制度负责，报纸和新闻工作者的身体与灵魂都是工业所有，媒介选择和压制新闻都是为了与工业利益一致，整个新闻界是不自由的。北美传播政治经济学延续了美国媒介批判的历史，运用政治经济学的视野，延伸了杜威的"不自由的新闻界"的概念，并远远超出杜威的范畴，延伸到批判地分析传播过程的各个环节，将批判学派发扬光大。

第一，"我们"。北美传播政治经济学者反复强调传播行业是"我们的"，而不是垄断着媒介市场的大媒介集团和跨国公司的。从奠基人斯麦兹、席勒开始，北美传播政治经济学者一直坚称传播资源是公共财产，应该归公众所有，置于公共利益的控制之下。公众有权参与传播政策的讨论，决定传播工业发展的路径和方式，甚至在媒介内容上发挥决定性的影响。媒介应该是公众权利的代表，反映公众的呼声和意愿。北美传播政治经济学者关注公众的现实处境和公共利益，将自己作为公众的一部分，为公共利益和公共管制进行理论和实践的探索，而非站在集团媒体的一方，为统治阶级出谋划策。这也是传播政治经济学者与主流的传播者的重要分歧。政治经济学者认为美国整个传播系统不是自由市场竞争的结果，而是特殊的公共补贴政策创造和形成的（McChesney，2007）。美国传播体制不是普遍地服务于人民，而是迎合市场的需求。在资本主义制度下，由于传播系统的商业化和私有化，媒介首先为持股者服务（Wasko，1982）。媒体是权力餐桌上的一分子（Altschull，1984：195），是政治经济权力的代理，反映媒介所有者的利益，而非主张公众利益的工具。正如麦克切斯尼等人（McCheseney & Nichols，2002）所总结的，我们的媒体已经变成了"他们"的媒体。美国今天的媒体没有提供对公民权的基本支持，没有保护和推进公共利益，不是一个通过我们的双手、根据我们的利益创造的媒介系统。今天的媒介已经不是我们的，而是"他们"的。"他们"是谁？就是巨大的聚合体，他们维持媒介领域的垄断控制。他们创造的媒介垄断结构让传统的新闻自由理想成为泡影。在北美政治经济学者的视野中，这个"我们"超出了美国，并非单指美国人民，而是一个囊括全球公民的指称。作为产生于北美的学术流派，政治经济学并没有为美国电子传播在世界范围内的主导地位摇旗呐喊，它坚持对传播的分析必须是超国家的（supranational）。政治经济学者认为以卫星传播为代表的电子传播系统，虽然是美国发明并在美国迅速发展，但是通过私有化和商业化的过程，成了私有财产，美国的卫星传播代表美国政府（Smythe，1960a）。在国际传播系统结构和规制上，贫穷国家没有多少发言权，甚至被完全排除在外（Schiller，1969：136）。政治经济学者进而提出建立一个使用国际广播频率的新秩序，主张基于互惠互利的政策前提建立国际卫星传播的规制组织，协调卫星传播资源的分配和使用，使卫星传播资源掌握在全世界人民手中，成为世界人民共享共用的财产。

第二，"不自由"。北美传播政治经济学不像欧洲的文化研究和传播政治经济学融合了太多的意识形态和文化因素，而是体现了更为纯粹的政治经济学路径。总结北美传统，就会发现，他们都在论述一个主题：不自由。这个"自由"并非完全等同于新闻自由，而是包括新闻自由，但外延更广，类似于自治（autonomy），包括言论自由、思想自由、政治自由以及个人和组织的自主、自治、平等、公正等意涵。自治，作为自我管理（self‑government，self‑management，self‑governance）的权利，指的是一个理性人或组织可以行使所有的权利，能独立地做出决定，而不受他们所不能抗拒的任何权威的干扰。自由虽与自治不同，但在伯林看来，一些积极自由的概念等同于自治的意义（Berlin，1969：131 – 134）。第一修正案理论家米克约翰（Meiklejohn，1960：19）和自治理论家贝克（Baker，1989）都强调应该保障自由传播，而非仅仅是单方面的新闻自由。凯瑞（Carey，1988：15）反对将传播定义为传授、告知（imparting）的"传输"观念（transmission view），认为传播是共享和参与的过程。帕森斯的结构功能主义也强调一个系统的运行状态的稳定取决于子系统之间是否存在跨越边界的对流式交换关系，维持其内部各个子系统之间的平衡对系统运行至关重要。正是从这些观念出发，北美传播政治经济学者认为，美国国内和国际的传播都是一个不自由、不平等、不平衡的过程。在此，这种自由传播的权利既是一种个人自治、自主的权利，又是公众自由、平等的社会权利。在北美传播政治经济学者眼中，美国的传播工业和制度都在不断破坏着"自由传播"这种个人和组织自由、自治的权利。政治经济权力控制了传播活动的整个过程，整个传播过程都不是自由和自主的过程。这个不自由的过程包括诸多主体，如不自由的记者、不自由的媒体、不自由的受众等，具体包括决定传播工业发展的政策（如媒介解除管制政策）不是在公开自由的讨论下制定的，媒介发展的路径是不自由的（如互联网商业化），受众是不自由的（如受众商品论）。

第三，"传播"。从最初的"维纳‑香农"模式的单向传播，到经典的拉斯韦尔5W传播模式，再到"施拉姆‑奥斯古德"的双向传播模式（Schramm & Osgood，1954），都指出传播是一个包括多个因素、多个主体的复杂过程。北美传播政治经济学超出"新闻界"（press）的概念，其所研究的对象和主题包括整个传播工业和各种传播现象，在传播方式上，不

仅包括大众传播，还包括人际传播、组织传播、集体传播等方式。在传播
媒介上，既包括报刊等传统媒介，也包括广播、电视、互联网等电子传播
媒介，还包括手机、无线网络等移动传播媒介。在此，"传播"是对交流
主体、媒介、方式、渠道和过程的统筹行为的指称，而非单指"新闻界"，
不仅包括新闻，也包括信息、广告等内容的生产和传播过程，涉及传播主
体、传播来源、传播政策制定、传播内容、传播渠道、受众、传播效果等
传播过程中的各个因素和各个步骤。

12.2　为什么"不自由"

北美传播政治经济学者所说的"我们不自由的传播"，又体现在哪些
方面呢？政治经济学者系统地考察传播的整个过程，既有潜在的结构，也
有表面的现象；既有对发展路径的历史探索，也有对媒介结构的共时考
察；既有对自由市场神话的阳谋的呈现，也有对暗地里各种势力勾结的阴
谋的揭露。归结起来，主要是从以下几方面体现出"我们不自由的传播"
的主题。

11.2.1　不自由的政策制定过程

北美政治经济学者认为美国的传播政策制定（decision - making）将
公众排除在外，从来不是一个自由自主的过程，缺乏公众参与和公共讨
论，指出了美国传播政策制定过程的反民主特质。斯麦兹指出电子传播政
策的制定和实施实际上是一个不自主的过程，他质疑 FCC 进行有效规制
的能力，批判了 FCC 维护私有公司的利益，而置公共利益于不顾，认为
其所制定的传播法案允许通信运营商的私人操作（Smythe，1957），私有
力量自由地进入公共广播资源，同时移除他们控制传播的壁垒，避免了公
共利益的规制。私有化的讨论不为人知，媒介政策制定根本没有在媒体中
报道，也没有在贸易和商业刊物中发表，讨论的范围被局限于统治性的玩
家（McChesney，1999：158）。北美政治经济学者认为，在媒介工业中现
存的东西没有任何是自然生成的。媒介系统是政府行为的直接结果，政府
不是建立一个竞技场，而是游戏玩家娱乐的地方。政府机构授予私有公司
以垄断权力。媒介集团不是在自由的市场公平的竞争中赢了，它们赢得了
政府的彩票，而大多数人甚至都没有权利去买一张票（McChesney，

2002）。在国际领域，由于美国在电子传播和空间传播领域占统治地位，其主要关心自己的利益，在卫星传播的规制上，美国权力精英确立了空间通信的目标和结构。在国际传播系统的形式和结构以及电波分配上，全球贫穷国家没有多少发言权，甚至被完全排除在外，美国的卫星传播代表美国政府，所谓的卫星传播政策和结构的讨论不是世界范围内公开公正的自由讨论，而是受美国主导和统治的宰制过程。

12.2.2　媒介是不自由的

在主流传播学者眼中，美国是新闻自由的国度，由于自由主义的传统和第一修正案的制度框架，美国新闻媒介被认为是独立运作的，新闻从业人员享受着最大限度的新闻自由和言论自由。但是北美政治经济学者却看到了另外一番景象，既有如斯麦兹、席勒对整个媒介产业和电子传播工业粗线条的宏观批判，也有一批从事了多年新闻实践后进入学术领域的学者，主要从中观和微观层面上分析新闻报道和新闻媒介背后的政治经济权力控制。北美政治经济学者通过对媒介历史的考察，认为媒介一直是不自由的，正如席勒"军事工业传播复合体"概念所揭示的，美国的政府、军事部门、经济和传播工业是紧密结合的，由于国家传播系统的军事化，传播资源的使用一直超出了 FCC 的控制和规制，传播机器被相关部门重新建构，其管理结构被军事主导（Schiller，1969：33），民用部门处于国家广播系统的边缘。随着电子传播工业的融合和解除管制，所有者的数量日益减少，媒介垄断进一步加剧。最高一层的媒介集团，确定了新闻价值的定义，设定了新闻的议程，并为低层的媒体进而为普通的公众提供了国内和国际新闻，悄悄地创造一种新的信息中央集权（Bagdikian，1983）。美国大多数主要的媒介，都被巨大的集团和非常富有的人们所拥有和控制，它们只关注盈利底线。集团所有者通过直接和非直接的方式影响和控制媒介公司的结构和行为，甚至运行和策略。

在媒介内部，政治经济学者认为记者和媒介受到了各方面的压力，记者被迫去改变新闻，进行妥协和回避（Gans，1979：249）。新闻业总是加工、控制和分散社会的反对意见，并吸收到占统治地位的结构中，而将其他的推到社会生活的边缘（Gitlin，1980：5）。统治精英通过"新闻管理"出版新闻管理者希望出版的东西，回避一些有争议的问题，媒介被压制去服务于各种现实利益、便利和需要，媒介成了一个统治工具。而媒介框架则是新闻管理的一种重要方式，媒介通过选择、认知、解释和表达新闻的持续模式，处理符号、组织话语、报道新闻，服务于政治和经济精英的需要。不同于主流传播学者对客观性原则和职业主义的信仰，北美传播政治经济学者认为职业主义的信条只是限制记者新闻自由的一种潜在结构，客观性总是压倒性地突出官方的声音，限制了记者自由发挥才能。客观性倾向于将新闻保持在肤浅的层面上，平淡无味变成标准，存在社会敏感性的材料被压制，社会冲突被掩盖，社会权力对现状的解释合法化（D. Schiller，1981：196）。而赫尔曼和乔姆斯基的宣传模式也指出，媒介通过所有权、广告、信息源、抨击（flak）、共产主义等新闻的过滤器，确定了话语的前提和解释，迫使新闻工作者进行自我审查，适应媒介组织的需要。

媒介依附理论再次证明了媒介的不自由。斯麦兹考察了垄断资本主义核心地带美国和加拿大传播和文化工业的关系，指出加拿大的军事工业复合体是美国军事工业复合体的子集。加拿大文化工业围绕美国跨国集团而发展，是美国文化的附庸（Smythe，1981：3）。加拿大报刊、书籍和电影工业都是美国市场的附庸。斯麦兹的学生彭达库指出加拿大电影工业尤其对美国依附严重，是美国垄断力量的延伸（Pendakur，1990：40）。美国电影生产和发行公司与加拿大的放映商形成联盟，通过拥有加拿大大部分电影工业资产而实现对加拿大的宰制。而加拿大的教育和大众媒介从根本上保障和维持了这种帝国主义的联系，服务于美国的利益。加拿大统治阶级是美国强大的联盟，他们从来都不挑战美国的传播霸权。加拿大国家精英，通过各种集团和国家机构，积极地参与到依附的生产和再生产中，维持着依附关系，其背后的原因是加拿大经济对美国垄断资本主义的依附。

正是基于新闻管理、媒介架构、宣传模式、媒介依附等概念，政治经济学者一直致力于论证，美国的大众传播领域受集团公司控制，美国的大众媒介的发展被其周围的市场系统所决定，不是一个自由和自治发展的过程。媒介内容的决定因素是营销的需要，而不是作者的创新冲动或受众的需要。媒介本身就是一种政治，存在内在的政治考量。正如甘斯（Herbert Gans）总结说，新闻的生产是一种权力系统（Gans，1979：78），媒介作为权力的工具和代理而运行。

12.2.3 传播过程是不自由的

主流的传播研究学者都在试图论证美国式"自由传播"过程。而北美政治经济学者从媒介不自由延伸出传播过程也是不自由的。他们指出美国式的"自由传播"并非真正意义上的自由传播。美国的大众传播过程受市场经济利益所控制，国内外信息流通是被控制的，主要是为了推销狭隘的国家和国际目标。正如甘迪的信息补贴所揭示的，信息和其他商品一样，面临短缺和过剩。信息源为了促进某些受偏爱信息的生产、流通和消费，就通过增加信息影响力或者降低信息成本和价格来实现。正是通过这种信息补贴的提供，那些有权力去控制信息价格的人，不但控制信息消费，还可以影响基于这些信息而作的决策（Gandy，1982：8）。信息源通过对大众媒体渠道的控制，最终实现了对政策制定的控制，进而维持其对资本主义社会的控制。

在国际领域，政治经济学者批判了信息自由流通的神话，认为这个口号只是垄断资本主义的宣传术语。美国传播工业在世界范围内拓展有着重要的政治经济内蕴。美国强有力的传播系统就是为美国在世界范围内的拓展提供借口。席勒的媒介帝国主义证明了信息流通的不自由和不平等。在他看来，媒介帝国主义有效地推销了美国的价值观和政治经济模式。传播技术的推销通常伴随着经济制度、商业安排、金融网络、技术结构和进程，传播变成了美国权力扩张的决定性力量。在信息流通过程中，美国的媒介不但输出它们的结构，也输出运营哲学和职业观念。政治经济学者将信息的自由流通称为一个花招，只是侵略性的国际资本主义的宣传口号，只是美国传播工业进行海外扩张的借口，是宰制的工具，背后的动因是美国的资本主义经济在全球寻找市场。全球媒介市场被美国少数跨国媒介集团统治，商业化、全球化、私有化和解除管制是其他国家不可抵抗的全球潮流。

北美传播政治经济学者认为，不管是国内还是国际的信息流通，都是由美国经济和媒介集团所主导的，是不自由的和不平等的过程，而且这种不自由和不平等的过程又在不断加深国内外的信息和知识鸿沟，是一种不平等、不自由的恶性循环。

12.2.4 受众是不自由的

斯麦兹的受众商品论证明了在美国商业媒介经济模式中受众是不自由

的。斯麦兹的受众商品论批判传播商品是信息、消息、图像、意义、娱乐、教育的传统观念，指出垄断资本主义制度下传播商品是受众和阅读（readship）。大众媒介的言论、信息或思想，只是吸引顾客登门造访的"免费午餐"，媒介通过提供优良的电视节目，来刺激受众的胃口，从而吸引他们聚集和参与到节目、版面内容中，接近和赞许广告商的信息（Smythe，1977）。作为商品，受众在市场上任由生产者和购买者（广告商）摆布。受众被作为潜在的消费者生产出来，成为洗脑的对象，变成主流意识形态的附庸，而且受众的时间也不是受众能自由控制的。斯麦兹认为垄断资本主义的物质现实就是大多数人的非睡眠时间（包括工作和休息时间）都是工作时间，受众并没有权利分配自己的时间，受众在工作之余试图在电视机前面休息时，实际上身不由己地生产和再生产劳动力。受众观看电视，面对的是成千上万的新商品而导致貌似无数的可选择性，实际上是没有选择性。受众缺乏评估和解决问题的科学目的，受众就被暗示着去进行冲动购买和虚假消费。莫斯可对斯麦兹的受众商品论做了补充性的解释，提出"控制性商品"（cybernetic commodity）概念，指出了商品化过程中日益增长的控制论性质，认为受众商品是延伸的商品化过程，延伸到了机构领域，包括公共空间的转型，甚至身体和身份的转型。

公众也是不自由的。席勒的"思想管理"的概念证明了在美国媒介体制下公众是不自由的。美国媒体生产、加工、提炼和控制着图像和信息，决定了美国人民的信仰、态度和行为，故意生产出与现实社会不对应的信息，成为思想管理者。统治精英利用市场法则和直接的政治控制，通过操纵性信息有意制造一个虚假的现实，对人类思想进行操纵，大众传播成为一种征服的工具（Schiller，1972：1）。不同于主流传播研究学者对民调工业和定量研究方法的信仰和依赖，席勒认为调查的起源就是为满足商业的需求，后来迎合了战争的迫切需要，和平时期又转变成了管理机器，调查的主要功能就是将消费者喜好和习惯信息提供给私有企业，表面上标榜"记录意见和表达选择"，实际上是"选择约束"（choice‐restricting）机制，是最欺骗人的伎俩（Schiller，1972：121）。民调实际上是对意见进行衡量和制造，是思想管理体系的组成部分，是为了实现操纵目的而设计的工具。

甘迪的"全景分类"再次证明了公民是不自由的。在全景分类中，个人和组织根据它们被假定的经济和政治价值观分类。个人信息被测量、收集、加工和共享。全景分类是一个规训和监视系统，分布广泛，而且不断在扩大和制度化（Gandy，1993：15），隐私权作为一种普世价值，在全景分类中受到了威胁。全景分类限制个人的选择余地，威胁个人维持独立个性的结构。个人在更强大的他者的注视下活动，自治受到伤害。这种分类机制加剧了个人与组织机构间信息的不平等，扩大了知识和信息鸿沟，导致公众理解水平的下降，加剧了社会矛盾。

受众商品、思想管理、全景分类等概念都是北美政治经济学者证明受众和公众不自由的明证，解释了政治经济权力对个人观念和信息流通的控制，批判了私有权力对公共表达的接管，对个人自治表达了深深的担忧。

12.2.5 媒介市场是不自由的

自由主义传统一直信奉自由市场，认为在自由市场上金钱、货物的流动完全是根据所有者个人意愿而进行的。自由市场的原则是小政府、大市场。20世纪80年代后，新自由主义思潮重新在美国兴起，并很快席卷全球，自由市场的神话再次风行。但是北美政治经济学者却对新自由主义媒介政策进行了激烈的批判。在他们看来，"自由市场"的概念指的并非真正的自由市场，而是新自由主义者视野中的市场，造成了全世界的误读。自由主义者认为，对人类来说，最理智、公平和民主的规制机制就是市场。政治经济学者批判了媒介自由市场的神话，指出市场的成功基于消除竞争。媒介市场的建立和规制机制都不是自由讨论的结果。现有媒介集团巨头运用它们的权力，统治了市场的输出，建立主要的壁垒，防止和限制其他公司进入，保持垄断和寡占，媒介市场只局限于少数的玩家，并不可能实现自由竞争。主要的电子传播公司控制着承载信息的传播线路和终端，掌握着信息传播技术专利。解除管制让电子传播工业的合并和并购更加容易，自由竞争更加遥不可及。

政治经济学者总结了自由市场神话风行的根本原因在于资本主义制度，资本主义作为一种经济制度，其核心就是通过投资寻求利润最大化。自由市场神话为保护少数人的利益服务。宣扬自由市场神话的目的不是去澄清或者引导公共讨论，而是去使事情模糊，消除公众讨论和民主政策制定的需求（McCheseny，1999：146）。电子传播发展的最重要的特征不是开启了传播市场中的竞争，而是使大公司更容易巩固其在媒体、电子传播和计算机部门中的联盟。数字传播系统不是一个竞争性的基础，实际上刺激了垄断和寡占，加剧了阶级分化以及政治经济的反民主趋势。

12.3　自由传播的期待

在洞悉"我们不自由的传播"的种种过程和因素之后，北美传播政治经济学者也看到了"我们不自由的传播"所导致的严重后果。随着媒介的增加和所有权的减少，巨大的私有经济公司控制着信息的生产和流通，从微观上说，影响了公共话语的质量。新闻和公共信息被金融和非新闻集团所控制。新闻媒体的产品，主要是为适应广告和主流意识形态而设计。媒介网络被阉割，受一些潜规则和价值观的影响，节目被不断地修剪去符合商业逻辑（Gitlin，1983：65）。媒介网络不是为了刺激和启发我们去思考，而是在引诱和说服我们从属于占统治地位的价值观。媒介将注意力转向地方的问题，去吸引更多的广告和阅读量。越来越少的新闻处理当代的问题，作为新闻的替代品，新闻界关于流言的报道在不断增加。关于个人和正面的信息越来越多，关于重大的政治、经济和社会事务的信息越来越少。媒介失去了作为民主机制的基础，最终的结果是歪曲的现实和贫瘠的思想（Bagdikian，1983：46）。由于商业上的成功是媒介市场结构的首要目标，竞争者总是会复制对方的成功，导致了媒介聚合、寡占和文化的同质性（Gitlin，1983：332）。与米尔斯的判断相似，政治经济学者认为目前传播模式的逻辑轨迹只是唆使正在进行中的社会生活去政治化、两极化和去民主化（McChesney，1999：185）。在国际领域，美国集团媒介制度跨过国家的边界，进行文化帝国主义式的扩张，新自由主义媒介政策指导下的商业化和解除管制成为一个浪潮洗刷着地球的每一个角落，集团并购在世界范围内大爆发。发展中国家在发达国家的电子围困下，正在失去它们的特性。单向的文化渗透，导致了文化依赖，破坏了脆弱社会的文化完整性。世界范围内信息不平等日益加剧，宰制日益延伸。国内和国际范围内的信息不平等、不自由流通，导致公共政策由少数精英决定，国内外阶层之间信息鸿沟日益扩大。信息贫困者和相对贫困者从现有的系统中获得信息能力被限制。信息流通的加快只会加深穷人和富人之间的信息鸿沟和权力鸿沟，导致国内和国际范围内的斗争不断加剧，公众的信息需要和集团利益的冲突日益凸显，社会陷入深刻的危机。但是政治经济学者乐观地看到，随着旧殖民主义的瓦解，世界各地的独立运动和技术的飞速发展正在创造一个国际传播新模式，双向的信息流通代替了传统的单向循环，这给美国的媒介帝国主义带来了新的挑战，也为发展中国家传播业的发展带来了新的机遇。随着信息和知识劳动力队伍的日益壮大和自觉发展，政治经济学者乐观地看到逐渐上升的变革意识和社会变革的可能性。

北美政治经济学者对信息不平等导致的社会危机表示了深深的忧虑。北美政治经济学者从阶级斗争的观念出发，看到不平等和不自由的传播导致了国内和国际范围内的斗争不断加剧，公众的信息需要和集团利益的冲突日益凸显。新的信息传播技术的广泛运用使失业人数日益增加，也加剧了社会动荡。美国跨国公司虽然通过大量信息活动暂时维持了世界市场经济的稳定，但资本主义体制最终还是会坍塌。从短期看，跨国公司产生全球劳动分工，推销消费伦理，但并不能维持资本主义。新信息技术的运用只是对资本主义制度系统问题的回应，这些努力可能短期内会成功，却为不远的将来更加严重的危机埋下了伏笔（Schiller，1984）。虽然跨国公司被政府保护，但它们最终在民族解放、反帝和社会主义力量面前是无助的。

北美传播政治经济学者论述了以美国为代表的商业化传播体制的种种弊端，从他们对传播各个过程和因素的考察可以看出，他们的研究围绕"我们不自由的传播"而展开。政治经济学者看到传播是不自由的，但并不认为这种不自由的现状是不可改变的，他们认为不自由是由资本主义制度下政治经济权力的控制造成的，通过抗争和结构的变革，可以走向自由平等的传播。如果通过广泛的公民参与和公共讨论，权力可以从统治精英那里转移到公众手中，就可以实现权力的公有和共享。北美传播政治经济学者突破只破不立的传统假象，面对"我们不自由的传播"的现状，并没有选择回避，也没有仅仅停留在描述性的批判分析上，而是提出一系列媒介改革建议和策略，呼吁公众参与到传播斗争中，希望所有人努力去改变信息系统，让它成为一个足够开放到容纳所有人的公开网络，实现自由传播的目标。他们呼吁左派作为领导力量，将工人组织起来开展运动，与媒介和传播现状斗争（McChesney，1999：282），参与媒介政策制定过程中的公开讨论，推进媒介政策制定的民主化，制定符合公共利益的媒介政策，推进媒介系统以及更广泛的政治经济文化系统的结构性改革。

奠基人斯麦兹和席勒早就看到，随着旧殖民主义的瓦解，世界各地的独立运动和技术的飞速发展正在创造一个国际传播新模式，双向的信息流通代替了单向传输。世界各地已经被或者正在被拉入日益拓展的信息网络。北美传播政治经济学者也身体力行，为建立国际信息新秩序积极建言和奔走，呼吁保护第三世界在信息自由流通中的自治权，建议发展中国家必须拥有和操作它们自己的传播系统，维护本国主权独立和文化自治。北美传播政治经济学围绕不自由的传播而展开研究，强调政治经济因素对传播体制和传播行为的决定作用，体现了更为纯粹的政治经济学路径，与强调意识形态因素的英国政治经济学和强调依附的第三世界政治经济学形成了鲜明的对比。

结　语

北美传播政治经济学者通过对传播现状的批评解读，得出了具有说服力的洞见，让我们认清了美国商业化媒介体制的本质及其所面临的危机，有利于我们避免重蹈覆辙，为我们发展替代性的媒介制度提供宝贵经验，其政策思考和理论探讨能为我们建设和完善中国的传播体制提供借鉴。作为深受马克思主义影响的流派，北美传播政治经济学在传播研究领域辅证了经济基础决定上层建筑的经典论断，重新捍卫了唯物主义的存有论和辩证的认识论。在方法论上，政治经济学的分析路径提供了不同于主流经验研究的批判视野，为传播研究增添了新的生机和活力。但是北美传播政治经济学者也因为偶尔过于武断的论断而为人所诟病。北美传播政治经济学者可能是正确的，却是独断论者，用一句西方谚语来说，其工具就像一个榔头，每一个问题都类似于一个铁钉，用"政治经济决定文化"的论断一锤定音，将传播的种种弊端归结为政治经济权力的影响，难免有失偏颇。

北美传播政治经济学者将传播置于资本主义体制下进行政治经济学的考察，对传播技术发展带来的各种自由传播的乌托邦思想持否定态度，对传播的未来走向充满担忧，打破了种种电子乌托邦的幻象，令人警醒。但是，北美传播政治经济学者对传播的发展过于悲观，往往专注于其消极层面而忽视积极层面，忽视了传播在文化生产、传播和保存中的积极功能，这也是批判学者的通病。虽然信息的增加，对不同的阶级来说，的确带来了不成比例的收益，不自由和不平等在信息传播中时有体现，并加剧了人们信息生产、获取能力的不均衡，扩大了在信息拥有上的"贫富差距"，但是，他们忽视了传播对公民自治和社会发展的积极作用。传播的确仍为政治经济精英所极力控制，但是这种控制的意图和控制的实际效果却是两回事，北美传播政治经济学在很大程度上将二者化约为等同的关系。现实的情况是，随着信息和传播技术的发展，试图控制信息生产和流通变得日益困难。以前精英独享的信息特权已经进一步被信息技术削弱，个人生产和传播信息的能力不断增强。北美传播政治经济学者在思考经济力量的制约时，没能看到相关传播技术的发展正在突破各种瓶颈，如互联网介入的成本和技术门槛都在不断降低。但是，北美传播政治经济学的判断在今天看来仍然是合理的，国际传播市场仍然被少数公司所垄断，它们使用各种技术手段和营销策略，使普通民众仍然被排除在外。从传播总的发展趋势来看，北美传播政治经济学者的判断是理智的。信息技术和传播媒介的迅速发展，并没有打破长期存在的知识垄断，将我们带入一个人人自由的时代。北美传播政治经济学者对传播难以释怀的焦虑和悲观，今天看来，仍然值得我们警醒。

正如"盲点"辩论所显示的，北美传播政治经济学者由于过于重视传播过程中的政治经济维度、忽视文化维度而备受批评。他们忽视受众的能动性，否定积极受众的存在，忽视受众个体在接受和传播过程中鲜活的传播体验。传播政治经济学路径因此也被批判为经济决定论、阴谋论。在新媒体语境下，受众的主体性进一步增强，不仅是商品交换过程中的重要一环，也是价值和意义生产链条中的重要环节，而北美传播政治经济学一直缺乏对后者的考察。所以，传播政治经济学应该结合其他研究路径，如文化研究、政策科学的路径，"理解受众如何被建构，阐释人们使用媒介物品的鲜活体验"（Murdock，1978），拓展解释媒介产品作为商品和意义的理论视野。

北美传播政治经济学还体现出一种潜在的美国中心论，正如英国政治经济学者格拉汉姆（Nicholas Garnham）所说，他们的"目光是美国的，是基于一个对美国权力扩张的担心，体现了一种潜在的美国中心主义，完全不同于欧洲的社会经验"，这种批评也不无道理。另外，北美传播政治经济学者过于依赖质化研究方法，忽视量化研究方法，在研究过程和结论上的科学性备受争议。他们重视宏观和中观层面的研究，忽视微观层面的研究，无法提供充分的证据证明政治经济权力控制与媒介内容变化之间的必然联系，因此也广受批评。

北美传播政治经济学者不承认现状是合理的、最自然和最优的，对现有政治经济体系和传播制度进行了激烈的批判，"不害怕自己的结论，也不害怕与现有权力的冲突"（McChesney，2007：48），他们探讨的领域不局限于统治社会并从中获益的人的需要，而是考虑社会可能的选择，试图建构更好的传播制度，创造更加自由、平等的传播世界，体现了开阔的国际视野和深切的现实关怀。

13　传播即控制：北美传播政治经济学的元理论解析

传播研究领域内流派纷呈、风格各异。作为批判学派的重要分支，传播政治经济学由于独立的精神姿态和批判的理论取向在传播研究中独树一帜。不同于效率取向的美国主流经验学派对媒介分析、受众研究和传播效果研究的重视，公平取向的传播政治经济学则着重关注资本主义传播体制的经济结构和运行机制，重视对传播的所有权、生产、流通和受众消费等层面的分析，注重揭示社会权力关系与传播的相互构建，体现出反潮流的理论取向。传播政治经济学的思想源自古典政治经济学和制度经济学，坚持马克思主义怀疑和批判的理论姿态，吸纳加拿大多伦多学派的技术批判和社会批判，继承了欧洲社会学传统和北美新闻传播研究路径，经过理论泰斗达拉斯·斯麦兹（Dallas Smythe）和精神领袖赫伯特·席勒（Herbert Schiller）两位奠基人的开疆拓土，衍生出多个分支领域，如电影政治经济学，代表人物如古巴克（Thomas Guback）、瓦斯科（Janet Wasko）；媒体政治经济学，代表人物如吉特林（Todd Gitlin）、阿特休尔（J. Altschull）、巴格迪基恩（Ben Bagdikian）；信息政治经济学，代表人物如甘迪（Oscar Gandy）、丹·席勒（Dan Schiller）；互联网政治经济学，代表人物如麦克切斯尼（Robert McChesney）；广告政治经济学，代表人物如杰哈利（Sut Jhally）。该学派开辟了一条不同于传统传播经验研究的政治经济学路径，并在世界学术场域内生根发芽，形成北美传统（以斯麦兹、席勒父子和麦克切斯尼为代表）、欧洲传统（以英国的默多克、戈尔丁为代表）和第三世界传统（以马特拉为代表），虽风格各异，但殊途同归。传播政治经济学有着多元的思想根基、鲜明的知识传统、清晰的传承谱系和独特的演进逻辑，与其他传播研究流派形成显著差异，这种区别主要体现在元理论层面。元理论是对理论的反思，是关于理论的理论，是某一学科或流派的基本假定和逻辑起点，是某一学术共同体所达成的根本共识和持有的基本信念，反映了理论体系背后的深层结构和理论范式。本章基于对一手英文文献的全面搜集和深入解读，将传播政治经济学的元理论解析为"传播即控制"，并从哲学基础、世界观、认识论、价值观、方法论等维度对其进行元理论层次的深层剖析，以期更加深刻地认识传播政治经济学的理论逻辑和思想传统，凸显其独特的理论和实践价值，复兴在新媒体时代逐渐落寞的传播学批判学派。

13.1　何为元理论

"元"的英文是"meta"，意为"……之后""超越"。元理论是关于理论的理论，是理论构建的逻辑起点，是研究者对现象或问题所持有的根本共识、预设立场或基本假定，它往往在理论背后以未明确陈述的隐匿状态存在，需要进行深入的反思和考察才能得到外显化的阐明；而一旦进入自觉的系统化的元理论研究阶段就能够产生对理论的更深刻认识，指导理论的建立和完善（王琳，2009）。

元理论是以理论作为研究对象的，是在更根本、更深入的层次上对理论逻辑进行的阐释和说明。元理论是一个学科或实践领域的前提假设，是一个学科体系得以独立存在的逻辑起点。这些前提假设是为学术共同体所默认的，并达成普遍一致的共识，也可以被看作能够被实践所证明的方法论原理。元理论意味着一种更高级的逻辑形式，是研究者在建构理论和理论体系背后起骨架支撑作用的基本信念、观点和立场。元理论的任务包括考察对象理论的论证结构基本概念和基本原理的构成方式、定义和证明方法，分析和揭示理论论证所依赖的各种前提，特别是那些在理论中未明言的隐蔽前提，使理论同时代背景知识和整个精神面貌的联系明朗化，进而阐明对象理论同它们所反映的现实的关系，判明其反映现实的可靠性、可能性和限度，预示理论发展的趋势、前景和规律性（李振伦，1996）。通过重新表述对象理论，并把理论本身内在的东西分析出来，进而通过发挥分析的科学功能去推动对象理论自身的完善和发展。

元理论研究一般包含对基本概念的内涵和构成、基本研究范围、基本现象的原理性描述方式和方法论的共识和认同，是理论构建时潜移默化地遵循的基本原则（李俊奎，2009）。受学科的制度结构等社会性力量影响，研究者在阐述理论观点时甚至未意识到他本人所持有的元理论观点，这是因为他在接受学科教育训练和学科的话语体系时，已经无意识地或理所当然地接受了渗透其中的元理论假设，并已用这些假设来理解和思考专业的问题。可以说，正是元理论的理论水平决定着整个学科理论体系水平的高低。

13.2　哲学基础：马克思主义

根据莫斯可的定义，传播政治经济学是从马克思主义的基本立场出发，研究社会权力关系与传播生产、流通、消费的相互构建（Mosco，1996）。马克思主义是所有传播政治经济学者共同的哲学基础。

马克思是传播政治经济学公认的精神领袖。北美传播政治经济学者或多或少倾心于马克思主义，马克思主义是北美传播政治经济学最重要的思想来源。马克思主义政治经济学作为对古典政治经济学和资本主义本身的双重批判，不论是在思想主旨上，还是在分析逻辑上，都给北美传播政治经济学以重要影响。北美传播政治经济学者从来不讳言对马克思主义的青睐。他们大多自称是左派学者（McChesney，2007），奠基人斯麦兹就在加州大学伯克利分校受过马克思主义影响，并参加了加州的工人运动，自称享受左派的生活（Smythe，1993）。在学术实践中，他用马克思的商品理论分析资本主义受众市场，提出受众商品论。席勒出生于工人家庭，二战中的服役和战后的工作经历使他认识到了马克思主义的科学性。吉特林则是20世纪60年代以加州大学伯克利分校为中心的学生运动领袖。甘迪明确宣称，马克思对他的思想的影响是难以衡量的，而且无处不在（Gandy，1993），而麦克切斯尼则一直自称受马克思主义经济学家巴兰和斯威齐的鼓舞而走上政治经济学道路（McChesney，2007）。广告政治经济学者加利则认为马克思是对资本主义最具有洞察力、分析最深入的学者，马克思的著作，对于在资本主义生产模式下研究社会的运作问题，是一个最充分的分析起点（Jhally，1990），并用马克思的剩余价值理论分析广告市场。莫斯可也承认受马克思辩证法的影响而对传播政治经济学进行系统总结（Mosco，1996），赵月枝以马克思主义的意识形态理论分析中国传播业面临的商业主义和政治约束的双重冲击（Zhao，1998；2008）。

马克思对资本主义所持的怀疑和批判的态度是传播政治经济学者自始至终的理论姿态。马克思的历史辩证观念和历史唯物主义，是传播政治经济学者总的方法论取向。和马克思一样，传播政治经济学者是对所处语境的批判者，总是尝试挑战整个资本主义制度，寻求商业传播体制的可替代方式。他们拒绝承认现实是合理的、最自然和最优的，总是追问各种反对强权者的问题，对现有东西进行无情的批判。他们批判现有的政治经济权力和现有的传播制度，并寻求各种替代性的传播体制。他们探讨的事务不局限于统治社会的人和从现状中获益的人的需要，而是试图在社会可能的范围内建构最好的制度。

马克思主义的一些重要概念是北美传播政治经济学分析的起点。马克思对资本主义谋利本性进行了深刻的揭露，传播政治经济学者借此来分析传播业市场的本性。马克思的商品、剩余价值、拜物教、异化等概念启发传播政治经济学者理解资本主义制度下媒介、广告商、公众背后隐蔽的关系。马克思的异化概念被用来分析资本主义社会的商业主义对公共生活和个人隐私的侵犯。马克思的劳动价值理论和剩余价值概念直接被传播政治经济学者运用于对资本主义传播工业运行机制的剖析，也促使政治经济学者一直关注和批判资本与劳动之间控制和反抗的斗争。马克思的"商品拜物教"（Commodity Fetishism）激发政治经济学者不断思考资本主义传播体制下利润系统如何运作，发掘广播者、广告商和受众之间隐蔽的三角关系，以及其对经济和社会的影响。马克思的阶级斗争概念，启发政治经济学者将阶级结构作为理解社会生活的中心切入点去描述传播实践中的社会关系。马克思对劳动、劳动力、劳动分工的研究，也是传播政治经济学研究的核心领域。马克思对劳动人民利益的重视，激发了传播政治经济学者对公共利益的呼吁，并促使他们提出一系列媒介改革建议。马克思主义的实践观念让政治经济学者身体力行，参与到媒介改革实践中（McChesney，1999）。马克思对实践的关注鼓舞政治经济学者尝试跨越研究和政策的区别，将他们的研究指向现实社会变迁和实践。受马克思改造世界思想的影响，他们坚持用学术改变社会，成为媒介改革运动中来自学术界的重要力量。

13.3　传播本体论：传播即控制

传播的本质是什么？对传播进行准确的定义和认识是传播研究的起点，也是不同取向和流派学者绕不开的话题。在主流经验学者看来，传播是传递，是信息传输；在文化学者看来，传播是文化，是仪式（Carey，1988）。但在传播政治经济学者看来，资本主义制度下传播的本质是一种控制机制。各种社会关系，尤其是权力关系，不但控制传播资源的生产、分配与消费，而且利用传播来控制社会的物质基础和社会意识，进而达到控制者的目的。传播政治经济学者注重对社会生活中的传播的控制与生产进行研究，时刻密切关注传播的生产、分配与消费各个环节存在的控制形式。在他们看来，资本主义制度下的传播本质上是一种控制机制，政治经济权力控制下的传播是不自由、不平等、不平衡的过程。资本主义制度侵犯了人们与生俱来的"自由传播"的权利，并导致了严重的社会后果。

奠基人席勒将美国的传播工业称为思想的管理者（H. Schiller，1976）。当媒介故意生产出与现实社会存在不对应的信息时，媒体管理者就成了思想管理者。美国媒体管理者生产、加工、提炼图像和信息并控制其流通，决定美国人民的信仰、态度和行为，成了思想管理者。统治精英利用市场法则和直接的政治控制，通过操纵信息（manipulative messages）有意创造一个虚假的现实，对人类思想进行操纵，大众传播成为一种征服社会和公众的工具。美国媒介的内容和形式都是为操纵服务的。统治精英试图通过传播使大众遵从他们的目标和模式。通过媒介而传播一些解释、论证甚至粉饰现实生存条件的神话，操纵者获得了大众支持，维持了并不符合大多数人真正长远利益的社会秩序。他批判了传播内容是价值中立、没有观点、远在社会进程之外的观念，指出这些传播内容实际上是被故意设计去推销占统治地位的机制、观念和行为。所有的内容都必须满足现有的（包括当地的、国家的和全球的）社会安排。

斯麦兹的"受众商品论"证明在美国商业媒介经济模式中，受众被大众媒介作为商品出售给广告商（Smythe，1977）。作为商品，受众在市场上任由生产者和购买者（广告商）摆布，为资本家生产剩余价值。甘迪提出"全景分类"概念，认为统治阶级测量、收集、加工和共享个人信息，"个人在更强大的他者的注视下活动"，隐私权受到了威胁，自治受到伤害，个人处于受控制的不自由和不自主的境地（Gandy，1993）。人们依赖媒体去获得概念和指导性的信息，甚至语言。媒体形成和限定公共假设、态度和情绪，生产、传播霸权的意识形态，将一个伪造的公共世界带入私人领域，进行公共文化空间的控制。

当社会公众和主流学者都为传播技术的发展而欢欣鼓舞时，传播政治经济学者却关心新的信息科技的中心问题，即使用新科技是为了谁的利益，在谁的控制下。他们考察战后美国帝国主义和传播商业的主旨与技术的共生关系，对信息技术进行了批判的分析，努力去揭示信息部门与国内外经济、文化和政治发展的互相绞合，分析推动信息社会的国内和国际因素。他们质疑信息技术作为信息自由传播的基础，认为技术作为一种社会建构，不是中立的，技术本身就是一种强有力的传播形式，而不仅仅是传输的渠道，含有社会秩序的印记。传播技术的发展通常伴随着企业制度、商业安排、金融网络、技术结构和进程。在美国，信息供给被集中化的私有经济权力控制着。媒介新技术主要为了捕捉受众，出于营利的商业目的。席勒指出文化的宰制实际上来源于对资本流通的控制和信息机器的使用。信息部门是维持社会系统的最重要的部门，保持了资本主义的活力。新的传播科技并不能克服和推翻结构次序，反而能够对美国统治阶级控制政策制定过程大有帮助。信息科技是一种反民主的力量，传播技术的革新就意味着宰制的加强。信息工业仍然会被资本主义和市场命令所继续建构，这个部门的日益增长只会继续导致更大的经济和政治不平等。

传播政治经济学采用新闻管理的概念，指出新闻传播是一种社会控制的形式，总统、广告商、发行者，或者是任何寻求管理新闻的人，都希望通过媒体产生一个对他们有利的现实（Gitlin，1980）。新闻界是一个达到某种目的的工具。新闻管理者都在寻求管理媒体去服务于自身利益。新闻管理的结果就是，媒介回避处理一些有争议的问题，即使在新闻自由的法律保障下，为了现实政治（realpolitik）的利益，报纸去欺骗公众，广播和电视执照拥有者被要求去利用他们的执照服务于各种利益、便利和需要。吉特林较早地采用塔克曼的框架理论，分析了媒介架构的过程。媒介通过隐晦的和未公开承认的媒介框架处理符号，组织话语，记者按照这个模式报道新闻（Gitlin，1983）。记者所受的训练，倾向于接受官方的分析框架，服务于政治和经济精英的需要。新闻机构出于外部环境的考虑，如政治压力、出版商、新闻执行官、广告商、利益集团的利益，记者必须接受意识形态过滤，于是新闻业一般的路径都是加工、控制和分散社会的反对意见，并吸收到占统治地位的结构中，而将其他的推到社会生活的边缘。即使报道者和来源、报道者与编辑、编辑与出版商之间的冲突都被局限在一个有前提和受限制的领域内，这个领域就是不去推翻霸权的边界。新闻价值的假设，大部分是服务于维护、保障这个边界。记者很脆弱地依赖很多东西：个人的生活经验，特殊的组织安排，大的社会和新闻编辑室内被允许的意识形态边界。媒介的所有者和管理者虽然标榜新闻自由，但他们设定了总的集团政策，致力于维持现有社会体系。在国际领域，席勒的媒介帝国主义、斯麦兹的媒介依附等概念证明了信息流通是受美国为主导的媒介集团控制的。全球媒介市场被美国少数跨国媒介集团所控制，信息的自由流通只是一个花招，是美国传播工业进行海外扩展的借口，是宰制的工具。

政治经济学者认为传播和媒介本身就是一种政治，存在内在的政治考量。甘斯总结说新闻的生产是一种权力系统。新闻作为一种社会建构，在新闻的选择、处理和再打包过程中所采用的规则，即所谓的"公理"，是非正式的规则，反映的都是已经设定的先例，而不是必需的工作规则，不是基于坚实的价值观，不是植根于文化传统，习惯往往战胜了信仰。

北美传播政治经济学者认为传播即控制，看到了以美国为代表的商业化传播体制的种种弊端，但他们并不悲观。他们认为这种控制不可改变，就是打破这种传播即控制的现状，让传播真正为公众和公共利益服务，成为实现公众福祉的工具，而非政治经济权力精英牟利的工具。他们坚信，人们通过抗争和结构的改革，可以打破传播的控制机制。北美传播政治经济学者打破只破不立的传统假象，面对不自由的传播的现状，提出一系列媒介改革建议和策略，呼吁公众通过广泛的公民参与和公共讨论，参与到传播斗争中，将传播资源掌握在自己手中。他们呼吁左派作为领导力量，将工人组织起来开展运动，与媒介和传播现状斗争，积极参与媒介政策制定过程中的公开讨论，推进媒介政策制定的民主化，推动媒介系统和政治经济系统的结构性改革。他们主张建立一个多元的媒介系统，保护公众进入健康的公共空间的权利，并为建立国际信息新秩序积极建言和奔走，呼吁保护第三世界国家信息自由流通的权利，建议发展中国家创建和操作自己的传播系统，维护本国主权独立和文化自治。

13.4　唯物主义的世界观

受马克思主义影响，传播政治经济学坚持唯物主义世界观，承认社会过程和社会变革的普遍存在，主张以本体论的姿态将传播置于社会变迁和社会进程的背景下进行分析，关注传播的结构和制度等客观存在（Mosco,

1996）。传播政治经济学从唯物主义世界观的矛盾和联系的观点出发，认为社会变迁无处不在，结构和制度处于不断变化的过程中。传播政治经济学从普遍联系的唯物主义世界观出发，致力于将媒介去中心化。媒介去中心化意味着将传播系统视为经济、政治、社会以及文化发展过程中不可分割的一部分，避免传播本质主义，置传播现象于资本主义社会不平等的大背景之下，关注资本主义发展过程中积累方式的演变及传播在其中的地位与作用。从资本主义的组成、资本积累、雇佣劳动等开始探讨，将媒介置于由这些组成部分产生的生产与再生产的框架之中，将传播视为一种交换的社会过程，其产品或是社会关系的标志，或是社会关系的具体表现。政治经济和传播互相作用，在社会与文化实践建构中产生，两者都是交换过程，并将这些结构与传播实践置于资本主义运作、全球贸易以及国际分工的更宽广的领域中，从全球视角研究这些问题。

在世界观上，传播政治经济学认为整个传播世界是物质的，经济基础决定上层建筑，这个物质基础就是生产力和生产关系安排而产生的经济权力，而上层建筑则是旨在追求利润的资本主义制度，资本主义制度下所有的制度安排都是以营利为目的。媒介产业的诞生和运作是追逐利益的过程。传播作为一种意识是政治经济合谋的物质基础的反映，传播世界背后是复杂而严密的政治经济权力关系。

传播政治经济学致力于揭示传播背后的种种真相，主张考察传播业的发展与广阔的政治经济形势的关系，分析传播的私有化、商业化和媒介民主悖论背后的工具性及结构性、根源性，批判新自由主义媒介政策和媒介市场的神话背后的政治经济考量，指出了资本主义传播工业所面临的种种危机，对传播世界的本质有了更加透彻的认识。

传播政治经济学的中心目标就是了解经济、国家或政府与传播业的关系，以及传播在经济运作、政治选举和宣传中的作用。在考察以美国为代表的资本主义传播媒介的发展历程后，传播政治经济学者判断媒介系统是由政策和补贴塑造的，不是自然生成的，受国家的政治经济的深深影响，资本主义的媒介体制是一个集团运作的、利润驱动的、商业推动的媒介系统。政府不仅是主要商业利益巨头获取传播资源的仲裁者，而且是资源分配过程的操作者，国家作为一整套相互连接的结构，嵌在资本主义社会关系的链条中，国家主要用来维护资本家的利益。媒介高度集中在一个或少许几个大型公司手中，它们牢牢控制着媒介的生产及行销市场，导致产权集中化、商业化、媒介集中化，媒介与信息系统中政治经济资源配置不均衡现象日益严重。

传播和社会权力之间的关系是传播政治经济学的研究主题。他们主张对权力场域与控制机制进行图绘。传播政治经济学致力于揭示传播在社会中是如何被构建的，什么社会力量在传播渠道的形成中发挥了作用，通过这些渠道传送的信息，所波及的范围有多广，传播资源的社会分配是一幅什么样的图景（赵月枝、邢国欣，2007）。他们努力理解资本、国家和其他结构性力量是如何对传播活动产生影响的，以及在贸易和劳动的国际分工背景下传播结构和实践的变革。通过对传播的所有权、生产、流通和受众消费等层面的分析，传播政治经济学者试图展现传播的社会权力关系。传播政治经济学者试图揭示政治经济权力中心与传播权力中心（比如国家、传媒集团、社会力量）的相互构建关系，以及权力的形成、合谋、联姻、运作的过程。同时，他们重视权力关系的复杂交错表现，以及权力生产、分配与使用的商品、制度、时间及社会影响等诸多要素。传播政治经济学主要关注两个相互关联的问题：第一，分析政治经济压力与限制对传播与文化实践的影响，以及在资本主义制度下资本是如何左右传播的内容与形式的；第二，研究传播产业在全球信息化资本主义资本积累过程中的重要地位（D. Schiller，1999：90）。

依据不同主流学者的判断，传播政治经济学者不赞同自由多元主义意识形态对资本主义社会权力关系的看法。主流学者认为权力可以被不同社会群体平等分享，而国家在其中保持中立的裁判员角色。传播政治经济学者则有不同的看法，他们认为传播媒介实际上是资本主义经济基础的意识反映。在对社会权力的理解上，传播政治经济学者认为社会权力是双向的和多维的，其分配是不平等的。媒体只是意识形态的工具，是权力的代理。美国是一个私有商业组织和政府组织混合的复杂共同体（Smythe，1957：60），这个共同体制定的传播政策和结构只会增加特权者的优势而将边缘贫穷者永远排除在外。吉特林认为，媒介和整体上的文化工业，以及教育系统，是意识形态的核心系统。政治经济权力操纵和指导新闻界达到自己的目的，帮助维持社会和政治秩序。政治经济学学者对媒介角色的论断一直指向权力代理的角色，认为媒体并非公众的代表。正如麦克切斯尼所总结的：我们的媒体已经变成了他们的媒体。美国今天的媒体没有提供对公民权的基本支持，没有保护和推进公共利益。这不是一个通过我们的双手，根据我们的利益而创造的媒介系统。今天的媒介已经不是我们的，而是他们的。谁是他们？就是巨大的聚合体，其维持媒介领域的垄断控制。他们创造的媒介寡占结构让传统的新闻自由概念成为泡影。媒介首先为持股者服务，创造利润。当越来越多的权威聚集在政治经济权力手中，所有的传播行为走向支付，自由的市场都被化约为支付的过程。如果民选的基本逻辑是一人一票的话，媒介市场的逻辑是一元一票（哈克特、赵月枝，2005）。

在唯物主义世界观的指导下，传播政治经济学看到了现实传播世界中存在的种种问题，比如传播的不平衡、不自由、不平等，媒介中的种族和性别歧视，传播中对社会运动的扭曲报道、对共产主义者的歪曲等，他们主张研究媒介中存在的种种乱象，致力于分析媒介对性别、种族、社会运动的呈现。一般传播研究将受众视为消费者，将收看收听行动视为休闲活动。而传播政治经济学则从马克思主义出发，将传播视为劳动者和工作活动，而将资本主义媒介经济视为资本主义剥削工人获得利润的过程。斯麦兹思考了资本主义及其附庸的关系，资本运动的全球化，军国主义、阶级压迫以及附属国的斗争，并为这些主要的社会运动构建了一套传播策略和政策。席勒探讨了普遍存在的文化帝国主义现象，主张第三世界国家建立自己的传播体制，保护本土文化。甘迪则将阶级、性别、种族的互相建构视为整个社会结构化过程的一部分，解释种族与媒介的社会关系和塑造维度。吉特林媒介和传播业中的反抗运动，关注政治斗争中媒介与社会力量如何相互作用，关注社会运动和霸权的社会关系，认为社会运动与传播有着紧密关系，影响了传播方式和内容的变化。莫斯可采用阶级分析方法探讨了媒介市场资本的结构和运作、阶级分化的性质及结果、劳动过程、阶级斗争等问题，体现了广阔的唯物主义视野。

13.5　现实主义的认识论

唯物主义的世界观必然伴随着现实主义的认识论。传播政治经济学者从现实主义的、兼容并蓄和批判的认识论出发，主张传播的现状来源于现实，应该关注传播业的历史和当下状况。传播政治经济学采纳现实主义的认识论，认为现实是由感官观察和解释行为共同构成的，避免了主观主义和行为主义的极端，体现了兼容并蓄和非简化论的取向，将每一个行动、过程和结构视为社会进程的一部分，而不是单独的存在，这个领域包括许多矛盾、冲突和联合，彼此作用，相互影响。

传播政治经济学坚持以实践为主导的知识论，认为知识是理论和实践相结合的产物，知识起源和认识的标准都要通过实践检验，知识不应该只是一个不断提炼概念的过程，而应该是理论和实践相互构建的产物（赵月枝、邢国欣，2007）。知识是理论与实践相结合而形成并不断发展的产物。知识的获得仅靠概念的锤炼和净化是远远不够的。知识产生于概念和行动互相完善的过程中。实践推动了政治经济学的实质性发展。传播政治经济学者一直主张社会科学的学术可以通过与现实生活中的社会运动和政治事务相联系而加强。批判研究的出发点是社会，即在各种社会背景下考虑传播实践。他们认为，抛开社会理论就不可能有传播理论（Golding & Murdock，1978）。传播政治经济学的兴起与发展不但与当代资本主义世界体系的政治经济结构和社会运动密不可分，而且一开始就超越了方法论民族主义（methodological nationalism）的局限，使传播研究具有了真正的全球视野。实际上，生活在其间的第一代传播学者身受社会运动和社会思潮的洗礼，在广泛吸纳各种思想传统的基础上，对资本主义社会的传播业有了全新的认识，并致力于采取政治经济学的路径研究传播实践，传播政治经济学从其奠基人斯麦兹开始就树立了将学术分析、政策研究和行为参与结合为一体的典范。传播政治经济学在发生、发展的过程中也受到了各种社会运动和各种社会思潮的影响，同时对不断变化的历史语境做出回应、判断和反思。20世纪三四十年代的反法西斯理论和实践，50年代的反共浪潮，六七十年代的反战学生运动、黑人权利运动和女权主义运动，都激发了他们对社会运动与媒介关系的考察，陆续产生了各种跨学科、跨领域的分支，如女性主义传播政治经济学、种族传播政治经济学、民族志传播政治经济学。20世纪70年代反帝反殖民族解放运动对世界经济文化不平等的挑战，使他们积极参与了世界信息和传播新秩序的理论探索和现实实践。80年代，英美新自由主义政策以及由此引发的媒介合并浪潮，引起了传播政治经济学者对媒介垄断和寡占的批判。90年代后，民用互联网的兴起和媒介融合、聚合趋势的发展，以及美国传播工业的解除管制，都加剧了他们对传播领域内公共利益的担忧。可以说，各种社会运动都促使传播政治经济学者不断思考美国商业传播模式和资本主义本身所面临的危机，并不断提出替代性的视野和洞见，为传播研究领域增添了新的动力和活力，使传播研究成为一个生机勃勃、繁花似锦的学术领域。

正是基于现实主义的认识论，传播政治经济学者承认世界是客观的，是充满矛盾的，并且从普遍联系和发展的观点出发，强调研究社会变迁和社会过程，主张通过描述可限定的社会因素（如制度、价值或人的特性和关系）来分析社会生活，试图将传播现象放在一个更广阔的历史、经济和社会背景下来研究，探讨媒介和传播系统如何强化、挑战或影响现有的阶级与其他社会权力关系。传播政治经济学强调结构性因素与劳动过程，尤其是经济因素对政治和社会关系的影响，审视所有权、支持机制（如广告）和国家政策对传播的生产、流通、消费的影响（McChesney，2000）。

传播政治经济学者主张研究现实中存在的具体的事物，如传播生产力的发展（传播技术的演变和劳动者对传播技术的掌握）、资本对公共资源的剥夺、传播业的劳资矛盾（传播产业中劳工的状况及其与资本的关系）、阶级分化（传播资源和技术手段的不平等社会分配）、资本的全球扩张趋势（媒介全球化的主要推动力量）。在国际层面上，传播政治经济学者不但以他们对 20 世纪六七十年代以来"文化帝国主义"和国际传播中不平等的权力关系的持续批判而著称，而且在 80 年代以来对由跨国公司主导的传播全球化是否会推动民主化问题进行了深入的思考，探讨人们普遍关注的资本全球化与社会民主化的复杂关系，信息化资本主义条件下社会不平等问题，社会冲突和文化身份认同危机的加深，"9·11"事件以后世界秩序的性质，战争、消费主义、生态恶化对人类基本价值规范和生存的威胁等关键问题（赵月枝、刑国欣，2007）。他们还探索短期或者中期的政策事务，包括媒介所有权、频谱的使用、媒介内容、公共广播和互联网接入等。

在现实主义的认识论指导下，传播政治经济学者对社会运动的参与、对传播政策的研究和介入及其对另类传播实践的关注则是对传播政治经济学只重批判、不重建设的批评最好的反驳。

13.6　传播价值观：公平优先于效率

政治经济学的核心特征就是道德哲学（moral philosophy）。传播政治经济学者追随古典理论家对道德哲学的强调，不仅仅分析经济系统，也注重对媒介政策制定和由此而产生的相关道德事务的探讨，时刻怀有深刻的伦理关切和道德焦虑。不像主流学者对媒介效率的追求，传播政治经济学更重视价值问题，不断追问为何传播、为谁传播、如何传播得更好等问题。传播政治经济学者从马克思、从道德哲学入手，认为作为社会哲学家，传播政治经济学者的基本责任就是寻找适当的道德生活方式。在选择和对待研究问题方面，批判研究不讳言学术研究是以价值观或道德哲学（moral philosophy）作引导的（Mosco，1996）。他们的研究强调知识的批判性力量，是以弱化和消除支配性的权力关系（relations of domination）和争取能使人们获得一种满意的共同生活的社会秩序原则为最终关怀的。传播政治经济学者对民主问题的关注决定了它具有重要的现实意义。

传播政治经济学者结合价值和道德哲学准则来理解传播的结构和历史，并且评判传播过程是否有助于民主、平等、参与、公正和正义的实现。他们从全球政治经济的背景和视角考察传播所体现的各个组成部分、国家和政策干预以及公民社团组织之间的权力关系（赵月枝、邢国欣，2007）。传播政治经济学者尖锐地批判西方资本主义的弊端，审计西方民主的"赤字"（Carroll & Hackett，2006），指出西方所谓的"自由民主体制"未能兑现政治参与的扩大和公民权利的有效享有的承诺。在"新自由主义"意识形态推动下的传播垄断和兼并导致传媒更进一步市场化和商业化，从而使哈贝马斯所提出的"公共领域"不断受到侵蚀。传播政治经济学学术实践的目标是挑战不平等的社会权力关系，深化民主和提高人类的解放程度。传播政治经济学以"民主""公民权利""社会公正""参与"等理念为理想价值目标，积极寻求通过国家的途径实现干预，主张参与传播政策的制定过程，从而使之民主化，使传播政治经济学提倡的规范性价值观成为政策议题并逐步得到实现。例如，加汉姆（Garnham，1997：68）就认为："国家是争取正义的场域地，一个正义的社会秩序可能通过国家得以实现。"同时，传播政治经济学者还主张通过非政府的途径干预社会传播，通过参与劳工与社会运动和非政府组织的传播活动，进行有关意义的抗争和另类传播实践。

作为美国学者，传播政治经济学者并没有为资本主义摇旗呐喊，也没有为各种政策辩护。在他们看来，公众的利益才是最有价值的，才是最重要的。而是从公众立场和公共利益出发，批判美国传播政策的种种不合理和弊端。在他们看来，资本主义制度下的传播业中，受众注定是输家（Smythe，1993：81），放任自流的政策让公众的呼声被淹没，广告和商业信息占用了宝贵的媒体资源。传播政治经济学者坚决反对由市场力量决定传播资源的分配，站在了美国媒介商业化浪潮的对立面。传播政治经济学者偏向于支持要求扩大公众介入和控制传播体系的社会运动，希望获得自治和有效的自由。在传播政治经济学者看来，传播的价值在于人类解放和自由传播，媒体和传播要维护公共利益，政府有责任规制经济势力和媒介行为。北美传播政治经济学者坚决反对传播的私有化，反复强调传播行业是"我们的"，而不是垄断着媒介市场的大媒介集团和跨国公司的，主张传播资源是公共财产，应该归公众所有，置于公共利益的控制之下。他们关注公众的现实处境，将自己作为公众的一部分，为公共利益和公共管制进行理论和实践的探索。北美传播政治经济学者批评美国传播体制不是服务于人民，而是迎合市场的需求，由于传播系统的商业化和私有化，媒介主要为持股者服务，是政治经济权力的代理。正如麦克切斯尼所说：我们的媒体已经变成了"他们"的媒体。今日的美国媒体没有保护和推进公共利益，"不是一个通过我们的双手，根据我们的利益而创造的媒介系统"（McChesney，2002）。谁是他们？就是巨大的私有媒介聚合体。这个"我们"超出了美国，并非单指美国人民，而是全球公民的代称。他们坚持对传播和文化进行超国家的（supranational）分析，主张在互惠互利的政策前提下建立国际传播的规制组织和国际传播新秩序，协调传播资源的分配和使用，使传播资源掌握在全世界人民手中，成为世界人民共享共用的财产，建立更加自由平等的世界传播新秩序。

传播政治经济学者从公平、自由、平等的价值观出发，对传播结构和运作进行衡量与评估。衡量的内容包括传播业在经济中的地位，意义的生产从属于资本积累的程度，传播产业所有权的集中/多元化程度，国家权力、传播机构、广告、市场逻辑对内容、形式和受众群体组成的影响程度，传播资源和权利在阶级、性别、种族、地区、国家间的分配形态，制度许诺与制度实践的差距以及解放与压制的对比状态等。传播政治经济学者还衡量集中的产业结构对民主体制的影响，以及新自由主义政策所宣称的竞争、机会、与市场权力平等的许诺与现实之间的差距。

传播政治经济学者在价值观的指导下，从一开始就有意识地把客观描述和主观规范结合起来。传播政治经济学者关注传播业的整体理论与实务，在不同的时间和地点向复杂程度不同的社会组织的领导阶层提出建议，贡献出自己的治世方略。他们认为现有的商业系统已经失去了对新闻业的兴趣，或者说失去了生产新闻的很多动力。传播业已经日益发展成为具有剥削性和专制性的财团统治秩序的一部分，迫切需要开展生产新闻和高质量的媒介内容的替代政策和结构的研究。传播政治经济学的理想是创造一个平等的、人性的、可持续的和具有创造性的社会，使公平和自治成为日常生活的秩序，呼吁媒介改革运动应该制定让我们媒介系统更加民主的政策：创造超快的、普及的有线或无线宽带，不受集团或政府利益审查；应该利用政策和补贴去支持一个切实可行的非商业和非营利的媒介，尤其是在当地范围的媒介；创造一个公民真正被告知的媒介系统，而不是求助于富有的捐款人支付的愚蠢的广告；对渗透入我们媒介的内容的商业主义进行明确的限制，对儿童节目的广告进行屏蔽；普通公民和学者一起努力去提高民主和公共生活的质量，进行替代性和独立媒介的历史研究，或者研究社会运动与媒体合作，强调劳动、社会主义、女性主义、移民或者非裔媒介的重要价值。传播政治经济学者坚信通过媒体参与民主能够促进社会公正和人类幸福，能够提供一个人道的和可持续发展的社会制度。

因此，传播政治经济学是新自由主义意识形态和政策取向的最有力批评者，也是建立国际传播和信息新秩序及使全球媒介治理更趋民主化的最有力倡导者和推动者，它是帮助我们争取建立合理和平等的国际传播秩序的有力知识支撑。

13.7　传播人性观：消极受众

传播政治经济学者一直从宏观制度层面讨论政治经济权力对传播活动的控制，很少涉及传播者和受众的人性问题。但他们并没有忽略个体，只是将个体看作社会权力安排下的群体成员，在此基础上探讨个体所处的被支配地位和他们的抗争。

在人性观上，传播政治经济学与主流行政学派有很大的区别。传播政治经济学者显示出了性恶的倾向，认为在权力关系下，人变得贪婪，传播成为人剥削人、人控制人的工具。与马克思一脉相承，传播政治经济学者认为资本主义所有的制度安排都是为了实现利益最大化，资本家作为传播的管理者，主要目标是利用媒体占有市场，获得利润，资本主义使人性变得贪婪。资本家利用媒体为公众设定消费主义的陷阱。媒介新技术的更新就是为了捕捉受众，进而达到利益最大化的商业目的。统治阶级利用新的传播科技来控制人民。在统治阶级贪婪的本性下，信息和传播工业日益发展只会继续导致更大的经济和政治不平等。

在权力主导的商业化媒介体制下，受众是消极被动的。行政学派大多认为受众是积极主动的独立个体，有着健全的自治能力，在信息传播的过程中，有自主选择和独立判断的能力，比如"使用与满足理论"所说的，受众是在产生需求的基础上选择接触媒介，最后使自身的需求得到满足。而传播政治经济学者认为受众是消极被动的，被统治阶级控制和欺骗而没有任何还手之力。人们依赖媒体去获得概念和指导性的信息，媒体形成和限定公众的假设、态度和情绪（Gitlin，1980：1），而人们对媒体制作的框架却没有发言权，成了思想管理和信息控制的牺牲品，而非受益者。受众毫不质疑技术的目的和价值，受商业主义浪潮和传媒实践影响，陷入消费主义的陷阱。受众被思想管理者所操纵和麻痹，个人养成一种惰性，日益失去改变现状和自我完善的能力（Schiller，1972：79）。作为商品，受众是被洗脑的对象，在市场上任人摆布，变成主流意识形态的附庸。受众对自己的时间也没有支配权，在使用媒体的过程中，实际上身不由己地生产和再生产劳动力。受众在观看节目过程中生产出对广告产品的需要，学会购买特定品牌的消费品，并相应地花费他们的收入，进行冲动购买和凡勃仑所说的炫耀性消费。可以看出，传播政治经济学坚持了消极受众观，与行政学派的积极受众观存在显著的差异。

13.8　实践观

实践是马克思主义的重要主题，也是传播政治经济学的重要特征。马克思主义对变革的期待也是政治经济学者执着的实践理想。马克思对实践的关注鼓舞政治经济学者尝试跨越研究和政策的区别，将他们的研究指向现实社会变迁和实践。传播政治经济学者不仅批判现存的资本主义社会关系，而且把研究作为一种社会实践，主张通过研究影响社会，改变现状。因此，批判学者"做研究是为了推动对现有世界体系的批评，并促进它所'批判的状况'发生改变"（Mosco，1983：245 - 246）。批判研究致力于提供可能导致积极社会变革的知识力量，为个人和群体的解放创造知识文化资源。作为批评学派的传播政治经济学并不像通常所说的只破不立，而是又破又立，只不过有些时候破多立少而已。

传播政治经济学将研究实践看作人类用以生产和改造世界及其自身的一种自由的创造性活动，受实践意识所鼓动，用行动来解释世界。传播政治经济学者反对将思想与行动、学术与政治分离的二分法。他们不是只停留在学术研究的层面上，而是将研究视为推动社会转型的工具和方式。他们主张新闻传播院系在他们的社区里组织公共事务，他们的教员应该与社区中日常生产的人们频繁互动，普通公民和学者一起工作去提高民主和公共生活的质量。传播领域里的学者很幸运地处于社会变革过程的中心，应该参与正在进行的斗争，以此来改变主流媒介，创建非主流媒介。

受马克思改造世界的影响，传播政治经济学者认为所有的社会学术最终都是为了去改变社会，社会科学的学术可以通过与现实生活中的社会运动和政治事务相联系而不断增强（McChesney，2007：12），尤其是传播政治经济学更是如此。传播政治经济学者追随葛兰西的有机知识分子的概念，受实践所推动，时刻怀有一种去解释世界和行动的责任感。在他们的研究中，抛弃了实践和研究的二元对立，而将研究看作一种社会转型的工具和形式。这种将学术研究与政治运动相结合的广泛努力，展现了他们对葛兰西所谓的有机知识分子理想的认同。很多学者将自己视为公共知识分子和公共政治争论中的公民。他们主张传播政治经济学应该承担一个建构角色，介入当前的政治和社会事务，进行结构性的媒介改革，推进民主政治，提升公共生活的质量。作为任职高校的教师，他们也是积极参与现实媒介改革的活动主义者，强调认识所处的现实世界，并渗透到研究过程和教学中，发展运用于支持公共利益的知识，并主张超越学术的参与。正是基于这种认识，北美政治经济学派与其他批判学派只破不立，只将注意力放在对现状的批判剖析上不同，他们往前迈了一大步，提出各种媒介改革主张。同时，他们又身体力行，将理论和实践相结合，参与到了媒介改革运动中，成为媒介改革运动中来自学术界的重要力量。

13.9 方法论：质量并行

马克思的历史辩证观念和历史唯物主义，是传播政治经济学者总的方法论取向。传播政治经济学反对实证论者非历史的观念，主张系统观、整体论、历史地看待传播现象；从马克思的整体观出发，从资本主义整体来理解传播的生产流通和消费；从辩证法出发，既看到了媒介在推进政治民主和社会发展中的积极功能，也看到了媒体在麻痹大众，维护资本主义统治，扮演社会控制者的角色。

奠基人斯麦兹就对传统理论和批判路径进行比较分析，他挑战了传播研究对科学主义和控制实验的依赖，否认严格的逻辑和观察作为唯一可行的研究证据，因为人的感官不一定可靠，而且不可能完全"价值中立"，更何况社会科学是很难"假设"和"验证"的，他认为传播领域研究有着自身的逻辑和价值观系统，经验主义式的社会科学观察不是传播研究的法则，而霍夫兰、拉扎斯菲尔德、克拉普等人的经验研究都有一定的框架。他主张学者要自我反省传播中存在的伦理，重新建构大众媒介的效果研究；应该关注历史的研究，研究传播受到什么外力，如何被商业化；应该关注传播理论前提和偏见，确保科学研究的完整性（Smythe，1954）。

政治经济学作为一种社会分析方法，视野广阔，取向丰富。传播政治经济学从来都没有反对经验的调查研究，只是远离经验主义或者将思想行为化约为对行为考察的陈述，与经验主义划清界限，反对将知识分子的活动简化为观察到的行为，并制造出粗糙且可证伪的命题，取而代之的是一种在理论和被考察的行为的辩证的关系上更广泛的分析（赵月枝，2007）。从方法论上看，批判研究并不拒绝采用实证方法，但认为问题的相关性与重要性比技巧的无可挑剔更重要。批判研究者认为自己的优势来自对所作研究的重要性的意识，而重要的理论表述不一定非要通过数据来验证。传播政治经济学反对将物理科学的认识论与方法运用到社会科学中，反对用经验主义的方法来建立法则般的理论体系，而是建立在理论与观察行为的辩证关系基础之上，赵月枝（2007）称之为交互性的构成。政治经济学的目标在于将大众媒介化活动的理论置于更广泛的政治经济学尤其是马克思主义理论的框架中进行理解，用批判性眼光检验经验上的发现，比如建立公共电视系统以推进民主化传播的必要性。政治经济学将研究者视为以调查方法介入社会进程的积极参与者。政治经济学所提出的替代取向早已超出了经济和政策准则下的理论观点和实质立场，也超越了以行为与实证主义作为哲学基础的正统社会科学，一直坚守自身坚固的传统，从容迎接各种挑战。

首先，传播政治经济学是主张整体论（holistic）的，政治经济学自创建之时就主张本学科必须植根于广泛意义上的社会整体分析之中。传播政治经济学者不是将经济看作一个独立或有界限的独立王国，他们关注经济事件与社会和政治组织之间的关系。传播政治经济学者把传播作为一个更广阔的社会整体（social totality）中的一个方面，作为资本主义的生产和再生产过程的一个部分来考察，包括传播商业的运作、国家的角色、集团和国家部门的联系、传播政治经济与广阔的全球国家政治经济学的关系，考察制度权力、语言权力、阶级权力的互动，避免传播本质主义，寻求媒介的去中心化，将传播系统视为社会根本的经济、政治、社会和文化过程中不可分割的一部分，是一种交换的社会过程，其产品是社会关系的标志和化身（Mosco，1996：213）。

正是从整体论出发，传播政治经济学主张大规模分析和宏观分析。传播政治经济学注重对宏观社会背景的分析，集中研究媒介体系的所有权和控制，媒介结构和意识形态与其他大的社会结构的关联，并注重对传播制度层面的分析。传播研究不仅要关注国家的权力，还要重视市场在传播资源配置中的社会倾向性，关注资本的权力和市场机制与民主机制的区别。还关注国际与跨国传播中的权力关系、传播与社会发展、世界文化多样性、媒体全球化与民主化、市民社会的兴起与全球媒体治理等议题，以批判的方式论述媒介系统如何与整个社会权力安排进行互动和相互影响。

其次，历史感的（historistic）。传播政治经济学总是与历史紧密联系。传播政治经济学者认为历史能让研究不那么抽象，更加具体和避免理论冥思的循环性质。他们主张对媒介结构和政策制定进行研究，深度挖掘过去和未来，优先考虑理解社会变迁和历史转型。他们不是只集中于或者主要集中于直接的事件，而是坚持对当代转型的充分理解必须基于分析长时段的转型、变革和矛盾，并将批判分析置于变革中的实践行为中，追寻它们的分析逻辑。传播政治经济学中最激进的代表麦克切斯尼认为传播研究应该与历史紧密联系，进行替代性和独立媒介的历史研究，应该研究社会运动与媒体合作，强调劳动、社会主义、女性主义、移民或非裔媒介的重要价值（McChesney，2007：202）。

最后，泛化决定论。传播政治经济学者批评了广阔的基于刺激－反应的二元对立的行为主义（behaviorist）范式和非历史的、脱离实体的功能主义，而采用新马克思主义者葛兰西、卢卡奇、阿尔都塞的多重决定论，打破了简单的因果决定论和二元对立，拓展了知识生产过程，不再是简单的决定关系，而是多重的动态的互动关系，与行为主义划清了界限。泛化决定或者多重决定论，也就是说，个体、社会制度、思想观念的存在由各

自和彼此的构建过程所决定。传播政治经济学从相互建构的角度探讨各种
变量之间的关系，一如既往地强调社会变迁的普遍性，采纳多重决定、互
相建构和非简化论的新范式打破了线性思维在原因与结果、来源与受者、
中心与边缘之间建立的单向关系。

在具体的研究方法上，传播政治经济学者运用了大量的量化分析，斯
麦兹就对早期电视的内容进行了量化分析，指出了广告和商业信息在商业
电视中的统治地位。吉特林（Gitlin，1980；1983）对美国三大广播网黄
金时段的电视内容进行了量化分析，扎实有力。巴格迪基恩（Bagdikian，
1988）运用长时代的数据证明了媒介垄断的趋势。麦克切斯尼（Mc-
Chesney，1999）在分析美国商业媒体膨胀和民主衰落趋势基础上，提出
了媒介和民主悖论。传播政治经济学不断引入民族志和人种志的研究，运
用田野调查等人类学方法，研究某一特定文化群体或种族的传播行为。彭
达库（Pendakur，1993）主张将传播政治经济学与民族志（ethnography）
相结合，理解国家内不同的文化群体对跨国媒介集团信息的接收和理解。
他主张将民族志研究融入传播政治经济学研究中，关注不同的种族和文化
在资本主义体系中所受到的传播技术的冲击、所做出的反应和改变，以及
控制和对抗问题。他希望民族志能够使传播政治经济学以抽象和具体的形
式去解释社会现象，对社会变革做出贡献。

结　语

传播政治经济学以马克思的唯物主义世界观和方法论为理论基础，以
社会变迁与历史、社会整体性、道德哲学和实践为基本特征，体现了宽广
的知识视野、深深的价值关切和细腻的理论情怀，在传播研究场域内独树
一帜、自成一派，为传播学界和业界贡献了知识增量和理论力量，值得我
们反复研读和探讨。但是，作为批判学派的分支，传播政治经济学难免带
有批判学派的通病，难以跳出理论和方法上的窠臼，在肯定其学术价值的
同时，也要直面其存在的问题和缺陷。

其一，在研究领域上，视野广阔，但界限不清晰。传播政治经济学研
究主题多元庞杂，在宏观上涉及意识形态、政治制度、经济体制、文化传
统、技术变革，在中观上涉及传播体制、权力关系、公共服务，在微观上
涉及具体传播政策、内容管控、新闻操控、宣传模式等，和传播学科的身

份与地位尴尬一样，传播政治经济学同样存在大而不当的问题，研究领域过于广阔，导致界限不清，学科和领域的合法性受到质疑，传播政治经济学在世界各地的落脚点稀少，研究队伍不够壮大，未能引起足够的重视，其价值没有得到最大限度的认知。

其二，在研究视野上，传播政治经济学重视宏观的传播制度分析，缺乏从微观视角对具体新闻内容的制作和传播过程的研究，论证力稍显不足。正如李金铨所说："政经学派的优点在于从大处着眼，不纠缠末节，但缺点则是对过程的交代不清楚，有太多跳跃式的因果推论。政治经济学胜在提供宏观的图像，对媒介日常运作的过程则不赞一词。对此，媒介社会学在意理、专业和组织方面的近距离研究，业绩丰硕，足以互补。"（李金铨，1995）传播政治经济学紧紧围绕传媒体制的结构和权力关系，往往忽视传播文本和内容的分析，这种对眼前文本的"近视"和对传播体制的"远视"的相互糅合，使人难以找到恰当的结合点和平衡点，视点游离，给人"一叶障目，不见泰山"之感。

其三，在研究方法上，虽然传播政治经济学采用的方法多样，但一直坚持以思辨为主，重视质性的判断，掺杂了一些主观判断，忽视严谨的论证过程，科学性备受质疑。量化方法只是被当作一种辅助手段，虽未被完全排斥，但从未受传播政治经济学者的青睐，甚至受到了传播政治经济学者的批判，他们戴着有色眼镜来看待量化研究，体现出在方法论上的偏见，用恩格斯的话说就是"倒洗澡水的时候把澡盆里的孩子倒掉了"。

其四，在研究结论上，传播政治经济学往往将经济权力视为首要的决定因素，认为经济和政治的联姻主宰了资本主义社会中的传播内容和形式，但无法提供充分的证据来论证经济关系与内容变化之间的关系，这种武断的结论容易为人所诟病，被批评为"经济决定论"。借用一句西谚说法，传播政治经济学的工具就是一个榔头，每个问题都是铁钉，直接用"经济因素"一锤定音。英国文化研究学派就批评传播政治经济学忽视了文本内容的相对对立性和受众在文本解读中的自主性，忽视了人的主观能动性。传播政治经济学往往声称超越线性思维，但往往他们的论断是一维的，没有考虑到传播媒介的矛盾性质。传播政治经济学往往忽视传播媒介角色的积极层面，而专注于其消极层面。传播技术和媒介的发展不可避免地带来信息的"贫富"差距，不同群体和个人的获益程度的确不一样，但也在推动着公民自治和社会发展。虽然权力精英仍然试图极力控制传播媒介，但是控制越来越难以奏效，也越来越力不从心。"业主广告商或者某些关键的政治人物并非总是能做他们想做的事。他们也是在一定的结构中运作的，这些结构既有抑制作用，也有促进作用，既强加一些限制，又提供一些机会"（戈尔丁、莫多克，2006：68）。但是从总的发展趋势来看，传播政治经济学的判断是明智的，虽然传播技术在迅速发展，但并没有打破长久以来一直存在的知识垄断，将我们带入一个自由王国。

　　传播政治经济学聚焦于媒介生产与传播背后的政治经济关系，将文化生产与物质生产、量化和质化研究相结合，尤其是近年来传播政治经济学和文化研究的融合，实证主义和人文主义的结合，让传播政治经济学更加严谨科学，仍然能给今天的媒介研究提供丰富的启示。传播政治经济学总是将学术与政治、历史与现状相结合，进行另类的思考和判断。激进的左翼姿态，使他们的工作不受主流青睐，在西方学界和教育界被边缘化。他们虽然密切追踪传播前沿，但从不追逐学术界的潮流和时尚，文风平易，其论著畅销而影响深远。在西方实证主义和量化研究大潮中，传播政治经济学逆流而上，通过替代性的理论视野，得出了具有说服力的洞见，在国际范围赢得了尊重。传播政治经济学者将学术研究、知识贡献、政策建言和行为参与结合起来，为后辈学者提供了坚实的理论基础和极大的精神激励，吸引了一代又一代的学者走上政治经济学路径，在该领域内努力耕耘，最终使传播政治经济学成为传播研究领域内的重要分支和流派，也使传播研究成为一个更加丰富多彩、生机勃勃的学术领域。

14 传播政治经济学的话语分析

随着当代哲学社会科学的认知转向，对认知的重要环节——语言和话语的关注是当代社会科学发展中最引人注目，同时影响最为深远的趋势之一。近年来，话语成为跨学科、跨领域的研究焦点和热点。在传播研究领域，传播政治经济学作为一个理论流派实际上就是一个理解现实传播世界的话语体系。传播政治经济学者试图利用传播政治经济学的研究实践，彰显自身不同于主流传播研究的立场和取向，并试图在传播研究场域以及更广的社会权力关系研究中占据一席之地。对传播政治经济学进行话语分析可以更加深刻地理解传播政治经济学的研究取向和理论逻辑。在传播政治经济学流派中，达拉斯·斯麦兹是无可争议的奠基人、思想先驱、学术权威和理论泰斗。而在传播政治经济学数十年积累的浩如烟海的文献中，斯麦兹于 1977 年发表的《传播：西方马克思主义的盲点》（下文简称《盲点》）一文系统地论述了媒介、受众、广告商的三角关系，揭示了资本主义传媒经济运作过程，引爆了一场延续 20 余年的世界性的"盲点"辩论（"blindspot" debate），成为传播研究史上重要的思想史事件（陈世华，2014a）。该文是能够代表传播政治经济学视野的经典之作，对其进行话语分析有助于我们更加深刻地理解传播政治经济学的理论逻辑和思想脉络。本章将借用话语分析和文艺批评的理论与方法，通过对《盲点》一文的文本分析、知识考古和社会实践分析，管中窥豹，以小见大，理解传播政治经济学话语文本的结构和话语生产逻辑，以期更加深刻地认识传播政治经济学的学术价值和知识贡献，也为理解知识生产的逻辑和内驱力提供一种替代性的视角。

14.1 话语、话语分析和批评性话语分析

话语是语义上有联系、有完整的话题、结构上相衔接的连串语句。话

语是在特定历史环境中，某个人或者一群人围绕某个或某些问题，为实现特定的目的，采取特定的手段、方式和策略而向特定的对象言说或者写作的东西（胡春阳，2005）。"话语"是语言，但不是固定的物化语言，而是语言在时空中的对话和运用。福柯将话语定义为由观念、态度、行为模式、信仰和实践组成的系统思考。话语具有特殊的意义，它是一种宣言（enouncements）、陈述（statement）和实践。话语分析就是对话语的研究，是分析书面、口语或者符号语言使用或者符号实践的各种方法的总称，最早可以追溯到古希腊、古罗马时期的修辞学，美国结构主义语言学家哈里斯（Z. Harris）将话语视为联结的言语（speech），并于 1952 年首次使用"discourse analysis"一词，开创了现代意义上的话语研究。随着社会的发展，人们日益认识到语言的变化与广泛的社会文化过程相联系，话语分析日益受到国际学术群体的普遍关注。话语分析的对象是各种内在关联的句子、命题、言语，不同于传统的语言研究，话语分析不仅研究句法边界之外的言语使用，而且包括自然发生而非刻意为之的语言使用行为。话语分析强调语言在特定社会文化语境的生产和变异、流通和消费，关注语言变革与社会环境变迁的互动。尤其是在当今去中心、去主体、反权威的后现代主义语境下，"话语分析"成为人们反思一切合法性问题的有力工具，所有政治宣传、文学作品、新闻报道、历史研究、法律条文乃至科学报告都被看作一种话语和意义的游戏，是各种叙事元素、文体规则、权力资源的配置和再生产。以福柯为代表的后结构主义者的话语分析则注重揭示话语的生产与运作过程中的意识形态、阶级、性别以及政治经济等深层权力关系。话语分析试图将意义从文本结构的牢笼中解放出来，延伸至话语的表征实践，重视文本建构性、解释性、社会性、历史性、语境性、互文性以及利用话语而进行的权力斗争。

20 世纪 90 年代以来，更为激进的批评性话语分析（critical discourse analysis）兴起。受马克思、葛兰西、阿尔都塞、哈贝马斯、福柯等社会理论家的思想的影响，批评性话语分析将语言看作一种社会实践，认为社会实践和语言实践互为因果，语言扮演意识形态首要领域的角色，社会结构和话语结构存在社会认知上的互相介入，语言作为权力斗争的场所和工具与社会密切相连。批评性话语分析注重探讨社会权力关系如何通过语言使用而得以确立和巩固，考察话语中指涉的意识形态和权力关系，充分洞察话语再生产社会的不平等，权力的滥用或宰制，体现出更加鲜明的批判色彩。批评性话语分析比传统的话语分析更加广泛和深入，强调分析用来操控受众任何形式的言语和修辞，不局限于分析文本和谈话的特定结构，而是系统地分析话语与社会政治语境结构的联系，尤其重视政治言语实践。批评性话语分析在话语分析中加入政治、社会和文化批判视角，揭示话语生产、传播和消费的过程和规则，发掘话语背后暗含的意识形态和权力关系及其复杂的运作机制，使话语分析更有社会洞察力和解释力，也更具有说服力。在批评性话语分析中，荷兰学者梵·迪克（Tenu van Dijk）和英国学者费尔克拉夫（Norman FairClough）贡献颇大。梵·迪克推动话语分析从理论探讨走向实用领域，关注新闻的主题结构、新闻图式、新闻话语风格、新闻的修辞、新闻价值观念、新闻生产过程等，揭示了新闻报道结构、新闻生产过程与新闻理解过程这三者之间的关系，解释了话语与社会实践的关联以及诸种话语类型中所表现出的认知现象、种族歧视与性别歧视现象。梵·迪克归纳了话语分析的四个视角，即文本视角、语境视角、风格与修辞视角，以及结构分析、功能分析、解释学和意识形态分析等分析方法。梵·迪克认为，话语对应社会权力结构，是阶级、群体、机构的地位和权势的直接体现，是进行社会控制的重要力量。批判性话语分析的代表人物费尔克拉夫力求将话语分析和社会理论结合起来，从微观、中观和宏观三个层次对文本结构、话语生产、话语分配与消费以及话语事件进行社会文化分析，在微观层面考察文本和语言分析、句法分析、隐喻使用和修辞构建；在中观或者说话语实践层面，考察文本的构成、目标受众，以及文本生产和消费的议题；在宏观层面，对文本间和文本外进行互文分析，解释话语与影响文本的社会思潮的关系，对应的是三个独立的分析维度——文本维度、话语实践维度（文本生产、流通和消费过程）、社会实践维度，系统探讨文本、话语实践、话语事件与社会结构和权力之间的互动关系、因果关系，研究资源配置和权力关系如何形塑话语实践、生产文本，以及文本和话语如何改变权力关系。话语、权力和意识形态问题是批评性话语分析首先关注的问题。

由于话的重要内涵和研究价值，社会科学研究出现了话语转向，这种话语转向也得到传播研究的积极响应，传播学界出现了大量话语分析，来研究传播文本背后意义的产生、协商与斗争的过程，传播文本、话语实践与社会现实以及传受身份和地位的关系问题。而传播研究作为一种话语实践，实际上也是传播学者试图利用学术研究和话语表达，获得身份认同，确定自身在学术界的位置，并融入社会权力关系网络的手段。传播政治经济学作为一个批判流派，由于其对现有的政治经济权力的质疑，对现有的传播制度甚至主流的传播研究和传播学者的无情批判，一直处于学术领域和更广阔的社会的边缘地位。这种边缘地位更驱使传播政治经济学者利用自身的话语生产和传播来获得主流学界的认同，扩大影响力，获取话语权，在学术场域内争得一席之地。而《盲点》作为传播政治经济学代表人物的代表性作品，提出了代表性的理论，对其进行话语分析可以管窥传播政治经济学话语的文本结构、思维逻辑及其背后的意识形态和权力斗争。

14.2　文本向度：《盲点》的文本结构和修辞策略

文本向度是对文本内容和形式的规则、体系、技巧、基调的解读和探讨。无论是传统的话语分析，还是福柯的权力话语分析，抑或是批判性话语分析，话语分析的第一步都是对其进行文本结构的解读。要认识话语蕴含在文本中的意识形态及其背后的权力关系，其基础就是对文本进行量化和质化的分析，理解话语的结构和基调以及思维的流向。

《盲点》一文的文本结构遵循"问题—原因—影响—结论—对策"的思路。在文章开篇，斯麦兹开门见山，声明写作的目的是"开始一个辩论而不是结束一个辩论"，预言了该文一石激起千层浪的效应，实际上该文发表引起的争论印证了他的预言。他在开篇就指出当时西方马克思主义在传播研究上的问题和缺陷：西方马克思主义分析忽视了大众传播系统的政治和经济的重要性。马克思主义的文献明显缺乏对意识工业复杂机制的唯物主义分析，多数的批判传播研究只探讨文化工业的文化维度。斯麦兹称之为马克思主义的"盲点"（陈世华，2014a），他所做的工作就是指出并填补这个盲点。接着他提出了研究问题，"历史唯物主义应该质问大众传播系统为资本服务的经济功能是什么"，明确表明他写作这个文章的意图是要理解大众传媒在资本主义生产关系再生产中的角色。在他看来，大众传播系统生产意识形态的能力具有重要意义，是一个看不见的资本主义制度的黏合剂，将大众传播系统提到非常高的位置。

面对大众传播系统在资本主义社会中扮演的政治经济角色的问题，斯麦兹的切入点就是商品，试图通过对大众传播行业的商品进行重新界定来理解资本主义传媒业的角色和功能。他认为马克思主义传播理论的起点就是商品交换理论，理解资本主义大众传媒行业的入门问题就是商品的定义。资产阶级唯心主义观念认为传播商品是消息、信息、图像、意义、娱乐、导向、教育和操纵，斯麦兹认为所有这些概念都是主观精神实体，都是只关注表面的表现。这种传播商品的唯心主义观念被马克思之后的西方马克思主义者以及资产阶级理论家接受，但是斯麦兹并不认同。他继承了马克思提出的资本主义社会是商品化社会的概念，重新思考了资本主义社会传播工业中的商品流通问题。他不赞同传播商品是信息、图像、意义的传统观念，提出新的受众概念，认为垄断资本主义传媒体制下大量生产的商品是受众和阅读（readerships）（Smythe，1977）。大众传媒刊载的信息、言论和思想等，只是刺激受众的胃口并吸引顾客上门的"免费午餐"（free lunch），媒体为受众免费提供优良的内容，目的是吸引受众关注和接近媒体，让其持续阅读报纸和杂志，参与广播电视节目，接近和认同广告信息，培养受众对明显和不明显的广告信息的好感（陈世华，2014），进而购买广告商品，消费劳动所得。发送娱乐和"教育"材料是一种诱惑（礼品贿赂和免费午餐），旨在吸引潜在的受众，并保持他们忠诚的注意力。这种免费午餐可以类比为古代的沙龙和鸡尾酒吧。这种比喻并不是要掩盖媒体议程设置的功能，也不是为了抹杀准备免费午餐的技术和技巧，而是为了突出受众在传媒经济中的重要角色。为受众提供免费娱乐和"教育"材料的目的就是吸引受众对广告产品和服务的关注。媒介企业之间的竞争也就是为了吸引受众从一个节目转移到另外一个节目，媒介竞争的本质不在内容，而在受众，归根结底还是为了利润。所以斯麦兹大胆地论断"大众传播媒体没有黑盒子，广告商广告费用购买的是可预期的受众"（Smythe，1977）。

在厘清受众商品的概念后，他又用大量的篇幅和证据论述受众在资本主义传媒经济中的角色和功能。在他看来，受众并不仅仅是传媒经济运作中简单和被动的商品，相反，在资本主义整体经济运作中扮演重要角色。他批判了经典马克思主义和西方马克思主义"受众劳动力的生产和再生产是家庭制造的，劳动者是一个独立的劳动力商品生产者，并将劳动力出售"的传统观念，指出"被大众媒介出售给广告商的受众时间，发挥着必要的市场功能"（Smythe，1977）。从唯物的角度来说，垄断资本主义传媒经济中，大多数人睡眠之外的所有时间都是工作时间，用来生产商品（比如写作），以及进行劳动力的生产和再生产（休闲娱乐恢复体力和脑力）。在工作之余，受众的大部分时间被出售给了广告商。这不是工人自己出卖的，而是大众传播媒介借助明显的和潜在的广告和新闻的混合物来吸引受众。收听广播和阅读报纸、杂志占据了人们上班和下班路程中的时间。受众在观看节目过程中也暴露在广告之下，产生对广告商品的需求，并花费他们的收入购买广告商品，受众受广告的暗示而去进行冲动购买。在个人工作之余和睡眠之外，受众被强加所有的消费品和服务。所以，斯麦兹断言：受众权力是思想奴役（mind slavery）（Smythe，1981：9）。同时，受众在被出售的过程中，也是受歧视的，受众根据特定属性，如年龄、性别、收入水平、家庭构成、城市或农村的位置、种族特征、社会阶级特征被划分为若干等级，社会经济地位高的白人中产阶级男性是媒体和广告的主要受众，也是被媒介和广告商买卖的主体，而女性、少数族群、老人、失能群体则被市场忽视和淡忘。

斯麦兹又解释了"受众商品"背后的深层制约因素，认为受众被当作商品出售是由资本主义体制决定的。垄断资本主义利用媒介综合体来生产和控制消费者，因为媒体为资本主义提供了一个更廉价和更有效的需求管理方式。资本主义制度利用大众传媒实现了四个目的：一是为资本主义制度生产受众，让受众来消费广告商生产的物品；二是服务于巩固垄断资本主义意识形态的人；三是产生支持国家战略和政策的公共意见；四是运营获利，为维持资本主义体系提供经济支持。而在斯麦兹看来，美国完全商业化的传媒体制在实现这四个目标上都很成功。斯麦兹继承马克思的异化概念，指出了受众作为商品被买卖后遭遇的异化：受众工作结果的异化，他们参与市场的总的商品的异化，他们生产和再生产劳动力的异化。

最后，斯麦兹还是回归到马克思主义，提出了传播研究取向的倡议，指出了传播研究和实践的出路。他主张马克思的社会意识理论需要关注阶级斗争的本质、无产阶级的处境以及性别沙文主义和国家理论。受众商品作为大众媒体和意识工业生产的总的商品和特殊商品，将为结构主义马克思主义提供活力。受众商品理论将为目前垄断资本主义阶段的帝国主义和社会主义理论的发展提供分析的路径。对处于依附和边缘境地国家的可乐殖民化（coca-colonisation）的批判性分析要植根于马克思主义，必须关注跨国公司生产受众商品的利益。斯麦兹指明了传播政治经济学的发展方向，传播政治经济学研究需要吸纳帝国主义和社会主义的理论，关注科学和技术的意识形态维度，应该加强非经济、非实证、非欧洲中心论的马克思主义研究，尤其是要吸纳萨米尔·阿明和赫伯特·席勒对大众媒介与美帝国主义的关系的研究，这些研究将给传播政治经济学极大的启发。

《盲点》一文结构清晰，层次分明，论证有力，提出问题、分析问题、阐明影响、提出倡议，为传播政治经济学研究指明了前进的方向，其中探讨的很多问题，如商品、劳动、异化、利润等成为后来传播政治经济学者广泛探讨的主题，这种分析理路也成为后来学者的典范。

《盲点》一文使用了隐喻的修辞策略。隐喻作为一种修辞手段，也成为话语主体的话语表达策略。隐喻是用一个指涉某一物体或概念的词或短语代替另一个物体或概念，从而暗示它们之间的相似之处。传播政治经济学者始终坚持通俗易读的写作风格，历来不喜欢繁复的理论推演，也不喜欢使用故作高深的术语。斯麦兹虽然是经济学博士，但《盲点》一文中却找不到任何生僻的符号和术语、复杂的公式和模型。他们既是精通某一领域的象牙塔内的学者，也是面向大众写作和演说的公共知识分子。在《盲点》中，斯麦兹将受众隐喻为被买卖的商品，采用了拟物化的修辞手法，将资本主义传媒体制下的传媒运作比喻为黑匣子，认为大众媒介的言论、信息或思想，只是吸引顾客登门造访的"免费午餐"，将当代传媒比喻为古代沙龙和鸡尾酒吧，通过这种隐喻生动地将媒体、受众、广告商的形象展现在读者面前，既容易理解，又鞭辟入里。

《盲点》中斯麦兹的话语策略还可以印证话语分析的积极和消极之别。梵·迪克概括了话语策略的四条原则，即强调"我们"的积极面，强调"他们"的消极面，不强调"我们"的消极面，不强调"他们"的积极面。话语的整体策略就是占权力支配地位者通过对话语的操纵赋予内部群体"积极自我表象"和赋予外部群体"消极他人表象"。在《盲点》一文中，斯麦兹也采用了积极和消极的话语策略。斯麦兹强调他所信仰的马克思主义的重要性和正确性，而对资本主义持激烈批评态度，指出资本主义存在的重大缺陷，批判资本主义传媒的堕落及其导致的严重后果。传播研究强调马克思主义政治经济学分析的科学性，肯定传播政治经济学路径的正确性，否定主流行政研究的价值。传播政治经济学有意回避自身消极的一面，无视自身理论存在的缺陷，比如过于重视宏观制度分析，忽视微观的文本分析，过于重视经济力量而忽视文化因素。斯麦兹作为语言使用者通过所谓的"事实"（受众被买卖）对别人（资本主义传媒体制）进行消极评价，用大量的数据证明当时的美国人花费大量时间在观看广告，变成了受众商品，批判对方的消极行为，即资本主义经济对工人的奴役和剥削，而力图展现自己的积极行为，即揭露资本主义传媒业的本质，为工人阶级呐喊等，用修辞手段进行夸张，用受众商品完全没有自主的时间来呈现，或用否认、低估等手段来掩盖自己的消极行为，完全不谈自身所存在的缺陷。斯麦兹的受众商品论对媒介经济运作的分析鞭辟入里，但是他武断地假定受众商品的单一性和被动性，而没有考虑到媒体、受众、市场调查公司之间的复杂关系和互动机制。斯麦兹有的放矢地把意识形态色彩浓厚的词语放在话语的显要位置，通过特殊语篇格局和及物结构把别人的消极行为放在突出的位置。《盲点》一文突出了传统马克思主义在传播研究方面的缺陷，大量使用唯物主义、剥削、资产阶级、阶级斗争、剩余价值等意识形态色彩浓厚的词表述，给消极的他人，即资本主义传媒及其背后的资本主义制度本身，贴上消极的标签。作者引用证人、资料或权威专家的话来支持自己的观点，如引用了马克思、列宁、凡勃仑、布拉第等思想先驱的理论来证明自己理论的合法性，也引用了当时一些学者的最新研究成果，如用当时电视广告的数据来论证受众商品的确定性。为了提升理论的积极性和正确性，斯麦兹还假定了他的研究对象的消极性。斯麦兹将受众看作媒介市场中完全消极被动的牺牲品，忽视了受众在信息接收中的独特体验和建构能力。斯麦兹将受众置于经济决定论中，而忽视受众解释能力。实际上也是无形之间在凸显自身的积极性，以显示自身的高明和睿智，但《盲点》非此即彼的二元对立太过武断了。斯麦兹为了表现自己的话语意图，只看到了资本主义体制下传媒业的缺陷和问题，没有看到资本主义体制下发达的传媒业客观上满足了公众的信息需求和娱乐需要，壮大了经济产业，创造了工作机会，提高了部分人群的生活水平，更为重要的是，推进了民众的政治参与和监督，提升了教育文化水平，推动了文化的下移和普及。近年来，有学者提出了"积极话语分析"（positive discourse analysis）概念，主张采取积极、友好的态度分析社会现状，这样不仅有利于自己，而且有利于对立的一方；通过积极话语分析，人们加强相互之间的理解和沟通，最终建构一个宽松、和平共处的和谐人类社会（黄国文、徐珺，2006），学术研究必须看到研究对象的积极之处，更应该看到学术对手和批判的对象存在的积极意义。在当今学界，提倡主流理论与批判理论的相互交流成为共识，对传播政治经济学来说，应该更多看到社会和传播研究的积极价值，应该肯定主流传播研究在理论和方法上的贡献，积极吸纳主流传播研究的视野和智慧，打破学科和流派的壁垒，取长补短，推动自身的完善和发展，为传播研究领域添姿增彩。

14.3　知识考古：《盲点》思想预设和理论前提

在对文本进行结构和框架分析后，需要对话语进行知识考古学的追根溯源，发现知识和理论诞生的前提和基础。知识诞生于时空秩序中，斯麦兹的知识来自早年的知识积累和人生阅历。他出生于加拿大雷吉纳，又在美国加州长大并接受教育，从1928年起在加州大学伯克利分校接受经济学教育，1937年获得经济学博士学位，其博士论文是关于东旧金山交通系统七年历史的个案研究，重点分析了工人在其中的角色和命运。加州大学伯克利分校历来是美国左翼思潮和社会运动的大本营，也是制度经济学派的中心和重镇，当时的制度经济学代表人物布拉第就在此任教，斯麦兹深受其影响，并倾心于马克思主义学说。虽然美国当时学界较为保守，但在伯克利，制度学派和马克思主义的经济学却很活跃，二者都是研究生课程的重要组成部分，马克思主义和制度经济学在斯麦兹身上留下了深深的印记，他注重用马克思主义的观念来看待一切事物。在他成长和受教育的历史时期，旧金山长滩的工人罢工，美国中西部农民在大萧条时期的艰难生活，使他认识到阶级斗争的无处不在，也使他更加关注社会公正。西班牙内战和人民的反法西斯斗争让他加入了美国和平和民主联盟（American League for Peace and Democracy），还组织了农场工人进行斗争。在获得经济学博士学位后，他受"罗斯福新政"的吸引赴首都华盛顿工作。作为一名经济学家，斯麦兹先后为美国农业部、中央统计署、劳工部工作，其间与人合作在华盛顿创办了左翼的书店。1943年任联邦通信委员会首席经济学家，参与制定了美国电子传播政策。1947年应施拉姆邀请，他到刚成立的伊利诺伊大学传播研究所任教，正式开始学术生涯，并在一个并不友善的学术环境中开设了世界上第一门传播政治经济学课程，确立了传播政治经济学的研究领域。在20世纪五六十年代，由于左翼的批判取向，他受到排挤和冲击，同时与意识形态斗士施拉姆存在明显分歧。后来由于古巴导弹危机，他对美国政府失去信心，回到了加拿大家乡任萨省大学社会科学部主任，将传播政治经济学带到了斯堪的纳维亚半岛。1974年他来到不列颠哥伦比亚省的西蒙·弗雷泽（Simon Fraser）大学，一直任教于此。斯麦兹的学习和工作经历对其传播政治经济学话语产生了深远的影响。

　　马克思主义是斯麦兹的思想渊源。在观念预设和思想前提方面，马克思主义是其基本的指向。斯麦兹从马克思主义出发，认为资本主义商业化的传媒体制以及其背后资本主义制度是不合理的，应该对其进行结构性的变革。虽然他对马克思主义持肯定态度，但也毫不客气地指出了其存在的问题。他始终强调建构马克思主义传播理论的必要性，并不断思考马克思主义在"传播"观念上的不足。他在《盲点》中尖锐地指出马克思的政治经济学观点不适合于现在的媒介产业，西方马克思主义的分析忽视了大众传播系统的政治和经济的重要性。所有的西方马克思主义都在关注错误的问题，只关注大众传媒生产意识形态黏合剂的能力，而忽视了大众传媒在资本主义经济运作中的角色。这种马克思主义的指导思想体现在《盲点》一文中，通过量化的内容分析可以发现，斯麦兹引用马克思（含马克思主义、马克思主义者）47 次，引用列宁 4 次，引用马克思主义左派阶级学家巴兰（Paul Baran）和斯威齐（Paul Sweezy）12 次，提到法兰克福学派代表人物阿多诺 2 次、马尔库塞 2 次。在概念和理论方面，斯麦兹大量引用马克思主义理论，如唯物主义 11 次，异化（alienation）9 次，劳动（含劳动权）49 次，拜物教（fetishism）1 次，上层建筑（superstructure）4 次，经济基础（economic base）2 次，阶级斗争（class struggle）3 次，剥削（exploitation）4 次，剩余（surplus）5 次，可以看出，马克思主义是斯麦兹进行媒介分析的主要工具。正是他的人生经历和研究兴趣，导致他在《盲点》一文中关注底层劳动人民的利益，指出工人被出售、被剥削的命运。批判性话语分析对社会现实采取否定和批判态度，试图解释话语背后的权力关系，展示不为人知的不平等、不合理的世界。斯麦兹的话语目的是质疑和揭露资本主义传播业存在的不平等、不合理和不公平现象，通过学术话语实践警醒世人，进而推进媒介改革，促进社会公正，达到改造世界的目的。

　　制度经济学是斯麦兹的重要思想来源，在《盲点》一文中就有鲜明的体现。制度经济学关于政治制度对经济模式的制约，以及经济发展对制度演变的推动的思想，直接启发了斯麦兹探究资本主义经济运行与传播体制之间的关系。在《盲点》一文中，斯麦兹 4 次引用了制度经济学代表人物凡勃仑的文献，而在其"传播政治经济学"课程的教学大纲中就有多篇布拉第的文献，证明其深受制度经济学的影响，凡勃仑的炫耀性消费（conspicuous consumption）和有闲阶级（leisure class）的概念，被斯麦兹用来分析受众的消费行为。制度经济学对资本主义垄断和滞胀趋势以及危机的预判，被斯麦兹用来分析资本主义传播体制和资本主义制度本身存在的危机，并呼吁传播业的规制和改革。

除了马克思主义和制度经济学之外，传播政治经济学派注重学术共同体的建设，斯麦兹与传播政治经济学的同道多次"唱和"，同时和志同道合的同事，以及多少带有一定的马克思主义观点的学者，如芬兰学者诺登斯腾（Karrle Nordenstreng），美国学者哈姆林克（Cees Hamelink），传播政治经济学的另外一位奠基人兼同事席勒（Herbert Schiller），英国传播政治经济学者默多克（Granham Burdock）和戈尔丁（Peter Golding），第三世界国家经济学家阿明，频繁合作，彼此引用，体现出了鲜明的学科自觉，试图建立一个学术共同体，积极进行话语实践和社会实践。

14.4 实践向度：《盲点》的话语实践和社会实践

话语实践是话语分析的重要维度。话语分析理论认为，话语不是一个人的独白，而是在社会关系中进行的。语言并非客观固化的文本产品，而是一种动态的话语实践和社会实践（胡春阳，2005），是干涉社会进程的重要建构和力量，话语积极建构着社会现实、社会身份以及社会过程。话语不但能够生产知识、真理和权力，而且可以建构话语主体、知识对象乃至社会现实和社会关系。在福柯看来，话语背后的权力关系无处不在、无孔不入、无时不有，不断再生、分化与组合。知识和权力永远是共生体，话语作为一种知识，其生产背后也有权力的考量。在知识客观和超然的面纱背后，总是怀有一定的政治意图。知识经过精心设计和系统表述，被冠以"科学"之名，服务于意识形态。

当我们抛开文本，再来看看《盲点》诞生的历史语境，也会发现传播政治经济学者的艰难处境。《盲点》这篇论文的面世可谓命运多舛。战后和平的美国虽然为学术研究提供了宽松的政治和社会氛围，但是麦肯锡主义盛行，施拉姆在创办研究所时邀请斯麦兹任教，看中的是其联邦通信委员会首席经济学家的身份，在得知他的左派身份后，便竭力排挤他。受麦卡锡主义的影响，学术界的气氛越来越压抑，斯麦兹很难获得学术资助，便离开美国，回到加拿大，重新回到地理上的边缘。回到加拿大的斯麦兹积极参与联合国教科文组织的运动，为国际卫星传播政策发声，为世界信息传播新时序贡献知识，积极奔走，参与反战的呼吁，并屡次访问当时受到西方社会敌视的红色社会主义政权——中国，更是引起了主流学界的不满。当他把他多年对受众商品的思考写作成文《盲点》，投稿至乔治·格伯纳（George Gerbner）主编的《传播学季刊》，虽然二人曾在伊利诺伊大学传播研究所共事，但格伯纳非但没有给予帮助，反而带有偏见地处理这个重要的稿件。由于取向和方法上的差异，格伯纳并没有让该文在《传播学季刊》发表。格伯纳曾于 20 世纪 50 年代在伊利诺伊大学任教数年，信奉美国传统实证主义，长期从事电视暴力的内容分析和统计，而斯麦兹继承的是欧洲马克思主义的人文主义和批判学派传统，不太注重内容的实证分析，而是从宏观的制度入手揭示资本主义传媒体制的缺陷，二者的路径迥然有别。当然更重要的不是方法上的差异，而在于二者在取向和观念上的差异。以格伯纳为代表的主流传播学者都是在肯定资本主义制度合法性的前提下，主张对传媒业进行渐进的改革，而以斯麦兹为代表的传播政治经济学继承的是马克思主义政治经济学的批判取向，认为资本主义社会是不合理的，注重对传媒进行结构性的变革，二者是道不同不相为谋。这也正体现了斯麦兹开创的传播政治经济学在美国学界的边缘地位。所以，斯麦兹只能将文稿投至《加拿大政治和社会学刊》（*Canadian Journal of Political and Social Theory*）并最终发表。正如斯麦兹自己所言，加拿大在西方资本主义社会中的地位和地理位置是一样的，处于边缘地位。他离开美国去加拿大任教也符合这种从主流到边缘的走向，他的遗著《逆时针》就代表了一种反潮流的心态和走向。斯麦兹以逆时针回顾自己的生活阅历和学术征程（Smythe，Guback，1993）。他在加拿大出生，在美国加州伯克利长大、求学，到华盛顿工作，从边缘走向中心，但是又到中西部伊利诺伊大学任教，最后回到加拿大，又从中心回到边缘，不管是在地理还是心理上都走过了一个逆时针的轨迹。在资本主义国度和反共的历史时期里，他时刻面对右翼人士的攻击，但他并没有明哲保身、委曲求全，而是直陈资本主义传播业的种种问题和弊病。《盲点》的诞生也契合其以边缘身份与主流抗争的社会实践。

话语的生产和传播有其社会实践维度，有必要对话语作为话语进行社会文化分析。话语本身是一种社会行动，它们不但生产意义，而且确定话语主体的位置，建构主体的身份、社会现实、社会关系，乃至社会资源的分配机制必然反映在话语之中。人只是话语的传声筒，是话语展现自身的一个中介。《盲点》一文的发表是一个话语事件，本身就是一场争夺话语权的战争。斯麦兹试图通过这个文本确立其在传播研究领域内的权威地位。在当时恶劣的学术环境下，斯麦兹感受到了来自学界、业界和官方的压力，传播政治经济学经过 20 余年的发展，只有斯麦兹、席勒以及他们的学生古巴克等人在从事相关的研究，势单力薄。尤其是 1959 年，社会学者贝雷尔森（Bernard Berelson）发表题为《传播研究的姿态》的文章，认为传播研究正在逐渐萎缩、凋零（陈世华，2014b），这就是刚刚草创的传播学科的"讣告"，宣告了传播学的死亡。他指出以拉斯韦尔等人为代表的四种研究路径都在逐渐衰落，创造力在减弱，思想领袖已经消失，没有新人出现来继承和取代他们（Berelson，1959）。贝雷尔森的悲观论断，沉重打击了作为传播学科创建者的施拉姆，备受伤害的施拉姆奋起反击，努力证明这个领域的生命力，在第一时间保卫了传播研究领域。贝雷尔森眼中的荒地，在施拉姆的眼中充满生机。他在回应贝雷尔森时借力打力提出了"四大奠基人"的说法，为传播学科寻找思想源泉和合法性，并用他创办多所传播研究机构的成功经历来论证传播研究的活力（Schramm，1959）。事后看来，施拉姆这次话语夺权是成功的和必要的，在种种争议声中，传播研究在他的有力捍卫下而生存下来，稳定了大众传播的进程。传播研究的危机，以及这场后来被彼得斯（John Peters）称为"贝雷尔森–施拉姆之争"的争论，对斯麦兹触动很大。斯麦兹和曾经的同事施拉姆一样，感受到了影响的焦虑，并成为其写作和发表《盲点》的内在驱动力。《盲点》一文反映了斯麦兹的焦虑。我们可以用影响的焦虑理论来解释这个话语事件。美国文艺批评家哈罗德·布鲁姆（Harold Bloom）在其名著《影响的焦虑》（*The Anxiety of Influence：A Theory of Poetry*）中提出"影响的焦虑"理论，认为诗人在创作过程中受前辈诗人的影响。在诗歌传统中，有些是"诗人中的强者"，形成了自己的风格和特色，影响了后辈。后人把前人理想化，取前人之特长为我所用。但是后辈诗人会由于受前人恩惠而产生难以摆脱的负债感，形成了"影响的焦虑"。那么如何摆脱这个阴影？由于技巧和主题已经使用殆尽，因此当代诗人很难以正常的手段光明正大地超越前辈巨擘的成就。于是后辈诗人，为了自立门户，就以各种方式去"误读"和"修正"来贬损前人，从而形成自己的风格与之抗衡（布鲁姆，1989：3）。传播学科本身就是焦虑的产物，焦虑驱使芝加哥学派抛弃传播研究，激励施拉姆将传播学建制化，并捍卫终生，焦虑也让后辈学者质疑施拉姆所界定的"四大奠基人"的起源神话，并重构传播学的思想渊源，反思施拉姆的行政研究范式，催生各种新的研究取向（陈世华，2014b）。在这场争论中，施拉姆批判了贝雷尔森的说法，确立了传播研究的四种路径，为传播学科指明了方向。但是施拉姆所追溯的思想渊源和知识传统，并没有批判学者的身影，没有传播政治经济学的立足之地。对施拉姆的焦虑，斯麦兹感同身受，他也试图开创新的路径来树立自己的权威地位。他剑走偏锋，通过确立迥然有别于主流的行政研究范式，借用在西方并不受欢迎的马克思主义政治经济学，开创了传播政治经济学领域，使其在传播研究中占据一席之地。

　　《盲点》一文的面世本身就意味着学术领域内一场权力的争夺。同时《盲点》一文的发表犹如一颗炸弹引爆了当时的传播学术界，也引发了一个新的话语事件——"盲点"争论，又激起一场新的话语权争夺。《盲点》一文对传统马克思主义进行批评，对文化研究进行指责，并指明马克思主义指导下的传播研究的走向，试图重新划定传播研究的版图，引起了抱持其他取向的学者的不满和质疑。《盲点》发表后，引起了传播研究领域各个学派的关注，各派学位围绕传播研究的取向开展激烈的争论，以默多克（Murdock，1978）、加汉姆（Garnham，1995）、高士柏（Grossberg，1995）为代表的英国文化研究、北美传播政治经济学、美国文化研究学派都参与论战（冯建三，2003），围绕《盲点》发表了多篇文章，文化研究学派批评传播政治经济学者过于强调经济因素，忽视了文化维度，传播政治经济学者则批评文化研究学派向意识形态霸权妥协，而有些学者则希望走折中路线，融合同根同源的传播政治经济学和文化研究，联手对抗主流的行政研究范式。这些流派和学者之间的交锋，正是不同取向的学者的话语实践，实际上都是为了争夺在传播研究中的话语权，提升自己在该领域中的地位。话语作为一种话语权争夺的实践，又催生新的话语，引发新一轮的话语权争夺，这也推动了传播理论的更新和演进。在传播研究的范式转型、传播领域的拓展和内聚中，以《盲点》为代表的学术话语在推动传播研究的进程中功不可没。

结　语

从话语分析的角度来说，《盲点》一文是一个典型的话语文本，有独特的话语结构和文本内涵，体现了传播政治经济学的理论逻辑和研究取向，为传播研究提供了新的理论视野，增添了新的活力；《盲点》发表作为一场话语实践，是一场"影响的焦虑"驱动的话语权争夺，潜在的意图是树立自身的权威，在传播研究领域内占有一席之地，促进传播研究取向的多元化；《盲点》发表后引发的社会争论是一场社会实践，让传播政治经济学引起了世界学术界的关注，并激起了一场多方学者参与的世界性争论，引发新一轮话语权争夺，话语文本和话语实践共同推动传播政治经济学和传播研究的发展与更新。通过对《盲点》一文的话语分析，我们可以重新回到批评性话语分析理论，再一次证明：话语是特定语境的产物，反映了社会的现实秩序和权力的配置，体现了话语主体运用的叙事元素、思维方式和言说技巧，隐藏着特定的权力关系，目的也是夺取话语权，重塑社会权力关系，配置权力资源。通过话语分析，再次证明传播政治经济学的基本概念：传播政治经济学是从马克思主义的基本立场出发，研究社会权力关系与传播资源的生产、流通和消费的相互建构的学科（Mosco，1996；陈世华，2016）。从话语分析的角度来说，传播研究又何尝不是呢?!

15 再造传媒：北美传播政治经济学对中国传媒的启示

> 中国增强软实力的努力，需要清晰地表达出一种批判性的政治与文化自我觉醒，从而引领出一种超越资本主义和消费主义的可持续发展路径。
>
> ——Yuezhi Zhao，1998

政治经济学的目标就是消除阶级剥削、贫困和社会不平等，建立真正的民主，实现人的自治。政治经济学左翼的批判取向，给予我们精神鼓励，鼓励我们努力推动传播工业和传播研究朝着更好的方向发展。政治经济学对美国商业媒介体制以及资本主义制度的批判使我们更加深刻地认识资本主义传播制度和资本主义制度本身，也对我们发展中国特色的传播业和传播研究有诸多启示。尤其是作为寻求商业媒介体制替代性方式的政治经济学，其理论视野和实践策略更是可以运用到中国传播业这个西方传播学者眼中的异类。中国独特的媒介体制和传播业发展也颇受西方传播学者关注。在施拉姆等人《报刊的四种理论》中，中国的媒介制度被认为是威权主义报刊制度，受到传播学者的诟病（Siebert, Peterson & Schramm, 1956）。中国的媒介制度作为西方商业媒介制度之外的一种对立的媒介制度，一直受到传播政治经济学者的关注，不断有学者将中国的传媒业与西方的尤其是美国的传播工业进行对比分析，并对中国传播业多有赞赏，也有批评和警告。斯麦兹在访问中国期间，就对中国的媒介制度和规制政策有诸多赞许。他提醒中国应该利用技术服务于自身的利益，应该让工人控制技术，建议中国应该建立双向反馈的电视系统，使用文化过滤技术，发展中国特色社会主义文化。北美传播政治经济学者对我国传播业的独到判断，提供了一种旁观者清式的经验。他们的政策思考和理论探讨能为我们建设和完善中国的传播体制提供借鉴。北美传播政治经济学没有停留在对现状的批判剖析上，而是迫切运用传播学术和多样的方法论去解释所面临的问题，进而提出各种媒介改革主张。这些媒介改革建议，同样可以置于中国的语境下，经过一定的修正运用到中国的传播业中。

政治经济学者对美国商业传播体制的批判涉及媒介组织和结构、政策和规制、操作和技巧等各个层面，他们所指出的弊端正在不断被历史证实。中国传媒业不能重蹈商业传播体制的覆辙，政治经济学者针对商业传播体制弊端而提出的各种媒介改革策略可以为我们发展中国特色的传播体制提供借鉴。政治经济学者所提倡的当前的媒介改革与以往的各种媒介激进主义（Media Activism）不同，不仅是关于媒介所有权的斗争，还涉及网络中立性、传播网络和电话公司的控制、新闻自由的保护等。传播政治经济学者的媒介改革运动的目标是制定使媒介系统民主化的政策，创造一个平等的、人性的、可持续的和具有创造性的社会，使公平和自治成为日常生活的秩序。这同样可以成为中国媒介改革的目标。政治经济学者关于媒介改革的提议并非对现存传播体制的修修补补，而是结构性变革，挑战集团媒体权力，促进民主化传播；不应仅是针对媒介系统的修正，而应该是对整个政治文化系统的革命，中国的媒介改革也是如此。政治经济学者指出媒介改革的两个认知前提：一是媒介必须作为现代民主的基础，作为信息的主要来源，公共讨论、参与的平台和公民自治的钥匙；二是媒介组织、所有权、管理、规制和补贴模式是媒介内容的中心统治因素。中国媒介的发展和媒介改革同样基于这两个前提，对现有的传播体制进行激烈的变革。

15.1 公开透明的决策讨论

在美国的自由主义传统中，任何关于媒介政策的讨论都被认为是无效的，公众的干涉只会允许无效的官僚去阻碍多产的市场主体。作为一个以马克思为精神领袖的学派，传播政治经济学一直关注底层人民的呼声和利益。传播政治经济学者始终强调媒介政策制定过程中的公共告知和公开讨论。他们认为传播资源是公共资源，应该置于公共利益的控制之下，应该通过民众讨论来决定媒介的发展路径和规制政策。传播政治经济学者一直批评美国媒介的政策制定遵循着非民主的历史模式，缺乏公开、自由的公众讨论。政治经济学者通过对媒介的历史考察发现，媒介属于公共部门，从来不是私有部门发明的。但是政府将媒介的骨干部分私有化，而且私有化的讨论不为不知。在美国，1996 年的新传播法的制定并没有广泛听取公众的意见，各大广播电视媒介由于通过这一法律得到了免费数字频道等各种好处，更是没有充分报道这一法律（赵月枝，1998）。政府根本没有提供政策制定过程中的民主参与机会，媒介政策制定根本没有在媒体中报道，也没有在贸易和商业刊物中发表，讨论的范围被局限于少数统治性的玩家。所以政治经济学者论断：私有媒介集团不是在自由的市场公平的竞争中赢了，只是赢得了政府的彩票，而大多数人甚至都没有权利去买一张票。

历史是人民创造的，公众的智慧推动着人类社会的发展与进步。民意支持是社会长治久安的基础。随着社会的发展，公众的素质也在不断提升，公众作为社会问题的当事人，对社会问题有更为深刻的体验，有着独到的见解，公众的智慧可以促进社会问题的解决，政策制定者应该重视民众的智慧，将民意介入政府的决策和实施中，促进决策和实施的科学化和民主化。在现代文明政治中，民众的角色不再限于决策的被动者，而是决策过程和实施过程的参与者和建言者，决策者应该积极与民众交流和互动，倾听民意、了解民情、汇聚民智，促进社会决策和实施过程的民主化、科学化和规范化。胡锦涛同志提出要"问政于民、问需于民、问计于民"。"三问"是党的群众路线的生动体现，也是传媒政策制定的指导思想。政府可以通过吸纳民意，搜集有价值的信息，充分利用民众的智慧和力量。作为媒介的参与者和观察者，民众往往熟悉实际情况，能提出真正有效的方案，提高政府工作效率。决策者应该重视民众的需求，倾听民众的意见和建议，有效使用信息，有针对性地制定相应的政策，使公众真正受益，达到事半功倍的效果。传媒政策的讨论和对话应该保持开放和平等、鼓励对话和慎议。开放意味着谁都能参与，谁都能发言，谁都能表决，不能仅凭一个人的财富多少、地位高低、性别、信仰差异等来决定其进行权利表达的机会，应该进行公开公正的讨论、交流，在达到共识的基础上，最后得出结论和行动方案。

从媒介的政治功能与经济属性出发，中国的媒介政策也应当得到公开、充分的讨论。从媒介的政治功能来看，媒介是党、政府和人民的耳目与喉舌，要使这一功能得到全面的发挥，尤其是在作为人民的耳目、喉舌这一功能方面，离不开能切实保障公众利益的媒介政策的出台。从媒介的经济属性来看，在中国的社会主义制度下，实行公有媒介体制，媒介是公共财产，更加需要公开讨论，通过公开讨论，由民众决定媒介的发展政策，由人民决定媒介的结构和行为，以及发展的路线。只有这样媒介才能真正反映人民的呼声和意愿，促进社会公众公开治理和参与民主，更好地服务于人民利益。

传媒政策公开讨论是协商民主的要义。民主的本质是宽容与协商，协商民主和参与民主要求合法的立法必须源自公民的公共协商，公共决策必须经过讨论。协商要求社会成员就公共问题能够理性沟通，用对话代替对抗。协商民主理论正视社会多元化，赞同不同宗教信仰、政治倾向的各群体都能就各自利益发表看法，互相倾听，互相包容，最终使公共政策能考虑最大多数公众的利益诉求，为社会的和谐与长远发展打下坚实基础（杨思文，2013：15）。将协商民主理论引入公共政策制定具有重要意义。协商民主强调各个群体、公民之间用对话代替对抗，通过自由讨论、协商等方式，共同参与到政治生活和公共决策中来。首先，对公众而言，其知情权与参与权能更大程度地得到满足。现代社会，只有公众广泛参与才能确保政策的合法性。在公共政策的制定中，只有自由平等的公民共同参与公共讨论、辩论，让所有人都有平等的表达机会，才能保证所有公民的需求和利益诉求都得到尊重和考虑。其次，对决策方而言，协商民主的好处是通过广泛协商能最大限度地捕捉到决策所需要的信息。决策变得更为公开与透明，使得公共决策降低了暗箱操作的可能性，能更大程度地维护公众利益。最后，现代社会所需要的公民精神也能在协商民主过程中得到培育和生长。健康民主的社会需要公民积极关心并参与到政治生活中，而不是置身事外。一个民主政体要获得良性的运转，不能离开一大批独立思考的、批判的和具有想象力的公民。呼吁公民积极参与公共事务，直接参与到广泛的政策制定过程中，通过民主参与培养公民对公共问题和公共利益的关注，增强其政治效能感和责任感，减少权力疏离感，积累政治参与所需的各种知识和技能（郑慧，2012），而这会对一个健康的民主社会产生积极深远的影响。

传媒政策的公共讨论契合社会主义协商民主政治的要义，协商民主是我们党的优良传统，党的十八大再次强调"健全社会主义协商民主制度"（陈家刚，2014），并将社会主义协商民主定位为我国人民民主的重要形式，进一步丰富了中国特色社会主义民主政治的内涵，指明了当代中国政治发展的方向。在传媒政策制定中，在决策前要将各种观点相互比较，通过思考、对话、讨论等方式进行交流，倾听并理解他人，进而利用批判性思考和理性观点，建设促进公民有序政治参与的制度化渠道，广泛吸收社会各方面的意见和建议，最大限度地包容和吸纳各种诉求，既反映多数人的普遍愿望，又吸纳少数人的合理主张，使个别的、分散的意见通过协商渠道得到反映，满足公民参与需求，提升决策科学化水平，有效地提高决策制定和实施的科学性、合理性，增强决策制定的前瞻性和战略性，有效克服经验决策所带来的不足和负面影响。

政治经济学指出，因缺乏公开的讨论而导致的商业化和垄断带来了严重的后果，商业化媒介体制的弊端逐渐显露。中国的媒介改革不能重蹈覆辙，必须让人人都有合法的机会参与公共政策的讨论，通过知情的讨论，让媒介发展服务于民主，从属于人们的意愿。从公共政策制定的角度看，媒介政策的制定应当得到充分、公开的讨论。公共政策的政策制定方与政策相对方参与讨论越充分，政策的公共性也体现得越充分。媒介政策的制定也是如此，需要媒介管理者、媒介尤其是公众的广泛参与，传播政策必须在被告知的公众同意前提下制定，要将传播政策放入政治议程进行公开讨论，推进媒介政策制定的民主化，呼吁公民的参与，制定符合公共利益的媒介政策。目前传播工业面临种种危机，解决媒介危机就需要广泛的被告知的公共讨论，将公众吸纳到媒介政策制定中，增加民众在政策制定中的参与，这会产生更好的政策和制度。媒介要作为公开讨论原则的拥护者和公开讨论的平台，提供可靠、相关、翔实的信息，作为政策制定的参考。媒介的发展不是在权力的圆桌中决定的，而应该是全体公民讨论的产物。赵月枝（2011b）指出中国要确立以民众为主体的社会实践，媒体要提供开放式和参与性的论坛，激发不同社会群体以主体的身份参与有关中国社会未来的政治性辩论和文化建设，并在此基础上引导人民群众树立社会主义价值观和增强文化自觉，这是社会主义媒体公共性建设的关键。

15.2　保障公共性

自古希腊至今的政治生活中，公众参与政府决策作为美德而受到广泛赞誉。政治生活塑造了一个独特的公共领域，人们可以在公共领域中集会，互相影响，形成决策，加强公民联系，实行必要的社会变革，最终追求有德行的社会（孔繁斌，2008：114）。传媒公共性既是传媒公共领域的核心理念，也是传媒实践所体现出来的社会公器属性。

在哈贝马斯看来，公共性的主体应当是作为公共意见之载体的公众。因此，传媒的公共性并不是外在于公众而存在的一种抽象化的公共性，而是现实的公共性，这种公共性是公众能通过接受传媒的公共服务而切实感受到的。另外，传媒的信息生产和传播活动对社会的政治、经济和文化道德诸方面具有广泛而巨大的影响，这种影响波及普遍的社会秩序和社会公共生活。因此，传媒的公共性也是公众在其公共生活中能够体验到的（肖生福，2010）。根据潘忠党（2008）的归纳，传媒公共性正是指传媒作为社会公器服务于公共利益的形成与表达的逻辑实践，体现在三个方面：传媒的服务对象必须是公众，传媒作为公众的平台必须开放，传媒的使用和运作必须公正；传媒的公共性与其所有制无关，却和其实践息息相关，即促使公众个人之间自由、开放、公正、平等和理性地交往。中国30余年的传媒改革，即不断探索如何更好地处理传媒与政府、市场、社会关系的过程，深化了我们对传媒公共性的认识。中国传媒改革的最终目标就是走向公共性。传媒公共性实践就是其作为多元主体之一参与社会治理和国家治理，以平等、公平、公正、开放为圭臬，为多元社会中的各利益群体提供意见表达和沟通的平台，从而制造社会共识（李良荣，2016）。这也是传媒和政府、市场、社会各自目标和利益的最佳契合点。

传播政治经济学为我们坚持中国传媒的公共性提供了指导思想，赵月枝（2014）就强调用何种理论资源来指导中国的改革实践，包括中国在世界上的话语权扩展，的确是一个事关改革方向尤其是是否以马克思主义理论为指导的关键问题。中国需要在国内新闻传播制度改革和传播实践中真正落实最广大人民群众的"四权"——知情权、表达权、参与权和监督权。只有这样，中国在国际层面挑战美国信息传播霸权才有底气、有自信和现实支撑。也就是说，国内传播秩序的民主化和国际传播秩序民主化必须并行，而且相互呼应和相互促进。鉴于现代西方商业媒体制度本身就是与垄断资本主义相配套的社会传播制度，中国如果要坚持社会主义道路，就必然要求有自己的制度创新。

近年来，中国传媒出现了一些公共性的危机，传媒公共性问题的凸显，反映了公众对传媒领域现状的不满。20世纪80年代以来，传媒商业化浪潮开始席卷世界，传媒日益变成逐利的工具而逃避公共服务责任，传媒公共性缺失成为世界性的危机。20世纪90年代以来的传媒市场化改革一方面提高了媒介经营效率，壮大了传媒实力，也在不经意间产生了有限的公共性；另一方面，我国的社会改革采取了"经济优先，政治缓行"的思路，政治体制改革相对滞后，在此背景下，传媒体制没有实质变化，传媒改革侧重微观的业务和经营管理改革。传媒由"喉舌"的单一属性转变为政治和产业的双重属性，而其应有的社会属性则被有意无意地忽略。传媒受到政治权力和市场权力的双重宰制，加之传媒自身的权力化，侵害公共利益的事情时有发生。当前，西方国家媒介集中和垄断趋势日趋严重，并随着全球化浪潮向世界范围蔓延，威胁西方国家传媒公共性的主要力量来自市场权力，这也是多数学者把恢复民主的媒介体系寄托于重建公共服务媒体的原因。而对于我国传媒来说，除了市场权力对传媒公共性的侵蚀，政治权力的宰制同样不可忽视（许鑫，2011）。当代中国的传媒实践，是"喉舌"理念、市场理念和专业理念并存，三者在传媒实践中的博弈影响我国传媒公共性的发挥。总体来看，"喉舌"理念有宣传纪律的保证，市场理念有生存压力的驱动，专业理念则只能依靠新闻工作者的责任和自觉。一般而言，专业理念的存在有助于公共性的发挥，但由于受到"喉舌"理念和市场理念的挤压，传媒的专业理念（包括公共性理念）显得较为脆弱。赵月枝（2011b）多次强调我们要直面公共性危机，在商业化媒体所同构的消费资本主义生活方式和资本主义生产与社会关系面临深刻危机的今天，我们需要冲破的是市场自由主义的意识形态教条和把西方媒体模式自然化、去历史化进而规范化的偏颇，面对中国的革命文化遗产和当下的社会主义文化诉求，超越市场自由主义意识形态去想象自由的、民主的和共享的社会主义传播与文化。

中国传媒的公共性体现在理念、体制和实践三个层面。理念层面的公共性代表传媒实践的"应然"规范，是公开性、批判性和公益性的统一。公开性主要指传媒必须对公众开放，话语必须公开；批判性主要指传媒要成为社会公众针对公共事务开展理性辩论的平台，形成批判性的公众舆论；公益性指传媒必须维护和服务于公共利益。体制层面的公共性主要指传媒实践所需的制度和体制环境，其中最主要的是言论自由和新闻自由的法律保障，以及传媒产权和管理体制。实践层面的公共性则是指传媒在体制规训下实践公共性理念的过程与结果，体制与实践共同构成传媒公共性的"实然"存在。传媒公共性问题，实质上是媒体与民主的关系问题，尤其是传媒自身民主化问题。传播政治经济学者莫斯可（2000：165）指出：
"我们应该把公共的内涵界定为实行民主的一系列社会过程，也就是促进
整个经济、政治、社会和文化决策过程中的平等和最大可能的参与。"也
就是说，公共领域对于民主、平等是必不可少的，是公众参与社会政治、
经济和文化生活的体现，而在这个过程中，大众传媒发挥了关键作用。传
媒的公共性作为现代民主政治的重要表征，理应成为我国现代化建设的目
标（许鑫，2011）。赵月枝（1998）也主张对新闻进行充分、客观、独立
的报道，对公共事务进行理性的讨论，促进社会各界的全面沟通，开展价
值取向的多元和普遍的全民性服务等实践。

　　媒介的公共性要求传媒必须掌握在党和人民手中。美国的自由主义传
统认为，媒介应该交由市场来规制。自由主义者认为，对人类来说，最理
智、公平和民主的规制机制就是市场。市场作为规范机制不需要任何讨
论。理性的服务和产品分配者的前提都是市场基于竞争。竞争不断促使经
济行动者以最低的价格生产最高质量的产品，奖励工作最勤奋和最有效率
的人，使人类获益。在美国的完全商业化的媒介体制下，市场是唯一的明
显规制者，FCC和美国政府所制定的政策都是在维护所谓的自由竞争的基
础上制定的。尤其是20世纪80年代后，新自由主义在美国复兴，并很快
席卷全球。在新自由主义经济政策下，日益解除管制的媒介市场给了世人
以自由竞争的假象。政治经济学考察了媒介发展史和媒介聚合的现状，不
断批判解除管制主义者的论证，揭露了种种自由市场的神话，指出市场的
成功都是基于消除竞争。一个公司越少竞争，所面临的风险就越小，获利
就越有可能。20世纪美国媒介市场处于垄断状态。少数的公司，运用它
们的权力，建立主要的壁垒，防止和限制其他公司进入，彻底地控制了市
场的输出，保持垄断。政治经济学者认为市场驱动的行为并不能生产出最
积极和理性的社会产出。实际上，市场生产出外部性（externality），除理
智地追求利润外，媒介公司也生产了大量的暴力，将人们置于商业化的轰
炸中。政治经济学者总结了自由市场深化的根本原因在于资本主义制度，
资本主义制度作为一个剥削制度，其核心就是寻求最大化的利润。自由市
场的神话都是为了维护富有的少数人的利益，维持传播的私有控制和集团
媒体现状，让巨大的媒介公司控制市场成为可能。消费者并没有能力去从
传播市场中获益，市场总是向高收入者倾斜，而忽视那些穷人，自由市场
导致了集团媒体的膨胀和对公共生活的入侵，公共讨论平息，公共服务迅

速衰退，加速了阶级分化和政治经济的反民主趋势，驱使社会生活去政治化、两极化和去民主化。

市场之外，谁是合适的规制者呢？政治经济学者从马克思阶级斗争的概念出发，认为公众才应该是最好的规制者。传播资源是公共财产，应该保障公共性。传媒技术本身是中性的，关键是看控制在谁的手里，媒体既有可能成为民主政治的良友，也有可能成为专制势力的帮凶。新的信息和传播技术具有扩张公共性的潜力，但取决于人们怎样去利用它，问题的根本就是传媒自身的民主化或者说公共性问题，大众传播与政治权力和市场权力的关系以及它自身的权力化，都会导致大众传播的非大众化与非民主化，其突出表现就是传媒的公共性缺失。只有传媒的民主化或公共性才能保证其成为社会公器和民主看门人。传媒公共性的问题，核心是传媒与政府、市场、公众之间的关系问题，或者说传媒管理体制问题，即传媒该不该管、应当由谁来管、怎样管的问题，以新马克思主义为代表的左派和以新自由主义为代表的右派对传媒管理的选择，一为政府管理，一为完全抛却政府，全部交由市场管理，实践证明这两种模式都存在缺陷，且这种非此即彼的逻辑包含内在矛盾（许鑫，2011）。尼古拉斯·加纳姆（2004：303）认为，大众媒介领域经济与政治的根本冲突不可能解决，要在两者之间取得一种历史性的平衡。公众应该是传媒真正的主人。"公众"作为一个含糊的概念，需要特定的中介和代理，来实现对传媒的控制。政治经济学的建议以左派作为领导力量，将工人运动组织起来，为了媒体民主而斗争，与媒介和传播现状斗争，创建一个健康的和充满活力的新闻业，营造真正自由民主的环境。在美国，媒介控制斗争的核心原则就是将对传播的控制权从华尔街和麦迪逊大道手中抢夺过来，交到公民、记者和其他不考虑营利底线的人手中。在中国语境下，我们的制度本是社会主义制度，坚持人民民主专政，我们更有理由坚持媒介的公共性，传媒作为公共领域的一种重要建制而体现出公共性，同时公共性也是传媒服务于公共利益所体现出的一种属性，实际上就是传媒的社会属性或"人民性"。媒介被控制在政治经济精英手中的弊端已经被政治经济学者充分解读，其消极后果也被历史证明。我们传播业的发展要交由普通公众来控制，由公众决定媒介的结构和行为、运行策略、活动的规模和范围。具体来说，要奖励公众控制的公共广播，不受审查的有线和无线传播。这种公共控制必须考虑可行的现实问题。在民众和媒介之间需要有一个中介，这就是作为主要的规制者的国家。社会主义国家是工人阶级领导的、以工农联盟为基础的人民民主专政的国家，代表人民大众的根本利益，国家代表人民进行传播的控制和规制，有着无可推卸的责任。国家应该坚持依法治国的方针，通过立法反映人民的利益，对媒介进行合理规制，使其在正常轨道上服务于人民，建设和维护社会主义文化，推进国家的发展。在我们的社会主义制度下，党性和人民性是统一的，党性就是坚持人民性，坚持人民性就是坚持党性，党性寓于人民性之中，没有脱离人民性的党性，也没有脱离党性的人民性，只有坚持党性才能更好地体现人民性，只有坚定反映人民性才能更好地增强党性。坚持党性和人民性的统一，是马克思主义的一个基本观点。党性和人民性关系的本质，源于党和人民的关系。共产党是工人阶级的先锋队，肩负着组织、团结和带领工人阶级以及人民大众实现自己的根本利益、争取社会主义和共产主义胜利的神圣历史使命。工人阶级作为社会先进生产力的代表，其阶级性质和历史使命，决定了它是最大公无私的阶级，决定了它的根本利益与人民大众根本的、长远的利益的天然一致性。共产党作为工人阶级的先锋队，其所代表、实现、维护的既是工人阶级的根本利益，同时也是人民大众的根本利益；共产党既是工人阶级的先锋队，同时也当然是人民大众的先锋队。共产党的本色、存在根据和奋斗目标，都是和工人阶级以及人民大众不可分割的；共产党既来自工人阶级和人民大众，又肩负着代表、实现、维护工人阶级和人民大众根本利益的历史责任。党性和人民性本来就是不可分离的，党性来自人民性，是人民性最高最集中的体现，坚持党性原则，也就是坚持工人阶级和人民大众根本利益的原则（秋石，2013）。

传媒公共性的原则要求媒体承担社会责任，强调以专业理念和自律来强化从业者的社会责任意识，自觉服务公共利益，传媒业的制度创新必须确立一个原则：公共利益至上。确立公共利益至上原则需要制定一整套规则来约束传媒业。可以借鉴美国 FCC 确立"公正原则"的办法，对传媒业内容加以约束，并有相应的惩罚措施。社会的公共利益所包含的要点是：保障法律所保护的公众私人利益不受传媒侵犯，主要是对公众的隐私权以及青少年加以保护，不损害社会公德，不扰乱社会公共秩序，满足公民的知情权；遵循普遍服务原则：不分民族、不分种族、不分地域、不分性别、不论贫富、不论地位，都应该享受传媒业同等的服务。尤其是无论是强者还是弱者，都应该在媒体上有平等表达的机会（李良荣，2007）。

坚持在公益属性的前提下拓展媒体的市场功能，在发挥市场作用的同时，我国媒体业的改革要始终坚持媒体的公益属性，坚持以公有制为主体，发挥好混合所有制的活力，正确处理好文化产业与文化事业的关系、自负盈亏与公共补贴的关系，依法经营，赢得利润、赢得受众并站稳立场，服务于"意识形态国家机器的再生产"（周人杰，2015）。

15.3　反对过度商业化

改革开放之后，新闻界相应开始了新闻改革，三次学术讨论引发了三次思想解放。第一次大讨论是围绕新闻与宣传关系，促进新闻媒体功能的多元化展开，基本确定了新闻媒体是以向社会传播信息为其生存依据的，传播信息是新闻媒体的第一功能。我国传媒功能由单一化走向多样化，新闻事业由"宣传本位"转为"新闻本位"，以更好地适应社会经济的发展和人们需求的多样化。第二次大讨论讨论新闻是否具有商品性。业界普遍认可新闻业的意识形态属性，即事业性，在确保党对传媒业的领导权的前提下，承认新闻业的信息产业属性，令传媒业能够理直气壮地把媒体当作产业来经营，使传媒走向市场，确定了我国新闻事业"上层建筑、信息产业"双重属性，外化为"事业性质，企业管理"的管理方针，推动了传媒业与市场的融合与大众化。第三次讨论是对中国新闻事业现状的反思与对新闻业"公共利益至上"理念的理性思考，是关于减轻市场化负面影响的有益探索。三次大讨论，引发了学界、业界对新闻媒体功能、性质和社会责任的深刻思考，在理论与实践的碰撞中带来了观念的转变与思想的解放（李良荣、戴苏苏，2008）。

中国的30年新闻改革的主线之一是传媒不断走向市场，商业化成为过去30年里媒体的主旋律之一。在政府财政"断奶"的外部压力和自身生存发展的内在冲动的双重作用下，市场已内化为传媒运作的机制和发展的动力（戴文红，2009）。改革开放以来传媒的市场化经营从无到有、从小到大、从轻到重、从单一到多元，多元经营、资本运营等全面铺开。毋庸置疑，有限商业化的运作模式给中国媒体注入了前所未有的活力，媒体逐渐走向经济独立，传媒资源得到了优化配置和充分利用，在扩大社会效益的同时也进一步实现了自身的价值和权益。但是，随着中国传媒市场化进程的加速，自身出现了各种问题和弊病，特别是受商业利益的驱动，传媒作为社会公器有沦为商业利益奴隶的危险。毋庸讳言，商业化是一柄双刃剑。媒体的商业化模式本身并没有问题，但是，当时媒体开始片面追求经济效益，就走向过度商业化的不归路。在某种意义上，发行量、阅读率、传阅率、收听率、收视率开始成为传媒的生命线，成为衡量媒介成败最重要的砝码。不合理的、无限追求利润的商业化运作，势必对媒体本身和社会生活产生严重的负面影响。媒体经济考核指标的简单化、整体的创意能力低下以及商业赢利模式设计上的缺失，使传媒商业化过程中不少媒体机构为了生存完全走入了庸俗、低俗、媚俗的误区，以娱乐性、暴力、色情、炒作等具有感官刺激性的传播内容来吸引受众眼球（戴文红，2009），陷入了过度商业化的泥潭，带来一系列道德问题。媒体没有承担社会责任，没有去客观公正地报道真相，寻求新闻上的公正以及社会的公平，而是想通过新闻报道吸引更多的眼球。为提升传阅率、收视率、收听率以及争夺广告市场份额从而赚取更多的广告费等，不少媒体进行肉搏战，丧失了传媒业应有的底线（郑巧薇，2013），比如广告新闻化，给红包、封口费等。为了迎合受众的低级趣味，传媒不断地传播那些庸俗的、娱乐性强的、能够吸引人们眼球的信息，出现了"全民娱乐"的情况。而那些真正的具有传播价值的新闻被不断压缩。对社会而言，这导致受众对重大事件的冷漠与无知以及民族文化认同感与民族向心力、凝聚力的弱化，舆论导向呈现偏颇和失控的状态。党和人民的意志不能得到正确体现，传媒的意识形态作用明显弱化。传媒的公共性随之减弱，媒介文化建设受到干扰，难以确保以健康的传媒产品满足人民群众日益增长的精神文化需求，文化建设方面的力量也被削弱。对受众而言，受众的知情权受到侵害，影响了人们的生存环境和生活质量，受众不能有效进行政治参与。受众逐渐地失去思考和判断的能力，怀抱着利益至上的心态，这不仅不利于社会主义建设，同时也极大地影响到人民的生存环境以及生活的质量。北美传播政治经济学一直对美国完全商业化的传媒体制持激烈的批判态度。赵月枝（1998）就指出市场化有促进传播民主化的一面，但是商业利益不等于公众利益，市场主宰下的内容的多样化并不等于思想文化上的多元化，由广告商支配的传播市场上"一元一票"的消费者至上原则与"一人一票"的民主原则有根本的区别。第一，市场化削弱了欧美广播电视相对于政府和商业利益的独立性。公营广播电视的力量被削弱，在许多国家面临危机。第二，虽然市场化的倡导者们相信市场、相信竞争，但人为地制造竞争并不能带来公平的竞争，况且并不是任何形式的竞争都能带来高质量的节目。第三，商业化的竞争不仅使娱乐性节目在整个广播电视节目中的比重增加，而且使数量相对较少的新闻时事节目娱乐化，进一步促进了"信息娱乐"的发展。第四，在美国，由于公正准则被取消，执照期被延长，公众又因法律不再要求广播电台、电视台保持节目记录而失去了干预执照延期过程的根据，广播领域出现了价值取向极端，越来越缺乏理性、平等和宽容精神的谈话节目。第五，多频道的出现已经毫无疑问地削弱了欧洲各国原有的公营电视以及美国三大网原来的统治地位。第六，付费有线电视和卫星电视的出现意味着公共广播电视所信奉的平等接收原则在一定程度上被妥协。第七，欧美广播电视市场化虽然是在消费者至上、给消费者更多选择的名义下进行的，但各国公众在这场变革中并没有多少发言权。传播政治经济学者对自由市场表示了失望和悲观。西方资产阶级正是通过媒体的商业化和市场自由化来巩固其话语权，实现意识形态领导权的（赵月枝，2014）。在传播政治经济学者看来，在寻求最大化利润的资本主义制度下，商业化并不会导致更多的竞争，即使有时竞争有所增加，最终也会走向垄断和寡占，因为资本主义企业成功的真相就是消除竞争。少数的公司，运用它们的权力，彻底地控制了市场的输出，建立主要的壁垒，防止和限制其他公司进入，限制产出，保持垄断。政治经济学者一直反对美国的商业化媒介体制，他们指出全球商业媒介系统是被美国少数跨国媒介集团统治着的，在寡占的市场中运行，是全球化市场经济不可缺少的一部分。全球媒介秩序的主要特征就是彻底的商业化、集中化、私有化和全球化。这种全球媒介系统存在根本性的结构缺陷，限制了民主的发展，是有意义的自治的障碍。媒介商业化和垄断付出了高额的代价，现代科技和美国经济悄悄地创造了一种新的信息中央集权——国家和跨国集团出现，加强了对信息的中心化控制，代价就是公共广播和公共服务质量的下降。如果中国还希望建立社会主义话语体系，如果共产党希望其领导的新闻事业坚持党性与人民性的一致性，共产党在媒体治理体制和机制问题上，就不得不认清和面对这一现实——如果让媒体走商业化、市场化和资本化之路，必然会导致资本主义话语体系和资产阶级话语霸权的建立（赵月枝，2014）。传播政治经济学对商业化的准确认知是值得我们警醒的。

面对过度商业化的问题，传播政治经济学给出的解决商业化媒介体制弊端的办法不是消除媒体中的私人所有，而是如其他民主社会的中心机制一样——权力的平等分配。我们首先要肯定商业化在传媒发展中的重要价值。赵月枝（2008b）就指出，"在中国，问题不是商业化和市场化过度了，而是我们还没有建立起'真正'的市场和在信息传播的核心领域没有私人资本这一'真正'的市场主体，而信息商品化的社会解放性潜能还有待进一步释放"。但是，对于过度商业化的弊端，我们必须引以为戒。当前中国，商业逻辑和资本逻辑在媒体、信息和文化领域的主导地位更加强化了，更令人担忧的是，信息、媒体和文化领域还在发展"支柱产业"，进一步由资本主导这些领域被当作克服经济危机的手段。从某种意义上说，这真有饮鸩止渴的意味（赵月枝，2014）。赵月枝（2011b）后来又指出，"值此中国的改革面临新的历史性抉择之际，我们不但需要历史和社会的视野，而且需要新的思想解放：如果改革初期的思想解放冲破的是对媒体商业化的意识形态羁绊，那么，在今天，我们需要冲破的是市场自由主义的意识形态教条和把商业化模式自然化、去历史化进而规范化的偏颇"。

传播政治经济学者也提出了各种反商业化的举措，主张建立一个多元的媒介系统，尤其需要有一个全国性的政府支持的独立的非营利和非商业媒介，以及一个不受少数巨大的私有集团控制的市场；大力建设社区公共广播和电视台，发展不受审查的有线和无线传播，完善和资助公共广播，消除商业压力和政治压力，服务社区；当地电视新闻去商业化，增加对商业广播的规制，对媒介内容进行明确限制，限制媒介内容的商业化和降低广告对儿童的影响；运用现有的反垄断法律，反托拉斯，限制跨媒介所有权，建立一个正式的研究机构和听证会去决定公平的媒介使用权分配，降低目前的媒介集中化程度，削弱其对民主的影响；降低非营利和重要的非商业出版物的邮费，消除政治竞选人广告；修订版权法，保护有创造力的生产者获得生存的能力，保护公众进入健康的公共空间的权利。

政治经济学提出的解决办法，也对我们有警醒作用，同样可以为我所用。虽然我们还没有出现大规模的商业化，更别提垄断和寡占了，但我们要防微杜渐，防患于未然，不能重走美国走过的失败的老路。政治经济学已经得出的教训，我们可以借鉴。在全球媒介商业化的潮流中，中国的传播工业要坚决作为"少数派"，逆流而上，彰显社会主义传播体制的优越性，为美国商业体制控制下的广大发展中国家和第三世界国家提供一个替代性榜样。具体来说，正如政治经济学者的提议一样，中国的传播业同样应该有一个多元的媒介系统，在文化工业中有一个非常独立的非营利的和非商业的部门，维护一个自由竞争的市场；加强对媒介内容商业化的规制，通过各种合理的法律制度，增加对商业广播的规制（广告、儿童节目、商业内容），限制媒介内容的商业化和广告对儿童的影响；对广告征税，限制跨行业所有权等，减少邮政成本（出版）；对不能维持的媒介进行补贴，降低运营成本；减少商业力量对新闻、公共信息和文化的集中控制。

传播政治经济学者对中国特色传媒业的建设充满信心。赵月枝（2014）看到，在中国，非商业化的、体现人类共同体团结共享精神尤其是劳动阶层价值和理想的文化实践和知识实践也在不断萌生，并在与新自由主义文化意识形态的斗争与交锋中成长。中国媒体应该通过去商业化和推进媒体制度、媒体组织内部管理与分配、日常生产流程与媒体实践各层面的去官僚资本化和民主化，来真正落实最广大人民群众的"四权"，从而赢得自己在国内外的声誉。她还强调，媒体民主化意味着被边缘化的群体有机会进入社会话语空间，它不等于商业化，更不等于私有化和"去官方化"；相反，它要求去商业化和更好地落实"官方"的群众路线，使媒体的党性和"人民性"，也即"官方色彩"和"民间色彩"更趋一致。

面对过度商业化的问题，我们要恢复党的新闻工作的优良传统，尊重新闻工作的客观规律，锐意进取，开拓创新。作为市场竞争主体的传媒机构，要构建核心竞争优势，承担应有的社会责任，更好地发挥自身的功能。党政部门要从宏观层面对传媒管理体制进行改革创新，牢牢把握正确导向，坚持党管媒体原则，制定一系列的政策和颁布相关的法规，为传媒发展指明方向。需要对传媒业作分门别类管理，让一部分媒体退出市场。李良荣（2007）主张，党报党刊是党的宣传机构，应该专注于宣传党和政府的主张，应该退出市场，如果有广告，也仅仅是政府广告。教育电视台、少儿频道、面向农村的媒体都是公益性媒体，应该成为公共媒体，退出市场，由政府拨款来支持。除党报党刊外，其他的新闻媒体继续实行"事业性质，企业化运作"，真正实行"社会效益第一，经济效益第二"方针。其他一切娱乐性媒体按现代化企业要求改制，实行市场化运作。现代传媒虽然步入传媒经济行列，但应当始终牢记自身的责任，发挥社会公器的功能，传媒作为社情民意上传下达的重要渠道，不仅是公众认识世界的桥梁和中介，更影响着社会和人们的生活。媒体要增强社会责任感，必须注意发挥传媒舆论监督功能，维护公众利益。要用客观、公正的态度发表正义主张，让舆论监督推动社会进步和和谐社会的构建，注意发挥教育引导作用。现代传媒在普及知识提高公民素质、引导社会风尚、丰富文娱生活等方面都要履行应尽的义务，真正成为对社会大众有价值、有意义的公共产品。传媒最重要的价值在于能够帮助一个国家和民族提高整体素质，能从根本上持久地加强公民和社会的实力，推动社会前进。中国应该通过系统的制度化创新，重整传媒资源的相关政策，构建先进的传媒产业链，使传媒商业化的运作最大限度地促进传媒事业的发展，以持续的创新精神服务于我国构建和谐社会的大目标，切实解决传媒商业化过程中出现的诸多问题，做强代表国家软实力的现代传媒业（戴文红，2009）。

15.4 坚持新闻专业主义

西方新闻专业主义曾经在新闻业的发展过程中扮演重要角色，既是新闻专业人士的经验总结和知识升华，也是新闻专业工作的理论指导和思想镜鉴，作为实践的新闻专业工作和作为理论的新闻专业主义互相促进，推动了西方新闻业的发展和更新。早在 1923 年成立的美国报纸编辑人协会（American Society of News Editors）制定的《报业信条》（Code of Ethics or Canons of Journalism）确定了新闻业的七条准则——责任（responsibility）、新闻自由（freedom of the press）、独立（independence）、真诚/可信/准确（sincerity, truthfulness, accuracy）、不偏不倚（impartiality）、公正（fair play）、得体（decency），这也成为新闻专业主义的核心内容。阿特休尔在《权力的媒介》中给出了新闻专业主义的权威定义，就是独立于外界、服务公众、追求真理、探求事实。舒德森则简要地概括新闻专业主义是"要报道新闻，以事实为先，报道要简短、精确、清楚"（Schudson，1978：65）。新闻专业主义的具体内涵包括责任性（accountability）、言论自由、新闻独立、客观性（objectivity）、不偏不倚（impartiality）、平衡报道等，其核心是自治、公共服务、客观性、即时性、为民主辩护（justification of democracy）（Deuze，2005）。但是，西方新闻专业主义是一套论述新闻实践和新闻体制的话语，它又是一种意识形态。从本质上来说，新闻专业主义是一种社会控制方式和营销方式。新闻专业主义就是一种自我控制和自我信仰，是一种意识形态，不仅是自我控制，而且是自我剥削（Collins，1979）。新闻机构依赖新闻专业主义和新闻政策的互相交叉来控制记者的行为。新闻专业主义的话语被员工和管理者通过职业身份和自我控制的机制用来规训个人和劳动力。作为一种社会控制机制，新闻专业主义压制了多样性，限制了新闻界允许讨论的范围，意味着同质化和标准化（Glasser，1992）。新闻专业主义通过强迫个人理想附属于组织和群体的理想而减少了新闻业的自治。新闻选择导致结构性偏见，青睐合法的机构信息来源，而排斥外部和激进的观点，巩固了社会的现存秩序（Gans，1979），阻碍了社会变革和进步。归纳起来，新闻专业主义主要包括以下三方面内容：独立、公共服务、客观性。我们应该批判地继承西方新闻专业主义的进步精神，抛弃其维护资本主义意识形态的糟粕。

首先，中国传媒应该坚持独立的专业理念。独立性，或者是自治，指的是塑造自己的工作而不被内部和外部力量控制的自由（Örnebring，2010）。独立性是西方新闻界所追求的重要目标。为了实现服务于全体公众的目标，媒体必须免于外在的影响，作为独立于任何政治、经济力量之外的一支力量而存在。新闻专业主义要求媒体除考虑公共福利外，不受其他的限制，新闻报道要满足民主的期待，不能被市场和国家的逻辑所束缚，在报道争议性问题时，媒体应坚持不偏不倚的立场。政府官僚、企业管理者、消费者的目标都不能干涉民主社会中媒体的运作。政治经济学者一直反对政府或集团对大众媒体的控制。政治经济学者看到，虽然新闻业经历了在社会观察、戏剧和艺术创新、传播科技的运用上的增长，有些时候是为了社会效益，但是这些改进也同时经常被并行发展的大集团的控制所压倒。集团所有者采取直接和非直接的方式干涉和控制媒介公司的生产。大集团对媒介的宰制程度随着时间而增长。美国式的传播制度和政治制度就是被设计着去回应阿克顿勋爵的名言：权力导致腐败，绝对权力导致绝对腐败。媒介权力也不例外。传播政治经济学者一直主张对美国社会权力的制度安排进行激烈变革，削弱集团权力，限制跨行业所有权等，减少对新闻、公共信息和文化的集中控制。题中之义就是要加强媒介自治的能力和权力。媒介自治是中国传播工业未来走向的不二法则。自治，作为自我管理（self-government，self-management，self-governance）的权力（权利），植根于道德、政治学和生命道德哲学，指的是一个理性的个人和组织有根据自己的意志行动，做出有根据且不受强迫的决定，可以发挥所有权能，而不受其所不能抗拒的任何权威的干扰。实现媒介自治的前提条件就是自由传播。在此，自治有两个含义，一是媒介要自治，二是媒介应该帮助个人实现自治。而后者又是以前者为基础的，个人通往自治的途径接近我们所缺乏的信息。接近信息、发布信息将促进自由和自治，这就意味着媒介要独立自由地提供最全面和公正的信息和意见，为人民所用，成为人民意见的论坛，而不能成为权势阶层的喉舌。对中国的媒介来说，维护和提倡媒介的独立显得尤为重要。这就要学习和借鉴客观性和职业主义原则。政治经济学者将客观性和职业主义看作维持现有秩序的一个伪装，并进行了深刻的批判。政治经济学者认为客观性和专业主义观念本身就是一种价值观，是媒介捍卫自身特权和合法性的法宝，通过新闻客观性的强制，社会冲突被掩盖、包容和取代，社会权力对现实的解释被合法化，媒体帮助维持统治阶级意识形态和资本主义社会秩序，专业主义是一个保障现状的机制，服务于政治的需要。媒介独立也对统治者提出了要求：统治者不要制造各种障碍，损害媒介自治权。统治者应该创造各种有利条件，鼓励和维护媒介独立，让新闻界发挥挑战社会问题的潜力。减轻媒介所受的压力，通过补贴减少商业压力，减轻记者审查和自我审查的压力，消除利益集团的压力。国家要扫清各种危害媒介自治的障碍，创造各种有利条件，进行合理合法的规制，帮助媒介履行功能和职责，免于外来的干涉，服务于公众的知情权，寻求呈现真实、客观、公正地报道事实。

在坚持中国传媒独立性时，我们要避免传媒中心主义。主流学者常常将传媒从社会大系统中抽离出来加以孤立研究，产生传媒中心主义，甚至将传媒简单等同于公共领域，或将公共性当作传媒与生俱来的本质属性，夸大新媒体技术的革命意义而忽视对社会结构的具体分析。公共领域是现代社会的核心特征，利用公共领域理论来分析中国传媒问题，应放至中国现代化和民主政治建设的范畴内来探讨，并且与市民社会和公共领域建构联系起来，因此必然要求避免媒介中心论，采取有别于西方的"国家－社会关系"视角，具体分析中国传媒与国家、市场和社会关系的动态变迁（许鑫，2011）。

其次，公共服务。新闻专业主义打破了党派报纸服务于政治利益的局限，将传媒视为社会公器，应该为公众提供公共服务，捍卫公共利益而非服务于政治或经济利益集团，为公众代言而非为某一政党或集团的利益代言。公共服务的理念要求传媒具有社会公器的职能，要为公民的活动负责，充分发挥守望社会的监视职责，保障公众的知情权，满足公众的信息需求，这也成为新闻专业主义的基本目标。西方新闻专业主义的核心是决定专业特征的一些基本原则，主要包括：传媒具有社会公器的职能，新闻工作必须服务于公众利益，而不仅限于服务政治或经济利益集团；新闻从业者是社会的观察者和事实的报道者，而不是某一利益集团的宣传员等。可见，新闻专业主义与社会主义传媒公共性的理念存在交叉之处（许鑫、李霞婷，2013）。中国传媒应该坚持公共服务的理念。社会主义传媒公共性要求我们的传媒维护公共利益，必须具备鲜明的价值立场，中国的社会主义传媒公共性要求传媒必须以维护公共利益为目标价值，新闻从业者对此应该负相应的公共责任（肖生福，2010）。第一，传媒作为社会环境监测者，彰显公共性。大众传媒向公众提供关于社会事务和问题的客观、真实的调查和报道，使社会事务能够为社会公众知晓和分享，充分揭示社会真相。第二，传媒要为公民"四权"——知情权、表达权、参与权、监督权的实现提供各种直接和间接的渠道，让广大公众通过传媒开展舆论监督，参与公共决策。第三，传媒作为公共话语平台，彰显对话的公共性。哈贝马斯"对话的公共性"主张传媒要体现其公共性，就应当促成不同社会成员就公共事务进行对话与交流，尤其是市民社会与国家之间的对话与交流。为此，传媒不仅应该积极为公众利益问题或公众关心的话题设置议程，更应最大限度地为公众提供一个平等、开放和自由的话语空间。显然，这一维度与传媒社会责任理论所提出的传媒要成为"交换评论和批评的论坛"的要求是有一致性的。同时，它也与传媒自由主义理论关于传媒即为意见自由市场（markets of opinions）的看法有某种一致性（肖生福，2010）。

最后，有导向的客观性。客观性是新闻专业主义最核心的内容，也是新闻业的基石。客观性被称为现代新闻业的界定性准则和自由新闻业关键的合法性职业伦理（McNair，1998：65），是最重要的新闻专业准则（Chalaby，1998：130）。客观性一般包括真实、准确、中立、平衡、公正、全面以及事实与意见分开等要素（陈映、董天策，2010）。在操作中，客观性要求新闻工作者秉持中立的立场，抛弃个人的偏见、情感和观点，不偏不倚地进行新闻报道，只提供事实，事实与意见分开，客观平衡地反映事实真相，公平与公正地呈现各方意见，杜绝个人情感与其他主客观因素的干扰。舒德森说，"客观性是对事实的信仰，不相信价值观，致力于分离"（Schudson，1978：6）。

在中国的语境下，我们又应该如何对待客观性和职业主义呢？政治经济学对客观性的批判并不意味着客观性一无是处。解读政治经济学的论证，就会发现，政治经济学者批判的不是客观性本身的信条，他们只是借批判客观性来批判资本主义商业化传播体制和资本主义本身。客观性本身没有错，只是专业主义被资本主义所利用，成为维持现状的工具。政治经济学者批评的是被统治阶级利用和扭曲的客观性和专业主义，实际上，客观性将多义性和普适性作为一种理想保护新闻解释中的差异，是有益和可取的。客观性和专业主义同样可以移植到社会主义民主制度下。如果专业主义掌握在人民手中，实现公共控制，那么客观性无疑成为媒介的法宝。对中国的传播工业来说，专业主义意味着客观、公正、平衡、可信。媒介应该独立行动，而不应受到任何不可抗拒的外力的威胁。中国的媒介，应该承担起议程设置者的角色，不应仅是旁观者，更要作为参与者；不能仅仅记录议程，还要设定议程；不能是故事叙述者和神话制造者、秩序的"晴雨表"和社会控制的代理，而要成为国家和社会的建设者。媒介应该反映艺术家和技工的声音和才华，反映工人阶级的呼声。媒介自治并不意味着将新闻保持在肤浅的层面上，自治意味着可以自由地对一个主题进行深入探讨。媒介要坚持独立的姿态，不仅要有中立的信息，而且要直面社会敏感材料，不要担心带有强烈色彩的新闻和观点会取悦一部分人而冒犯另一部分人。媒介要关注重大的政治、经济和社会事务，而不能只报道个人和正面的信息。坚持社会责任论，不能妥协和回避社会重大事务，不仅要挑战个人，还要挑战机构和制度。媒介要允许和鼓励偏离意识形态正统（orthodoxy）的意见，媒介不能只作为一个维持现状的机制，不能盲目地保护现有制度，要勇于挑战现状，允许和鼓励反对意见，允许批评和监督个人、政治、经济和社会各个层面。媒介要成为一个普遍的、可认知的、民主的、可接近的真实性的网络（web of facticity）。媒介不能服务于统治，媒介不能满足那些持有权力的人的需要，不能服务于权力持有者，不能盲目地帮助维持统治阶级的意识形态和滞后的社会秩序，不能充当拥有权力者需要的政治角色。媒介应时刻怀有调查的兴趣，努力推动社会和国家朝着更好的方向发展。

结　语

正如传播政治经济学一直所力图揭示的，中国传媒业也一直深受新闻业自诞生以来就如影随形的政治、经济、文化因素的制约，也面临着新的语境变革和技术变迁的挑战，这些传统和新兴的因素，也给中国传媒业带来新的逻辑力量与生命力。国家、市场和官僚机构的扩张，挑战了传媒业的独立性。传统的制约因素和新的挑战的互相交织，使中国传媒业遭到了暴力的围攻（Bustamante，2015）。多重力量推动新闻业走向不同方向，修正传统的新闻报道方式，推动了中国传媒业理论和实践的重塑（Waisbord，2013）。在经济压力、技术挑战、文化变革、政治转型的多重压力下（Kunelius，2008），怎样维持新闻的专业性，使媒体免受其他势力的影响和利用，是学界和业界应共同思考和探索的问题。我们既要看到中国传媒业背后的隐喻以及个别欺骗、堕落现象，也要看到社会主义传媒业的价值和贡献，认可新闻专业主义的出发点以及为此而做的努力。从来就不存在所谓最好的制度，而只有最不坏的制度，新闻专业主义信念，其价值难以轻易否定。新闻专业主义需要结合文化传统和国情社情进行中国式的改造，只有塑造中国特色的新闻专业主义才能实现新闻专业主义的涅槃重生。正如赵月枝（2014）所言，“中国在继承人类文明优秀成果的基础上，通过划时代的体制和机制创新，走出一条真正的社会主义道路，从而促进世界传播民主化进程的应有之义”。“中国增强软实力的努力需要清晰地表达出一种批判性的政治与文化自我觉醒，从而引领出一种超越资本主义和消费主义的可持续发展路径。最起码，这一努力能够对全球秩序中是追随占统治地位的愿景，还是探索其他路径的国内外异见与争鸣有所反映。否则，中国的软实力努力可能会只受益于媒体机构和媒体与文化精英，并在此过程中成为造就英国社会学家莱斯利·斯克莱尔（Leslie Skair）所描绘的‘跨国资产阶级’中的文化分支的一种途径”（赵月枝，2013）。

16　北美传播政治经济学对中国传播研究的启示

> 我们中国所走的不是"西方理论，本土实践"的西方中心主义学术老套路，而是"跨文化传播政治经济学"视野下的创新。
>
> ——赵月枝，2015

学术职业被认为是以一种崇高的形式提供公共服务，寻求真理，质疑深层的假设，培育具有思考性的公民，为了人类幸福而服务（Jenni，2001）。传播学者作为知识分子和学术从业者有特殊的义务和责任。作为以研究传播现象为旨归的学者，我们受过特殊的训练，占有一定的地位，享有特定权力，拥有关于传播现状的特殊知识，承担着不同于其他行业从业者的责任。传播研究有责任为世人提供对现实传播世界的洞见，阐述关于传播的知识和视野。作为批判学派的重要分支，传播政治经济学由于独立的精神姿态和批判的理论取向在传播研究中独树一帜。不同于效率取向的美国主流经验学派对媒介分析、受众研究和传播效果研究的重视，公平取向的传播政治经济学则着重关注资本主义传播体制的经济结构和运行机制，重视传播的所有权、生产、流通和受众消费等层面的分析，注重揭示社会权力关系与传播的相互构建，体现出反潮流的理论取向。北美传播政治经济学始终关注传播工业的历史和现状，一直强调结构化地理解媒介系统，将传播媒介看作政治经济权力的主要组成部分，将媒体系统置于更广阔的资本主义经济、政治文化的语境中进行政治经济学的解读。他们不断批判现有的传播制度，并对主流传播研究提出了怀疑，挑战种种神话和教条，体现出了始终如一的批判指向。传播政治经济学者坚持现实主义认识论，批判与建言并行，并强调理论与实践相结合，积极参与到媒介改革运动中，这些精神姿态是传播研究的宝贵遗产，也值得中国传播研究继承和借鉴。

16.1　建构中国传播研究的主体性

中国社会主义传媒体制作为一种美国商业化传媒体制的替代物，一直颇受北美传播政治经济学者重视，并在某种程度上被高度肯定，斯麦兹在访问中国时，曾对中国传媒业给予高度赞誉，而后来学者也一直在关注中国传媒业的改革和发展，丹·席勒、赵月枝就以中国传媒作为研究的重点，他们的洞见提供了可资借鉴的域外视角。而主要以中国传播业为研究重心的中国传播研究也应该为世界传播研究场域提供中国视角，贡献中国智慧。中国的传播研究要在积极借鉴北美传播政治经济学的基础上，努力做出中国的贡献。正如赵月枝（2008b）所言：“从学术层面，面对中国信息文化传播研究领域的琐碎化、工具理性的主导和如何处置以往理论和制度历史遗产的困境，也许席勒在历史与现实中穿越的学术风格和他的跨学科和跨产业的分析能为中国信息文化传播研究提供一种新的视角。”

中国传播研究首先要破除西方传播研究的美国中心论，建构中国传播研究的主体性，促进中国传播研究路径和视角的多元化。在西方传播研究霸权语境下，长期在北美工作，了解西方传播研究缺陷的赵月枝（2013）就认为，有必要检视传播政治经济学本身的基本历史观尤其是西方中心主义的偏颇。传播政治经济学研究主要建立在一种元叙事基础之上，这种元叙事往往牢牢地根植于西方白种男性智力活动的典型模式中。马克思主义政治经济学把时间的原点放在资本主义的崛起上，所以对时间的选择也就变成了对地理的选择（西方）。但是它也看到了目前有很多知识潮流在挑战这个框架，这些挑战主要来自四个方面。第一个挑战来自北美原住民理论家对原住民历史的书写和对北美垦殖主义（Settler‐Colonialism）的批判。第二个挑战来自世界体系理论家，比如弗兰克的《白银时代》、阿瑞吉的《亚当·斯密在北京》等。第三个挑战是后殖民主义的批判。第四个挑战来自西方社会科学理论。赵月枝进而指出了中国传播研究的方向，“华人学者必须找寻自身‘主体性’，建立起自己的话语体系，才能应对西方理论体系和学术传统的挑战”，重新确立我们的“世界观”，她尤其强调中国的传播研究要重新定位与西方的关系：这个关系不应是“接轨”，而应是“转轨”；我们不应是“融入”“世界文明主流”，而应该是作为主体去创造新的人类文明。赵月枝（2011b）提醒我们，“当我们不问价值盲目套用别人的理论与方法时，就把别人隐含的价值有意无意地给假定了。因此，一方面要挑战西方主导知识霸权体系，另一方面我们又不是提倡文化相对主义和'文明冲突论'，而是要在更高的人类解放的层面来批判和挑战现行的资本主义文化霸权。要解构西方，同时要解构东西方二元论"。赵月枝（2015）主张重构国际传播体系中的中国贡献，"任何期望中国传播体系通过拥抱资产阶级'普世价值'，并在体制和机制上靠深化新自由主义改革而与美国'接轨'，从而在信息资本主义全球秩序中崛起，进而成为这一体系中的'中心国'的企图，都是徒劳和危险的。这是因为，以美国为中心的全球信息资本主义秩序是结构性地建立在美国的全球军事霸权和中国的世界工厂地位上的，中国不具备取代美国成为世界资本主义体系中心国家的世界历史条件。相反，中国有引领世界探索社会主义道路的历史使命和现实可能性。这是基于对中国与世界历史的反思和批判理论深入发展所得出的一个历史逻辑和理论逻辑相结合的社会科学前沿结论。中国应该义无反顾地继承 20 世纪国际共产主义革命的历史遗产，在资本主义全球化深陷危机的当下审时度势，坚定对社会主义的信仰，在与全球资本主义的不平等'碰撞'中，以高超的政治智慧和'万众一心'的民族文化自觉，在国内真正实现人民民主的同时，为构建一个更公正和平等的世界体系作出更大的贡献。为了实现这个目标，中国在信息传播和文化建设领域任重道远，需要从传播技术创新到媒体价值体系重构方面全方位地努力"。

　　马克思主义是北美传播政治经济学的精神源头，中国作为以马克思主义为主导意识形态的社会主义国家更应该回到马克思，坚持用马克思主义政治经济学的批判视角开展中国传播研究，正如赵月枝所建议的，"我们需要重拾马克思主义对于资本主义发展逻辑及其危机的深刻洞见与远见，并在续接它与中国社会主义革命之间的关系基础上，追索它与包括中国当下社会发展在内的全球发展以及其中各种具体传播实践之间的关系。而作为马克思主义与新闻传播学研究最为重要的连接，批判传播政治经济学或者更广义的批判传播学研究也只有在此脉络当中才有可能真正充分情境化地落地。我们要积极关注并引介来自西方国家内部的批判传播研究和有关印度、南美等非西方国家和地区的批判传播研究，我们不但希望挑战传播学术中的西方中心主义偏颇，而且要为传播学术在新历史语境下的再次马克思主义化开辟新的理论空间"（赵月枝、石力月，2015）。

　　在东西方文明碰撞和交流的语境下，跨文化传播的议题日益受到东西方学界的重视。中国的传播研究应该结合跨文化和传播政治经济学的视野，正如赵月枝所提倡的，我们中国所走的不是"西方理论，本土实践"的西方中心主义学术老套路，而是"跨文化传播政治经济学"视野下的创新。作为在现有传播政治经济学基础上的一种糅合了后殖民批判理论的学术创新，跨文化传播政治经济研究不但秉承传播政治经济学的社会总体性，关注并把政治经济权力以及阶级、社会抗争等作为最基础的问题，而且把这些问题放在全球视野中和不同文化间的互动维度来分析，赋予国家、民族、种族、全球治理、地缘政治、全球正义等议题更核心的地位（赵月枝、石力月，2015）。应从跨文化传播政治经济学的视野书写传播历史，作为主体去创造新的人类文明，确立中国在世界的位置。跨文化传播政治经济学聚焦的是传播与不同的政治经济文化体系因在不平等的世界体系中的碰撞而产生新的社会文化形式与实践这一过程的相互构建关系。更具体地说，"跨文化传播政治经济学希望在关注源于西方的强势资本主义体系通过殖民主义、帝国主义和新自由主义全球化等过程与其他处于弱势的政治经济文化体系产生碰撞的历史过程中，探讨包括中国在内的世界东方和南方国家的特殊性、现实多重性、挑战资本主义的可能性，以及这种挑战的社会主体性等问题"（赵月枝，2014）。

　　在具体的研究议题上，赵月枝和石力月（2015）主张中国的传播研究首先要把资本主义危机和传播问题相联系。从批判的角度聚焦传播和学术的公共性问题，在国际和国内、历史和现实、传播政治经济制度、新闻报道内容和学术实践等各个层面以及报纸、广播、电视、电信、互联网等各种媒介和技术领域讨论传播公共性的特定内涵以及构建传播公共性和具有公共性的学术的可能性、障碍及阻力。要聚焦新自由主义全球化所导致的社会不平等问题和基于多样化的全球实践来回答"怎么办"的问题。赵月枝（2003）还强调尤其要关注全球媒体机构（和媒体全球化进程）与政治民主化的关系。媒体所有权明显多样化、全球媒体流动多向性在政治上和理论上的意义是什么？区域性媒体是否为全球化和民主化之间决定性的纽带？西方模式和观点对理解和促进全球政治和媒体民主化进程有多大的充分性或关联性？民主传播的条件是什么？在多大程度上民主化不仅是一个政治进程，同样也是一个文化进程，包括媒体在比提供政治信息更为广泛的身份认同形成过程中的作用？公共传播的民主化会降低发生国内外战争的可能性吗？最后，那些关于民主化的宏大叙事，包括在这一问题上激进的叙事，是否往往避开或忽视了种族和性别不平等的问题？在有关中国传播与社会问题的文章中，城乡关系与阶级关系也是批判传播学研究所观照和讨论的重点（赵月枝、石力月，2015）。

16.2　传播学者承担道德责任

关于人的责任的讨论源远流长，苏格拉底对法律的服从，孔子的"仁、义、礼、智、信"，都在强调责任伦理。职业分工出现和细化后，相应地出现了职业伦理，职业伦理也加强了职业认同。学者的责任出现于学术研究作为一种职业后。学者经受了特殊的训练，享有特权地位和特定的权力，因此承担着更多的义务。传播学者的责任则是在传播工业定型、传播研究成为一种职业后才出现。传播学者作为知识分子有特殊的义务和责任①，卢卡奇、海德格尔都认为知识分子比其他人更能分析真理和谬误。我们可以有一个弱主张，作为知识分子的传播学者在理解我们所生存的世界中有相对的优势。作为以研究传播现象为旨归的学者，传播学者必须承担与其他行业从业者不同的责任。因为我们拥有关于传播现状的特殊知识，更多知识意味着更多责任。传播学者有责任去提供一个不同于他人的对现实传播世界的洞见，阐述关于社会事务的知识和视野。20 世纪 40 年代末哈钦斯委员会的报告提出社会责任论，指出新闻界处于危机中，强调新闻界必须承担起社会责任，但没有涉及学术领域内传播学者的责任。而在传播学者群体内，采取政治经济学路径进行研究的学者对传播学者的责任观有不同于主流传播学者的见解。

哪里有自由与自律，哪里就有责任和义务。传播学者首先作为一个个体，一个哲学意义上的行动者（agent），必须承担起道德责任。从道德哲学上说，不论是出于美德伦理（merit - based view）还是结果论（consequentialist view）的考虑，人们在一定的社会关系中都要对自己行为的过失和产生的不良后果承担道义上的责任。道德责任反映了社会发展客观规律和道德原则规范，自觉履行自己在各方面所承担的道德责任，是每个人应具有的品质，人时时刻刻都应当是责任的承担主体。历来思想家都强调

①　从广义上说，知识分子包括从事艺术、政治、新闻、教育等行业的行为介入者。

在责任伦理中生活的人，必须考虑各种不同形式的主观和客观理性。儒家强调以"仁"作为美德，以"礼"作为规范的责任。康德提出自由意志的概念，认为在社会生活中，人们对自己的行为具有一定的选择自由，因此必须承担相应的道德责任。韦伯的责任伦理强调一个成熟的人必须考虑行为后果，意识到行动的责任。道德责任要求体表现在人际关系中，也体现在个人与民族、国家、阶级、团体的关系中。不管人们是否意识到，客观上每个人都必须履行他对社会、国家和他人所应负的道德责任。

传播政治经济学学科的母体政治经济学一直强调传播行为的道德问题。古典政治经济学的鼻祖亚当·斯密就是一位道德哲学教授。他的著作充满伦理关切与道德焦虑，他虽然对营生者高论《国富论》的利己（自利），但又循循善诱，引导人们认同《道德情操论》的利他（同情），如果说《国富论》的主题是"财富增长"，那么《道德情操论》的主题则是"欲望约束"，希望人们心中时刻怀抱"情操旗杆"，穿越昏暗的私欲"丛林"，小心地呵护心中的道德烛光。政治经济学传统一直将道德视为具有社会仲裁性质的奖励和惩罚，希望利用道德来促进社会的和谐，减少冲突。传播政治经济学者作为传播工业和主流传播研究的批判者，在北美甚至世界范围内的学术界处于边缘地位，但他们并没有采取鸵鸟政策去逃避责任，迎合当权者的利益和需求。传播政治经济学者一直批判传统的传播经验研究具有一定的框架，强调传播学者必须反省传播研究的前提，考虑研究中的道德偏见（Smythe，1954），反思传播活动中信息流通不平等、不自由等道德事务。

传播学者作为一个行动者，必须承担起积极的道义责任。传播学者必须约束自己的欲望，为自己言行负责。传播学者的工作基于对现实传播秩序的探讨，能促进传播活动更加有效地进行，能获得社会的信任和尊重。同时，传播活动遍布世界每一个角落，深刻地影响着人们的思考和现实传播行为，以及社会的健康发展。所以，传播学者进行传播研究必须考虑传播研究的后果，传播研究中的一丝偏差可能会引起整个传播秩序的震荡，给社会发展带来严重的影响。传播学者应该具有福柯所说的自律意识。福柯将自我监视看作一种规训（discipline）权力的体现，强调时刻检视自己，将自身内化为自己的监督者（Foucault，1980：155）。传播学者要时刻承担起道德责任，严格规训自己，仔细审视自己，以保证自身的行为尽可能地符合道德标准。

16.3　采纳政治经济学路径

政治经济学作为一个批判性的传播研究路径，处于美国主流传播研究的边缘，甚至整个传播研究都处于学术界的边缘。与之相似，中国的传播研究同样处于学术场域的边缘地位。正如政治经济学者所警告的那样，传播学如果只是模仿社会学和心理学，就永远不会成功。传播学应该是勇敢地作为一个激进的领域，通过广泛和生动的讨论，产生原创性的思想和研究成果。传播研究应该在探讨媒介和民主关系中承担中心角色，批判与建言并行，理论与实践结合，为改造世界做出贡献。中国的传播研究应该像传播政治经济学一样，进行马克思所说的"对现有东西的无情的批判。不害怕自己的结论，也不害怕与现有权力的冲突"。探讨的领域不局限于统治社会的人和从现状中获益的人的需要，而是社会可能的范围，构建更好的传播世界。

莫斯可在《传播政治经济学》一书中，从认识论、本体论和方法论三个起点总结政治经济学的主要视野和他处理传播的路径，梳理传播政治经济学的思想起源以及当代流变，给予中国的传播研究诸多启示，从中可以提炼出一些对中国传播研究有益的新路径。正如传播政治经济学一样，中国的传播研究要研究社会关系，尤其是权力关系与资源的生产、流通、消费的相互建构，思考政治经济学权力对社会生活的控制，优先考虑社会变迁和历史转型。中国传播研究应该紧紧地基于更广泛的社会统一性的分析，避免传播本质主义，寻求媒介的去中心化，将传播系统视为社会经济、政治、社会和文化过程不可分割的一部分，将媒介、政府、国家与传播工业置于全球化的背景下理解传播与国家、社会的关系。传播政治经济学与马克思主义一脉相承，处于社会主义制度下的传播研究，更应该学习政治经济学的路径，回到马克思，坚持对传播工业进行马克思政治经济学的分析，继承马克思辩论法和唯物主义，关注传播工业中的商品、劳动、剩余价值、阶级斗争等问题，关注传播的机构、过程、实践、表现等各个层面，尤其重要的是要将阶级结构作为一个理解传播的核心切入点，描述中国传播实践背后的政治经济权力关系。

正如莫斯可所指出的：传播政治经济学要学习文化研究和政策研究，中国的传播研究也要学习和借鉴这两个路径和学科。应该学习文化研究的哲学路径，面向主体性和更广的包容性，坚持现实主义的认识论，重视历史研究的价值，克服社会研究和社会实践的分野，关注道德义务。关注普通人，重视劳动和劳动过程的研究。同时要学习政策研究的公共选择理论，学习政策研究的多元论。

传播政治经济学将传播研究分为两个维度和三个层次。中国的传播研究同样应该关注这两个维度，考察媒介和传播系统的性质，考察形成和界定媒介系统和媒介内容的市场结构、政策和补贴、组织结构，以及更广的社会结构；考察媒介和传播系统如何巩固、挑战或影响现有的阶级和社会关系，尤其是经济力量如何影响政治和社会关系；关注所有权、金融机制和政府政策如何支持媒介行为，分析传播生产、流通和消费的结构因素和劳动过程，理解媒介在社会中的角色。借鉴政治经济学对传播研究的划分方法，中国的传播研究同样要进行三个层次的研究：一是运用研究，解释短期或者中期的政策事务，包括媒介所有权、传播资源使用、媒介内容分析、互联网接入等；二是基础研究，注重媒介的政治经济学研究，深入考察媒介结构和政策制定，深度挖掘过去和未来；三是解释传播研究的其他东西。中国传播研究需要关注政策制定过程，传播和信息与全球资本主义演变的关系，市场尤其是媒介市场批判，广告、传播与营销的关系，将媒介和传播融入民主理论，互联网的政治经济学分析，并从对比和跨国的角度对上述议我题进行全球传播考察。

16.4　寻求和告知真相

求真的精神源远流长，追求真理是所有学者的普遍诉求。哲学作为"学科之母"，本旨就是追求和告知真相。在人的整体生命中，学问的使命和价值就在于"通往真实存在之路"，通过研究创造新的知识，理解真实的社会存在。早在古希腊时期，亚里士多德就相信从认识论和逻辑学可以得到真理。在中国，孔子强调"士志于道"，将道看成士的终极追求，"强调士的价值取向必须以道为最后的依据"（余英时，1987：35）。所谓的道就是关于现实世界真相的认识。20世纪被称为"真理与方法的世纪"。海德格尔强调人们有责任去说出真理，不能放弃对真理的追求。传播学者作为一个个体、学者、知识分子、教师，首要责任就是告知真相。正如萨特所说，知识分子要更加对他们的时代有道德意识，知识分子的任务就是去观察当前的政治和社会情况，并且与他们意识一致，自由表达出来（Scriven，1999：xii）。

传播学者作为个体必须将追求和告知真理作为普遍的诉求，将传播研究"祛魅"（disenchantment），解构统治传播研究领域那种统一的、具有高度霸权性质的权威和神圣性。学者有追求真实的道德责任，要避免直接的撒谎和空白页（blank pages）两种撒谎方法（Pork，1990）。前者指的是学者的研究和表述明显与现实不符，后者则是试图不做直接的错误论述，而是选择事实去创造一个整体的扭曲的图景。传播学者既要避免直接的撒谎，客观公正地反映传播世界，也要避免空白页式的撒谎，不能只通过个别现象的拼接来代替整个传播世界。政治经济学的传统是一直不断地揭露政治经济权力对传播工业和人们思想的控制，并非简单地描述传播工业的表象。乔姆斯基[①]（Chomsky，1967）在越战期间讨论知识分子的责任时指出，知识分子应揭露、判断、谴责和抵制政府的谎言。萨义德[②]（Said，1994：11）也主张知识分子要为公众表达关于世界的意见和态度，反思正统观念和教条，而不是去生产它们。传播学者占据一定的社会地位，享有政治自由的权利，就应该能够启发知识、培育知识，而不仅仅是工具性的，要运用知识去评估社会和文化（Held，1983）。一个负责任的传播学者有勇气和信心去接受使命，发现和重新发现知识，揭露现实传播世界的真相，批判地探究世界（Freire，1970）。传播学者坚持履行自己的责任，以历史的视野去看待传播现象，根据传播活动的动机和隐藏的意图来分析传播行为。传播学者要更加关心符号系统的意义、模式和规则，而不能作为一个现存社会系统的行为、利益和功能的代理，要阐明、论证引导社会和文化的准则和文化价值观。

16.5　独立的姿态和左翼的批判取向

与告知真相紧密联系就需要传播学者有独立的姿态和独立的灵魂。人

---

① 1967年，越战期间，乔姆斯基在 *The New York Review of Books* 上发表了《知识分子的责任》一文，引起广泛回应，后来乔姆斯基分别作了回答，成为当时重要的思想论争。

② 萨义德本身就是一位杰出的公共知识分子和学者，并致力于探讨公共知识分子的责任和使命。

格独立、言论自由和思想自由一直是道德哲学追求的目标。中国知识分子在追求道的过程中往往与代表统治阶级利益的权势阶层发生冲突，这种冲突也就是余英时所说的道统与政统的冲突，荀子的"从道不从君"一直是道统对抗政统的宣言。在西方，韦伯主张给思想祛魅，驱除偶像、教条，扫除阻碍头脑清明的桎梏，给心灵"祛魅"，恢复学术的理智，要求学术秉持价值"中立"，强调在艰苦的学术生活中保持头脑清醒，进行严谨的专业化操作。知识分子理论家葛兰西（Gramsci, 1971）也主张知识分子应该有独立的灵魂，应该独立于统治阶级。

传播政治经济学一直主张独立地思考当代传播工业和传播制度，认为利益关系的纠结会影响学者的行为和思考，影响学术研究的信度和效度。1947 年，传播政治经济学奠基人斯麦兹就在一个并不友善的学术环境中开设了世界上第一门传播政治经济学课程，开创了传播研究的新领域。① 他从一开始就关注大众传播和资本主义制度如何生产出"共识"。他的工作不受组织青睐，他不追逐学术届的潮流和时尚，也不用一些艰深的术语、公式和符号。他的一生都在挑战现状，挑战了从自由贸易到后现代主义的各种教条。他的人生就是一个独立的、逆时针的人生，从未依附于任何权力意志。以斯麦兹为代表的传播政治经济学者从来没有对行政者的偏好低头，这些都导致了他们在大学的复合体内被边缘化。

权力对学者的控制无处不在，学术界也一直是一个葛兰西所说的"知识战争领域"（intellectual war zone）。这就更加需要学者有陈寅恪所说的"独立之精神，自由之思想"，不依附于任何权威，尤其是在当今自由多元主义席卷全球，新自由主义成为新的福音的年代，传播学者坚持政治经济学的批判取向，保持独立的姿态显得尤为重要。传播学者要处理好占有资源和独立姿态的关系。传播学者应该坚持对社会的批评，不要害怕威胁学术生涯的外在压力。因为我们自称社会科学家，就不应该回避社会责任。传播学者需要鼓足勇气让思想和判断独立于现存权力的控制，让责任意识领先于其他利益考量。传播学者要在左中持右、在右中持左，保持人格尊严，尽可能地独立于干涉他们独立的机制和制

---

① 1948 年，时任联邦通信委员会（FCC）的首席经济学家斯麦兹应施拉姆的邀请，到伊利诺伊大学传播研究所任教。施拉姆作为传播学集大成者，主要是进行主流的传播研究，并与 FBI 有联系。斯麦兹创办传播政治经济学课程承受了一定的压力。见伊利诺伊大学档案。

度，让思想独立于统治性的商业价值。在权力、道德和审美价值之间要立场鲜明，需要有对专家和官方的无政府主义式的怀疑，应该摒弃各为其主的观念，作出不受职业和协议影响的判断。不要隐藏自己的立场，不要适应目前时髦的或者是强大的政治利益，要努力去理解现实，并大声地揭露真相和指责现状。当集体沉默和失语时，传播学者要打破这种局面，敢为人先，弘扬理性，做一个负责任的知识分子和积极分子。

康德明确宣称我们的时代是批判的时代，一切东西都必须经受批判。自从康德以后，人类社会和人类思想进入了"批判的时代"，直到今天还是如此，以后也不能丧失批判精神。批判不再只是个别人或某个时代的特征，而成了人类精神生活中必要的基本素质。在康德那里，"不可知"并不是放弃道德责任的借口，恰好相反，它正是承担道德责任的前提，作为学者和知识分子，我们就要坚持对现有知识和世界的怀疑。政治经济学领域内的学者一直都坚持左翼的批判立场。从奠基人斯麦兹、席勒开始，对现有传播工业和制度的怀疑与批判是他们始终如一的理论姿态。斯麦兹青年时期深受马克思主义影响，并积极参与各种工人运动，即使在美国政府工作期间，斯麦兹仍然关注社会公正和公共利益。开始学术生涯后，他仍然没有改变自己左翼的批判立场，与施拉姆关系不睦，被 FBI 登记在案。晚年他用"逆时针"来形容他的人生历程，暗示了偏离主流的向左走的历程。[①] 席勒在大学中长期处于边缘，难以获得资金资助，但仍然不断批判美国战后的"军事传播文化复合体"和媒介帝国主义，被称为过去的半个世纪里左派中最有原创性、最具影响力的媒介分析者，是一个在国际范围内不知疲倦的记者、政治活动家和公共知识分子（Maxwell，2003：preface）。左派历来受自由主义者诟病，但是政治经济学传统却主张左派成为媒介改革的领导力量。在他们看来，以追求利润为原则的资本主义天生与民主的核心教条相冲突。左的姿态是自由民主传统最好的组成部分和产物。政治左派一直是反对社会不平等和拥护民主的主要力量。传播政治经济学最激进的代表麦克切斯尼认为美国巨大的媒介改革的唯一希望就是一个强大的左翼政治运动出现（McChesney，1999：282）。他希望在左派的领导下，将工人组织起来开展运动，与媒介和传播现状斗争，创建一个健

---

① 1993 年，斯麦兹的学生古贝克编辑出版他的论文集，在征求斯麦兹的意见后，将书名定名为 *Counterclockwise：Perspectives on Communication*。

康的和充满活力的新闻业。

　　传播学者需要保持左翼的独立姿态，左翼并不代表对意识形态的依附，左翼的盲目激进曾经带来了惨痛的教训。左翼的姿态就是要求传播学者尝试让数据和分析远离自己所处的位置，但要表明自己的立场，即使这会影响你受资助的机会，也不要隐藏自己的立场。不要适应目前时髦的或者强大的政治利益。传播学者应该坚持左翼的批判取向，进行道德价值层次上的批判反省，坚持对现有知识和世界的怀疑，坚持对强权者的批判，拒绝承认现状是最自然的和最好的，追问各种反对强权者的问题，进行马克思（Marx：1978：13）所说的"对现有东西的无情的批判"，不要害怕自己的结论，也不害怕与现有权力的冲突。即使是在非正常历史时期，也不能泯灭良心苟活于世，让整个社会陷于愚昧的疯狂。传播学者和左翼知识分子只有在与霸权对抗的斗争中才能获得尊重。

　　独立的姿态并不意味着西方学界所标榜的"去政治化"，赵月枝就强调中国的新闻学术研究和新闻教育在这个过程中保持清醒的头脑和思辨的精神显得尤为重要。中国学界急于摆脱学术讨论中的政治关联，力图使得传播学领域的学术研究去政治化。而实际上这又是不可能的。目前新闻传播学界去政治化的一个典型方法是选择科学主义的道路，迷信和崇拜定量研究，一切都以定量研究的标准来衡量所有的学术思考。批评去政治化的实践其实是政治经济学里面最常见的批判。殊不知，去政治化本身就是一种政治。除了超越美国中心主义之外，我们的另一重要理论目的是超越在市场、国家和市民社会的解放性与压制性问题上的非此即彼和非黑即白的二元对立。在方法论上，我们追求宏观理论与微观研究、客观社会历史过程分析与主体性分析的结合（赵月枝、邓理峰，2009）。

16.6　批判与建言并行

　　传播研究作为一个关注现实传播活动的研究领域，应该探讨传播行为和传播过程，以及传播与人和社会的关系，必须坚持现实主义的认识论，关注现实的动向。在传播政治经济学传统中，虽然他们也探讨传播本质、传播行为的存有论和形而上学，却对虚无缥缈的彼岸世界不感兴趣。第一代传播政治经济学者成长于大萧条时期，对阶级分层有深刻的体验。在后来的学术生涯中，他们先后经历了世界大战、冷战的反共浪潮、新殖民主义、文化帝国主义和民族独立运动，在对现实的深刻体验和感触中，开展政治经济学研究。他们关注不同语境下传播工业对人类社会的影响，研究传播与社会关系，尤其是权力关系与传播资源的生产、流通、消费的相互建构，探讨社会生活的控制和生存，考虑社会变迁和历史转型。他们以结构化的路径认识传播现实，将传播工业视为资本主义政治经济权力的一部分，主张避免传播本质主义，寻求媒介的去中心化（Mosco，1996：71）。政治经济学路径采取一个现实主义、包容的和批判的认识论，考察现实传播场域中各种权力关系。他们采取的方法论和认识论都是批判的、整体的历史唯物主义，将传播理解为社会秩序的生产和再生产的循环过程。赵月枝就提醒我们，虽然我们离不开概念和各种宏大叙事，但我们对线性思维（linear thinking）和孤立的范畴思维（categorical thinking）时刻保持警觉，提倡关系性思维（relational thinking）和辩证思维。

传播研究应该坚持现实主义的路径，面对"眼下的要求"，摒弃理想化的想象，细致观察传播世界的外表，深刻关切我们时代的命运。但这并不意味着完全执着于现实而排斥理想主义，现实主义的认识论超越个体和群体的利害得失，而延伸到对整个社会的深切关怀，实际上就是一种理想主义的精神。传播研究不要让思想和政治分离，也不要将自己与大的历史事件分离，不要完全囿于对现状的描述性和解释性分析，实际上，这也是政治经济学路径所批判的对象。传播研究必须做出基于现实的积极建构。追求真相的诉求必然要求对现状予以深刻怀疑和批判，但知识的创造并非到此为止。发现和告知真理，无疑是对认识世界做出的积极贡献。但是只破不立可能会造成思想混乱。对传播现象的批判分析必须是负责任的批判分析，如果能在批判的基础上主动建言，无疑增加了学术研究的知识增量。在政治经济学传统中，学术研究是为了推动对现有世界体系的批评，并促进它所"批判的状况"发生改变（Mosco，1983：245－246）。政治经济学研究致力于提供可能导致积极社会变革的知识力量，为个人和群体的解放创造知识文化资源（赵月枝、邢国欣，2007）。与大多数批判学者只破不立，只将注意力放在对现状的批判剖析上不同，政治经济学者往前迈了一大步，提出各种媒介改革主张。在策略层面上，传播政治经济学者不断介入对"文化帝国主义"和国际传播中不平等关系的持续批判和建言，他们分析跨国传媒公司在全球的扩张中不断扩大信息和传播的不平等，同时也积极建议建立国际传播和信息新秩序。政治经济学者是全球媒介治理民主化和公开讨论的最有力的倡导者和推动者，也为争取建立合理和平等的国际传播秩序提供有力的知识支撑。作为经济学家的斯麦兹不但批判美国电子传播的结构和政策，也不断建议加强公共控制，维护公共利益，认为市场并不可能处理好协调传播资源使用的复杂事务。传播政治经济学者最激进的代表麦克切斯尼在探讨传播研究的更新和革命的同时，也强调社会科学的学术可以通过与现实生活中的社会运动和政治事务相联系而加强（McChesney，2007：12）。传播政治经济学作为一个关注现实并积极做出回应的学科，应当承担一个建构角色，拓展视野，介入当前的政治和社会事务，如加强政策制定过程中的公共讨论，增加公共服务，加强公共控制等。传播政治经济学者主张以非政府的途径干预社会传播，通过参与劳工社会运动和非政府组织的传播活动，进行抗争和传播实践，积极推进媒介行动主义。

传播研究在批判分析现有传播秩序的同时必须坚守自己的责任，运用传播学术和多样的方法论去解释面临的问题。传播学者如果只是重复地描述这个世界，也就没有承担起知识分子应该承担的责任。传播学者需要描述人们认识世界的刻板成见，尤其是充满敌意的刻板成见，而且有责任去更正它。传播研究不能停留在描述和批判现有传播制度上，而应积极从自身视野出发，提供改变现实传播制度的策略，时刻考虑结构性变革的可能，不要总是停留在描述和经验分析的层面上，至少要增加政策视野和选择，发展可以运用到目前社会中的实践政策和工具。传播研究不仅要批判现存的资本主义社会关系，而且要把研究作为一种社会实践，通过研究提供传播改革路径，影响社会，改变现状。

传播研究学者应积极进行超越学术的参与，将理论与实践结合起来，为传播运行提供最佳的策略，使公民能在传播工业中发挥更大的作用，推进媒介改革的进程，增强受众的主体性，争取受众作为消费者和生产者的最佳利益。进一步地说，传播学者应该力所能及地参与现实社会的变革，将研究成果与传播实践相结合，改善传播效果，推进个人自治，促进自由平等的信息流通，只有这样传播研究才能获得尊重。

16.7　超越学术的参与

传播学者要进行超越学术的参与。马克思说过，历来的哲学家都是为了解释世界，而问题在于改造世界。杜威将传播视为一个互惠和合作的平等过程，强调利用社会中的组织智慧（organized intelligence）和社会经验，协调解决社会冲突，通过渐进的教育，调整现有的社会关系。从政治经济学的视野来看，传播学者还有积极参与的责任，传播政治经济学继承马克思改造世界的理想和杜威的社会改革理念，认为知识不应该只是一个不断提炼概念的过程，而应该是理论和实践相互构建、相互证验的产物，最终目的都是改变世界，去使某些社会理想成为现实。政治经济学学术实践的目标是挑战不平等的社会权力关系，深化民主和提高人类的解放程度。传播政治经济学以"民主""公民权利""社会公正""参与"等理念为理想价值目标，积极寻求干预国际发展的途径，通过积极参与，促进传播政策制定、传播发展路径的民主化，使传播政治经济学提倡的规范性价值观成为政策议题并逐步实现（赵月枝、邢国欣，2007）。传播政治经济学者也积极通过非政府的途径干预社会传播，通过参与劳工与社会运动以及非政府组织的传播活动，进行抗争和传播实践，积极推动了美国的媒介行动主义的发展。在政治经济学传统中，从来不乏积极参与的范例。传播政治经济学的理论来源之一即杜威、米德等实用主义者致力于加强现代工业社会的民主参与，促进社会的协调。传播政治经济学奠基人斯麦兹就树立了将学术分析、政策研究和行为参与结合为一体的典范。历代传播政治经济学者在执着地探讨传播工业现状的同时，也在积极身体力行，投身于媒介改革的运动，参与了公共广播政策的制定以及国际信息与传播新秩序的建构。

传播学者应该承担一个重要的角色去推进民主政治，只有这样，传播研究才能复兴和获得尊重。传播学者不仅要回应历史语境，而且要结合历史和当前的分析，提供对传播政治经济现状的批判解读，最终要解决如何更好地维护公共利益，促进公共控制，增强受众的主体性的问题。传播学者应该承担起责任，成为媒介改革的行动主义者，形成一个压力集团，积极进行超越学术的参与，推进媒介改革，推动更广泛的社会政治化和公共政治的发展。即使是在一个被严格控制的传播系统中，公民和学者也应该一起努力去提升民主和公共生活的质量，仍要坚持自己的方式去推动社会变革。

16.8　清晰浅显的教学和表达方式

传播学者作为高校中的教师，在保障教学多元和学术自由的前提下，也必须承担一定的教学责任。作为教师和研究者，我们应该培养和发展学生对社会和政治责任的认识。韦伯旗帜鲜明地主张教师在自己的课堂教学中应秉持价值中立的立场，而不可把自己的价值立场灌输给被迫保持缄默的学生。韦伯认为，在课堂上宣扬自己的价值立场已经是一项政治行动，而政治不应属于课堂。韦伯的核心见解是，以学术为业的目的是保证头脑——无论自己的抑或他人的——清明。传播研究领域本来的界限就比较模糊，领域内存在多种路径之争。传播学者的教学方式和内容，对学生产生巨大影响。传播院系的学生毕业后一般都将在传播工业中工作，而现代传播工业已经渗透到人们社会生活的每个角落，远远超出了印刷媒介的范畴，包括电子广播工业、网络传播工业、公共关系行业等，他们在大学里所受的传播教育就显得极为重要。政治经济学者对美国传播院系的教学方式和内容的诸多弊病多有批评。席勒对当时的传播教学情况忧心忡忡，认为学生进入这个传播和媒介领域，不是为了改变现状，他希望学生能够阅读和写作主流之外的东西，启发学生去批判地思考现状，反对现有秩序的不公正。甘迪（Gandy，1982：preface）指出，传播院系学生在训练中，面对的文本大多是媒介内容对公众认知和行为影响的研究，关注的是记者、编辑和生产商的决定，很少关注职业和组织的限制，几乎很少关注媒介内容来源。政治经济学者批评美国媒介研究的折中主义（eclecticism）和实践者的"职业-专家"取向（professional-expert orientation），批评传播教育不是探求可论证的社会问题，不去发展具有创新性和挑战性的方法论工具，而只关注"有趣问题"，跟随着计算机的输出，而不管走向何方。

作为教师的传播学者必须严格坚守高度的伦理准则，应该努力去提高学生认识传播现象的能力和水平，让他们放弃过时的禁忌，消解他们对权威的膜拜。这就要求传播学者在教学中坚守自己的责任，与自己的研究旨趣始终如一。作为教师的传播学者应该自由独立地表达自己的想法，为学生的"思维"提供帮助，让学生获得关于传播的知识，通过教学，提供给学生一些思想方法、思考工具和训练方法，指导他们的生活和行为。教师要忠于自己的信念，同时容忍持相反意见的人，表现自己坚持信念的勇气。作为教师和传播者的传播学者，必须提供两个层次的服务。第一层次：直接帮助学生，假设我们是成功的学者，我们应该引导他们走向更清晰的思考和自治。第二层次：培养、增强学生的道德责任，教导他们承担起传播专业学生的责任，通过他们间接地终结社会的不公正和苦难，促进自由和平等地传播。

传播研究相比其他学科具有特殊性。传播旨在交流、沟通，传播研究就是关于交流的研究，所以传播研究的过程和结果必须有利于沟通，这也是所有学术的要求，只是传播研究更加需要贴近传播的要求。如果一个传播研究过程和成果并不能被很好地传输给受众，那么整个传播研究也就失去了合理性，成为一个笑话。所以，传播研究的知识生产方式、传播研究成果的呈现方式就显得尤为重要。在传播政治经济学传统中，采用通俗易懂的写作方式几乎成为该领域的一贯风格，奠基人斯麦兹、席勒都是经济学博士，但在他们的著作中找不到任何符号、公式或方程。他们既是象牙塔内的学者，精通一方领域的大家，同时也是公共知识分子，面对普通大众进行写作和言说。政治经济学者著文清晰，说理透彻，论证严密，没有牺牲清晰而迁就深奥的痼疾。不管是写作评论文章还是学术著作，他们从来不用深奥的术语和数学公式，语言学家、公共知识分子乔姆斯基对媒介的批评和写作方式给这个领域带来深深的影响。麦克切斯尼自始至终都以乔姆斯基为榜样，在 2009 年 ICA 年会上，他说乔姆斯基可能比世界上绝大多数的人认识的词语都多，但他写作的媒介批评文章和著作，如与赫尔曼合著的《制造共识》却没有一个深奥的术语和公式。正是这种通俗易懂的写作方式，使政治经济学在美国传播学界、业界产生重要的影响，同时在普通大众中有大量的读者。从写作和言说风格上来说，传播学者应该以不同方式分别向公众和政策制定者诉说，针对不同的目标受众，采取不同的传播策略，以达到良好的传播效果。

结　语

孔子强调士要考虑道的得失，而不是个人的利害，"谋道不谋食"，"忧道不忧贫"。韦伯说以学术为志业需要勇气和热情，需要灵感和人格条件。当然，以学术为志业还需要勇于承担责任，既然选择以学术为业，就要为纯粹学术献身。传播研究作为分析现实传播活动的知识创造活动，在与商业组织和政治权力的对抗过程中，不可避免地遭遇各种诱惑和阻碍，这就要求我们用责任感消解欲望，将责任感和时代使命感当作热情的来源。传播学者需要具有令人肃然起敬的学识和思考深度，要去创造思想产品，影响社会，履行知识生产责任。政治经济学者给我们树立了优秀的榜样。传播学者不能作为文化机器，如果将自己融入政治热情中就背叛了使命。传播学者不能放弃对真理标准和一般价值的考虑，违背思想正直的标准。传播学者要时刻保持知识分子的优雅，怀抱浪漫的自由、民主、公平、宽容、正义等价值观念。当社会面临各种危机时，传播学者需要考虑的是如何带领国家和民众走出这一场场危机。尤其是我们正生活在一个被不公平、不自由毁坏的社会，每个人都应该有"以天下为己任"的深切关怀，都应该尝试去改变人类社会，在社会制度设计上做出自己的贡献，传播学者更是义不容辞。

附录1　电影政治经济学的代表人物：托马斯·古巴克

　　电影研究流派纷呈，风格各异。其中，电影政治经济学由于其独特的批判视角成为电影研究中的一个重要分支。电影政治经济学侧重于以政治经济学的视野对电影业进行整体性分析，而与其他电影文本的研究存在显著区别。托马斯·古巴克是电影政治经济学的开拓性人物，他不但继承了斯麦兹的衣钵，而且从美国电影业入手，开辟了电影政治经济学的新领域，为传播政治经济学增添了新的活力。古巴克的电影政治经济学研究不同于其他传统的关于电影流派和风格的研究，他对电影本质和功能的认识打破了以往的成见，让人耳目一新。国内学界很少提到电影政治经济学和古巴克，相对忽视电影的政治经济学分析，有必要对古巴克和电影政治经济学进行系统评介。本文基于第一手的文献，在充分全面地阅读古巴克文献的基础上，对古巴克的电影政治经济学研究进行系统梳理，并对电影政治经济学的轮廓进行初步勾绘。

　　古巴克属于伊利诺伊大学传播研究所的第一批博士生，其导师正是传播政治经济学的奠基人斯麦兹。斯麦兹正是在伊利诺伊大学传播研究所开设了世界上第一门传播政治经济学课程，开创了传播政治经济学学派。古巴克被斯麦兹称为最聪明的学生之一，在获得博士学位后，曾短暂任教于普渡大学，后回到母校，一直在伊利诺伊大学传播研究所工作，任传播学教授直至退休。他与导师斯麦兹维持着长期的生活和职业关系，不但留下了大量的电影政治经济学文献，也整理出版了斯麦兹的回忆录，收集了斯麦兹的档案文献，为保存传播政治经济学文献做出了贡献。他也长期作为电影业的顾问，为美国公共广播系统（PBS）写稿，并担任主持人。古巴克继承了斯麦兹的衣钵，选取了传播业的重要分支电影业进行了集中的分析，开创了电影政治经济学的新领域，将传播政治经济学路径发扬光大。

　　古巴克是传播政治经济学承上启下的人物。除了电影政治经济学的研究外，他的成就还在于在伊利诺伊大学长期任教，20 多年来陆续地培养了多位传播政治经济学者，如广告政治经济学者 Vincent Norris（任教于宾夕法尼亚州立大学）、电子传播政治经济学者 Willard Rowland（任教于科罗拉多大学）、电影政治经济学者 Janet Wasko（任教于俄勒冈大学）、受众政治经济学者 Eileen Meehan（任教于亚利桑那大学）、知识产权政治经济学者 Ronald Bettig（任教于宾夕法尼亚州立大学），壮大了传播政治经济学的队伍，延续了传播政治经济学在北美经验研究大潮中的香火。

一　电影的本质和功能

古巴克的研究从认识电影的本质开始。他将电影置于资本主义系统语境下进行整体性的考察，思考资本主义经济链条下电影的本质和功能，探讨政治经济语境如何形成媒介景观，媒介景观又如何影响电影的环境。

古巴克看到了电影作为商品和传播工具的双重性质。从艺术表现上来说，电影是图像、观点和理想的承载者，是一种传播工具，呈现了世界、社会、事件和思想的形象（Guback，1969：3）。在控制和维持大众，生动地传播信息和态度的能力上，没有什么能与电影相比。古巴克批评美国所标榜的让电影业和政府保持距离的新闻自由政策，认为实际上电影与美国政府的关系密切。政府往往利用电影作为宣传工具来支持政府的各种政策，因此电影业获得国家的支持。政府维护所有行业运行的环境，而工业又维持现存社会秩序。电影公司通常与政府合作，删除电影中不受欢迎的成分，而不是故意注入宣传模式，这让电影的宣传功能更加隐晦，也更加有效。

同时，古巴克也认识到，更重要的是，电影不单纯是一种传播方式和艺术形式，在资本主义经济中，电影业实际上是一种企业：组织严密，严重资本化，并且非常强大（Guback，1969：7）。古巴克的研究前提就是电影公司的最终产出是利润，电影只是创造利润的工具。他认为电影追随了其他行业寻找最大市场的路径，资本的控制者为了达到利润最大化的目的以不同方式使用金钱。投资的回报和资本的增值是电影商业的指导性原则。而且电影是一个可以无限复制而不会增加生产成本的商品，广泛地发行成为美国电影业的兴趣所在，电影的这种经济和技术特质驱使生产商、代理商和发行者追求最大的流通量。从这个意义上来说，电影变成了纯粹的工业机器的延伸。经济的强制性为电影资源的使用设定了框架，形成了娱乐景观。

古巴克也关注美国电影的商业化对艺术的伤害。他认为电影业对经济的贡献便是以牺牲文化为代价的。他将包括电影在内的媒介运作视为一个商业宣传手段，电影生产商对艺术感兴趣仅仅是为了让艺术服务于企业目标。商业对艺术的介入不是出于美学的考虑，而是为了获取利益，公共利益只是偶尔推进这个目标的附属功能。尽管市场使艺术家独立于赞助商，但是引入了一个商业化的艺术创造和信息制作语境，艺术变成了一种半烂漫、半商业的职业。所以古巴克感慨：美国是一个被工业价值观统治的社会，艺术备受摧残（Guback，1987）。

二　对电影院行业的考察

古巴克一直关注美国电影现状，他对一般电影研究所忽视的电影院行业进行了独立的考察，从中可以看出他在电影政治经济学研究方面的一些基本取向。

古巴克专门对电影院行业的历史、与相关部门的关系以及其中经济因素进行了考察。不同于传统上对电影院的习惯性见解，他通过第一手的数据与观察，揭露了美国电影业不为人知的真相。他认为需求的稳定是 20世纪 60 年代以来美国电影院行业的显著特征，并从经济学角度指出：对放映者来说，出售的票数相比获得的收入和利润就没那么重要（Guback，1970）。受众的需要只是影响放映行业甚至是整个电影业演变的因素之一。如果出售票数稳定，只有在票价上涨的情况下，才能够获得更高的收入。电影屏幕数量的膨胀不是因为受众绝对数字的增长，实际上这是被土地开发商（land developer）所操纵的。电影院建设总是与购物中心的发展紧密相关，并不一定代表对放映商的庞大资本投入。

古巴克将电影院置于整个电影流通链条中进行考察，看到了电影业本身存在的矛盾，指出放映商的弱势地位：放映商必须和发行商分享票房收入。生产商和发行商的利益往往与放映商相冲突，因为后者希望能和前两者共享尽可能多的票房收入。生产商和发行商往往联合起来与放映商斗争。在这种内部利润分配斗争中，电影院往往处于弱势地位，因为它们几乎无法控制电影的供给。电影院在票价上没有多大控制权，虽然主要的发行商被禁止设定票价，但其仍然可以确定电影在什么时候投放到哪个电影院。随着生产、发行公司不断进入电影院行业，进行垂直整合，电影院通常在巨大的生产流通公司面前没有多少竞争力。那么电影院又是如何在有限的空间里获得最大化的利润呢？古巴克看到电影院运营商对票价、茶点价格和运行成本进行不同程度的控制。放映商不需要与发行商分享的收入一个是屏幕广告收入，另外一个就是售货处和零食销售利润。由于放映商对茶点的价格有控制权，它们总是试图通过吸引尽可能多的赞助商，将茶点商业最大化。同样重要的是控制成本。当票价和茶点价格不能被提得太高时，放映商就通过缩减花费来获得利润。劳动力的成本就是其中之一。古巴克关注劳动力在电影业中的角色，认为当放映商试图获得最大化利润而缩减成本时，劳动力就成了牺牲品。电影院行业从业人员绝大多数都是兼职工作人员。兼职工作人员一般不能获得诸如健康保险和付费的病假期等福利，这些通常都是全职职员薪水的一部分。自动投影设备的引入，意味着职业投影操作者被解雇和取代，工人不断失业。放映者也通过安装新一代的售货亭设备削减劳动成本，工人日益处于不利境地。

三　美国电影拓展的政治经济学解读

古巴克并没有将眼光局限在美国国内，而是冷静地思考了美国电影的拓展。他通过对美国电影历史的考察，分析了美国电影向海外拓展的原因，指出其中既有经济利益的诱惑，也有政治利益的考虑。从经济因素来说，电影拓展的根本原因在于寻找利润。古巴克甚至断言，可能美国没有其他主要的工业如此严重依赖于出口以保持经济的健康发展和繁荣。从政治上来说，电影与美国政府的政治目标相结合。古巴克认为，美国电影被用作反对西欧左翼声音的宣传工具。

正是基于经济和政治的考虑，美国电影积极进行海外拓展，美国政府在其中扮演了重要的角色。古巴克以实证资料指出，美国政府通过外贸法案与赋税手段，对电影业的发展进行积极鼓励，推进美国电影的出口。二战中美国国务院就制订了战后电影媒介的国际拓展计划，支持电影业进行海外拓展。美国政府通过各种投资保险和保障计划，持续帮助资本进行海外投资，鼓励电影的出口贸易。美国媒介产品与大使馆一起进驻世界各地。美国的外交团队和贸易专家帮助电影业处理进口限制的问题，解决流通问题，帮助美国公司在海外打破当地的各种政治和贸易壁垒。美国将自由企业原则运用到了国际市场，使电影公司融入了各种电影和非电影业活动，美国的电影公司成为真正的国际企业。

古巴克提醒我们，美国电影、电视在世界范围内的霸权不可忽视。正是由于美国电影在世界范围内不同方式的拓展，美国在世界电影流通上占据统治地位，垄断了电影发行。少数的发行商总体上决定了国际发行和流通中的电影类型和投放国家。全球电影流通是由简单的经济强制命令所引导的，这意味着电影的国际流通只是一个商业决定的结果，而非出于美学质量的考虑或者社会发展方向的考虑。正是基于对美国电影霸权的关注，古巴克深入思考了电影依附和自治的议题。

四　电影依附与自治

传播政治经济学的奠基人斯麦兹、席勒就曾思考过媒介依附的问题，但迟迟没有成文。古巴克受这两位老师的影响，首次提出了电影依附的问题。他的名著《国际电影业》的主题就是发现并分析美国和欧洲电影业的金融利害关系。他采取国际性的视野，将美国资本对西欧电影业的控制视为世界经济流通的一部分，对欧洲电影依附的原因、过程和结果进行了详细论述，对欧洲电影和文化的自治深表担忧。

古巴克分析了欧洲电影依附的主客观因素。客观上，由于电影技术和资金薄弱，欧洲电影业持续吸引美国的投资，强化了好莱坞电影对欧洲的渗透。主观上，欧洲电影业对好莱坞一直存有误解，认为美国市场是一个没有放映配额和进口配额的市场，任何欧洲国家生产的电影都和好莱坞电影一样有机会上映，能与美国电影自由竞争，但现实并非如此。欧洲的电影并不能进入美国，反而是欧洲各国政府和电影业持续鼓励美国投资，接受美国资本和发行设施，使美国电影在欧洲市场占据统治性的地位。

古巴克对欧洲电影的现状深表担忧，并不断追问：电影作为国际商业是文化交流还是文化入侵（Guback，1974）？古巴克认为，美国资本在欧洲电影的融资和发行上的介入，产生重大的政治、经济和社会后果。在金融上，美国的金融支持被欧洲电影业视为灵丹妙药，欧洲电影业在金融和发行上依赖美国公司，成为好莱坞的一个分支。在风格上，美国和欧洲电影生产商的合作使欧洲电影产品发生了很大变化。欧洲电影美国化，美国电影欧洲化，本土电影和进口电影的区别在消失，地域特色被国际商业的需要所淹没。在文化上，美国公司遵守自我利益原则，电影不再是为当地人而制作，而是为了世界市场，电影产品反映普遍的风格，国家风格逐渐消失。电影的同质化模糊了不同文化的鲜明界限，当地的特色被淡化和抹去。电影作为一种文化表达和艺术创新的渠道被关闭，在竞争的名义下，艺术的独立性难以维持，被淹没于商业利益中。古巴克尖锐地指出：这种风格的电影不是一种文化形式，实际上是反文化的，处于人性的对立面（antithesis）。

古巴克并没有停留在对欧洲电影业的批判剖析上，而是提出了一些中肯的应对策略。古巴克建议跨国电影公司的全球市场诉求不应该限制国家表达。欧洲国家也不能依赖美国电影业提供文化产品，甚至是保存传统和遗产。他提出了发展欧洲电影业的两个原则：一是国家性的融资来源，二是建立世界范围内的国际发行系统。他主张制定各种政策保护国内市场，保障电影的经济和艺术自主，维持美国的投资与当地自治的平衡。他鼓励欧洲电影业创造独立于外国利益的电影生产和流通机制。他强调国家有责任去维护和保持国家遗产和文化艺术，有权力去监督和指导经济领域的政策，构建本土文化可能发生和茁壮成长的环境。他乐观地表示：独立并不一定意味着更好的电影，但是自治能够增加发表不同观点的机会。

五　电影政治经济学的基本取向

古巴克通过对电影的政治经济学解读为电影政治经济学确立了一个研究框架和基本的研究取向，为后辈学者留下了宝贵的学术遗产。

1. 电影的语境化考察

不同于其他电影的内容分析流派将电影抽离出历史语境进行个案考察，古巴克秉承了政治经济学的传统，一直主张将电影作为一种社会建构，放入社会语境中进行系统考察，而非简单地作为一个文本进行独立研究，为电影政治经济学确立了一个基本的认识论前提。他认为语境形成了信息的独特性质和生产它们的艺术和传播系统。从根本上说，传播的社会语境决定了什么创新或者实践会被接受或者拒绝（Guback，1984）。大的意识形态和思潮影响了信息制作者和信息制作过程。古巴克坚持对传播社会语境进行更加全面的审视，认为电影是社会领域内传播系统运行的一部分，需要将其放入语境中，才能更加综合地理解和解释。他主张将电影看作不仅是导演、作者、演员的作品，也是制度结构的产物，本身有生命和意识形态，是我们文化环境的一部分，而这个环境决定了我们将拥有什么样的社会，以及我们将成为什么样的人。

2. 关注电影的经济维度和营销过程

古巴克一直关注美国电影研究现状，他看到集中于经济维度的电视研究文献已经汗牛充栋了，但是很少关注其艺术特质和媒介的潜质。而电影的研究充满了对电影艺术和电影流派的详细探究，却没有关注其经济维度，尤其是其国际经济维度。他尤其强调美国以及世界电影业的经济维度和营销过程。古巴克自称其研究的一个基本假设就是资源分配对行业的建构和运行有深刻的影响。古巴克主张将电影业与经济发展趋势结合起来，不断探索电影行业生产和发行的整合对电影营销的影响。他主张不但要考察电影的风格、流派和艺术家的个人表达，也需要将它们视为复杂的工业－市场系统的产品。古巴克始终关注电影的流通过程，努力在艺术和传播两个分开的领域中进行桥接，以加深对电影业的洞见和理解（Guback，1971）。在考察电影流通时，他既关注美国国内电影业生产、发行、放映的循环，也关注电影业的海外拓展，既关心美国国内电影业与金融集团的关系，也重视美国电影业在世界范围内的角色，将美国和西欧电影与资本主义生产和贸易的国际化相结合，从而形成了电影政治经济学的国际视野。

3. 关心底层民众的价值关怀

电影政治经济学是一个深受马克思主义影响的学派。在分析电影业时，古巴克继承和运用了马克思主义的一些基本概念和理论。古巴克继承了马克思主义政治经济学的传统，关注公众的现实处境和公共利益，将自己作为公众的一部分，为公共利益和公共管制进行理论和实践的探索。他始终立足现实，关注底层电影院行业的历史和现状，关心普通受众在电影商业链条中的地位，尤其是重视工人阶级在电影业中的处境。他关注工人阶级在资本主义发展中的角色，尤其是技术发展对工人的冲击，以及工人阶级所做出的回应和反抗。与传播政治经济学重视公众参与一样，他一直强调普通民众在电影政策制定中的角色。在谈到欧洲电影业的策略时，他并不欣赏出台一个所谓的电影业的公共政策，主要在于这个重要的过程缺乏公众的广泛参与，没有体现公众的观点和利益。他将缺乏公众参与的政策制定比喻为建设一栋高楼而没有地理学家关于岩土成分的分析报告，体现了对底层民众深切的价值关怀。

4. 唯物主义的存有论

在对电影的本质的分析上，电影政治经济学捍卫了马克思唯物主义的存有论。古巴克的研究再一次体现了经济基础决定上层建筑的唯物主义论断，重新捍卫了政治经济学的路径。在古巴克之前，电影的经济环境和运行机制很少被关注和研究。古巴克从马克思的商品概念出发，揭露了资本主义制度中电影的商品本质，认为政治经济权力因素决定了电影的内容和风格。在古巴克看来，电影的个性和风格主要是由政治和文化统一体所建构的。他对美国电影业的探索都在论证：经济的强制命令决定了电影的内容。电影业的所有者和融资者决定了电影业的特征及其所生产的电影的特征。古巴克正是如此孜孜不倦地论证政治经济学的强制力如何决定了电影业的整体轮廓。

小　结

古巴克专注于电影政治经济学研究，开辟了传播研究的新领域，为电影政治经济学确定了一些基本的研究取向，为政治经济学增添了新的活力。但是，正如政治经济学一直为人诟病一样，古巴克的电影政治经济学研究不断被质疑和批评。令人遗憾的是，他没有考虑到美国和西欧电影的艺术和思想品质，也没有提供任何可信的证据证明统治电影业的经济力量和其输出的电影质量变化之间的因果关系。另外，古巴克的研究具有一点欧美中心论的色彩：没有日本、印度、俄罗斯电影业，更别提中国的电影业了。

古巴克是传播政治经济学承上启下的人物，他继承了斯麦兹的政治经济学路径，开辟了电影政治经济学的新领域，为传播政治经济学增添了新的理论动力，培养了一批学生走上政治经济学道路，壮大了政治经济学的队伍。他对传播媒介和美国电影业的深刻认识已经超出了传播研究的范畴，体现了跨学科、跨领域的视野，涉及资本主义政治经济制度体系本身。他的著作值得传播学、社会学、经济学等学科的学子研读。

附录2 批判学派中的批判者和
建构者：麦克切斯尼

　　罗伯特·麦克切斯尼是享誉世界的第三代传播政治经济学的领军人物。作为美国信息和传播工业最激烈的批判者之一，他不但是一位无情的剖析者，也是一位积极建言的建构者。他对美国传播工业历史和现状的独到解读，对政治经济学理论路径本身和美国的媒介改革实践都有重要贡献，其理论推演和实践路径对中国的传播研究和媒介改革实践都有一定的借鉴意义。他对美国传播工业的独到论断有利于我们认清美国商业化媒介体制的本质及其所面临的危机，避免重蹈覆辙，为我们发展替代性的媒介制度提供宝贵经验。本文通过分析麦克切斯尼的思想观念和理论路径，重新认识美国式的传播工业和制度，并借鉴其传播研究路径和媒介改革策略，为中国的传播研究和传播实践服务。

　　麦克切斯尼大学毕业后任联合国际社体育记者，后入西雅图华盛顿大学传播学院学习，获得博士学位后，任教于威斯康星大学，1999 年起任伊利诺伊大学传播研究所教授。他是一位多产的学者和活动家，著作等身，出版著作 17 本，主要有《全球媒体》《富媒体，穷民主》《传播革命》《媒介政治经济学》等，写作了 150 多篇论文和相关书籍章节以及超过 200 篇新闻报道和书评并被翻译成 14 种文字，做了超过 500 次会议演讲，并接受和参与了 600 多次电台和电视访谈。他也积极参与媒介改革活动，2002 年与友人一起创办了致力于媒介改革和民主化的组织"自由新闻界"并任主席，任左翼刊物《每月评论》（*Monthly Review*）的负责人和编辑，并经常撰写专栏文章。他还是伊利诺伊大学公共广播电台主持人，参加各种广播电视访谈，传播他的媒介改革理念。

　　麦克切斯尼的思想直接来源于马克思主义政治经济学和《每月评论》派政治经济学家，同时受到 20 世纪下半期各种社会运动和思潮的影响，他自认受到米克约翰（Alexdander Meiklejohn）的民主自治理论、麦克福森（C. B. Macpherson）的政治理论、米尔斯（C. Wright Mills）和哈贝马斯的政治社会学以及因尼斯、麦克卢汉、波茨曼技术批判理论的影响（McChesney，2007：67）。他也得到了第一代传播政治经济学者斯麦兹、席勒的鼓励和指点，受同时代的传播政治经济学者巴格迪基恩（Ben Bagidikian）、赫尔曼（Edward Herman）、乔姆斯基等人的影响。同时也与同事和领域内的学者丹·席勒、莫斯可、瓦斯科等频繁合作和探讨，成为第三代传播政治经济学者的中坚和代表人物，为传播政治经济学和传播研究增添了新的生机和活力。

一　美国传播工业的真相

施拉姆等人的《报刊的四种理论》将世界媒介体制分为两种类型、四种变体，为美国式的媒介制度提供理论依据。美国向来认为其传播制度是最佳的，并试图将其作为其他国家的榜样。长期以来，美国社会一直存在许多维持媒介现状的神话和信条，如市场的魔力、职业主义和客观性原则、积极受众的假设、技术乌托邦、没有更好的替代物等（Herman & McChesney，1997）。麦氏从政治经济学的视角对美国当代貌似繁荣的传播工业进行了深刻的批判，揭露了许多维护商业集团媒介制度的教条和神话，提供了对美国商业化传播体制的洞见。

第一，公共讨论的缺失。在美国的自由主义传统中，媒介历史被认为是自由独立的发展过程。但麦氏看到的却是缺乏公共讨论的传播政策制定过程。他认为媒介的发展路径和规制政策从来没有被公开讨论。媒介改革的失败也在于未能开展广泛的公共讨论，未能争取全民的支持。20 世纪80 年代后新自由主义媒介政策和解除管制政策的实行，同样缺乏公共参与和公共讨论，只有代表美国商业媒体利益的政客在白宫和国会游说。

第二，新闻业的堕落和高度商业化（hypercommercialization）。美国的新闻业在外人看来好像是高度繁荣。麦氏却对美国新闻业的困境忧心忡忡，认为美国正处于一个新闻终结的时代。虽然还有少数职业新闻记者在努力提供公共服务，但商业主义已经在新闻业中占据统治地位。他认为，所谓职业主义、客观性、平衡等概念有内在的偏见，帮助政治经济精英设定了议程，回避重大事件，维护统治阶级的政治目标。他反思了新闻业衰败的原因，不是记者不成熟或者不道德，也不是所有者恶毒和腐败，而是因为在资本主义制度下媒介系统被设计用来实现大公司的利润最大化。

第三，新自由主义媒介政策和媒介市场的神话。在新自由主义经济政策下，日益解除管制的媒介市场给了世人以自由竞争的假象。在麦氏看来，市场只是保护权力精英对传播的私有控制和维持集团媒体现状，新自由主义媒介政策导致了集团媒体的膨胀和对公共生活的入侵。解除管制只是使巨大的媒介公司控制市场成为可能，消费者并没有能力从新的传播市场中获益。媒介聚合、超级重商主义和解除管制政策导致了媒介市场的垄断和寡占，公共讨论消失，公共服务迅速萎缩。

第四，对第一修正案的批判。第一修正案一直被认为是保护言论自由和新闻自由的理论和法律依据，神圣不可侵犯。麦氏却指出，第一修正案和言论自由根本没有影响媒介政策的形成，而是被利用去保护传播工业免于公众参与并干涉媒介事务。第一修正案保护下的新闻自由假设是一个神话之幕（McChesney & Schiller，2003），掩盖了背后真正的权力关系，是限制美国民主发展的工具。

第五，新技术不能让我们自由吗？麦氏批判了那种认为新的信息和传播科技（ICT）能解放我们，让我们自由的论调。作为一个传播史学者，他看到过去各种新的媒介技术都产生了各种乌托邦概念，但经验证明技术并没能打破现存的媒介、文化和知识垄断。他以互联网为例，指出互联网存在微软、浏览器、路由器的垄断，富有的投资者、广告商和少数巨大的电子传播集团才是所谓的信息时代的真正受益者。互联网实际上是刺激了垄断和寡占，加速了政治经济的反民主趋势，并不能将我们带入一个人人自由的时代。利润驱动的数字传播系统正在加速阶级分化。

第六，媒介 - 民主悖论。媒介与民主的关系是麦氏的研究重点。不同于主流传播学者试图通过定量的研究方法，分析媒介在推进民主中的功能，麦氏在否定现有传播制度的前提下，看到了媒介与民主的悖论，揭示了商业媒介系统与民主的不相容性（McCheney，2008）。在麦氏看来，在一个民主自治的环境下，媒介必须承担两个功能——看门狗功能和公民的简单介入功能。从这两点标准来衡量，美国媒介系统是失败的，是三心二意的跛脚的看门狗（McChesney，1999：2），从来没有提供关于政治和社会事务讨论的可靠信息。媒体远远不是提供一个民主和自由的基石，而是变成了美国甚至全世界反民主的重要力量。一方面，传播和信息技术不断取得突破；另一方面，我们这个时代越来越政治化，传统公民的政治参与日益萎缩，公众对社会和政治事务的理解能力不断下降。他将媒介与民主的悖论看作一个长期存在并将持续下去的窘境，并提醒我们控制传播媒介的斗争对每个人来说都很重要。

麦氏重新思考了美国传播系统的核心预设，揭露了美国传播工业的种种真相，指出了美国传播工业所面临的种种危机。正是基于对美国传播系统现状的深刻认识，他提出了传播拐点和传播研究革命的论断。

二　传播拐点和传播研究革命

冷战结束后，美国成为唯一的超级大国，各种意识形态终结论、历史终结论甚嚣尘上。美国式的民主制度和意识形态被认为是历史发展的最终形态。麦氏在对美国传播工业进行深刻认识的基础上，否定美国式的意识形态和传播制度是最终和最优的历史形态。作为一位传播史学者，他认为美国的媒介发展历程也在不断经历转型，他称之为关键拐点（critical juncture），或者临界点。他总结了美国传播工业发展的质变过程，并由美国传播工业的拐点推导出传播研究革命的论断。

他认为拐点具备这样两个或三个条件：有革命性的新技术，有主要的政治危机，有推进社会变革的主要运动。按照这个标准，他认为美国传播媒介发展经历了三次拐点：进步时代（progressive era），大萧条时期，20世纪60年代至70年代。目前美国正处于第三次传播关键拐点。这是一个全球性的拐点，主要的政策争论点就是国际信息新秩序的建设，并导致了批判传播研究的出现。而新自由主义经济政策和新的传播技术加速了第三次拐点的出现，数字革命正在改变现存的媒介工业和商业模式，新闻业处于最低谷，整个政治经济系统充满了制度化的腐败，政治和社会文化系统的整体稳定性非常不明确。麦氏严肃地看待这次危机的性质和原因，指出传播的危机是更广泛的资本主义世界性危机的一部分，这个危机来自社会不平等、不安全与自由民主社会的冲突。

他从传播所面临的危机和拐点推导出传播研究也面临危机和机遇。麦氏乐观地看到，目前的拐点正在帮助传播研究转型，并且已经具备一定的条件，传播研究面临前所未有的机遇，正是传播研究从边缘地位跳出的时候。他提出传播研究不能模仿社会学和心理学，传播研究领域需要广泛的和生动的讨论，需要研究阶级分化的资本主义社会中传播与参与民主的关系。他将传播研究分为三个层次：一是运用研究，解释短期或中期的政策事务，包括媒介所有权、传播资源的使用、媒介内容、公共广播和互联网接入等；二是基础研究，或者政治经济学研究，深度挖掘历史和未来；三是解释传播研究的其他东西。他尤其强调第二个层次的研究，认为传播研究应该与历史紧密联系，进行替代性和独立媒介的历史研究，研究社会运动与媒体的关系，关注劳动、社会主义、女性主义、移民或者非裔媒介。具体应该关注七个领域：政策制定过程的研究；传播和信息与全球资本主义演变的关系；对市场尤其是媒介市场的批判；对广告和传播与营销关系的批判分析；将媒介和传播融入民主理论；对互联网进行政治经济学分析，考察数字传播系统的控制和结构；全球传播考察（McChesney，2007：197）。

麦氏以他多年的传播政治经济学研究实践，对传播政治经济学理论本身进行了反思。他总结传播政治经济学的两个维度，一是考察媒介和传播系统的关系；二是关注所有权，强调传播生产、流通和消费的结构因素和劳动过程（McChesney，2000）。他注重政治经济学的路径，但不是盲目地希望该领域在所有传播项目中占据统治地位，而应该是这些项目的基石，所有的传播学者，不论他的研究领域和特长，都将从基本的政治经济学概念和理论中获益。

麦氏也从自己的视野出发，分析了主流传播研究和批判研究的区别。在他看来，主流的学者将他们自己看作现实主义和价值中立的，其实是与社会精英合谋，向权力妥协。主流的研究往往是提供一个脆弱的分析和蹩脚的建议，忽视问题的根本原因，是对思想责任的彻底逃避（McChesney，2007：40）。而以他为代表的批判学者，则拒绝认为现状是自然的和最好的，总是进行马克思所说的"对现有东西的无情的批判，不害怕自己的结论，也不害怕与现有权力的冲突"。批判学者探讨的领域不局限于统治社会和从现状中获益的人的需要，而是社会可能的范围，试图构建更佳的制度。正是因为如此，主流传播学者和批判学者之间的关系是冷漠的，批判性学术在大学和社会中处于边缘和弱势地位。

三 媒介改革路径

受马克思改造世界思想的影响，麦克切斯尼始终强调所有的社会学术最终都是为了去改变社会，尤其是传播政治经济学更是如此。他主张传播政治经济学承担一个建构角色，拓展视野，介入当前的政治和社会事务。他认为传播学者应该承担推进民主政治的重要角色，只有这样，政治经济学路径才能复兴和获得尊重。他呼吁公民和学者一起努力去提高民主和公共生活的质量。与大多数批判学者只破不立，只将注意力放在对现状的批判剖析上不同，他往前迈了一大步，提出各种媒介改革主张，并身体力行，将理论和实践相结合，参与到媒介改革运动中。

美国出现过各种媒介改革思潮，但是麦氏指出目前出现的媒介改革与以前的媒介活动主义不同，不仅是媒介所有权和媒介集中的斗争，还包括网络中立性、传播网络和电话公司的控制、新闻自由的保护等（McChesney，2008）。目前媒介改革运动的目标是制定实现媒介系统民主化的政策，创造一个平等的、人性化的、可持续的和具有创造性的社会，使公平和自治成为日常生活秩序。正是基于这种理想的指引，他提出了种种媒介改革路径。

首先，左派作为领导力量。左派历来受自由主义者诟病，但是麦氏却主张左派成为媒介改革的领导力量。在他看来，以追求利润为原则的资本主义天生与民主的核心教条相冲突，左派的政治目标就是消除阶级剥削、贫困和社会不平等，建立真正民主的基础。政治左派一直是反对社会不平等和拥护民主的主要力量。所以，美国巨大的媒介改革的唯一希望就在于强大的左翼政治运动的出现（McChesney，1999：282）。他希望左派将工人组织起来开展运动，与传播现状作斗争，创建一个健康和充满活力的新闻业。

其次，公开讨论和公共控制。麦氏始终强调媒介政策制定过程中的公共告知和公共讨论，媒介改革必须保障人人都有机会参与讨论，通过公开自由的讨论，将传播控制权从华尔街和麦迪逊大道手中抢夺过来，将它攥在普通公众、记者和其他不考虑营利底线的人手中，让公众决定媒介和传播工业的结构和行为。媒介要成为公开讨论原则的拥护者，推进媒介政策制定的民主化，维护公共利益。

最后，结构性改革。麦氏的媒介改革提议并非对现存传播体制的修修补补，而是结构性的改革。麦氏认为媒介改革不应该单纯是对媒介系统的修正，而应该是对整个政治文化系统的革命。具体来说，他主张建立一个多元的媒介系统，有一个全国性的独立的非营利和非商业媒介，以及一个不受私有集团控制的市场；发展社区广播和公共广播；加强对商业广播的规范，限制媒介内容的商业化和减少广告对儿童的影响；运用反垄断法律，降低目前的媒介集中化程度，限制跨媒介所有权；降低非营利和非商业出版物的邮费；修订版权法，保护有创造力的生产者的生存能力，保护公众进入公共空间的权利（McChesney，2008）。

小 结

麦克切斯尼既是象牙塔里的教授，也是有影响力的公共知识分子。他早年做过多年的记者，一直坚持通俗平易的写作风格，面对不同的公众写作。麦氏行文流畅，说理透彻，没有牺牲清晰而迁就深奥的痼疾。不管是写作评论文章还是学术著作，他从来不用深奥的术语和数学公式，自始至终以语言学家、公共知识分子乔姆斯基为榜样。正是这种通俗易懂的写作方式，使他在美国传播学界、业界和大众中都有很大的影响力，并在世界各地有大量读者和追随者，为传播政治经济学赢得了世界性的声誉。

麦克切斯尼的研究在传播政治经济学领域内独树一帜。他采取一个跨学科和批判的方法，吸纳历史、经济、社会学和政治理论，集中于传播史和传播政治经济学分析，强调媒介在民主和社会发展中的角色。他自称媒介批评者和历史学者，始终关注传播产业的历史和现状，一直强调结构化地理解媒介系统与更广泛的资本主义政治、经济、文化的关系，将传播媒介看作政治经济权力的主要组成部分，关注资本积累的文化意涵，商业主义对日常生活的入侵，思考美国在世界中的角色，对阶级不平等和社会危机表示深深的担忧。他继承并发展了传播政治经济学的理论精髓，不断质疑现有传播体制和主流传播研究，体现出了始终如一的批判指向。批判与建构并行、理论与实践相结合的研究路径使他成为批判学派中的异类。他热衷于媒介改革运动，积极参加各种传播实践，往往忽视了其理论著作的逻辑推演，其偶尔草率的结论也为学界所质疑。但是，他对美国传播体制和传播研究的批判解读，令人警醒，他所指出的美国商业化传播体制的弊端已经或者正在被历史证实。中国的传播工业不能重蹈覆辙，必须在危机到来之前，借鉴政治经济学的路径，批判与建构并行，建设完全商业化传播体制之外的具有中国特色的传播体制。

附录 3 受众商品论的理论溯源和
未来走向

受众商品论作为传播政治经济学中的一个重要理论在过去的 30 年里产生了重要的影响。但是，正如作为批判学派的传播政治经济学受到各方批判一样，受众商品论作为传播政治经济学的一个核心概念从斯麦兹提出开始就有很大争议，受到了经验传播研究学者、文化研究学者和欧洲传播政治经济学者的质疑和批判，引发了从 20 世纪 70 年代开始的"盲点"辩论①，并一直延续到 20 世纪末，成为传播研究史上的重要事件，对传播学术本身产生了重要的影响。

受众商品论对认识资本主义传播工业性质和传受关系都有重要的意义。其对资本主义制度下媒介系统运作的结构分析，完善了政治经济学的路径，激发了人们对媒介经济的重新思考。我们正处于从旧媒体向新媒体转型的时代，受众商品论这个产生于电子传播工业蓬勃发展时期的理论，对大众传播工业经济结构的论断是否符合以互联网为特色的窄播时代的媒介经济模式呢？这也是目前争论的焦点。本文重点梳理受众商品论的历史和现状，并思考在当代语境下受众商品论的意义，以及所需要进行的转变。首先，追溯受众商品论的源头，梳理斯麦兹的论证。其次，梳理学界对受众商品论的争论。再次，论述新媒体环境下受众商品论的新突破。最后，预测受众商品论未来的走向。

一 斯麦兹的受众商品论

传播政治经济学奠基人斯麦兹一直强调以政治经济学的路径理解传

---

① 台湾学者冯建三对"盲点"辩论进行了系统的梳理，参见冯建三《传播政治经济学与文化研究的对话》，《传播与管理研究》2003 年第 2 期。

播，认为如果没有一个总的马克思主义的传播理论就没有马克思主义的媒介理论，并以马克思的商品理论、剩余价值理论等去思考资本主义传播工业的结构、性质和运作机制。他关注市场的目的、结果和社会效益如何使资本主义系统运行，并不断思考媒介、受众、广告商的三角关系，批评当时的研究只关注前两者的关系，忽视了后两者的关系。斯麦兹第一次对受众商品论进行思考是在1951年的一次会议上，可能更早，但并没有成文。次年，他发表文章，认为广播和电视提供了一种特殊的产品，表面上看是播放时间，实际上是受众的忠诚度被电台卖给了广告商，媒介市场实际上是"发展受众对广告商的忠诚度"（Smythe，1955）。

1977年，他发表了《传播：西方马克思主义的盲点》一文，系统地提出了受众商品论，从媒介、受众、广告商三者之间的关系中揭示资本主义传播工业的运作机制。他批评马克思主义的文献明显缺乏对意识工业复杂机制的唯物主义分析，而西方马克思主义分析忽视了大众传播系统的政治和经济意义，大多数的批判传播研究只对文化工业的文化方面感兴趣，只注重分析传播工业的文化维度和政治维度，过于关注意义和意识形态的课题使研究者远离媒介的经济维度，忽视了大众传播系统服务于资本主义的经济功能，以及他们在再生产资本主义关系中的角色。这构成了他们的"盲点"。

斯麦兹从马克思商品的概念出发，批判了传播商品是信息、消息、图像、意义、娱乐、教育的传统观念，认为这些概念都是主观精神实体，都是只关注表面的表现。他提供了传播生产什么的答案，指出垄断资本主义制度下大众生产、广告支持的传播商品是受众和阅读（readerships）（Smythe，1977）。大众媒体将受众作为商品出售给广告商，大众媒介所提供的电视节目，实际上是"免费午餐"（free lunch），用来刺激受众的胃口，吸引顾客登门造访。"免费午餐"由刺激受众胃口的材料组成，进而吸引潜在的受众，并保持他们忠诚的注意力，培养对明显和不明显的广告商信息的好感。

但是受众并非完全被动的观看者。受众在观看电视的时候也在进行生产和再生产。斯麦兹从马克思劳动时间的概念出发，认为垄断资本主义的物质现实就是大多数人的非睡眠时间（包括工作和休息时间）都是工作时间，都在进行生产和再生产。这些工作时间被用作去生产商品和进行劳动力的生产和再生产。受众在工作之余收看电视节目，试图在电视机前面休息时，实际上身不由己地作为受众而工作，生产和再生产劳动力，去生产广告商品的需要，学习购买特定品牌的消费品，花费他们相应的收入。他们工作之余的最大一部分时间被大众媒介出售给了广告商。

斯麦兹思考了资产阶级和马克思主义经济学家都觉得不值得考虑的问题，指出广告商花费广告费用购买的是可预期的受众服务。受众作为商品在市场上任由生产者（媒介组织）和购买者（广告商）摆布。他批判了广告用于解决受众所面临的问题的广告学观点，认为工人面对的是成千上万的新商品，实际上没有选择性。在个人工作之余和睡眠之外，受众被强加所有的消费品和服务。垄断资本主义市场有一种系统的冲动购买动向，受众就被暗示着去进行冲动购买和虚假消费。

斯麦兹从经济关系的维度理解垄断资本主义大众媒介机构的生产和再生产机制，认为观众阅读电视文本发生在商品交换的特定结构中，因此文本和意识形态的分析对于广告支持的传播系统来说是第二位的，而政治经济学分析应该是第一位的。这也引起了很大的争议，引发了传播研究领域一场持续20年的"盲点"辩论（冯建三，2003），参与者有经验传播研究学者、北美传播政治经济学者、英国政治经济学者、美国文化研究学者等。他们不断对该理论进行修正和完善，思考自身的立论基础和逻辑，并以此为契机，探讨文化研究和政治经济学路径的关系，分析批判学派的前途和媒介经济学的转型等。

二　受众商品论的争论

斯麦兹在论述商品论时对政治经济学路径的提倡及对其他路径的排斥引起了其他学者的质疑。斯麦兹的论证也并非十分严谨，并没有回答什么样的受众被出售、具体的过程如何、什么样的受众对媒介和广告商来说才是最重要的等问题。英国政治经济学者首先进行了回应，默多克（Murdock，1978）指出斯麦兹虽然批评传播研究的单面性，但他的提议也是单方面的，他对文化方面的分析被他关注商业灌输所限制。他认为传输给受众的信息无疑是一个诱饵，但对什么东西真正被出售却语焉不详。斯麦兹也并不十分确定受众是被出售的东西。面对质疑，北美政治经济学者进行了回应。Jhally 和 Livant（1986）对受众商品论进行了修正，他们认为受众具有人类活动能力，不是简单的产品。观看是人类连接外部世界和其他人的积极活动，既是一个真正的生产价值的经济过程，也是一个隐喻，是整体经济中价值创造的反映。广告商支付广告费用购买的是受众的观看时间，媒体将受众的观看时间卖给资助者。在他们看来，观众接受传播的过程不是消费过程，而是一个劳动过程，受众在观看附加物（extra）中工作，即观看他们并不想看的东西——广告。这种附加物才是媒介出售的东西。因此广告时间生产的正是剩余价值。当观众收看商业电视时，正在为媒体工作，生产价值和剩余价值，而获得的报酬就是节目（Jhally，1982）。媒介的逻辑是，剩余观看时间的再生产，实际上是受众的观看权利被媒体出卖给了广告商。但是观众在观看电视节目的过程中，如果有广告插入，他们可能会选择离开。正是基于这点考虑，甘迪（Gandy，1990：169）认为媒介生产的时间块（blocks of time）才是商品，只有当它们与受众可能交流的时候，受众才是商品，然后出售给广告商。这一点被米韩所发挥。

米韩（Meehan，1984；1993）以分级工业的政治经济学分析对斯麦兹最初的模型进行了完善。她肯定了斯麦兹的基本主张已经超越了时间和研究的检验。但她批评斯麦兹在分析受众市场时，太匆忙地假定制造等级和受众商品的衡量没有代理。米韩集中关注受众分级服务商，认为消息和受众都没有被交换，只是做了分级（ratings）。广告商的持续需求是对消费者的衡量，关于受众、规模、构成、媒介使用模式的报告构成了媒介系统中的主要商品。分级是受众市场和节目市场的连接物。媒介对两个市场有结构性依赖：一个是受众商品市场，一个是分级市场。她指出，由分级而引申出来的是受众商品的分化，并不是所有的观众都是受众商品，有些受众商品比其他受众商品更加重要。媒介会利用分级去中断节目或者开始新的节目，媒介内容系列主要被设计着去吸引受众群体中最有价值的分支组织，正如吉特林（Gitlin，1983）所说：新的节目通常会重组能够引起分级轰动的组成部分。这就意味着媒介会取消一些在吸引最有价值的受众分支组织方面做得不好的节目，不管这个节目在吸引整体受众商品方面做得如何出色。同时她也指出，分级工业是垄断的，几个主要的市场研究公司控制了整个分级市场。

作为一个女性主义传播学者，米韩也关注受众在观看过程中不同的观看模式和行为体验，认为观看行为存在二层行为或者三层行为，我们打开电视却忽视它，可能开着电视，自己却在做其他的事情，如做饭、交流、打扫卫生等。这种情况下我们就不同于传统的观看者和受众。我们更关注原声，将电视作为声音背景，只有知道会有有趣的东西，我们才会去关注。当有趣的东西结束时，我们又回到了原来的活动中。尤其是新的传播技术的发展改变了受众观看模式，她以电视为例，认为电子技术的变迁带来了两种观看电视的方式——频道浏览和多屏幕观看，受众的观看行为更加复杂。她将受众的观看类型分为三类：偶尔观看（casual viewing），集中观看（focused viewing），持续观看（Engaged viewing）（Meehan，2007）。正是不同的观看行为和观看模式凸显了分级工业的重要性，同时对分级工业的运作提出了更高的要求。她也从女性主义视角关注媒介劳动分工和产品消费中的性别歧视，认为性别在界定和区分受众商品中扮演重要角色，同时分级市场的结构受男性控制（Meehan，2001）。

分级作为商品的论断得到了不少学者的回应和赞同。Maxwell（1991）认为受众不会感受到被商品化，受众商品对于大众媒体来说没有特别使用，媒介也不参与受众的生产。受众有一个代理，分级工业生产了受众的表达，作为一种信息商品被出售给广播者。他还更进一步指出分级代理是一种商品拜物教，掩盖着真正的社会经济关系。受众商品是价值的替身，是商业大众媒体利益的替身，是对资本暂时的掩饰。

与分级作为商品紧密联系，莫斯可对"受众商品论"做了补充性的解释，提出"控制论商品"（cybernetic commodity）概念，认为受众商品具有控制论性质，大众传媒生产的商品，并不是实际的受众（所谓受众的人头数），而只是关于受众的信息（观众的多少、类别的构成、使用媒介的形态）。在媒介市场中，媒介和其广告客户之间的交易，交换的不是有形商品，而是发行量、阅读率这些信息。同时受众商品是延伸的商品化过程（extensive commodification），商品化过程延伸到了机构领域，如公共教育、政府信息、媒介、文化、电子传播等公共空间的转型，甚至包括身体和身份的转型（Mosco，1996：153）。

关于媒介真正将什么东西出售给广告商，还有人提出不同看法。Chen（2003）认为受众商品是虚构的，受众收看媒介内容，实际上是一种信誉的积累，这种信誉在广告商支持的传播系统中被生产和交换。

在对受众商品论的争论中也有不同声音，有人以马克思商品、劳动、价值等概念对受众作为商品的观点进行根本否定。马克思将人类的传播活动看作一个商品生产的创造性过程。马克思的商品理论认为，商品应该是为他人消费而生产的，对他人有使用价值（Marx，1977：48），满足人们需要的东西，目的在于共享和交换。以马克思商品概念来衡量，Kim（2000）否定斯麦兹"传播商品是受众和阅读"的唯物主义色彩，认为在资本主义社会中，只有商品才能被生产和出售。受众和受众时间都没有使用价值和交换价值，不是一个商品形式，也不是被出售的东西。我们从来不会购买和出售时间。时间只是用于对劳动量进行衡量，就是劳动时间，但是观看时间不是劳动时间，因为观看广告不是生产性劳动。只有生产广告材料的活动才是生产性劳动，如市场研究人员、打字员、设计者、艺术指导者、摄像者的劳动。他们构成了传播可变资本，他们的生产性劳动生产剩余价值。大众媒体和其他传播系统组成了传播不变资本。所以 Kim 认为广告商支付广告费用购买的不是受众的观看时间，而是传播不变资本，准确地说，就是支付利用传播系统的费用，即不变资本。只是这个不变资本的价值被表达为广告费，他否认受众看电视的时候真的变成了商品，如果是这样，那么开启水龙头就是生产水，碰一下开关就是生产电了。观看电视并不比开水龙头和按开关更加具有生产性。受众承担的角色只是消费者和解释者，并没有任何生产性劳动。这从根本上推翻了受众商品论的理论基础。

三　互联网时代的受众商品论

近年来，"注意力经济"的概念开始盛行（Goldhaber，1997），传播工业日益重视注意力资源的商业价值，通过最大限度地吸引用户或消费者的注意力，培养潜在的消费群体，以期获得最大的未来商业利益。对注意力经济的研究，都认为报刊、广播、电视等媒介产品不是直接实现自身的经济效益，要实现经济效益必须经过"受众"这个特殊的环节。产生的广告费主要是来自受众的注意力，这些注意力被受众、用户生产的内容所吸引（Cohen，2008：7），这就是媒介产品经营的二重性质：媒介既经营媒介消费品，又经营受众。

新媒体时代，政治经济背景的变化促使媒介经济转型，尤其是互联网出现后，传统的媒介变成了旧媒体，而互联网媒介成为新媒体的主要类型。新的技术催生了新的媒介经济模式，媒介生产和再生产都发生了巨大的变化，传播研究也在积极作出自己的回应。新媒体时代需要传播研究进行转变，而传播政治经济学的路径正在受到挑战。传统的政治经济学主题，如媒介控制、宰制、霸权等在互联网时代貌似失去了合理性基础。而作为政治经济学路径的核心议题的受众商品论，同样遭到了非议。受众商品论是否具有意义、是否过时、应该如何进行转变成为争议的主题。1999年在新媒体刊物《新媒体与社会》（New Media & Society）中开展了一次关于新媒体的"新性"（newness）的讨论。以此为契机，各方讨论新媒体语境下的传播研究，受众商品论也成为焦点之一。

　　那么到底在互联网时代，受众商品又处于一个什么位置？Web 2.0技术广泛运用后，受众不再是消极的接受者、观众和读者。传统的认为受众是传播的第二主体的观点从来没有如此清晰和显著。受众的性质日益改变，像大众传播概念一样，"观看作为工作"的概念的理论意义正在逐渐地消失。Web 2.0技术改变了媒介商业的版图，消费者的角色被纳入了生产过程中，催生了消费者作为生产者的商业模式。在大众媒体时代，消费者仅仅是去消费、观看、阅读产品。Web 2.0时代的消费者，已经变成了一个扮演关键角色的生产者，参与传播活动和信息共享。互联网媒介提供一个通用的用户内容生产平台，然后在这些平台上出售广告，代表了Web 2.0时代的核心商业模式。用户生产的内容，如评论、分级和讨论成为媒介组织生产内容之外附加价值的重要来源。媒介经济学者Napoli（2008）重新思考新媒体环境下受众工作的功能和机制，认为在Web 2.0时代，受众的活动被金钱化。受众在观看过程中，大众受众不仅仅是消息的接收者，也是发送者，自己在创造媒介内容，如博客、视频、交友、微博客等。互联网媒介不断将用户激发的内容整合入媒介组织的商业模式，营销者和广告商日益依赖在线消费者的讨论和其他形式的用户激发（user-generated）内容去传播品牌信息。各种用户激发的内容在媒介组织、广告商和营销者的商业模式和策略中正在扮演一个居于中心的角色。传播本身经常变成一个媒介组织经济价值的源泉。受众不仅在内容提供上做出贡献，而且日益乐意参与到广告商和营销者的工作中，从自我生产广告到介入在线口头和书面（blog）表达，去整合品牌信息进入他们自己的传播平台（他们的Myspace、Facebook页面），支持商品的营销。当代的营销和广告策略日益关注消费者表达的价值，并开拓新的方式推动和鼓励消费者去做营销者和广告商在传播品牌信息方面的工作。因此传统的制度化媒体的角色必须进行转变。制度化的传播者除了进行内容生产外，还需要管理

Web 2.0 平台，为更广大的受众介入提供一个简单易得地使用这些平台的机会。正是从这个意义上来说，受众延伸到了生产和流通领域，在线内容制造流通涉及了各个层面的参与。

在新媒体时代，受众商品如何被制造、表达和衡量也遭遇了挑战。Bermejo（2009）将市场研究工业作为受众的制造者，指出在不断竞争的过程中，受众分级工业存在垄断趋势。而且在互联网时代，受众制造工业面对方法论上的挑战。分级工业处于持续危机状态。网络时代试图复制广播时代的受众制造模式已经不可能，在线受众的数量、时间和行为都发生了重要的改变。尤其是搜索引擎的市场分析、在线广告的相关性分析和运作模式都更加复杂。受众观看附加物，或者接触广告不能被看作在线受众唯一的工作，诸如点击、打字等都应该被计为劳动。他认为应该挑战传统的认为受众的观看时间被出售的观点，而代以"互动借用的过程"，正是受众与媒介、广告商之间的相互表达和接受才是被出售的东西。

四　受众商品论的启示及未来走向

从斯麦兹提出受众商品论开始，几代传播学者都围绕着受众商品进行了讨论，针对日益变化的历史语境和传播技术作出不断的回应和修正。信息和传播新科技的发展日益改变着传播工业，受众商品的模式也在不断发生变化，但是受众在媒介经济中扮演生产和再生产者的重要角色是无可置疑的。今天，早期认为受众为广告商工作的理论路径（如斯麦兹）和那些认为受众为媒介组织工作（如 Jhally & Livant）的路径已经在新媒介环境中建立桥接。在互联网时代，受众看起来都是在为二者工作。

受众商品论从旧媒体时代走向新媒体时代，经历了修正和完善，尤其是近年来互联网技术的发展，使受众本身的工作发生了重大变化，目前关于受众商品的研究不断在转变，但是谁也不能预测技术发展给受众商品论带来的是灭顶之灾，还是涅槃重生。在对受众商品论的研究上，学者必须紧随时代变迁作出自己独立的思考。

1. 回到马克思，回归政治经济学路径

斯麦兹最初提出受众商品论就是从马克思主义获得灵感，他早年在作为美国学生运动中心的加州大学伯克利分校受过系统的经济学教育，受马克思主义思潮的影响，并且以马克思阶级、劳动、商品等概念来理解资本

主义大众传播工业的结构和运作机制。其后诸多对受众商品论的补充和修正也大多是从劳动、剩余价值、生产等概念展开，而这些都是将马克思主义作为批判理论的精髓，对资本主义本质的透彻分析。对受众商品论的研究必须坚持马克思主义和西方马克思主义的批判旨趣，对古典政治经济学和资本主义本身进行双重批判。传播学者应该将马克思对资本主义现状所持的怀疑态度和批判作为始终如一的理论姿态，进行马克思所说的"对现有东西的无情批判，不害怕自己的结论，也不害怕与现有权力的冲突"。应将马克思关于劳动和剩余价值的论述，运用到对资本主义传播工业性质的剖析中，关注劳动人民利益，维护公共利益。同时，结合马克思之后的各种西方马克思主义思潮的理论精髓，如法兰克福学派对文化工业的批判、宰制理论、霸权理论，哈贝马斯对公共领域的分析和批判，吉登斯的建构理论和对社会复杂性的认识等，为受灾商品论补充理论动力。

受众商品论作为一个政治经济学理论，同时应该结合政治经济学的路径，吸取亚当·斯密、李嘉图的古典政治经济学精髓，关注生产、流通领域内的社会再生产过程和市场运作原则，分析受众传播过程中政治经济权力生产和再生产以及传播中的道德问题。同时借鉴20世纪制度经济学派的解释路径，将受众商品论与大的传播经济系统甚至整个经济系统的运作结合起来，考察受众在媒介制度和经济模式下所受的影响，以及在国家传播规制政策制定中的角色。

2. 受众商品论必须适应新传播技术的发展不断做出更新

传播政治经济学在发生、发展的过程中也受到了各种社会运动和社会思潮的影响，同时对不断变化的历史语境做出回应、判断和反思。但是受众商品论一直缺乏一个历史语境化的考察，需要加强探索媒介产生、发展、变迁过程中受众是如何被制造、呈现、表达、衡量的，以及在不同媒介形式和媒介制度下，受众商品在媒介经济中位置的差异等。新媒体时代受众的政治经济学分析，必须建立在已有的旧媒体政治经济学分析基础上。尤其是在新媒体时代，受众作为商品所扮演的角色需要反思。正如哈维（Harvey，1989：157）所说，后工业时代不仅生产产品，也生产"渴望"和"需求"。在后现代语境下，消费中时间的流动导致从物品的生产转向了事件的生产，从消费物品转向了消费服务。这使受众的行为模式发生很大的变化。近年来兴起的搜索、视频、微博客、交友网站等新媒体形式也正面临赢利模式的瓶颈，Google、YouTube等就被人批评为不擅长于内容①，而 Twitter 也在为赢利方式而苦恼，至今尚未找到合适的赢利模式。② 我们应该思考：这是否意味着受众商品论在这些新传播形式下失去了意义了呢？答案无疑是否定的。受众的劳动和观看具有许多共同特征，在历史上以相同的方式演进。新出现的传播形式，至少从目前来看，广告还是其主要利润来源。只要广告存在，受众商品肯定存在，只是受众商品的存在形式有所变化，媒介和广告商对受众的利用变得更加隐蔽。传统的受众衡量和呈现方式遇到根本性的挑战。首先，时间在在线分级系统中处于一个模糊的状态，不容易衡量，比如用户进行多窗口的操作。其次，不能以观看时间作为接触的衡量标准，而代之以受众注意力。这就要求对受众商品模式的分析应该坚持将阶级作为一个切入点，将受众商品运作中的阶级过程置于社会复杂性、历史变迁和结构矛盾中，关注传播生产和剩余劳动流通的经济过程，认识各种自然、政治和文化力量在其中的推拉张力。未来的研究应该考察受众商品在特定历史背景下重新部署的重要性，更好地解释受众激发的内容在供给和需求机制中的动力学，将受众理解为受众市场的流通货币（Napoli，2008）。

在新媒介技术下，受众商品论的重塑，要避免技术崇拜和技术乌托邦观念，应该继承以因尼斯、麦克卢汉为代表的多伦多学派的技术批判，对技术在历史发展和传播过程中的作用进行批判分析，同时借鉴波茨曼（Neil Postman）对新技术的人道的关怀，关注受众作为个人的权利和作为公众的利益。除此之外，受众商品论要研究媒介政策制定的历史过程，审视传播和信息与全球资本主义演变的关系，对媒介市场进行批判分析，增强对广告和传播与营销关系的批判；将媒介和传播融入民主理论来考察传播工业；对互联网进行政治经济学分析，考察决定数字传播系统的控制和结构等诸多主题。同时，从对比和跨国的角度对上述课题进行全球传播考察。

3. 受众商品论应该结合政治经济文化因素

正如传播政治经济学路径被批判为经济决定论、阴谋论一样，受众商品论同样存在诸多问题，如过度偏重经济维度而忽视文化维度，强调媒介商品生产、流通过程中的经济力量而忽视受众在接受和传送过程中的个人

---

① YouTube 战略合作总监科文·严（Kevin Yen）在 2009 年媒体峰会时称 YouTube 和 Google 相比传统媒体都并不擅长于内容，只是为别人的成功创建平台。

② 到目前为止，Twitter 迟迟没有推出可行的商业模式，正在不断调整之中。

体验。他们否定积极受众的概念，将受众作为资本主义制度下的一个傀儡，完全忽视价值观的重建。正如鲍德利亚（Baudrillard，1981：144）所说，任何一个东西的两个组成部分——经济价值和符号价值，都与物质生产活动有外在的、内在的和上层建筑的关系。任何现实都被符号地建构。商品是一种符号，都有两个方面——物质和意义，商品的生产过程和符号有着同质的结构。受众商品论必须坚持一个总的政治经济学批判，坚持二元论，区分符号交换和经济交换。因此，我们应该具备文化产品作为商品的同时也作为意义的理论视野。

　　新媒体时代，受众的主体性增强，不但是商品交换过程中的重要一环，也是价值生产过程中的重要一环，受众商品论一直缺乏对后者的考察，这也是传播政治经济学路径一直为文化研究所诟病之处。在新媒介环境下，受众也是意义生产链条的重要一环，受众在使用媒介接触广告时，也在生产我们自己的不同景象。媒介不仅提供休息机会，也为观看者提供新的身份，并解释人类的身份、意义，导致了信仰的商品化。受众商品论作为一个政治经济学概念，必须结合其他的路径，如文化研究和政策科学的路径。应该吸纳英国政治经济学传统，理解受众如何被建构和解释，通过语境和压力来分析社会过程（Golding & Murdock，1978），阐释人们使用媒介物品的鲜活体验（Murdock，1978），鼓励学者解释替代性和选择性的媒介文本阅读。应该学习文化研究的哲学路径，从分析商品、文化产品或者符号开始，面向主体性和更广的包容性，坚持现实主义的认识论，坚持历史研究的价值，考虑具体的社会统一性和道德义务，克服社会研究和社会实践的分野。政治经济学研究应该像文化研究一样关注普通人，不应该回避忽视劳动和劳动过程的研究。同时要借鉴政策研究的理性期待路径和多元论，将传统的经济学研究结合政治科学生产出一个政策科学，开创一个现实主义、包容的和批判的认识论，发展一个以商品化、空间化和结构化为切入点的坚固立场（Mosco，1996：249）。

五　超越学术的参与

　　传播政治经济学奠基人斯麦兹就树立了将学术分析、政策研究和行为参与结合为一体的典范。从他开始历代传播政治经济学者在执着探讨传播工业现状的同时，也在积极身体力行，投身于媒介改革运动，参与了公共广播政策的制定、市场研究和国际信息传播新秩序的建构。受众商品论要回应历史语境，结合历史和当前的分析，对传播政治经济现状进行批判解读，最终要解决如何更好地维护公共利益，促进公共控制，增强受众的主体性的问题。传播学者应承担起责任，积极进行超越学术的参与，推进媒介改革的进程，推动更广泛的社会政治化和公共政治的普及，将理论与实践结合起来，为传播经济运行提供最佳的策略，使受众能在传播工业中发挥更大的功能，争取作为消费者和生产者的最大利益。

数字传播的革命性质正在消除传统媒介部门和电子传播、中介传播和人际传播的界限，互联网的出现加速了这个进程。现在是传播研究从边缘地位跳出的时候（McChesney，2007：36），也是受众商品论接受时间和空间的检验而证明自己的时候。

附录4 欧洲传播政治经济学的理论
传统与当代特色

> 当很多人都在奔向被认可的终点，有人决定掉头前行可能会更好。
>
> ——James Curran and David Morley，2006：145

作为批判学派的分支，传播政治经济学由于其独立的姿态和批判取向，在传播研究场域内独树一帜（陈世华，2016）。其对现有政治经济权力和传播体制的批判使它成为传播研究中的异类，一直处于边缘地位，研究者分散在欧美少数大学和研究机构中，彼此之间频繁交流、合作、论辩，使传播政治经济学体现了鲜明的学术传承脉络和一致的理论意旨。但是由于不同的思想传统和现实语境，传播政治经济学流派内也体现了多元的理论逻辑和研究取向。一般来说，传播政治经济学流派"花开两朵"，即北美传统和欧洲传统，而学界却一直"独表一枝"，当前的大量研究都在关注北美传播政治经济学流派及其代表人物，而对传播政治经济学的欧洲传统语焉不详，并未有文献系统论及欧洲传统政治经济学的逻辑和特色。由于欧洲的人文主义和批判思想传统，欧洲传播政治经济学体现出了不同于北美传播政治经济学的理论取向和研究视野，并在当今互联网时代体现出鲜明的时代特色，代表人物有默多克、戈尔丁、马特拉、库兰、斯帕克斯、曼赛尔、福克斯等人，著述颇丰，不乏创见。本文通过对一手英文文献的全面收集和解读，试图重新发现欧洲传播政治经济学理论逻辑，追踪其当今的理论前沿，丰富传播研究场域的多元研究路径，为复兴互联网时代的传播政治经济学寻求出路。

一 思想渊源和哲学基础：回到马克思

马克思主义是批判理论的重要思想来源。马克思主义政治经济学作为对古典政治经济学和资本主义本身的双重批判，不论是思想主旨，还是分析逻辑，都给传播政治经济学以重要影响（陈世华，2014b）。作为欧洲思想传统中的重要人物，马克思无疑更受欧洲传播政治经济学者的青睐。欧洲政治经济学承认马克思是所有批判研究的根源和奠基人，马克思主义的分析对理解社会中互联网和媒体的当代角色至关重要，"在各种各样敢于挑战阶级关系图谱的写作者中间，马克思依然是迄今为止最具有持久影响力的"（莫多克，2006：20）。马克思对全球资本流动的分析"再次证明这是一个惊世骇俗，具有先见之明的分析"。欧洲传播政治经济学执着于马克思主义的思想遗产，但并不局限于马克思，而是吸纳了葛兰西、卢卡奇、霍克海默、马尔库塞、本雅明、阿多诺、哈贝马斯、福柯、威廉斯、汤普森等具有一定马克思主义色彩的思想来源，不断完善和发展自身的理论和方法。

欧洲传播政治经济学者强调批判理论都要坚持马克思主义的核心理念——唯物主义，主张采纳马克思的媒体、传播和文化研究视角，更好地理解文化和经济的辩证关系。从辩证法出发，既要看到媒介在推进社会发展中的价值，也要看到其带来的问题和缺陷。比如网络空间正形成一种"巨大的矛盾"，信息匮乏和丰富并存（Mansell，2012：4），应该发展数字政治经济学，以辩证和历史批判理论来理解网络的创造、发展与矛盾，分析互联网时代的新与旧、机会和风险、持续和间断、中介和结构、生产和消费、私人和公共、劳动和娱乐、休闲时间和劳动时间、商品和公共物品的复杂关系（Fuchs，2007）。既要看到互联网推进社会发展和变革的潜力，也要看到互联网抑制人类共同合作、自决、参与快乐和自我管理的弊端（Fuchs，2009），考察生产和消费不断变革的社会、文化和政治经济悖论，阐明马克思和恩格斯在《德意志意识形态》里所说的精神生产工具的控制机制，辩证地发展马克思主义理论。

在概念上，马克思丰富的概念群为欧洲传播政治经济学理解社会政治经济的多元性、复杂性和矛盾性提供了重要的分析工具。欧洲传播政治经济学分析中出现明显或暗含的马克思主义概念，包括辩证法、资本主义、商品/商品化、剩余价值、剥削、异化、阶级、全球化、意识形态/意识形态批判、艺术和美学、阶级分析、公共物品、公共领域、共产主义等（Fuchs，Dyerwitheford，2013），尤其强调阶级分析的重要价值。欧洲传播政治经济学者批评传统的研究中阶级被低估，阶级不平等和媒介与大众文化之间的关系被忽视，指出阶级分析仍然对正确理解目前传播机构与文化组织的关联至关重要，主张采纳马克思所说的"我的分析方法，不是源自人类，而是来自社会时段"（Garnham，1979），研究特定社会形态的真正的历史等级，从阶级分析的五个基本向度——阶级结构、阶级形成、阶级文化、阶级意识、阶级行动分析传播工业，"重建倾圮的阶级分析之塔"（莫多克，2006：4），关注资本积累机制和不平衡发展的后果，关注阶级政治经济学。欧洲传播政治经济学充分肯定马克思主义经济基础和上层建筑分析模式的有效性，从马克思的剩余价值出发，揭示文化剩余价值的提取和分配机制（Garnham，1979），继承马克思主义传统的商品拜物教的概念，揭示了媒介市场货币化过程，人类及其社会关系日益被当作商品交换，商品虽然是人类创造的，但人却被商品所异化，受众商品化成为统治民众的工具。

马克思主义具有超越时空的理论魅力，在互联网时代，仍然焕发出生命力。欧洲传播政治经济学者仍然坚信马克思主义在当今网络研究中的重要价值。瑞典的福克斯出版了《马克思归来》证明用马克思理论来批判地理解资本主义互联网的悖论和数字时代里的斗争的重要性，试图重塑马克思主义，并提出网络马克思主义的研究计划，指出互联网时代资本主义正处在危机中，若想要了解网络的宰制与剥削及其潜在的解放的角色，我们需要的是马克思主义的网络研究（福克斯、莫斯可，2016：525）。在看似实现自由平等传播的互联网时代，阶级并没有消失，批判的互联网理论力图识别互联网和社会关系之间的对抗，解释互联网塑造和被塑造的竞争和合作，显示宰制和剥削如何建构和解构互联网，以及阶级塑造和潜在的阶级分化如何被技术中介化。

当然，更重要的是，超越具体的概念分析和理论探讨，马克思的批判精神影响了一批学者走上学术抗争的道路。欧洲传播政治经济学者始终拥有一种超出学术概念的抗争精神，始终不讳言自己的批判立场，始终保持一种论战的风格并进行全方位的思考（马特拉，2001：2）。

二　研究视角：日常生活导向

不同于北美传统从大处着眼的宏大叙事，关注传播体制的制度缺陷和传媒经济的运作机制，欧洲传统从小处着眼，以小见大，管中窥豹，体现出关注日常生活的导向。默多克（又译作莫多克）就说："一种批判的理论取向，要名副其实的话，必须揭示造成结构性不平等的基础性机制以及反映在日常生活中的细微痕迹。关注公民在文化消费中金钱的制约，也关心社会地位对接近其他相关资源的控制方式，辨明影响实际世界当中的实际行为者的生活和机会的实际制约因素。"（莫多克，2006：3）欧洲传统的共识是信息和传播技术影响了日常生活的所有领域，而不仅仅是行业、劳动和经济，代表了一种比北美传统范式更加开放的心态。

欧洲传播政治经济学阐释了传媒对公共和私人领域的影响，阐明媒体所有者如何控制公共和私人生活。在公共领域，关注媒体作为一个社会机构的文化、社会、政治和经济的复杂维度，分析公众对媒介使用状况，理解传媒如何塑造社会想象、构建虚拟社会关系，探讨技术创新对意义和身份建构、社会或文化差异、参与和人类福祉的影响，强调种族、性别议题的重要性。他们批评日常信息的私有化，代价是牺牲公共领域，信息的商品化使那些强势者优先享有信息资源，公众的机会成本太高而难以享有信息（Murdock & Golding，2010）。公民权在私有化传播中不断被侵蚀，信息贫困和政治不平等、失权异化、剥削不断加剧。在媒介市场上，媒体所有者通过价格和服务歧视，通过生产稀缺性产品的市场策略（Mansell，2011），控制信息生产、传播和消费，影响公众媒介使用的社会和美学体验。在互联网是否为公共领域的问题上，欧洲学者认为社交媒体充斥着大量娱乐而不是政治传播内容，只是一种个人解放，而不是集体解放，只是自我展现，而不能改变社会。社会议程仍然受精英和集团权力塑造，虽然公民能够交流政治观念，但是他们的日常生活却难以改变制度化的权力。

在私人的维度，欧洲传播政治经济学关注公众在日常生活中的媒介内容生产和作为商品被生产的控制和被控制的二元对立，充分解释日常生活中的信息接收、生产和传播过程，理解文化表达和个人满足之间的关系。一是关系层面，考察媒体如何创造和维持人际关系，日常生活中传播系统如何中介化公众的经验。一方面，记者身份受到社会期待和生活现实之间的张力，媒体塑造记者个体生活的责任感，传递自我管理的价值观。另一方面，公众交换符号来沟通社会关系，场所、身体和自我转化为媒介习惯，控制中介化的生活，传播工具使用对个体具有象征意义，人与人借助于媒介发生的社会、文化与经济互动，影响彼此的亲密性、关系依赖和差异等。资本主义社会的工业化弱化了阶级意识和阶级身份，休闲和消费创造了新的身份，个体利用媒介和传播，像衣服一样包装自己，重塑他们的身体（Curran & Morley，2006：40），接受个人控制和遵循权威，改变他们的生活。二是生产层面，关注劳动的具体方面，考察人们如何使用符号作为象征性的工具进行信息生产和观念表达，媒介赋权对于个体的价值，以及个体参与传播带来的风险，微观层面的实践和工作规则（Mansell，2006），日常生活中创造和流通的符号形式，取得的传播效果，文化劳动力不成比例的投入和报酬，贫困人群如何被边缘化和失力（demotivate），互联网的资本积累模式和用户的商品化形式，对互联网"产消者"（prosumer）商品的剥削方式（Fuchs，2012），并呼吁建构底层的政治经济学。三是消费层面，分析公众的消费形式和途径，公众如何结合自身的文化和经验形成品位，体会美学愉悦（Garnham，2000：153），创造社会想象。尤其关注少数族群受众的生活和体验。欧洲传播政治经济学认为受众根据他们自己的背景和经验的滤镜来解释传媒，要研究受众的价值观和信仰，解释人类个体和集体共享的经验，分析人们如何体会变革，不同家庭、性别、阶层、社区之间经验的差异，更加动态地研究媒介体验，比如学习英语就是某种压迫的体验，限制了世界上穷人表达自己的观点。欧洲传播政治经济学从三个层面考察权力对日常生活的控制和监视，但是，欧洲传播政治经济学也看到了个体在媒介发展中的变革，受众能够通过吸纳日常生活世界里的社会话语有选择地回应媒体，他们呼吁利用从上到下的治理工具限制政治经济权力对人们日常生活的入侵，保障公共利益，增强团结感，建立一个更加统一、公平和彼此理解的世界（Curran，Fenton & Freedman，2012：12）。

在媒介层面，欧洲传播政治经济学者聚焦传媒的日常运作，关注媒体的四个历史过程：媒介的成长、公司势力范围的扩展、商品化以及国家和政府干预角色的变化（戈尔丁、莫多克，2006：69），指出权力植入新闻媒体，媒介生产越来越被大公司的利益和战略所控制。他们呼吁建立媒体工业的政治经济学，考察媒体生产消费的政治外部性，国家媒体对当地政治参与的影响，印刷媒体市场对媒体消费之外的日常行为的影响，考察供给方的集中对产品状态、产品多样性和阅读市场的决定性影响，需求方因素对媒体定位和受众接受意愿的影响。在互联网时代，政治过程的异化限制了互联网解放的潜力，新媒体虽然在重构时空，但是权力仍然嵌入新媒体实践，并影响人们的日常生活。

在国际层面，新的信息传播技术的应用并没有推进国际信息传播的民主化，而是强化了隔离政策，巩固了等级制度，使过去垂直结构的权力关系借助于传播网络变得更加复杂。法国学者马特拉强调要分析文化宰制中的内在和外在力量，批评传统的依附理论只重视欧洲和第三世界国家对美国的依附，他从本土国情和文化传统出发，提出次级帝国霸权（secondary imperial forces）的概念，如法国就是典型的例子，我们经常在仅仅批判美国时将它遗忘。法国的传播业也在走美国的老路，法国传媒的私有化和商业化走向最终验证了他的预言。

三　研究框架：结构化

欧洲传播政治经济学体现出了更多的结构化特征。欧洲传播政治经济学者批评主流的经验研究关注传媒的运营策略而忽视了体制上的结构性矛盾，比如北美传统的经典理论"宣传模式"只关注表面的策略，忽视了系统的内在矛盾（Golding & Murdock，1991），应该分析资产阶级的结构及其深层的动力学。传播业主、广告商或者某些关键的政治人物并非总是能得偿所愿，他们也在一定的结构中运作，这些结构既有抑制作用，也有促进作用，既强加一些限制，又提供一些机会，对传播现象没有单一解释，应该重点关注行动和结构的问题（Golding & Murdock，1978）。批判政治经济学的不同之处在于反对行政研究将传播独立考察的行为主义视野，而将传播活动置于物质资源和符号资源不平等分配的结构中，揭示特殊的语境和媒介是如何被经济原动力和更为宽泛的社会结构所形塑的。

欧洲传播政治经济学将意识形态视为经济基础的附属，采纳经济基础-上层建筑的分析模式，关注媒体的所有权和控制形式（马特拉，2011：92），借鉴社会信息学的传统，在大的社会环境下对传播媒介进行语境化的定位（Mansell，2005），将媒体的权力置于媒体生产的经济过程和结构之中，详细分析媒介设计和运用的协商过程。一方面，媒体在社会结构中扮演控制者的角色。资产阶级使用传媒和文化产品来支持现存的社会安排，保障其利益的实现，巩固其权力。现代媒体只是传统媒体的延伸，仍然是培养社会共识、统治社会秩序的主要意识形态机构。另一方面，媒体也是被控制的。媒体的所有权和经济控制权是媒体内容的决定因素。在文化产品的生产制作和市场推广过程中，除去文化概念本身外，起决定作用的还有社会、经济、工业的逻辑。资本的结构以各种方式，从各个层面决定了媒介生产，对媒体的控制被整合进大多数发达工业化国家的权力结构。传播时代的文化问题既是经济问题，也是政治问题。

互联网和新媒体是否推翻了传统的宰制结构？欧洲传播政治经济学者给出了否定的答案，他们批判主流的新媒体研究缺乏政治经济学的视角，忽略了制度性和结构性的制约。大量的新媒体研究强调新媒体产品和服务的丰富性，关注商品和服务的推销过程，却很少关注嵌入其中的权力结构和过程。他们强调用比较的政治经济学视野分析互联网的利润、广告、董事会、持股者、金融市场价值观、监控与审查、征税与使用条款/隐私政策等议题（Fuchs，2016），得出的结论是互联网仍然是受社会结构和过程过滤的，网络仍然在将传统的宰制与剥削结构化，并同时被宰制与剥削所结构化，阶级形式和潜在阶级斗争依然以科技为中介不断延伸。在数字化的世界里，没有市场压迫和商品形式的生产虽然成为可能，但是，在平台层面，资本主义企业仍然宰制着互联网。互联网本身并非单独由技术构成，也由资助、组织、设计、想象和使用方式以及被规制和控制的方式所构成，新的技术并没有从根本上改变内在的政治经济机构，互联网并不能单手改变这个世界。"数字鸿沟"的地图与世界社会和经济的分化密切关联。资源的分配，尤其是互联网的介入，是众所周知的不平等（Sparks，2007：198）。世界范围的信息和知识鸿沟仍然存在并不断加深。互联网主机主要位于北美和西欧（Mansell，1999），互联网占统治地位的语言是英语，而世界上只有15%的人口说英语，造成了全人类的彼此不理解（Curran，Fenton & Freedman，2012：9）。当前紧迫的政治任务就是为互联网从巨大的商场和广告展览转向公共和公益传播领域而抗争（Fuchs，2016）。

欧洲传播政治经济学者也看到了结构的不平衡，以及结构性的变动和转型。新的信息和传播科技催生了新形式的新闻业，传媒在社会结构中的位置发生了摇摆。经济层面的结构变革导致了付费劳动力和女性的参与，挑战了传统的阶级等级和性别规范，虽然尖锐的阶级和性别不平等问题有所缓解（Curran & Morley，2006：131），但是，也不能盲目乐观。虽然当代社会媒体和其他权力中心经常发生冲突，控制和被控制的结构趋于不稳定，但是仍然被局限在将社会和政治结构合理化的框架内。

四 研究对象：回到文化和文本

在传播政治经济学领域内，北美传统注重对"传媒环境中宏大政治权力与商业权力的批判"（胡翼青、杨馨，2016），紧紧围绕传媒体制的结构和权力关系，缺乏从微观视角对具体新闻生产和传播细节的分析，导致论证乏力，备受诟病。正如李金铨所说："政经学派的优点在于从大处着眼，不纠缠末节，但缺点则是对过程的交代不清楚，有太多跳跃式的因果推论。政治经济学胜在提供宏观的图像，对媒介日常运作的过程则不赞一词。"（李金铨，1995）这种北美传统的缺陷在欧洲得到了弥补。受欧洲人文传统以及批判学派中的姊妹学科文化研究的影响，欧洲传播政治经济学重视从文化到文本再到符号的具体分析。虽然欧洲传统和北美传统达成基本共识，承认经济是资本主义的决定因素，但是欧洲传播政治经济学者并没有将复杂的现象简化为经济解释，他们更重视意识和物质的关系，注重把握抽象和具体的平衡，强调在关注制度结构和权力关系的同时，关注象征形式、意义和行为。

在文化层面，欧洲传播政治经济学强调文化分析的重要性，将文化界定为整体生活方式（whole way of life）（Sparks，2007：46），重视经济因素对整体文化的决定性影响，关注文化生产和消费的演变及其背后的驱动力量。传统的行政研究制造了一个假象：经济和文化是独立的领域。政治经济学的兴趣则在于阐明经济组织和政治生活、社会生活、文化生活之间的相互作用，将文化引入并置于经济根基之上，对文化客体进行政治经济学批判，建构文化的政治经济学。欧洲传播政治经济学不同于西方马克思主义对文化意识形态的过度强调，而是重视经济因素在文化中的重要角色，认为文化和经济是同一的，又不是同一的，文化既有同一性，又有差异性。一方面，文化具有同一性的特征，就是经济结构对文化生产具有决定性作用，文化在根本上是资本的附庸。虽然文化领域相对自治和具体，但是，文化本质上是意义协商和争斗的场合，都可以还原到阶级利益和阶级控制，对意义生产的控制是当代资本主义文化控制的重要手段（Golding & Murdock，1997：477）。经济原动力决定了公共文化表达的范围和多样性。所有的文化和传播都只是社会再生产及其社会关系的延伸，社会中的资源争夺及引发的冲突反映在文化中。公共文化部门是权力斗争的领域，国家和政府将公共文化产品当作文化控制的工具，用来分化阶级。在国际范围内，媒介日益集中化，处于媒介巨头的控制之下，文化多样性在下降，激进的观点被压制，当地文化被摧毁，导致了文化的同质化和工业化。另一方面，相同经济体制下文化又有差异。在资本主义国家同样存在各种不同的文化现象，不同的人在不同环境下，经历不同的历史、经验和假设，会创造不同的文化，官方文化、民间文化、亚文化、杂交文化、科学文化、反主流文化都会影响公众的媒介体验和未来愿景。欧洲传播政治经济学主张对流行文化做出积极的评估，关注其中的文化价值观和美学问题，认为文化价值观理念随着时代不断改变，会被自我服务的斗争所影响，被地理和不平等的权力配置所扭曲，受到阶级和教育背景的影响。

在媒介文化层面，哈林和曼奇尼认为不同的政治结构和文化催生了不同的媒介体系并形成新闻业风格，研究新闻生产的文化显得尤为重要。大众媒体是将资本主义社会复杂的权力关系合法化的核心工具，大众媒体和流行文化与广阔的社会语境密切相关，所以在分析媒介历史进程中要考虑经济的重要性。新闻媒体资助和管理方式决定了媒体的制度安排，影响了媒体的文化和组织目标，也会影响新闻的生产和制作方式。统治阶级影响了社会文化，并塑造了媒介内容，社会文化反映了潜在的有关文化控制的斗争。广阔的社会语境具有强烈的引导新闻的意图，记者感受的文化氛围和信源的表达方式都在影响媒介运作，媒介内容在媒体刊播出来之前已经在文化中被设定了（Curran & Morley, 2006：1378），反映了政治结构和文化。不同国家的文化传统、价值观和文化诉求会创造不同的媒介文化和职业文化，媒体迎合亚地区的多元文化品位，有着不同的使命和追求。如在新加坡的威权主义和服从式文化中，应该鼓励媒体独立，而不同于开放多元社会。日本的集体主义和社群主义文化塑造了族群体验和社群认同。美国的个人主义文化创造了大量个人生活内容。国外新闻根据政治文化、语言文字文化、公共文化、国家利益、集体主义记忆、文化框架、性别认知而被选择和解释。

在文本层面，不同于北美传统聚焦于媒介经济和金融资助，欧洲传统注重检视文本的政治经济学，重视对媒介内容的文本分析，试图挖掘媒介产品文本的各种表征与物质现实之间的关系。传统的政治经济学者总是认为，市场压力迫使媒体吸引公众，创造受众需求，买卖受众商品，不去考察媒体所有者的价值观和社会的霸权话语。欧洲传统则对媒介内容进行批判性和多样化的理解，从媒介文本中发掘媒体的政治控制和意识形态议题，解读媒体内容与广阔的社会、政治、经济和文化变革进程的关系，考察社会冲突带来的文本变革。他们赞同文化研究代表人物威廉斯的观点，认为意识的模式，比如语言、信息、传播、艺术和流行文化都是物质的（Williams，1977：190），媒体生产的物品——报纸、广告、电视节目和故事影片——在组织世界的影像和话语中起着至关重要的作用，因为人们就是通过这些影像和话语认识世界的。媒介表现出互动性和超文本性（hypertextuality），反映了媒介、现代性和全球化的关系，后现代主义、后殖民主义、后女性主义、媒介权力、意识形态、市场机制、社会控制、协调和冲突都暗含于媒体文本中。欧洲传播政治经济学的核心议题是分析社会在媒体文本中的展现，认为媒体文本反映和影响了权力在社会中的配置，进而影响人们生活的方式。媒介文本中的矛盾和张力推动受众自由选择和独立解读，但是媒介产品不仅是商品，也是意识形态工具，最终受到生产时的总体经济环境架构决定，公众的休闲和娱乐的选择是受限的，最终会导致创造性表达的终结（Golding & Murdock，1997：21）。

在符号层面，欧洲传统比北美传统更注重对符号的分析，认为语言是文化的中心，要警惕语言帝国主义。欧洲传播政治经济学者批评北美传统只关注资本对媒体和传播工业的控制，过度关心产品的结构而不是内容、意义和象征。由于受到法国结构主义思潮的影响，欧洲传统聚焦于嵌入媒介物品中的符号交换过程，以及背后的符号面向和经济面向之间的相互作用，既考察权力对新闻媒体消费的塑造，也分析广大受众的符号和经济意义。他们认为语言作为一种符号展现和维持社会权力，人们通过语言符号进行意义解释，确认身份和机构属性，组成我们的社会生活，不同的社会经验和身份通过不同的符号形式表达出来。媒体生产就是社会权力的符号化过程，媒体创造和流通我们所传承的理解社会生活的符号和文化资源，权力和制度的结构决定了符号资源的分配，以及文化物品的符号意义和符号内容的消费。符号并非完全被动的，也会影响权力结构。符号的广泛传播，不仅简单地再生产宰制和压迫的环境，也在创造材料和符号资源，最终会调整国家的霸权（Sparks，2007：145）。文化消费和社会身份的表达与抗争有着符号关联。人们所在的符号环境中有着不平等特质，物质资源占有的预先不平等以及产生的不平等结果，对文化物品的生产和消费产生限定性影响。但是，当前传播工具变革也在引发符号转化和符号修正，性别、少数族群在媒体中的符号再现，线上和线下符号互动、行动和后果的辩证关系会创造新的符号等级和符号次序。在文化帝国主义过程中，全球流通的文化产品的符号意义也在不断改变，迎合当地文化的属性和需求。

欧洲传播政治经济学者主张充分地解释文化和语言的多样性，呼吁建立一个研究框架，基于各种不同社会、文化、经济和政治语境，考虑和理解传播、文化和语境的议题，考察学习过程、文化表达和个人满足的关系（Mansell，2011），对权力和语言的角色提出新的见解，建立真正的理论。

五　学科边界：与文化研究的融合和分歧

同为批判学派的分支，传播政治经济学和文化研究一直是一种剪不断、理还乱的关系，曾经引起了多次学术论辩（冯建三，2003），二者既互相批判又互相吸纳，既互相排斥又互相吸引。欧洲传播政治经济学的中心主题是政治经济和文化之间的关系，引发了主体性、文化经济、文化政治、文化劳动等相关议题，而这些议题正是文化研究的焦点问题，二者积极融合，但又分歧显著。

欧洲传播政治经济学和文化研究体现出积极融合的趋势。欧洲传统并不像北美传统那么排斥文化，甚至出现了某种程度上的文化研究转向，如前文所述，文化语境、文化生产、文化消费、文化差异、文本分析、意识形态霸权、宰制等文化研究议题同样受到欧洲传播政治经济学的广泛关注。欧洲传播政治经济学者的文献中从来不缺乏经典文化研究学者的文献和洞见，他们引用霍尔的《漫长的革命》、威廉斯的文化马克思主义、汤林森的文化帝国主义等来解释文化、社会和媒介现象，认为政治经济学和文化研究的对抗是对政治经济学的根本误解（Garnham，1995）。文化研究内在地继承了政治经济学的根本假设和作为批判学科的合法性，本是同根生，到后来才分开的。欧洲传播政治经济学既有文化研究对文化同化的担忧，又有政治经济学对文化认同的希望。作为文化研究近年来最新发展的文化经济学就认为经济不可避免地以文化形式来运作，应该将文化的融资、生产和消费的经济现象作为重要的研究对象，考察经济本身的涵化形式。文化不是现实世界经济和政治的附庸和副产品，正如马克思所说的，本身必然是为了被生产所驱动的（Curran & Morley，2006：5）。欧洲传播政治经济学和文化研究都承认技术创新和扩散是由政治考虑和社会文化价值观同时决定的（Mansell，2012：10），信息和通信技术融合在演变过程中，同样可以改变、抛弃或服从不同的文化、社会、政治和经济价值观，传媒、经济和文化处于持续动态的互动联结关系中。

由于研究取向上的差异，政治经济学和文化研究的分歧显著，难以弥合，彼此之间协调的努力失败了，但是这种"分手"没有引起任何一方的悲伤，各自仍在坚持自己的立场。文化研究最基本的兴趣在于权力机制在特定的媒介文本中起作用的方式，而批判的政治经济学要解释的是媒介生产的经济动力对文化形式的公共话语产生怎样的结构性影响。欧洲传播政治经济学批评新自由主义进入了文化研究的血液中，文化研究是自我服务的，带有追求时髦的本性，只关注文本，而没有关注社会生活，不去将思想观念与外在的广阔语境相联系，没有充分探究媒体在自由市场中加剧不平等的作用。欧洲传播政治经济学主张采用一种不可化约的方式，将媒介产品和文化服务本身看作商品，考察文化商品的生产流通和消费过程及其背后的制约力量，描绘文化生产组织和资金筹集之间的细微联系，详尽分析掩盖隐蔽的特权和将不平等合法化的文本和神话的共谋。

阶级成为欧洲传播政治经济学和文化研究争论的焦点。前者批评后者的理论成果的高昂代价，即忽视了持续的阶级不平等，高估了所谓的日益解放。前者指责媒介和文化研究化约了市场专业主义的话语，明显缺乏经济维度，受市场自由主义话语的诱导抛弃了阶级，变得更加服从和认可我们所生活的世界。文化研究认为，性别、种族以及其他标志差异的潜在属性，才是决定支配的结构因素，而不是阶级。阶级斗争的观念始终贯穿于传播政治经济学的研究（陈世华，2016），媒介空间的性别和种族必然被阶级塑造，阶级仍然影响日常生活、工作机会、经验和回报，所谓的自由民主社会里的努力工作、得偿所愿的道德修辞很大程度上是误导人的，因为它掩盖了关键的阶级结构的影响（Curran & Morley，2006：143）。

六　研究路径：唯物主义指导下的多元取向

在研究路径上，欧洲传播政治经济学继承了马克思主义的基本理念，主张批判理论是唯物主义的，批评传播领域受唯心主义主宰，必须坚定地坚持历史唯物主义视野，基于物质基础决定上层建筑的理念来建立研究优先性秩序，要对文化场域内各种形式的文化产品的生产、流通和消费进行历史唯物主义分析（Garnham，2011：41），让理论更加唯物。欧洲传播政治经济学主张基于历史社会过程的复杂整体性分析，核心是在特定历史环境中考察媒体和传播产品与服务在资本主义体制下生产、流通和消费的过程如何受到这些环境的影响。

欧洲传播政治经济学吸纳经典的马克思主义、激进的政治经济学、批判社会学、社会运动理论等理论资源，采取多元论、建构主义和结构主义的理论视野，分析路径更加多元。比如文化帝国主义的现象太复杂、太广泛，对其分析不可能局限在任何路径和分支学科上，理解文化帝国主义需要不同的研究方法，包括内容分析、新闻流通研究、政策研究、田野研究、民族志、媒介效果研究等。

劳动成为欧洲传播政治经济学者对传媒产业的切入点。他们认为历史唯物主义的核心假设就是人类是生物有机体，必须与自然界进行持续的物质交换，这种交换就是劳动。马克思说每一种经济都是时间经济，因此劳动时间是一个非常关键的分析工具，文化再生产直接被物质因素所决定，而对劳动时间的限制因素需要传播政治经济学从体制、资本、资源的角度进行全方位的分析。

在当今互联网时代定量研究的大潮中，欧洲传统坚持了政治经济学的批判路径，批评主流的新媒体研究过多分析新媒体的运用和内容，过于强调实践，关注个人、功能主义和多元主义（Mansell，2004），而忽视政治经济学分析。欧洲传播政治经济学者强调分析新媒体的建构方式，解释形成和限制这些建构的语境和压力，但是，他们并不排斥经验研究，反而认为传播政治经济学必然与经验研究啮合交错，应该采用实证研究，发展定量和定性的工具，如历史研究、质性访谈、量化调查、内容分析、统计分析、批判性话语分析、民族志，将虚拟社区、在线认同、网络空间的身心状态及网络人等概念运用到新媒体的政治经济学分析中，更加完整地解释媒体生产和消费的动力学，弥补传统政治经济学研究中的缺陷。

由于欧洲独特的女性主义传统，欧洲传播政治经济学者注重从女性主义视角来探讨互联网时代时间的政治经济学，考察时间的性别模型，对社会等级、全球化进程和技术变革开展跨学科的分析，深入地理解时间的性别等级，以及公共、私人身份建构和维持的方式（Youngs，2001）。他们对媒介文本进行女性主义的修正，回到一些女性主义分析的原初问题，理解性别歧视和权力的结构形式，分析女性如何被嵌入媒体和固化附属的地位，媒体如何表现和影响性别秩序。他们也看到了颠覆性的征兆，从媒介文本中反映女性的体验和偏好的差异，填补媒介批判研究的重要盲点。

在规范层面和实践层面，欧洲传播政治经济学者反对实证主义的工具/技术理性的媒介研究，主张以批判理论、经验研究和以实践为导向的道德哲学为根基。他们从事马克思主义批判分析，批判剥削、宰制、权力的行使、结构暴力等现象，并从对媒体、传播、科技、文化和信息的分析中创造出共享的规范，并积极参与社会实践，目标是让人类走向解放，所要研究的课题是媒体系统与权力在社会的全面配置中的互动，核心在于"正义、公平和公共之善等基本伦理问题"（Golding & Murdock，2005）。

结　语

由于独特的思想传统和社会语境，欧洲传播政治经济学体现了不同于北美传统的理论逻辑和研究路径。欧洲传统继承了更加纯粹的马克思主义政治经济学理念，体现了日常生活导向，关注普通人的日常信息接收和意义生成，以及媒体的日常运作过程；更加具有结构化的思维，重视体制性矛盾和结构性的悖论；更加重视文本、符号和文化产品的生产和接受及其背后的制约力量。欧洲传播政治经济学也在与文化研究的争论中不断融合，完善自身的理论逻辑；欧洲传播政治经济学的研究路径更加多元，在历史唯物主义和现实主义指引下，体现出了历史观和整体性，与经验研究和女性主义视角相结合，实现了对传播行为、媒体和传播工业的更加细致和深入的解释。欧洲传播政治经济学既继承了传播政治经济学一以贯之的批判精神和思想传统，又饱含时代关切，展现了与时俱进的当代特色，也让我们看到了互联网时代复兴传播政治经济学的希望和曙光。

附录5 北美传播政治经济学谱系图

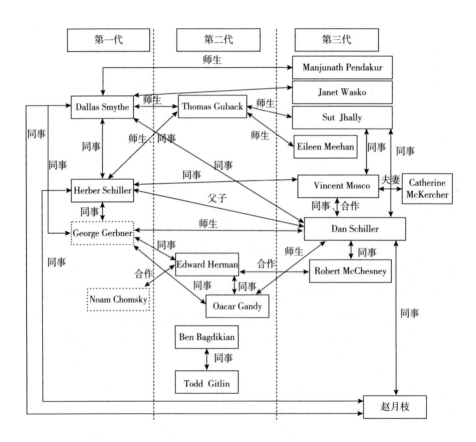

参考文献[*]

一　英文文献

Altschull, J. Herbert (1984). *Agent of Power: The Role of the News Media in Human Affair*. New York: Longman.

Babe, Robert (2003). Commentary: Cultural Studies and Political Economy. TOPIA: *Canadian Journal of Cultural Studies*, 9 (1).

Babe, Robert (2008). *Cultural Studies and Political Economy: Towards a New Integration*. Lanham: Lexington Books.

Bagdikian, Ben (1983). *The Media Monopoly*. Boston: Beacon Press.

Baker, Edwin (1989). *Human Liberty and Freedom of Speech*. New York: Oxford University Press.

Baudrillard, Jean (1981). *For a Critique of the Political Economy of the sign*. St. Louis: Telos Press.

Berelson, Bernard (1959). The State of Communication Research. *The Public Opinion Quarterly*, 23 (1): 1 - 6.

Berlin, Isaiah (1969). *Four Essays on Liberty*. Oxford: Oxford University Press.

Bermejo, Fernando (2009). Audience Manufacture in Historical Perspective: From Broadcasting to Google. *New Media & Society*, 11 (1 - 2): 133 - 154.

Burke, Peter (1991). *History and Social Theory*. Cambridge: Polity Press.

Bustamante, Celeste (2015). Professionalism under Threat of Violence.

---

  *　此处的参考文献按照 APA 格式排列，全是文中引用过的文献，不包括文中未引用但受到影响和启发的文献。

Journalism Studies, (6): 1 – 19.

Carey, James (1981). Mcluhan and Mumford: The Roots of Modern Media Analysis. *Journal of Communication*, 31 (3): 177 – 178.

Carey, James (1988). *Communication as Culture: Essays on Media and Society*. Boston: Routledge.

Carroll, William & Hackett, Robert (2006). Democratic Media Activism Through the Lens of Social Movement Theory. *Media Culture & Society*, 28 (1): 83 – 104.

Chakravartty, Paula & Zhao, Yuezhi (2011). *Global Communications: Toward a Transcultural Political Economy*. New York: IEEE Press.

Chalaby, Jean (1998). *The Invention of Journalism*. London: Macmillan.

Chen, Chih – hsien (2003). Is the Audience Really Commodity? —An Overdetermined Marxist Perspective of the Television Economy. Paper presented at the annual meeting of the International Communication Association, Marriott Hotel, San Diego, CA.

Chomsky, Noam (1967). The Responsibility of Intellectuals. *The New York Review of Books*, February 23.

Cohen, Nicole (2008). The Valorization of Surveillance: Towards a Political Economy of Facebook. *Democratic Communique*, 22 (1): 5 – 22.

Collingwood, Robin (1946). *The Idea of History*. New York: Oxford University Press.

Collins, James (1999). The Culture Wars and Shifts in Linguistic Capital: For Combining Political Economy and Cultural Analysis. *International Journal of Qualitative Studies in Education*, 12 (3): 269 – 286.

Collins, Randall (1979). *The Credential Society*. Orlando, FL: Academic Press.

Commission on Freedom of the Press (1947). *A Free and Responsible Press*. Chicago: University of Chicago Press.

Crichton, Michael (2004). *State of Fear*. New York: HarperCollins.

Curran, James, Fenton, N., Freedman, D. (2012). *Misunderstanding the Internet*. New York: Routledge.

Curran, James, Morley, David. (2006). *Media and Cultural Theory*. New

York: Routledge, 2006.

Deuze, Mark (2005). What Is Journalism? Professional Identity and Ideology of Journalists Reconsidered. *Journalism*, 6 (4): 442 – 464.

Dewey, John (1916). *Democracy and Education: An Introduction to the Philosophy of Education*. New York: Free Press.

Dewey, John (1935). Our Unfree Press. In R. McChesney & B. Scott (eds.) (2004). *Our Unfree Press: 100 Years of Radical Media Criticism*. New York: the New Press.

Downing, John (2013). Towards a Political Economy of Social Movement Media. *Democratic Communiquã©*. 26 (1)

Enghel, Florencia (2015). Towards a Political Economy of Communication in Development? *Nordicom Review*, 36 (1): 11 – 24.

Entman, Robert (1990). *Democracy Without Citizens: Media and the Decay of American Politics*. New York: Oxford University Press.

Foucault, Michel (1969). *The Archaeology of Knowledge*. London and New York: Routledge.

Foucault, Michel (1980). *Power/Knowledge: Selected Interviews and Other Writings*, 1972 – 1977. New York: Pantheon Books.

Foucault, Michel (2002). *The Order of Things: An Archaeology of the Human Sciences*. New York: Routledge.

Freire, Paulo (1970). *Pedagogy of the Oppressed*. New York: Herder and Herder.

Fuchs, Christian (2009). Information and Communication Technologies and Society: A Contribution to the Critique of the Political Economy of the Internet. *European Journal of Communication*, 21 (1): 69 – 87.

Fuchs, Christian (2012). The Political Economy of Privacy on Facebook. *Television & New Media*, 13 (2): 139 – 159.

Fuchs, Christian (2016). Baidu, Weibo and Renren: The Global Political Economy of Social Media in China. *Asian Journal of Communication*, 26 (1): 14 – 41.

Fuchs, Christian & Winseck, D. (2011). Critical Media and Communication Studies Today. A Conversation. *Triple C (Cognition, Communication, Co –*

Operation）, 9 （2）.

Fuchs, Chritian （2007）. Marxs Capital in the Information Age. *Capital & Class*, 41 （1）: 51 – 67.

Fuchs, Chritian （2014）. *Digital Labour and Karl Marx*. Abingdon: Routledge.

Fuchs, Chritian & Dyerwitheford, N. （2013）. Karl Marx @ Internet Studies. *New Media & Society*, 15 （5）: 782 – 796.

Gandy, Oscar （1982）. *Beyond Agenda Setting: Information Subsidies and Public Policy*. Norwood: Ablex Publishers.

Gandy, Oscar （1990）. Tracking the Audience. in J. Downing, A. Mohammadi & A. Sreberny – Mohammadi （eds）. *Questioning the Media*, pp. 166 – 179. Newbury Park: Sage.

Gandy, Oscar （1993）. *The Panoptic Sort: A Political Economy of Personal Information*. Boulder: Westview Press.

Gandy, Oscar （1998）. *Communication and Race: A Structural Perspective*. London: Edward Arnold and Oxford University Press.

Gans, Herbert （1979）. *Deciding What's News: A Study of CBS Evening News, NBC Nightly News, Newsweek, and Time*. New York: Pantheon Books.

Garnham, Nicholas （1979）. Contribution to a Political Economy of Mass Communication. *Media Culture & Society*, 1 （2）: 123 – 146.

Garnham, Nicholas （1995）. Political Economy and Cultural Studies: Reconciliation or Divorce? *Critical Studies in Mass Communication*, 12 （1）: 62 – 67

Garnham, Nicholas （1997）. Political Economy and the Practice of Cultural Studies. In Ferguson, M. and Golding, P. （eds.）. *Cultural studies in Question* （pp. 56 – 73）. London; Thousand Oaks.

Garnham, Nicholas （2000）. *Emancipation, the Media, and Modernity*. Cambridge: Oxford University Press.

Garnham, Nicholas （2011）. The Political Economy of Communication Revisited, in wasko, J. （eds.）. *The Handbook of Political Economy of Communications*. New Jersey: Wiley – Blackwell.

Gitlin, Todd （1980）. *The Whole World is Watching: Mass Media in the Making and Unmaking of the New Left*. Berkeley: University of California Press.

Gitlin, Todd (1983). *Inside Prime Time*. Berkeley: University of California Press.

Glasser, Theodore (1992). Professionalism and the Derision of Diversity: The Case of the Education of Journalists. *Journal of Communication*, 42 (2): 131 – 140.

Goldhaber, Michael (1997). The Attention Economy and the Net. *First Monday*, 2 (4).

Golding, Peter & Murdock, Graham (1978). Theories of Communication and Theories of Society. *Communication Research*, 5 (3): 339 – 356.

Golding, Peter & Murdock, Graham (1991). Culture, Communications and Political Economy. *Mass Media and Society*, (2): 15 – 32.

Golding, Peter &Murdock, Graham (1997). *The Political Economy of the Media*. Northampton: Edward Elgar Pub.

Golding, Peter & Murdock, Graham (2005). Culture, Communications and Political Economy, in Curran, James, Gurevitch, M. (eds.). *Mass Media and Society*. New York: Hodder Arnold.

Graham, Phil (2007). Political Economy of Communication: A Critique. *Critical Perspectives on International Business*, 3 (3).

Graham, Phil (2011). Critical Discourse Analysis and Political Economy of Communication: Understanding the New Corporate Order. *Cultural Politics*, 7 (1): 103 – 132.

Gramsci, Antonio (1971). *Selections from the Prison Notebooks*. London: Lawrence and Wishart.

Grossberg, Lawrence (1995). Cultural Studies vs. Political Economy: Is Anybody Else Bored with This Debate? *Critical Studies in Mass Communication*, 12 (1): 72 – 81.

Guback, Thomas (1969). *The International Film Industry*. Bloomington: Indiana University Press.

Guback, Thomas (1970). Review: Business and the Arts by Arnold Gingrich. *Journal of Aesthetic Education*, 4 (3): 131 – 137.

Guback, Thomas (1971). Film and Cultural Pluralism. *Journal of Aesthetic Education*, 5 (2): 5 – 51.

Guback, Thomas (1974). Film as International Business. *Journal of Communication*, 24 (1): 90 – 101.

Guback, Thomas (1984). Social Context and Creativity in Mass Communications. *Journal of Aesthetic Education*, 8 (1): 65 – 83.

Guback, Thomas (1987). The Evolution of the Motion Picture Theater Business in the 1980s. *Journal of Communication*, 37 (2): 60 – 77.

Habermas, Jürgen (1962/1991). *The Structural Transformation of the Public Sphere: An Inquiry into a Category of Bourgeois Society*. Cambridge: MIT Press.

Habermas, Jürgen (1981). Modernity Versus Postmodernity. *New German Critique*, 22 (4): 3 – 14.

Hall, Stuart (1980). Encoding/Decoding. In Stuart Hall et al. (ed.) *Culture, Media, Language*. New York: Routledge.

Hardy, Jonathan (2014). Critical Political Economy of Communications: A Mid – term Review. *International Journal of Media & Cultural Politics*, 10 (2).

Harvey, David (1989). *The Condition of Postmodernity: An Enquiry into the Origins of Cultural Change*. Oxford: Basil Blackwell.

Hearns – Branaman, Jesse (2009). A Political Economy of News Media in the People's Republic of China. *Westminster Papers in Communication and Culture* (University of Westminster, London), 6 (2): 119 – 143.

Held, Virginia (1983). The Independence of Intellectuals. *Journal of Philosophy*, 80 (10), 572 – 582.

Herman, Edward (1996). The Propaganda Model Revisited. *Monthly Review*, (July).

Herman, Edward (2000). The Propaganda Model: A Retrospective. *Journalism Studies* (1): 101 – 112.

Herman, Edward & Chomsky, Noam (1988). *Manufacturing Consent: The Political Economy of the Mass Media*. New York: Pantheon Books.

Herman, Edward & McChesney, Robert (1997). *The Global Media: The New Missionaries of Corporate Capitalism*. London: Cassell Academic.

Heuman, Josh (2003). Beyond Political Economy Versus Cultural Studies? The New "Cultural Economy". *Journal of Communication Inquiry*, 27 (1).

Hobsbawm, Eric (1997). *On History*. New York: The New Press.

Jenni, Kathie (2001). The Moral Responsibilities of Intellectuals. *Social Theory & Practice*, 27 (3): 437 – 454.

Jhally, Sut (1982). Probing the Blindspot: The Audience Commodity. *Canadian Journal of Political and Social Theory*, 6 (1 – 2): 204 – 210.

Jhally, Sut (1990). *The Codes of Advertising: Fetishism and the Political Economy of Meaning in the Consumer Society.* New York: Routledge.

Jhally, Sut and Bill Livant (1986). Watching as Working: The Valorization of Audience Consciousness. *Journal of Communication*, 36 (3): 124 – 143.

Kim, Joohoan (2000). From Commodity Production to Sign Production: A Triple Triangle Model for Marx's Semiotics and Peirce's Economics. *Semiotica*, 132 (1 – 2): 75 – 100.

Klaehn, Jeffery (2003). Behind the Invisible Curtain of Scholarly Criticism: Revisiting the Propaganda Model. *Journalism Studies*, 4 (3): 359 – 369.

Kunelius, Risto (2008). Mapping Professional Imagination. *Journalism Studies*, 9 (5): 662 – 678.

Lasswell, Harold (1948). The Structure and Function of Communication in Society. in Bryson, L. (ed.). *The Communication of Ideas.* New York: Harper & Row.

Lee, Chin – chuan (1980). *Media Imperialism Reconsidered: The Homogenizing of Television Culture.* Beverly Hills, CA: Sage.

Lee, Micky (2006). Communication Technologies. *Feminist Media Studies*, 6 (2): 191 – 210.

Lee, Micky (2007). On the Relationship Between International Telecommunications Development and Global Women's Poverty. *Communication Gazette*, 69 (2): 193 – 213.

Littlejohn, Stephen (2002). *Theories of Human Communication.* Belmont: Wadsworth Pub.

Lyotard, Jean – François (1979). *La Condition Postmoderne: Rapport Sur le Savoir.* Paris: Minuit.

Mansell, Robin (1999). Information and Communication Technologies for Development: Assessing the Potential and the Risks. *Telecommunications Policy*, 23 (1): 35 – 50.

Mansell, Robin (2004). Political Economy, Power and New Media. *Lse Research Online Documents on Economics*, 6 (1): 96 – 105.

Mansell, Robin (2005). Social Informatics and the Political Economy of Communications. *Information Technology & People*, 18 (1): 21 – 25.

Mansell, Robin (2006). Collective Action, Institutionalism, and the Internet. *Journal of Economic Issues*, 40 (2): 297 – 305.

Mansell, Robin (2011). New Visions, Old Practices: Policy and Regulation in the Internet Era. *Continuum*, 25 (1): 19 – 32.

Mansell, Robin (2012). *Imagining the Internet: Communication, Innovation, and Governance*. Oxford: Oxford University Press, Inc.

Marx, Karl (1977). *Capital*, Volume I. London: Penguin.

Marx, Karl (1978). Letter to Arnold Ruge, September 1843. in Robert Tucker (ed.). *The Marx Engels Reader* (2nd ed.). New York: Norton.

Maxwell, Ricard (1991). The Image is Gold: Value, the Audience Commodity, and Fetishism. *Journal of Film & Video*, 43 (1): 29 – 45.

Maxwell, Richard (2003). *Herbert Schiller*. Lanham: Rowman & Littlefield.

McChesney, Robert (1996). Is There any Hope for Cultural Studies? *Monthly Review*, March 1.

McChesney, Robert (1998). Making Media Democratic. *Boston Review*, Summer.

McChesney, Robert (1999). *Rich Media, Poor Democracy: Communication Politics in Dubious Times*. Urbana: University of Illinois Press.

McChesney, Robert (2000). The Political Economy of Communication and the Future of the Field. *Media Culture & Society*, 22 (1): 109 – 116.

McChesney, Robert (2001). Global Media, Neoliberalism, and Imperialism. *Monthly Review*, March, 2001.

McChesney, Robert (2007). *Communication Revolution: Critical Junctures and the Future of Media*. New York: New Press.

McChesney, Robert (2008). The U. S. Media Reform Movement Going Forward. *Monthly Review* , 60 (4), pp. 51 – 59.

McChesney, Robert and Dan Schiller (2003). The Political Economy of

International Communications Foundations for the Emerging Global Debate a-
bout Media Ownership and Regulation. United Nations Programme Paper,
Number 11.

McChesney, Robert & John Nichols (2002). *Our Media, Not Theirs.*
New York: Seven Stories Press.

McLaughlin, Lisa (1999). Beyond "Separate Spheres": Feminism and the
Cultural Studies/Political Economy Debate. *Journal of Communication Inquiry*, 23
(4).

McLuhan, Marshall (2004). *Understanding Media: Lectures and Interviews.*
Boston: MIT Press.

Mcnair, Brian (1998). *The Sociology of Journalism.* Oxford University
Press.

Meehan, Eileen (1984). Ratings and the Institutional Approach: A Third
Answer to the Commodity Question. *Critical Studies in Mass Communication*, 1
(2): 216 – 225.

Meehan, Eileen (1993). Heads of Households and Ladies of the House:
The Political Economy of Gender, Genre, and Ratings, 1929 – 1990. In Solo-
mon, W. and McChesney, R. (Eds.). *Ruthless criticism: New Perspectives in
U. S. Communication History.* Minneapolis: University of Minnesota Press.

Meehan, Eileen (2001). Gendering the Commodity Audience: Critical
Media Research, Feminism, and Political Economy, 209 – 222. In Meehan,
E. & Riordan, E. (2001). *Sex & Money: Feminism and Political Economy in the
Media.* Minneapolis: University of Minnesota Press.

Meehan, Eileen & Ellen Riordan (2001). *Sex & Money: Feminism and Po-
litical Economy in the Media.* Minneapolis: University of Minnesota Press.

Meehan, Eileen & Wasko, Janet (2013). In Defence of a Political Econo-
my of the Media. *Javnost – The Public*, 20 (1): 39 – 53.

Meehan, Eilleen (2007). Understanding How the Popular Becomes Popu-
lar: The Role of Political Economy in the Study of Popular Communication.
Popular Communication, 5 (3): 161 – 170.

Megill, Allan (2004). Intellectual History and History. *Rethinking History*,
8 (4): 549 – 557.

Meiklejohn, Alexander (1960). *Political Freedom.* New York: Harper.

Melody, Bill (1992). Dallas Smythe: A Lifetime at the Frontier of Communications. *Canadian Journal of Communication*, 17 (4).

Mills, C. Wright (1956). *The Power Elite.* New York: Oxford University Press.

Mills, C. Wright (1959). *The Sociological Imagination.* New York: Oxford University Press.

Milton, John (1644). *Areopagitica: A Speech of Mr. John Milton for the Liberty of Unlicensed Printing to the Parliament of England.*

Mirrlees, Tanner (2008). The State of Cultural Imperialism, dissertation.

Mirrlees, Tanner (2013). *Global Entertainment Media.* London: Routledge.

Mosco, Vincent (1975). *The Regulation of Broadcasting in the United States: A Comparative Analysis.* Cambridge: Harvard University Press.

Mosco, Vincent (1979). *Broadcasting in the United States: Innovative Challenge and Organizational Control.* Norwood: Ablex.

Mosco, Vincent (1982). *Pushbutton Fantasies: Critical Perspectives on Videotex and Information Technology.* Greenwood Publishing Group Inc.

Mosco, Vincent (1983). Critical Research and the Role of Labor. *Journal of Communication*, 33 (3): 245 – 245.

Mosco, Vincent (1989). *The Pay – per Society: Computers and Communication in the Information Age: Essays in Critical Theory and Public Policy.* Norwood, NJ: Ablex.

Mosco, Vincent (1996). *The Political Economy of Communication: Rethinking and Renewal.* London: Sage.

Mosco, Vincent (1999). New York. com: A Political Economy of the "informational" city. *Journal of Media Economics*, 12 (2): 103 – 116.

Mosco, Vincent (2001). Herbert Schiller. *Television & New Media*, 2 (1).

Mosco, Vincent (2008). Current Trends in the Political Economy of Communication. *Global Media Journal Canadian Edition*, 1 (Inaugural): 48 – 50.

Mosco, Vincent & Catherine McKercher (2008). *The Laboring of Commu-nication: Will Knowledge Workers of the World Unite?*. Lanham: Lexington Books.

Murdock, Garham (1978). Blindspots about Western Marxism. *Canadian Journal of Political and Social Theory*, 2 (2): 109 – 119.

Murdock, Graham &Golding, Peter (2010). Information Poverty and Po-litical Inequality: Citizenship in the Age of Privatized Communications. *Journal of Communication*, 39 (3): 180 – 195.

Naisbitt, John (1982). *Megatrends: Ten New Directions Transforming Our Lives*. New York: Warner Books.

Napoli, Philip (2008). Revisiting "Mass Communication" and the "Work" of the Audience in the New Media Environment. *McGannon Center Working Paper Series*. Paper 24. http: //fordham. bepress. com/mcgannon_ working_ papers/24.

Nixon, Brice (2012). Dialectical Method and the Critical Political Econ-omy of Culture. *Triple C (Communication Capitalism & Critique)*, 10 (2).

Park, D. W. (2009). Critical concepts: Pierre Bourdieu's "Habitus" and the Political Economy of the Media. *Democratic Communiquã©*, (1).

Pendakur, Manjunath (1990). *Canadian Dreams and American Control: The Political Economy of the Canadian Film Industry*. Detroit: Wayne State University Press.

Pendakur, Manjunath (1993). Political Economy and Ethnography: Transformations in an India Village. In Wasko, J., Mosco, V. & Pendakur, M. (eds.). *Illuminating the Blindspots: Essays Honoring Dallas W. Smythe*. Nor-wood: Ablex Publishing Corporation.

Pendakur, Manjunath (2003). *Indian Popular Cinema: Industry, Ideology, and Consciousness*. Cresskill: Hampton Press.

Popper, Karl (1934). *The Logic of Scientific Discovery*. Germany: Mohr Sie-beck.

Pork, A. (1990). History, Lying, and Moral Responsibility. *History & Theory*, 29 (3): 321 – 330.

Prodnik, J. A., & Wasko, J. (2014). Professor Janet Wasko: An Inter-view with the President of the IAMCR and One of the Key Representatives of

the Political Economy of Communication Approach. *Planta*, 230 (1):
191 – 203.

Rai, Milan (1995). *Chomsky's Politics*. New York: Verso.

Örnebring, Henrik (2010). Reassessing Journalism as a Profession. In Allan, S. (ed.). *The Routledge Companion to News and Journalism Studies*. London: Routledge, 568 – 577.

Said, Edward (1994). *Representations of the Intellectual*. New York: Pantheon Books.

Salwen, Michael (1991). Cultural Imperialism: A Media Effects Approach. *Critical Studies in Media Communication*, 8 (1): 29 – 38.

Sayer, Andrew (2001). For a Critical Cultural Political Economy. *Antipode*, 33 (4).

Schiller, Dan (1981). *Objectivity and the News: the Public and the Rise of Commercial Journalism*. Philadelphia: University of Pennsylvania Press.

Schiller, Dan (1994). The Legacy of Robert A. Brady: Antifascist Origins of the Political Economy of Communication. *Journal of Media Economics*, 12 (2).

Schiller, Dan (1996). *Theorizing Communication: A History*. New York: Oxford University Press.

Schiller, Dan (1999). *Digital Capitalism: Networking the Global Market System*. Cambridge, Boston: MIT Press.

Schiller, Dan (2007). *How to Think about Information*. Urbana: University of Illinois Press.

Schiller, Herbert (1969). *Mass Communication and America Empire*. New York: A. M. Kelley.

Schiller, Herbert (1972). *The Mind Managers*. Boston: Beacon Press.

Schiller, Herbert (1976). *Communication and Cultural Domination*. New York: International Arts and Sciences Press.

Schiller, Herbert (1989). *Culture, Inc.: The Corporate Takeover of Public Expression*. New York: Oxford University Press.

Schiller, Herbert (1995). *Information Inequality: The Deepening Social Crisis in America*. New York: Routledge.

Schramm, Wilbur (1954). *The Process and Effects of Mass Communication*. Urbana: University of Illinois Press.

Schramm, Wilbur (1959). Comment: the State of Communication Research. *The Public Opinion Quarterly*, 23 (1): 7 – 9

Schudson, Michael (1978). *Discovering the News: A Social History of American Newspapers*. Basic Books, 1978.

Schudson, Michael (1978). *Discovering the News: A Social History of American Newspapers*. New York: Basic Books.

Scriven, Michael (1999). *Jean – Paul Sartre: Politics and Culture in Postwar France*. London: MacMillan Press Ltd. .

Siebert, Fred, Peterson, T. & Schramm, W. (1956). *Four Theories of the Press*. Urbana: University of Illinois Press.

Skinner, Quentin (1969). Meaning and Understanding in the History of Ideas. *History and Theory*, 8 (1): 3 – 53.

Skinner, Quentin (2005). On Intellectual History and the History of Books. *Contributions to the History of Concepts*, 1 (1): 29 – 36.

Smyth, Dallas, Thomas Guback (Eds) (1993). *Counterclockwise: Perspectives on Communication*. Boulder: Westview Press.

Smythe, Dallas (1954). Some Observations on Communications Theory. *Educational Technology Research and Development*, 2 (1).

Smythe, Dallas (1955). *The Television – Radio Audience and Religion*. New York: Harper and Brothers.

Smythe, Dallas (1957). *The Structure and Policy of Electronic Communication*. Urbana: University of Illinois.

Smythe, Dallas (1960a). *Space Satellite Communications and Public Opinion*. Urbana: University of Illinois Press.

Smythe, Dallas (1960b). *The Modern Media Man and the Political Process: An Address before the Adult Education Council*. Chattanooga, Tennessee, Nov. 17.

Smythe, Dallas (1960c). *The Spiral of Terror and the Mass Media: A Lecture to the Annenberg School of Communications*. University of Pennsylvania, September 22.

Smythe, Dallas (1977). Communications: Blindspot of Western Marxism. *Canadian Journal of Political and Society Theory*, 1 (3): 1 – 28.

Smythe, Dallas (1981). *Dependency road: Communications, Capitalism, Consciousness and Canada.* Norwood: Ablex Publishing.

Sparks, Colin (2007). *Globalization, Development and the Mass Media.* London: Sage.

Sussman, Gerald (1999). Special Issue on Political Economy of Communications. *Journal of Media Economics*, 12 (2).

Sutter, Daniel (2002). Advertising and Political Bias in the Media: The Market for Criticism of the Market Economy. *American Journal of Economics & Sociology*, 61 (3): 725 – 745.

Toffler, Alvin (1981). *The Third Wave.* New York: Bantam Books.

Waisbord, Silvio (2013). *Reinventing Professionalism: Journalism and News in Global Perspective.* Cambridge: Polity.

Wasko, Janet (1982). *Movies and Money: Financing the American Film Industry.* Norwood: Ablex.

Wasko, Janet (2001). *Understanding Disney: The Manufacture of Fantasy.* Cambridge: Polity Press.

Wasko, Janet (2003). *How Hollywood Works.* London: Sage.

Weber, Max (1978). *Economy and Society.* Guenther Roth and Claus Wittich (eds). Berkeley: University of California Press.

Williams, Arlene (2005). *The Political Economy of Communication and the Policy Communities Approach: Connecting Critical View of the Media to Post – pluralist Analyses if the Policy Process.* MA thesis, York University.

Williams, Raymond (1977). *Marxism and Literature.* Oxford: Oxford University Press.

Williams, Raymond (1980). *Advertising: The Magic System in Problems in Materialism and Culture.* London: NLB.

Wittel, Andreas (2004). Culture, Labor and Subjectivity: For a Political Economy from Below. *Capital & Class*, 28 (3): 11 – 30.

Youngs, Gillian (2001). The Political Economy of Time in the Internet Era: Feminist Perspectives and Challenges. *Information, Communication & Society*, 4 (1): 14 – 33.

Zhao, Yuezhi (1998). *Media, Market, and Democracy in China: Between the Party Line and the Bottom Line*. Urbana：University of Illinois Press.

　　Zhao，Yuezhi（2008）. *Communication in China：Political Economy，Power，and Conflict*. Lanham：Rowman & Littlefield.

　　Zhao，Yuezhi & Robert Duffy（2008）. Short – Circuited? The Communication and Labor in China, in McKercher, Catherine and Vincent Mosco （eds.）. *Knowledge Workers in the Information Society*. Lanham：Lexington Books.

二　中文文献

　　Gee，J. P.（2000）. 话语分析入门：理论与方法，北京：外语教学与研究出版社.

　　布鲁姆（1989）. 影响的焦虑. 北京：生活·读书·新知三联书店.

　　曹晋，赵月枝.（2008）. 传播政治经济学的学术脉络与人文关怀. 南开学报：哲学社会科学版，（5）：32～43.

　　陈家刚（2014）. 当代中国的协商民主：比较的视野. 新疆师范大学学报：哲学社会科学版，（1）：21～29.

　　陈世华（2014a）. 达拉斯. 斯麦兹的传播思想新探. 南昌大学学报：人文社会科学版，（3）：125～131.

　　陈世华（2014b）. 影响的焦虑：再论传播学科创建与发展中的传播学人. 国际新闻界，（9）：74～91.

　　陈世华（2016）. 传播即控制——传播政治经济学的元理论解析. 国外社会科学，（3）：126～133.

　　陈映，董天策（2010）. 新闻客观性：语境、进路与未来. 暨南学报：哲学社会科学版，32（6）：149～155.

　　戴文红（2009）. 传媒商业化带来的相关问题分析. 江苏社会科学，（2）：233～236.

　　多米尼克·斯特里纳蒂（2014）. 通俗文化理论导论. 北京：商务印书馆.

　　冯建三（2003）. 传播政治经济学与文化研究的对话. 传播与管理研究，（2）.

　　冯友兰（1999）. 中国现代哲学史. 广州：广东人民出版社.

福克斯，莫斯可（2016）．马克思归来（下）．上海：华东师范大学出版社．

戈尔丁，莫多克（2006）．文化、传播和政治经济学．载库兰、古尔维奇（编），大众媒介与社会．北京：华夏出版社．

戈林·麦凯波（1999）．戈达尔：影像、声音与政治．长沙：湖南美术出版社．

郭镇之（2001）．传播政治经济学理论泰斗达拉斯·斯麦兹．国际新闻界，（3）：58～63．

郭镇之（2002）．传播政治经济学之我见．现代传播（中国传媒大学学报），（1）：34～37．

哈克特，赵月枝（2005）．维系民主？：西方政治与新闻客观性．北京：清华大学出版社．

胡春阳（2005）．传播的话语分析理论．上海：复旦大学博士论文．

胡翼青，杨馨（2016）．解构神话：传播政治经济学学科合法性问题辨析．南昌大学学报：人文社会科学版，（4）：81～89．

黄国文，徐珺（2006）．语篇分析与话语分析．外语与外语教学，（10）：1～6．

加汉姆（2004）．媒介和公共领域．见奥利弗·博伊德－巴雷特、克里斯·纽博尔德主编，媒介研究的进路．北京，新华出版社．

杰弗里·巴勒克拉夫（1987）．当代史学主要趋势．上海：上海译文出版社．

杰哈利（2004）．广告符码：消费社会中的政治经济学和拜物现象．北京：中国人民大学出版社．

卡尔·雅斯贝斯（1989）．历史的起源与目标．北京：华夏出版社．

克罗齐（1982）．历史学的理论和实际．北京：商务印书馆．

孔繁斌（2008）．公共性的再生产．江苏人民出版社．

李金铨（1995）．跟随权力结构起舞的传媒——兼评乔姆斯基的"宣传模式"．二十一世纪，4．

李俊奎（2009）．基于元理论的社会主义意识形态分析．思想政治教育研究，（2）：14～17．

李良荣（2007）．论中国新闻改革的优先目标——写在新闻改革30周年前夕．现代传播（中国传媒大学学报），（4）：1～3．

李良荣（2016）．中国新闻学学科发展面临的挑战及重构路径．浙江传媒学院学报，23（6）：2～5．

李良荣，戴苏苏（2008）．新闻改革30年：三次学术讨论引发三次思想解放．新闻大学，（4）：1～5．

李振伦（1996）．元理论与元哲学．河北学刊，（6）：26～31．

刘小新（2006）．广告符码的文化研究与政治经济学批判——评加利（Sut Jhally）的广告理论．闽江学院学报，27（6）：15～18．

刘晓红（2003）．大众传播与人类社会——西方传播政治经济学的诠释．上海：复旦大学博士论文．

刘晓红（2005）．共处·对抗·借鉴——传播政治经济学与文化研究关系的演变．新闻与传播研究，（1）：49～53．

罗宾·柯林武德（1997）．历史的观念．上海：商务印书馆．

马特拉（2011）．世界传播与文化霸权．北京：中央编译出版社，2001．

莫多克（2006）．重建倾圮之塔：当代传播和阶级问题．载库兰、古尔维奇（编），大众媒介与社会．北京：华夏出版社．

莫斯可（2000）．传播政治经济学．北京：华夏出版社．

尼古拉斯·加纳姆（2004）．媒介和公共领域．见奥利弗·博伊德–巴雷特、克里斯·纽博尔德主编，媒介研究的进路．北京：新华出版社．

潘忠党等（2008）．反思与展望：中国传媒改革开放三十周年笔谈．传播与社会学刊，（6）．

钱穆（2001）．中国历史研究法．北京：三联书店．

秋石（2013）．坚持党性和人民性相统一．求是，（22）：46～49．

王琳（2009）．情报学的元理论探析．情报理论与实践，32（9）：10～13．

文森特·莫斯可（2000）．传播政治经济学．北京，华夏出版社．

肖生福（2010）．传媒公共性之内涵解析与考察框架．社会科学论坛，（9）：154～158．

许鑫（2011）．传媒公共性：概念的解析与应用．国际新闻界，（5）：63～70．

许鑫，李霞婷（2013）．当代中国传媒改革与媒介公共性的变迁．浙江传媒学院学报，（3）：39～44．

杨思文（2013）．传媒对公共政策制定之影响研究．南昌：江西人民出版社．

杨茵娟（2004）．从冲突到对话——评传播研究典范：结构功能主义、政治经济学与文化研究．国际新闻界，（6）：50～56．

余英时（1987）．士与中国文化．上海：上海人民出版社．

张殿元（2006）．政治经济学批判：广告传播研究的另类视角．浙江大学学报：人文社会科学版，36（1）：142～149．

张殿元（2007）．批判政治经济学视域中的广告浅析．兰州学刊，（7）：157～158．

赵月枝（1998）．公众利益、民主与欧美广播电视的市场化．新闻与传播研究，（2），25～44．

赵月枝（2003）．全球电信危机和产业重组的困境——一位美国学者的分析和警示．现代传播（中国传媒大学学报），（2）：16～18．

赵月枝（2008a）．为什么今天我们对西方新闻客观性失望？——谨以此文纪念"改革开放"30周年．新闻大学，（2）：9～16．

赵月枝（2008b）．丹·席勒的信息时代的资本论研究．中华读书报，2008－08－09．

赵月枝（2011a）．传播与社会：政治经济与文化分析．北京：中国传媒大学出版社．

赵月枝（2011b）．构建社会主义媒体的公共性和文化自主性？——重庆卫视改革引发的思考．新闻大学，（3）：6～18＋29．

赵月枝（2013）．传播学术的主体性：历史与世界视野．北大新闻与传播评论，（1）．

赵月枝（2014）．什么是中国故事的力量之源——全球传播格局与文化领导权之争．人民论坛·学术前沿，（24）：34～43．

赵月枝（2015）．重构国际传播体系的中国贡献，中国社会科学报，2015年4月1日．

赵月枝，邓理峰（2009）．中国的"美国中心论"与中国新闻业和新闻传播学术的发展——与加拿大西蒙－弗雷泽大学传播学院赵月枝教授的对话．新闻大学，（1）：39～44．

赵月枝，胡智锋，张志华（2011）．价值重构：中国传播研究主体性探寻．现代传播（中国传媒大学学报），（2），13～21．

赵月枝，罗伯特·A. 汉凯特（2003）. 媒体全球化与民主化：悖论、矛盾与问题. 新闻与传播评论，（1）：1～18.

赵月枝，石力月（2015）. 历史视野里的资本主义危机与批判传播学之转机. 新闻大学，（5）：1～7.

赵月枝，邢国欣（2007）. 传播政治经济学. 见刘曙明，洪浚浩（编），传播学. 北京：中国人民大学出版社.

郑慧（2012）. 参与民主与协商民主之辨. 华中师范大学学报：人文社会科学版，51（6）：17～26.

郑巧薇（2013）. 当下传媒的商业化及其不利影响. 中国传媒科技，（12）：16～17.

周人杰（2015）. 西方传播政治经济学批判实践的新进展及启示. 北京行政学院学报，（4）：79～84.

后 记

人生有几个十年？忆往昔，最值得我欣慰的事情之一就是花费了十年时间专注于写一本书。在此书即将付梓之际，不禁感慨万千。

这本小书是在博士论文的基础上，历时十年，经过增补、修订、完善、锤炼而成。2007年开始读博的时候，就开始构思博士论文选题。导师给予了极大的空间让我自由选题，但是由于初涉学海，一直迷茫徘徊，难以聚焦。2008年我被遴选为"国家公派联合培养博士生"负笈美国，在伊利诺伊大学传播研究所学习。机缘巧合的是，那里正是传播政治经济学的诞生地，传播政治经济学的奠基人斯麦兹和席勒都长期在此工作。伊利诺伊大学图书馆藏书居世界公立大学之冠，该校图书馆、档案馆里较为完善地收藏了传播政治经济学的原典文献，当时传播政治经济学的代表人物麦克切斯尼和丹·席勒都在此任教。宝贵丰富的文献资料和睿智深邃的课程讲演让我豁然开朗、激动不已：传播政治经济学的批判旨趣和另类视野正是我一直苦苦追寻的研究主题。经过深入阅读、梳理、探索和反思，并与国内外师友广泛交流切磋之后，2010年我完成了12万字的博士论文，幸运地获得了"湖北省优秀博士论文"称号和"全国优秀博士论文"提名。毕业后，我回到家乡南昌大学新闻与传播学院工作。但是自知学识浅薄、文章粗鄙，故未急于将其付诸出版。在教学科研之余，我继续进行延伸拓展，关注国内外的前沿动态和最新进展，不断加入一些新的材料和新的思考。2013年该课题获得国家社科基金后期资助，我有了更大的空间进行深耕细作，发表了一系列较有分量的成果，使书稿内容再次得到提炼和升华。本来课题应该在两年内完成，但为慎重起见，加上自己也不太满意，又延期两年结题，终于完成30多万字的书稿。回首十年历程，有汗水，有收获；有困惑，有豁然；有挫折，有喜悦。但是从未放弃，更多的还是感恩。

虽然博士论文已经告一段落，但是学术无止境，这只是一个开始。虽然，这本小书通过一手资料的深入解读，勾勒了传播政治经济学作为一门学科发展、演变、拓展和繁衍的知识谱系和理论传承，提炼了该学派的理论精髓，进行了元理论层面的深度解读，阐明了其背后的话语体系，构思了对中国传播理论和实践的启示，视野还算广阔，内容也较合理，点、线、面结合，条分缕析，立论有力，但是缺陷也很明显：体系过于庞大导致问题意识稍显薄弱，涉猎太多主题和人物导致无法聚焦，太过学究的理论阐释导致缺乏现实观照，起调太高的理论书写导致无法落到实处；从文献到文献的解读无法阐明人物、思想、理念、学术与语境的密切关联；类似翻译体的语言文字还不够顺畅，易读性不强。这也是未来研究的方向。因此，这本小书既是结束，也更是开始。

在"去政治化"的实证主义范式依然占据主流的当下，"意识形态"被窄化和妖魔化了，传播政治经济学陷入边缘化，甚至走向衰落，但我笃信，传播学的发展需要更加多元的声音，在当今多元庞杂的互联网时代，批判性思维最难能可贵，传播政治经济学的替代性理论视野能够帮助传播学实现福柯所说的"幻想的飞跃"，激发出传播学的转型潜力，更积极和富有创见性地重塑传播学理论和实践的新路径。堂·吉诃德说："单有一只燕子，还算不了夏天。"希望我这本孤零零的小书能让更多学者瞥见传播政治经济学的瑰丽殿堂，激发有志之士的研究兴趣，共同为复兴传播政治经济学而努力。

在小书出版之际，有很多人值得我衷心感谢，短短数语却无法充分表达。感谢我的硕导、博导张昆教授多年的教诲和栽培；感谢伊利诺伊大学Clifford Christians 教授、John Nerone 教授给予的友谊和宝贵建议，以及陈信凌院长给予的指点和帮助；感谢家人多年的支持和理解，让我得以完成学业、继续事业；感谢社会科学文献出版社的王绯女士、单远举责任编辑辛苦细致的编校工作。没有你们，就没有这本小书。唯有以更加投入和刻苦的钻研，收获更加深刻和富有创新性的观点，复兴和更新传播政治经济学，来回报所有关心、支持和帮助我的贵人。

世华谨记

2017 年 11 月

图书在版编目（CIP）数据

北美传播政治经济学研究／陈世华著．--北京：
社会科学文献出版社，2017.12（2019.3 重印）
国家社科基金后期资助项目
ISBN 978 - 7 - 5201 - 1619 - 0

Ⅰ.①北… Ⅱ.①陈… Ⅲ.①传播学 - 政治经济学 -
研究 - 北美洲 Ⅳ.①G206 ②F0

中国版本图书馆 CIP 数据核字（2017）第 257531 号

·国家社科基金后期资助项目·

北美传播政治经济学研究

著　　者／陈世华

出 版 人／谢寿光
项目统筹／王　绯
责任编辑／单远举

出　　　版／社会科学文献出版社·社会政法分社（010）59367156
　　　　　　地址：北京市北三环中路甲 29 号院华龙大厦　邮编：100029
　　　　　　网址：www. ssap. com. cn
发　　　行／市场营销中心（010）59367081　59367083
印　　　装／三河市龙林印务有限公司

规　　　格／开　本：787mm×1092mm　1/16
　　　　　　印　张：22　字　数：394 千字
版　　　次／2017 年 12 月第 1 版　2019 年 3 月第 2 次印刷
书　　　号／ISBN 978 - 7 - 5201 - 1619 - 0
定　　　价／98.00 元